智慧教育读库

真

总 主 编　易学军
分册主编　易学军

西南交通大学出版社
·成 都·

图书在版编目（CIP）数据

智慧教育读库. 1，真 / 易学军总主编；易学军分册主编. —成都：西南交通大学出版社，2022.6

ISBN 978-7-5643-8698-6

Ⅰ. ①智… Ⅱ. ①易… Ⅲ. ①品德教育 – 中国 – 小学 – 教学参考资料 Ⅳ. ①G624.153

中国版本图书馆 CIP 数据核字（2022）第 085419 号

Zhihui Jiaoyu Duku:(Quan 4 Ce)

智慧教育读库：全 4 册

（真/善/美/慧）

总 主 编 易学军

分册主编 易学军

责任编辑	居碧娟
助理编辑	徐茂嘉
封面设计	原谋书装
出版发行	西南交通大学出版社 （四川省成都市金牛区二环路北一段 111 号 西南交通大学创新大厦 21 楼）
发行部电话	028-87600564 028-87600533
邮政编码	610031
网址	http://www.xnjdcbs.com
印刷	四川煤田地质制图印刷厂
成品尺寸	170 mm × 230 mm
总印张	39.75
总字数	586 千
版次	2022 年 6 月第 1 版
印次	2022 年 6 月第 1 次
书号	ISBN 978-7-5643-8698-6
套价（全 4 册）	120.00 元

课件咨询电话：028-81435775

图书如有印装质量问题 本社负责退换

坚持教育为社会主义现代化建设服务、为人民服务，把立德、树人作为教育的根本任务，全面实施素质教育，培养德智体美全面发展的社会主义建设者和接班人，努力办好人民满意的教育。

序

眉山天府新区高家小学自 1917 年建校以来，秉承“高山景行，真善美慧”的教育理念，努力培养“勤奋学习、诚实做人”的学生，持续提升办学水平，现已成为区域内有影响力的小学教育品牌学校。

百年高小，远大启航。进入新时代，学校教育环境不断优化，百姓对教育的期待逐年提升，眉山天府新区做强教育的步伐加快，机遇和挑战对学校教育提出了更高的要求。为此，高家小学提出了建设最美乡村学校的办学目标，为了彰显校园文化、智慧教育、特色课程这三大体现最美学校的载体，我校决定开发这套校本教材。

此次开发的校本课程围绕“智慧教育”实践，编写了《真》《善》《美》《慧》四本阅读教材。教材内容广泛：既有中华古典诗文，又有现代文学作品；既有我国历代优秀文章，又有外国名家名作；既有经典作品，又有乡土美文。入选的每篇文章兼顾经典可读、动手用脑、终身受益，兼顾学生终身发展，希望能给学生以感悟和启迪，激发起对学习、对生活、对社会的热爱之情，实现“一字一句读好书、一生一世做好人”的阅读目标，提高高家小学“为党育人、格物致知、智慧领航，为国育才、知行合一、五育争先”智慧教育的内涵和品质。

“智慧教育”读库在编排体系上独具匠心，每篇文章由作品原文（古诗文含注释与译文）和导学两大部分组成，导学部分包括作者简介、作品简析、知行合一三个板块，既适合学生阅读理解，又对学生的言行进行指导。

“智慧教育”读库入选文章部分选摘于互联网，在此谨向作者表达最诚挚的谢意，由于我们水平有限，还有许多不妥之处，尚请读者海涵，敬请方家指正。

这套“智慧教育”读库丛书主编为易学军，编写小组成员由易学军、李万军、高艳、黄瑛、李逸帆、李辉录等组成。第一册《真》分册主编易学军，李逸帆、刘菊容、杨易莲、刘文雯、王燕、刘建英、陈俊清、王永胜、廖芸艺参与编写；第二册《善》分册主编李万军，易学军、朱水英、郑建洪、谭鹏星、杜昌耀、高艳、杨易莲、刘建英、陈俊清、毛慧参与编写；第三册《美》分册主编高艳，易学军、杜昌耀、李碧英、杨慧群、杨易莲、李逸帆、梁梦霖、陈德胜、陈俊清、王永胜参与编写；第四册《慧》分册主编黄瑛，易学军、毛慧、曾群英、王燕、李万军、李辉录、廖芸艺、陈德胜参与编写。

这套“智慧教育”读库的编写，得到了主管部门领导、教育专家和各界人士的指导和帮助，全校教师付出了艰辛劳动，在此一并致谢。

易学军

2021 年 6 月

前言

眉山天府新区高家小学智慧教育简介

古往今来，一切科学都离不开一个“真”字，一切教育都离不开一个“善”字，一切艺术都离不开一个“美”字，一切学问都离不开一个“慧”字。人类所追求的一切美好境界，所使用的一切美好词汇，几乎都可以归结到真善美慧之中。真善美慧是最和谐的自然、最大同的社会、最幸福的人生。

人生有了真善美慧的修养，就会从内心深处升起大爱之心，爱自己，爱他人，爱自然，爱人民，爱社会，爱祖国。人世间有了大爱之心，就会道德风行，世风端正，社会和谐，天下太平。

陶行知先生说：“千教万教教人求真，千学万学学做真人。”“真”是真实，真诚，“真”是坦坦荡荡做人，老老实实做事。“真”的前提是“诚”，“诚”是儒家的核心内容之一，做到诚意正心，就是“真”。只有做到真诚处世，真诚待人，才能居天下之广居，立天下之正位，行天下之大道。

《易经·坤·文言》说：“积善之家必有余庆，积不善之家必有余殃。”善能培德，善致吉祥。积善成德，积德成道。善是做人的第一美德，要与人为善，劝人为善，勿以恶小而为之，勿以善小而不为。老子说“上善若水，水善利万物而不争”，又说“天道无亲，常与善人”；人有水德而利他即为善，人存公心而不争即为善。善是福之基，恶是祸之苗。

孟子说“充实之谓美”。“美”的本义是漂亮、亮丽、好看。道德学问充实于内心称为美。美人不如美德，貌美不如心美。孔子说：“君子成人之美，不成人之恶。”心美才能成人之美，心美才能有美好的品德；有美德才会有美名。人生在世当“各尽其美，美人之美，美美与共，天下大同”。大美无色，大美无言，大美无味，大美无名。人生外在之大美，是朴素自然之美，人生内在之美是和谐充实之美。美是一种气质，一种魅力，是和谐、充实、宁静、笃定、洒脱，这种美皆源于“美在其中”的心灵之美。美是“真”和“善”的体现，唯有真诚和善良的人，才能美名远扬，美德常在，美风常流。

“心无俗虑精神爽，室有清淡智慧开。”“慧”是智慧。大智大慧的人称“觉悟”。欲求开智慧，第一是培定力，寡嗜欲，第二是读书博学。知识是学来的，能力是练出来的，智慧是觉悟出来的。知识是记忆的符号，智慧是自性的流露。我们说一个人的悟性很高，指的就是智慧。智慧来源于心灵的宁静，来源于少私寡欲，来源于自觉自省。人有智慧就能辨别真假、善恶、美丑，就能够真正做到去伪存真，抑恶扬善，美化心灵，博爱民众。

真善美慧是原始的、本质的、真实的、真诚的、利他的良好品行和美好的言行事物。真善美慧是在做最好的人、爱最好的物中启迪智慧。成就真善美慧人生的基础是积极探索和实践智慧教育。

智慧教育一般指现代信息化教育，是用“互联网+教育”的形式，营造一个智慧化的学习环境，进行和接受高效、实时、灵活，快速的智慧化教育，最终推动教育的创新发展与变革。我校在不断推进学校现代化信息技术教学的同时，倡导和实践智慧教育。这是从德国著名教育家阿道夫·第斯多惠“全人类教育”得到启示，基于教育的基础是“自动、遵循自然和遵循文化”，努力思考小学教育中真善美慧深刻的思想内涵，积极探索农村小学开展智慧教育活动的路径和方法，努力培养五育并举、全面发展、心智健全、思想高尚的学生。

在智慧教育实践中，我校把“做真人、心向善、人爱美、悟智慧”作为育人目标。

真善美慧智慧教育的主要内容是：真是真实，以热爱科学为前提，致力于学习知识、探索真理的教育，帮助学生在理智上形成是非观，努力方向是教育质量优异。善是善良，以富有人性为前提，致力于立德树人、性格良善的教育，帮助学生在意志上形成道德观，努力方向是培育成人之美的君子。美是和美，以自然礼仪为前提，致力于热爱生活、美美与共的教育，帮助学生在情感上形成价值观，努力方向是培养五讲四美文明高雅的学生。慧是智慧，以善于思考为前提，致力于开发思维、启迪智慧的教育，帮助学生在思想上形成思维观，努力方向是培养有思想爱自由的学生。

智慧教育是学校教育的最高境界，是教师教学的最高追求，是立德树人的最高价值，是高家小学生态教育的最高标准。

智慧教育要立足现实，面向未来，从传统教育中吸取营养，在不断实践探索中丰富内涵，从人性和自然中找到启迪智慧的最佳路径，在学习运用现代智能、智联科技中启迪智慧。

智慧教育需要在学习真理、深刻思想的活动中启迪智慧，要开展真善美慧的教育活动，真才实学讲科学，善念善行有人性，美美与共美人美，三思后行有觉悟，在认真做事、诚实做人的成长经历中启迪智慧。

智慧教育在课堂教学中就是要发挥现代科技技术在课堂教学中的作用，突出学生主体，坚持启发式教学，践行“五步导学”课堂模式（五步即课前人人学习教学目标、课前人人预习、课堂互助学习、技能练习、课后复习实习），践行学以致用、举一反三，在会学习、会应用的自主学习中启迪智慧。

智慧教育说到底是影响人启迪人的教育，在通过丰富的阅读、大量的案例和积极的探索中，让学生逐渐领会生活的艺术、入世的哲学、为人的道德。

智慧教育是授人以渔、成人之美的教育，培养的是怀德中庸的君子，培养的是有核心素养、克己尚礼、知法守规、与人为善、成就他人的时代新人，在立心、立命、立言、立功的人生经历中启迪智慧。

我校开展的智慧教育活动，以课堂为主阵地，以课题为引导，以阅读为载体，以研学为创新，致力于提高学生的综合素养和对真善美慧的领悟。

我们前行在面向未来的智慧教育的大路上！

编　者

目录

先秦古韵

汉晋春秋

唐朝气象

宋元故事

明清诗话

现代文风

教师寄语

智慧教育读库

先秦古韵

小雅·鹤鸣

（先秦）《诗经》

鹤鸣于九皋[1]，声闻于野。鱼潜在渊[2]，或在于渚。乐彼之园，爰[3]有树檀[4]，其下维萚[5]。他山之石，可以为错[6]。

鹤鸣于九皋，声闻于天。鱼在于渚[7]，或潜在渊。乐彼之园，爰有树檀，其下维榖[8]。他山之石，可以攻玉[9]。

注释

[1]九皋：九皋山，是伊川名胜古迹十六景之一。 [2]渊：深水。[3]渚（zhǔ）：水中小洲，指水滩。 [4]爰（yuán）：于是。 [5]檀（tán）：指豆科的黄檀和紫檀，比喻贤人。 [6]萚（tuò）：酸枣一类的灌木，比喻小人。 [7]错：砺石，可以打磨玉器。 [8]榖（gǔ）：楮树，比喻小人。[9]攻玉：将玉石琢磨成器，攻，加工。

译文

幽幽沼泽仙鹤鸣，声传四野真亮清。深深渊潭游鱼潜，有时浮到渚边停。在那园中真快乐，檀树高高有浓荫，下面灌木叶凋零。他方山上有佳石，可以用来磨玉英。

幽幽沼泽仙鹤唳，鸣声响亮上云天。浅浅渚滩游鱼浮，有时潜入渊潭嬉。在那园中真快乐，檀树高高枝叶密，下面楮树矮又细。他方山上有佳石，可以用来琢玉器。

导学

一、作者简介

《诗经》，是中国古代诗歌开端，收集了西周初年至春秋中叶（前 11

世纪至前6世纪）的诗歌，共311篇，其中6篇为笙诗（只有标题，没有内容），反映了周初至周晚期约五百年间的社会面貌。《诗经》根据内容题材按不同的音乐分为《风》《雅》《颂》三部分，表现手法有赋、比、兴。《诗经》被奉为《六经》或《五经》(《乐经》遗佚）之一。

二、作品简析

《小雅·鹤鸣》是即景抒情小诗。全诗二章，每章九句，共用四个比喻，写诗人在广袤的荒野听到鹤鸣声震动四野高入云霄，看到游鱼潜入深渊又跃上滩头，又看到檀树旁的山峰，想到山上石头可以取作磨砺玉器的工具。关于本诗主题，有人认为是讽喻周王应招隐居山野的贤才；有人认为意在劝人为善。姚际恒《诗经通论》称其："通篇皆比意，章法绝奇。"

我们认为：不妨把此诗看作是一首启迪胸怀的哲理诗，任何事物，只要有范围，便有局限，人永远需要宽阔的心胸，才能着眼于更大的世界。我们选用此诗为本套教材的第一篇，意在"他山之石，可以攻玉"。

三、知行合一

1. 读一读：本书文选，经典可读，有些需要工具书和师长帮助，请你坚持朗诵，直至背诵。

2. 悟一悟：成语"他山之石，可以攻玉"出自本诗，对你有什么启发？

3. 比一比：比较阅读和拓展阅读是本册书倡导的阅读方法，利于开阔视野、启发思维。请你试着利用工具书学一学《小雅》的第一首诗。

小雅·鹿鸣

呦呦鹿鸣，食野之苹。我有嘉宾，鼓瑟吹笙。吹笙鼓簧，承筐是将。人之好我，示我周行。

呦呦鹿鸣，食野之蒿。我有嘉宾，德音孔昭。视民不恌，君子是则是效。我有旨酒，嘉宾式燕以敖。

呦呦鹿鸣，食野之芩。我有嘉宾，鼓瑟鼓琴。鼓瑟鼓琴，和乐且湛。我有旨酒，以燕乐嘉宾之心。

海外北经·夸父逐日[1]

（先秦）《山海经》

夸父与日逐走[2]，入日[3]；渴，欲得饮[4]，饮于河、渭[5]，河、渭不足[6]，北饮大泽[7]。未至[8]，道渴而死[9]。弃[10]其杖，化为邓林[11]。

注释

[1]逐日：追逐太阳。[2]逐走：竞跑。逐：竞争。走：跑。[3]入日：追到太阳落下的地方。[4]欲得饮：想要喝水。[5]河、渭：即黄河，渭水。[6]足：够。[7]大泽：大湖。[8]未至：没赶到。[9]道渴而死：半路上因口渴而死。渴：感到口渴。[10]弃：遗弃。[11]邓林：即“桃林”。

译文

夸父与太阳赛跑，一直追赶到太阳落下的地方。他口渴了，想喝水，就到黄河、渭河喝水，黄河、渭河的水不够，他又去北方的大湖喝水。夸父还没有到太湖，就在半路上渴死了。他遗弃的手杖化作桃林。

导学

一、作品简介

《山海经》是先秦的地理著作，也是一部包含神话传说的古老奇书，作者不详。《山海经》包括《山经》5 卷，《海经》13 卷。《山海经》的内容主要是民间传说的地理知识，包括山川、地理、民族、物产、药物、祭祀、巫医等，保存了许多远古神话和寓言故事，对中国古代历史、地理、文化、中外交通、民俗、神话等均有非凡的文献价值。

二、作品简析

《夸父逐日》表现了人民对勇敢、力量和伟大气魄的歌颂，对夸父的英雄气概和死后不忘为人民造福的崇高精神的赞美，反映了古代人民探索、征服大自然的强烈愿望和顽强意志。它说明“只有重视时间和太阳竞走的人，才能走得快；越是走得快的人，才越感到腹中空虚，这样才能需要并接收更多的水（不妨将水当作知识的象征）；也只有获得更多的水，才能和时间竞走，才能不致落后于时间”。

三、知行合一

1. 想一想：夸父为什么要和太阳赛跑？从夸父身上你看到了中华民族的什么精神？

2. 讲一讲：开一个神话故事会，看看谁讲的故事更动听更让人着迷？

3. 读一读：阅读《山海经·大荒北经》摘录，加深对夸父的认识。

大荒之中，有山名曰成都载天。有人珥两黄蛇，把两黄蛇，名曰夸父。后土生信，信生夸父。夸父不量力，欲追日景，逮之于禺谷。将饮河而不足也，将走大泽，未至，死于此。应龙已杀蚩尤，又杀夸父，乃去南方处之，故南方多雨。

道德经·我有三宝

（先秦）老子

天下皆谓我道大[1]，似不肖[2]。夫唯大，故似不肖。若肖久矣，其细也夫！我有三宝[3]，持而保之：一曰慈，二曰俭[4]，三曰不敢为天下先。慈故能勇[5]；俭故能广[6]；不敢为天下先，故能成器长[7]。今舍慈且勇；舍俭且[8]广；舍后且先；死矣！夫慈，以战则胜[9]，以守则固。天将救之，以慈卫之。

注释

[1]我道大：道即我，我即道，“我”不是老子用作自称之词。[2]似不肖：肖，相似；一说，没有任何东西和我相似。[3]三宝：三件法宝，或三条原则。[4]俭：节俭，有而不尽用。[5]慈故能勇：仁慈所以能勇武。[6]俭故能广：俭啬所以能大方。[7]器长：万物的首长，器，指万物。[8]且：取。[9]以战则胜：一本作“以阵则亡”。

译文

天下人都说“我道”伟大，不像具体事物的样子。正因为它伟大，所以才不像任何具体的事物。如果它像任何一个具体的事物，那么“道”也就显得很渺小了。我有三件法宝执守而且保全它：第一叫慈爱；第二叫节俭；第三件是不敢居于天下人的前面。有了这柔慈，所以能勇武；有了俭啬，所以能大方；不敢居于天下人之先，所以能成为万物的首长。现在丢弃了柔慈而追求勇武；丢弃了啬俭而追求大方；舍弃退让而求争先，结果是走向死亡。慈爱，用来征战，就能胜利，用来守卫就能巩固。天要援助谁，就用慈爱来保护他。

导学

一、作者简介

老子，姓李名耳，字聃，生卒年不详，道家学派创始人和主要代表人物，与庄子并称“老庄”。后被道教尊为始祖，称“太上老君”。

二、作品简析

本章是在讲人生“三宝”的重要性，老子认为慈爱利人，则能勇敢；节俭不奢，才能使用宽广；谦让不争，才能成为天下人的领袖。老子认为“三宝”之中，慈爱是宝中之宝。所以老子说，慈爱，战则能胜，守则能固。天将救助善人，所以用慈爱保佑他们。老子相信天道比人道公正、公平，故曰：“天道无亲，常与善人。”这是老子对执政者的劝导，如果舍弃慈、俭、后，妄图追求勇敢、宽广、争先，这只能走向死路，执政者要他们要有慈爱胸怀，关爱百姓。我们要向道学习，为人之道，以柔克刚，慈就要像母亲一样，俭就要节俭和控制欲望，不敢为天下先就要平等待人通力合作。

三、知行合一

1. 读一读：反复诵读本章，体会其中的深刻道理，并利用课余时间阅读《道德经》其他章节。

2. 想一想：老子说的三宝，你觉得有没有道理，说说理由，并对照自身看看自己有哪些宝贵品质？

3. 议一议：我们常说“与时俱进，敢为人先”，老子却说“不敢为天下先”，请你和同学分成正方和反方，充分发表自己的见解。

大学之道，在明明德

（先秦）曾参

大学之道[1]，在明明德[2]，在亲民，在止于至善。

知止[3]而后有定；定而后能静；静而后能安；安而后能虑；虑而后能得[4]。物有本末，事有终始。知所先后，则近道矣。

古之欲明明德于天下者，先治其国；欲治其国者，先齐其家[5]；欲齐其家者，先修其身；欲修其身者[6]，先正其心；欲正其心者，先诚其意；欲诚其意者，先致其知[7]；致知在格物[8]。物格而后知至；知至而后意诚；意诚而后心正；心正而后身修；身修而后家齐；家齐而后国治；国治而后天下平。自天子以至于庶人[9]，壹是[10]皆以修身为本[11]。

其本乱而末[12]治者，否矣。其所厚者薄[13]，而其所薄者厚[14]，未之有也[15]！

注释

[1]大学之道："大学"在古代有多种含义：天大、地大，人亦大。大学是立己达人之学，学达性天之学；二是相对于小学而言的"大人之学"。[2]明明德：明其明德，弘扬自己光明正大的品德。[3]知止：知道目标所在。[4]得：收获。[5]齐其家：管理好自己的家庭或家族，使家族兴旺发达。[6]修其身：修养自身。[7]致其知：彰显明德本心。[8]格物：探究事物原理。[9]庶人：指平民。[10]壹是：都是。[11]本：根本。[12]末：枝末、枝节。[13]厚者薄：该重视的不重视。[14]薄者厚：不该重视的却加以重视。[15]未之有也：即未有之也。没有这样的道理。

译文

大学的宗旨在于弘扬光明正大的品德，应用于生活，使人达到最完善的境界。

知道应达到的境界才能够志向坚定；志向坚定才能够镇静不躁；镇静不躁才能够心安理得；心安理得才能够思虑周详；思虑周详才能够有所收获。每样东西都有根本有枝末，每件事情都有开始有终结。明白了这本末始终的道理，就接近事物发展的规律了。

古代那些要想在天下弘扬光明正大品德的人，先要治理好自己的国家；要想治理好自己的国家，先要管理好自己的家庭和家族；要想管理好自己的家庭和家族，先要修养自身的品性；要想修养自身的品性，先要端正自己的心思；要想端正自己的心思，先要使自己的意念真诚；要想使自己的意念真诚，先要探究事物原理。通过探究事物原理才能获得智慧。获得智慧意念才能真诚；意念真诚后心思才能端正；心思端正后才能修养品性；品性修养后才能管理好家庭和家族；管理好家庭和家族后才能治理好国家；治理好国家后天下才能太平。上自国家元首，下至平民百姓，人人都要以修养品性为根本。

若这个根本被扰乱了，家庭、国家、天下要治理好是不可能的。不分轻重缓急，本末倒置却想做好事情，这也同样是不可能的。

导学

一、作者简介

《大学》是论述修身齐家治国平天下的经文，原为《小戴礼记》第42篇，相传作者为春秋战国时期的曾子。《大学》与《中庸》《论语》《孟子》并称“四书”。曾子（前505年—前435年），姒（sì）姓，曾氏，名参，字子舆，鲁国南武城人，曾点之子，孔子晚年弟子之一，儒家思孟学派的重要人物。

二、作品简析

本章是《大学》本经，程朱理学认为是“孔氏遗言”“入德之门”，以下十章为曾子的传注。此经文展示了儒家的“三纲八目”。三纲领：明明德、亲民、止于至善。八条目：格物、致知、正心、诚意、修身、齐家、治国、平天下。

本章被认为是中国文明的总纲领，深刻影响了中国的政治、经济、军事、文学、艺术等各个领域。其中“八条目”可参阅徐悲鸿名画《八骏图》。

三、知行合一

1. 读一读：认真阅读本章，仔细体会其含义。
2. 议一议：开一个座谈会，和同学们一起交流对本章的理解。
3. 学一学：利用课余时间，学习和领会《大学》原文。

墨子·修身（节选）

（先秦）墨子

志不强者智不达；言不信者行不果。据财不能以分人者，不足与友；守道不笃[1]，遍[2]物不博，辩是非不察者，不足与游。本不固者末必几[3]，雄[4]而不修者，其后必惰[5]。原浊者流不清，行不信者名必秏[6]。名不徒生而誉不自长。功成名遂，名誉不可虚假，反之身者也。务言而缓行，虽辩必不听。多力而伐功，虽劳必不图[7]。慧者心辩而不繁说，多力而不伐功，此以名誉扬天下。言无务为多而务为智，无务为文而务为察。故彼[8]智无察，在身而情[9]，反其路者也。善无主于心者不留，行莫辩于身者不立；名不可简而成也，誉不可巧而立也，君子以身戴行者也。思利寻焉，忘名忽焉，可以为士于天下者，未尝有也。。

注释

[1]笃：忠实，一心一意。[2]遍：当为“别”。[3]几：危险。[4]雄：当为“先”的意思。[5]惰：衰败，堕落。[6]秏：同“耗”，败坏的意思。[7]图：图谋，这里是认可的意思。[8]彼：当作“非”。[9]情：当作“惰”，懈怠。

译文

意志不坚强的，智慧一定不高；说话不讲信用的，行动一定不果敢；拥有财富而不肯分给人的，不值得和他交友；守道不坚定，阅历事物不广博，辨别是非不清楚的，不值得和他交游。根本不牢的，枝节必危。光勇敢而不注重品行修养的，后必懒惰。源头浊的水流会不清，行为无信的人名声必受损害，声誉不会无故产生和自己增长。功成了必然名就，名誉不可虚假，必须反求诸己。专说而行动迟缓，虽然会说，但没人听信。出力多而自夸功劳，虽劳苦而不可取。聪明人心里明白而不多说，努力做事而不夸说自己的功劳，因此名誉扬于天下。说话不图繁多而讲究富有智慧，不图文采而讲究明白。所以既无智慧又不能审察，加上自身又懒惰，则必背离正道而行了。善不从本心生出就不能保留，行不由本身审辨就不能树立，名望不会由苟简而成，声誉不会因诈伪而立，君子是言行合一的。以图利为重，忽视立名，（这样）而可以成为天下贤士的人，还不曾有过。

导学

一、作者简介

墨子，名翟（dí），战国初期宋国人，是墨家学派的创始人。

二、作品简析

《修身》篇主要讨论品行修养与君子人格，强调品行是为人治国的根本，君子必须以品德修养为重。作者以作战、守丧与学习为例，说明其根本不在于列阵、礼节与才学，而分别在于勇气、哀伤与德行。作者认为，“君子之道”包括“贫则见廉，富则见义，生则见爱，死则见哀”以及明察是非、讲究信用、注重实际等方面的内容。

三、知行合一

1. 读一读：熟读本节选文章，理解主要内容，仔细领会第一句话的含义。

2. 比一比：把本节选文和《大学之道，在明明德》进行比较，找出相同的地方，看看有哪些不同？

3. 查一查：上网搜查“墨家”“墨子”的信息。

檀弓上

（先秦）《礼记》

曾子寝疾[1]，病。乐正子春[2]坐于床下，曾元、曾申[3]坐于足，童子隅[4]坐而执烛。童子曰："华而睆[5]，大夫之箦[6]与？"子春曰："止！"曾子闻之，瞿然[7]曰："呼！"曰："华而睆，大夫之箦与？"曾子曰："然。斯季孙[8]之赐也，我未之能易也。元，起易箦。"曾元曰："夫子之病革[9]矣，不可以变[10]。幸而至于旦，请敬易之。"曾子曰："尔之爱我也不如彼。君子之爱人也以德，细人之爱人也以姑息[11]。吾何求哉？吾得正而毙[12]焉斯已矣。"举扶而易之。反[13]席未安而没[14]。

注释

[1]曾子：即曾参。寝疾：病倒，卧病，寝，睡卧，疾，小病。 [2]乐正子春：曾参的弟子。 [3]曾元、曾申：都是曾子的儿子。 [4]隅（yú）：在角落。 [5]华而睆（huǎn）：华美，光滑。 [6]箦（zé）：席子。 [7]瞿（jù）然：惊叹的样子。 [8]季孙：鲁国大夫；曾子受其赐箦，非礼也。 [9]革：通"亟"，指病重。 [10]变：在此指移动。 [11]姑息：无原则的宽容。 [12]正而毙：谓合于正礼而殁。 [13]反：同"返"。 [14]没：同："殁"，死。

译文

曾子躺在床上，病危。弟子子春坐在床旁边，曾元、曾申坐在床脚下，童仆坐在角落拿着蜡烛。童仆说："华美而光洁，那是大夫才能用的竹席啊！"子春说："住嘴！"曾子听见这话，惊惧地说："啊！"童仆又说："华美而光洁，大夫才能用的竹席啊！"曾子说："是的。那是季孙送的，我没来得及换啊。曾元，扶我起来换竹席。"曾元说："您的病非常严重，不能移动。如果到了早晨，一定遵从您的意思换了它。”曾子说：“你爱我不如他童仆。按照道德标准去爱护人，小人爱人以无原则迁就。我还有什么苛求啊？我能得到正道而死去，也足够了。”曾元抬起他更换竹席，把他送回席子，还没躺好就死了。”

导学

一、作者简介

《礼记》又名《小戴礼记》，成书于汉代，为西汉礼学家戴圣所编。《礼记》共二十卷四十九篇，篇章原本分散流传，各篇作者多不可考。其内容主要写先秦的礼制，体现儒家的政治、哲学、教育思想，是研究先秦社会的重要资料。

二、作品简析

病危的曾子听到童子问席子是否是大夫用的时，意识到自己僭礼，坚持要求儿子换掉它，体现了知错就改、严格守礼的精神。曾子的形象惟妙惟肖，他以身护礼，言行一致的风度得以充分的表现。对于今天的读者来讲，以曾参为榜样，那是迂腐至极的。但抛开曾参所守“礼”的内容，他严于律己、知错必改的精神，令人感动。

三、知行合一

1. 读一读：有感情地朗读本文，体会人物的思想感情。
2. 学一学：查一下《礼记》，利用自由时间，阅读其中自己喜欢的内容。
3. 说一说：想象本文场景，用讲故事的方法把本文内容讲给同学听听。

齐桓下拜受胙

（先秦）《左传》

夏，会于葵丘[1]，寻盟[2]，且修好，礼也。

王[3]使宰孔[4]赐齐侯胙[5]，曰："天子有事于文武[6]，使孔赐伯舅胙。"齐侯将下拜。孔曰："且有后命。天子使孔曰：'以伯舅耋老[7]，加劳，赐一级，无下拜！'"对曰："天威不违颜咫尺[8]，小白余敢贪[9]天子之命'无下拜'！恐陨越[10]于下，以遗天子羞，敢不下拜？"下拜登受[11]。

注释

[1]葵丘：宋国地名。[2]寻盟：重温旧盟。[3]王：周襄王。[4]宰孔：周襄王的使臣，孔，人名。[5]胙（zuò）：祭祀时供的肉。[6]有事于文武：指祭祀文王、武王的大事。[7]伯舅：天子尊称异姓诸侯为伯舅。耋（dié）老：老迈，年高，70 岁老人。[8]违：离。颜：面。咫（zhǐ）尺：距离很近，八寸为咫。[9]小白：齐桓公名。余：我。敢：怎敢。贪：贪妄。[10]陨（yǔn）越：摔跤，坠落，指违背礼法。[11]下拜登受：领受天子的赏赐时，下台阶叩首至地，再登堂，接受赐品。

译文

夏天，（齐桓公与众诸侯）在葵丘相会，重温旧盟誓约，并发展友好关系，是合乎礼的。

周襄王派宰孔赐给齐桓公祭肉，说："天子祭祀文王和武王，派我来赐给伯舅胙肉。"齐桓公将要下阶跪拜，宰孔忙说："还有后面的命令。天子派我来时说：'因为伯舅年事已高，加之有功劳，赐给一等，不用下阶跪拜！'"齐桓公回答说："天子的威严离颜面不过咫尺之远，小白我岂敢受天子的命令而‘不用下阶跪拜’！我怕因失礼而从诸侯的位子上坠落下来，给天子带来羞辱，岂敢不下阶跪拜？”于是下阶跪拜，登堂，受胙。

导学

一、作者简介

《左传》原名为《左氏春秋》，简称《左传》，儒家十三经之一，春秋末年左丘明为解释孔子《春秋》而作。左丘明（约前 502 年—约前 422 年），春秋末期鲁国人，曾任鲁国史官。

二、作品简析

这篇百字短文记述了齐桓公在会晤诸侯时接受周襄王赏赐祭肉的一个场面。粗读似乎平淡无奇，细品则觉别有滋味。文中对齐桓公受宠若惊的神态，写得细腻生动。本文写齐桓公只有一段话、一套程式化动作，却把一个雄才大略、老谋深算的形象刻画得形神毕肖。

三、知行合一

1. 读一读：朗读本文，理解本文内容。

2. 想一想：从齐桓公在受到周天子特殊礼遇时还严守君臣之礼的言行中，你感悟到了什么？

3. 讲一讲：齐桓公是“春秋五霸”之一，他有许多有趣的故事，找来讲给同学听。

介之推不言禄

（先秦）《左传》

晋侯赏从亡者[1]，介之推[2]不言禄，禄亦弗及。

推曰："献公之子九人，唯君在矣。惠、怀[3]无亲，外内弃之。天未绝晋，必将有主。主晋祀者，非君而谁？天实置[4]之，而二三子[5]以为己力，不亦诬[6]乎？窃人之财，犹谓之盗。况贪天之功，以为己力乎？下义其罪[7]，上赏其奸。上下相蒙，难与处矣。"

其母曰："盍[8]亦求之？以死谁怼[9]？"

对曰："尤[10]而效之，罪又甚焉！且出怨言，不食其食。"

其母曰："亦使知之，若何？"

对曰："言，身之文[11]也。身将隐，焉用文之？是求显也。"

其母曰："能如是乎？与汝偕隐。"遂隐而死。

晋侯求之，不获，以绵上[12]为之田[13]。曰："以志[14]吾过，且旌[15]善人。"。

注释

[1]晋侯：指晋文公，即重耳。赏：赐有功也。从亡者：从文公出亡在外之臣，如狐偃、赵衰之属。[2]介之推：后人尊为介子，因"割股奉君"，隐居"不言禄"之壮举，深得世人怀念，死后葬于介休绵山。[3]惠、怀：惠公，怀公，惠公是文公重耳的弟弟，是怀公的父亲。[4]置：立。[5]二三子：相当于"那几个人"，子是对人的美称。[6]诬：欺骗。[7]下义其罪：义，善也。[8]蒙：欺骗。盍：何不。[9]怼（duì）：怨恨。[10]尤：罪过。[11]文：花纹，装饰。[12]绵上：地名。[13]田：祭田。[14]志：记载。[15]旌：表彰。

译文

晋文公赏赐跟从他流亡的人，介之推不谈爵禄，因此爵禄也没有给他。

介之推说：“献公之子九人，只有君侯在世。惠公、怀公没有亲近之人，国内外都厌弃他们。天不绝晋国的后嗣，一定会有君主。主持晋国祭祀的人不是国君又是谁呢？实在是上天立的他，而那几个人以为是自己的力量，不是骗人吗？偷别人的财物，还被称为盗，何况窃取上天的功劳当作自己的功劳呢？下面的人赞同他们的罪过，上面的人奖赏他们的欺诈，上下相互欺骗，就难以和他们相处了。”他的母亲说：“何不也去请求赏赐？就这样死了，怨谁？”介之推说：“明知是错误而效法它，罪过更大。并且我发出过怨言，不可再吃国君的俸禄。”他的母亲说：“也要让国君知道这件事，怎么样？”介之推答道：“言语，是身上的装饰品。身子将要隐藏，哪里还要用言语去装饰它？这样做就是为了显露了。”他母亲说：“能够像你说的这样去做吗？我和你一同去隐居。”于是隐居而死。

晋文公寻找介之推没有找到，就以绵上作为介之推的封地，说：“以此记载我的过失，并表彰好人。”

导学

一、作品简析

辅佐君主成就大功之后，臣子是心安理得地接受封赏，还是功成身退，这一直是困扰着古人的问题。本文一百九十四字，记叙了介之推在决定归隐时与母亲的对话，生动刻画出功成身退、正直清高的介之推形象，母亲不动声色、旁敲侧击的性格也跃然纸上。全文语言凝练，不少句子如“天实置之”“贪天之功以为己力”已是成语。清代金圣叹《天下才子必读书》卷一“最是清绝、峭绝文字。写其母三段语，是三样文字，细玩味之。”

二、知行合一

1. 读一读：朗读本文，想一想介子推和他的母亲是怎样的一个人。

2. 讲一讲：介子推因“割股奉君”、隐居“不言禄”“抱树而死”之壮举，后人立庙祭祀产生了“寒食节”（清明节前一天），请你把这三个故事讲给同学听。

3. 学一学：唐代诗人孟云卿《寒食》为寒食节而作，请你背诵。

寒食

孟云卿

二月江南花满枝，他乡寒食远堪悲。

贫居往往无烟火，不独明朝为子推。

春王正月

（先秦）公羊高

元年[1]者何？君之始年[2]也。春者何？岁之始也[3]。王者孰谓？谓文王[4]也。曷[5]为先言“王”而后言“正月？”王正月也。何言乎王正月？大一统[6]也。

公[7]何以不言即位？成公意也。何成乎公之意？公将平国而反之桓。曷为反之桓？桓幼而贵[8]，隐长而卑。其为尊卑也微[9]，国人[10]莫知。隐长又贤，诸大夫扳[11]隐而立之。隐于是焉而辞立[12]，则未知桓之将必得立也；且如桓立，则恐诸大夫之不能相幼君也。故凡隐之立，为桓立也[13]。隐长又贤，何以不宜立？立适[14]，以长不以贤，立子[15]，以贵不以长。桓何以贵？母贵也。母贵，则子何以贵？子以母贵[16]，母以子贵。

注释

[1]元年：鲁隐公元年（公元前 722 年）。[2]君之始年：人君即位第一年。[3]岁之始也：一年第一个季节。[4]文王：周文王，周朝第一代君主。[5]曷：何。[6]大一统：指天下一统。[7]公：指鲁隐。[8]桓幼而贵：谓桓公年纪虽小，但因为他的母亲为宋武公之女，其地位贵重。[9]尊卑也微：指隐公桓公谁尊谁卑，区别微小。[10]国人：参与议论国事的民众。[11]扳（pān）：攀援，攀附。[12]隐于是焉而辞立：如果隐公在这个时候辞让君位。[13]为桓立也：意指隐公同意立自己为君，乃是为了将来立桓公而考虑的。[14]适（dí）：通“嫡”，正妻所生之子。[15]子：指庶子，一般姬妾所生之子。[16]子以母贵：做儿子的地位尊贵，是依靠他母亲地位尊贵而来。

译文

“元年”两字是什么意思？是国君即位头一年。“春”字是什么意思？是一年的开始。“王”指的是谁？指周文王。为什么先说王而后说正月，这是为了说明是周王朝的正月。为什么说周王朝的正月？是尊重周天子的一统天下。

隐公为什么不说即位？是为了成全隐公的意愿。为什么说是成全隐公的意愿？因为隐公准备治理国家，然后还政于桓公。为什么还政于桓公？因为桓公年幼却地位尊贵，隐公年长却地位卑下；他们之间尊卑的差别是很小的，国人没有知道的。隐公年长而有德行，众大夫攀援隐公而立他为国君。隐公这时要是推辞，就不知道桓公是否一定能立为国君；如果桓公立为国君，又恐怕众大夫不能辅佐幼君。所以，总的说来，隐公的即位，正是为了桓公将来即位。隐公年长而有德行，为什么不宜立为国君？这是因为，立嫡子，凭年长不凭德行；立庶子，凭尊贵不凭年长。桓公为什么尊贵？因为他的母亲尊贵。母亲尊贵，儿子为什么就尊贵？儿子因母亲而尊贵，母亲因儿子而尊贵。

导学

一、作者简介

公羊高，战国时齐国人，孔子弟子子夏之徒，传《春秋》的三大家之一，他是儒家经典《春秋公羊传》的始作者。

二、作品简析

《春秋》鲁隐公元年第一句经文是“元年，春，王正月。”《春王正月》采用问答的形式对“元年，春，王正月”进行逐层的剖析，提出“大一统”的中心观点，通过“隐公摄政不即位”的这一历史事实，阐明“立嫡以长不以贤，立子以贵不以长”的正统思想，指出这样做是为团结内部关系，避免争夺。

三、知行合一

1. 学一学：利用工具书，把本文学懂，理解本文基本内容。

2. 悟一悟：本文旨在阐明“立嫡以长不以贤，立子以贵不以长”的宗法制度，请你和师长一起讨论其优劣。

3. 想一想：“子以母贵，母以子贵”这句话包含什么样的道理？

赋篇（节选）

（先秦）荀子

有物于此，生于山阜[1]，处于室堂。无知无巧，善治衣裳。不盗不窃，穿窬[2]而行。日夜合离，以[3]成文章。以能合从[4]，又善连衡[5]。下覆百姓，上饰帝王。功业甚博，不见[6]贤良。时用则存，不用则亡。臣愚不识，敢请之王。王曰：此夫始生巨[7]、其成功小[8]者邪？长其尾[9]而锐其剽者邪？头铦达[10]而尾赵[11]缭者邪？一往一来，结尾以为事。无羽无翼，反覆甚极[12]。尾生而事起，尾邅[13]而事已。簪[14]以为父，管[15]以为母。既以缝表，又以连里。夫是之谓箴理。

注释

[1]生于山阜（fù）：针用铁制，而铁矿在山中，故称。[2]穿窬（yú）：语意双关，表面指打通墙洞而入室偷窃，实指针钻洞缝纫的动作，窬，洞。[3]以：通“已”，既。[4]合从（zòng）：喻指针能将竖向的东西缝合在一起。从，通“纵”，竖向，南北方向。[5]连衡：喻指针缝合横向的东西。衡，通“横”，横向，东西方向。[6]见（xiàn）：同“现”，表现，显示。[7]始生巨：指制针的铁很大。[8]成功小：指制成的针很小。[9]尾：指线。[10]铦（xiān）：锐利。达（tà）：挑达（tāo tà），畅通无阻、来去自由的样子。[11]赵（diào）：通“掉”，摇。掉缭，摇曳而缠绕的样子，形容线的长。[12]极：通“亟”，急。[13]邅（zhān）：转，回旋，指打结。[14]簪（zān）：大针，一般的针由这种大针磨细后再打上穿线孔而成，所以说以簪为父。[15]管：盛装针的工具。

译文

这里有种东西，产于山岗，放置在内屋厅堂。没有智慧没有技巧，却善于缝制衣裳。既不偷盗也不行窃，却先打洞然后前往。日夜使分离的相合，从而制成花纹式样。既能够联合竖向，又善于连结横向。下能够遮盖百姓，上能够装饰帝王。功劳业绩非常巨大，却不炫耀自己贤良。有时用它，就在身旁；不用它时，它就躲藏。我很愚昧，不知其详，大胆请教大王。大王说：这东西是开始产生时很大而它制成后很小的吗？是尾巴很长而末端很尖削的吗？是头部锐利而畅通无阻、尾巴摇曳而缠绕的吗？它一往一来地活动，把尾打结才开始。没有羽毛也没有翅，反复来回很不迟。尾巴一长工作就开始，尾巴打结工作才停止。把大型簪针当父亲，而母亲就是那盛针的管子。既用它来缝合外表，又用它来连结夹里。这是关于针的道理。

导学

一、作者简介

荀子（前 313 年—前 238 年），名况，字卿，战国末期赵国人，时人称“荀卿”。荀子对重新整理儒家典籍也有显著贡献。

二、作品赏析

《箴赋》通过君臣问答的形式，描述了针的形象与功能、品德，确实不愧“为物微而用至重”。全篇先点明它的出处，其次强调它的功能，最后突出它的功绩与品德，最后赞扬它不自我表现，不居功自傲，顺时行藏，无所企求的美德。文章启发人们思考士阶层的出处行藏，顺应时势，“以仁厚知能尽官职”。

三、知行合一

1. 读一读：体会古代人对“针”的认识。你觉得全面吗？
2. 写一写：试着写一篇短文，介绍你喜欢的一件物品。

3. 读一读：读成语“铁杵成针”原文，一代大诗人顿悟后的作为对你有什么启示？

磨针溪，在象耳山下。世传李太白读书山中，未成，弃去。过小溪，逢老媪方磨铁杵，问之，曰：“欲作针。”太白感其意，还卒业。媪自言姓武。今溪旁有武氏岩。

解老（节选）

（先秦）韩非

所谓方[1]者，内外相应也，言行相称[2]也。所谓廉者，必[3]生死之命也，轻恬[4]资财也。所谓直[5]者，义必公正，公心不偏党也。所谓光[6]者，官爵尊贵，衣裘壮丽也。今有[7]道之士，虽中外信顺[8]，不以诽谤穷堕[9]；虽死节轻财，不以侮罢[10]羞贪；虽义端[11]不党，不以去邪罪私[12]；虽势尊[13]衣美，不以夸贱欺贫[14]。

注释

[1]方：方正，指表里一致，言行一致。[2]相称：相符。[3]必：保，重视。[4]恬：淡。[5]直：正直，是指在道义上一定公正，有公心而不偏私。[6]光：光耀，是指官爵尊贵，衣裘华丽。[7]今：现在。[8]信顺：忠诚和顺。[9]诽谤：议论。穷堕（duò）：困苦堕落。[10]侮：侮辱。罢：通“疲”，指软弱的人。[11]义端：品行端正。[12]去邪罪私：嫌弃邪僻的人、责怪自私的人。[13]势尊：地位尊贵。[14]夸贱欺贫：藐视卑贱的人，欺侮贫穷的人。

译文

所谓的方正，指始终要表里一致，言行一致；而所谓的廉正，则是指舍生忘死并看轻资财；其次所谓正直，是指在道义上要公正、有公心而不偏私；最后所谓光耀，则是指官爵尊贵且又衣裘华丽。现在掌握道的人，虽然内心和外表都真诚和顺，但并不以此议论困苦堕落的人；虽然能舍生忘死轻视资财，但并不因此侮辱软弱的人，耻笑贪利的人；虽然品行端正不结党营私，但并不以此嫌弃邪僻的人、责怪自私的人；虽然地位尊贵衣着华美，但并不以此藐视卑贱的人，欺侮贫穷的人。

导学

一、作者简介

韩非（约前 280 年—前 233 年），又称韩非子，战国末期韩国新郑（今属河南）人，法家学派代表人物。

二、作品简析

所谓“解老”，是对《老子》（即《道德经》）解释。韩非的很多思想是从老子借鉴而来。但他并不是对道家的传承，而是借道家之表巧妙地表达了法家的政治思想。《韩非子》的主要贡献有朴素唯物思想、辩证法思想以及文字之下若隐若现的历史唯物主义思想。这三点在《解老》篇中都有集中体现。

三、知行合一

1. 读一读：将所选文段读一读。
2. 说一说：什么是“方”？什么是“廉”？什么是“直”？什么是“光”？
3. 悟一悟：这篇文章告诉我们什么道理？

齐桓好服紫

（先秦）韩非

齐桓公好服紫[1]，一国[2]尽服紫。当是时也，五素不得一紫[3]。桓公患之，谓管仲[4]曰："寡人好服紫，紫贵甚，一国百姓好服紫不已，寡人奈何？"

管仲曰："君欲止之，何不试勿衣紫也？谓左右曰：'吾甚恶紫之臭[5]。'于是左右[6]适有衣紫而进[7]者，公必曰：'少却[8]！吾恶[9]紫臭。'"公曰："诺。"

于是日，郎中[10]莫衣[11]紫；其明日[12]，国中莫衣紫；三日，境内[13]莫衣紫也。

注释

[1]齐桓公：春秋时齐国国君，春秋五霸之一，姓姜，名小白。好：喜好。服紫：穿紫色的衣服，服，穿。[2]国：都城。[3]五素不得一紫：五匹生绢换不到一匹紫色的（绢）。素：未染色的丝织品。[4]管仲：字夷吾，春秋时齐国的丞相，助齐桓公称霸。[5]臭（xiù）："……的气味"。[6]左右：身边的近臣。[7]进：晋见。[8]少：稍稍。却：退。[9]恶（wù）：厌恶。适：正好。[10]郎中：官名，侍卫近臣，此处泛指宫中官员。[11]衣：穿衣服。[12]其明日：（到了）第二天。[13]境内：国境内。

译文

齐桓公喜欢穿紫色的衣服，整个都城的人都穿紫色的衣服。正在那个时候，五匹生绢也换不到一匹紫色的布。齐桓公对此十分忧虑，对管仲说："我喜欢穿紫色的衣服，紫色的布料很贵，整个都城的百姓喜欢穿紫色衣服的风气不消失，我该怎么办呢？"

管仲说："您想制止这种情况，为什么不试一下不穿紫衣服呢？您可以对身边的侍从说：'我非常厌恶紫色衣服的气味。'"

在这时，侍从中如果有穿紫衣来进见的人，桓公就说："稍微退后点，我厌恶紫色衣服的气味。"

那人说："是。"

从这天开始，没有侍卫近臣再穿紫色衣服了；到第二天，城中也没有人穿紫色衣服了；第三天，国境之内没有人再穿紫色衣服了。

导学

一、作品简析

故事讲的是齐桓公喜欢穿紫色的衣服，齐国的人便都穿紫色的，说明"上有所好，下必甚焉"的道理，告诫人们，作为领导人或有社会影响的公众人物，其一言一行必须谨慎，必须考虑社会影响，不然将造成严重后果。

二、知行合一

1. 想一想：造成齐国"五素不得一紫"这种局面的根源是什么？管仲的建议是什么？

2. 讲一讲：把本则寓言故事讲给同学们听。

3. 读一读：课余阅读《韩非子》，把你喜欢的文章多读几遍。

宋玉对楚王问

（先秦）宋玉

楚襄王问于宋玉[1]曰："先生其有遗行[2]与？何士民众庶[3]不誉之甚[4]也！"

宋玉对曰："唯，然，有之！愿大王宽其罪，使得毕其辞。

"客有歌于郢[5]中者，其始曰《下里》《巴人》[6]，国[7]中属[8]而和[9]者数千人。其为《阳阿》《薤露》[10]，国中属而和者数百人。其为《阳春》《白雪》[11]，国中有属而和者，不过数十人。引商刻羽[12]，杂以流徵，国中属而和者，不过数人而已。是[13]其曲弥[14]高，其和弥寡。

"故鸟有凤而鱼有鲲[15]。凤皇上击九千里，绝云霓[16]，负苍天，足乱浮云，翱翔[17]乎杳冥[18]之上。夫蕃篱[19]之鷃[20]，岂能与之料[21]天地之高哉？鲲鱼朝发昆仑[22]之墟[23]，暴鬐[24]于碣石[25]，暮宿于孟诸[26]。夫尺泽[28]之鲵[28]，岂能与之量[29]江海之大哉？故非独[30]鸟有凤而鱼有鲲，士亦有之。夫圣人瑰意琦行[31]，超然独处，世俗[32]之民，又安[33]知臣之所为哉？"

注释

[1]宋玉：战国楚国鄢人，辞赋家，本篇文本选取于《新序》。[2]遗行：有失检点的行为。[3]众庶，大众平民。[4]甚：厉害，严重。[5]郢（yǐng）：楚国的国都。[6]《下里》《巴人》：楚国民间歌曲。[7]国：国都，京城。[8]属（zhǔ）：连接，跟着。[9]和（hè）：跟着唱。[10]《阳阿（ē）》《薤（xiè）露》：两种稍高级的歌曲。[11]《阳春》《白雪》：楚国的高雅歌曲。[12]引：引用。刻：刻画。商、羽、徵：五音中的三个。[13]是：这。[14]弥（mí）：愈，越。[15]鲲（kūn）：传说中的一种大鱼。

[16]绝：尽，穷。云霓：指高空的云雾。 [17]翱翔（áo xiáng）：展开翅膀回旋地飞。 [18]杳（yǎo）冥：极远的地方。 [19]藩篱：篱笆。 [20]鷃（yàn）：一种小鸟。 [21]料：估量，估计。 [22]朝（zhāo）：早晨。发：出发。昆仑：西北著名大山。 [23]墟（xū）：土丘。 [24]暴：暴露。鬐（qí）：鱼脊。 [25]碣（jié）石：渤海边一座山。 [26]孟诸：古代大泽名。 [27]尺泽：一尺大的小池。 [28]鲵（ní）：小鱼。 [29]量：衡量，计量。 [30]非独：不但。 [31]瑰（guī）意琦（qí）行：卓越的思想、美好的操行。 [32]世俗：平常、凡庸。 [33]安：怎么，哪里，表示反问。

译文

楚襄王问宋玉说："先生也许有不检点的行为吧？为什么百姓都那么不称赞你呢？"

宋玉回答说："是的，是这样，有这种情况。希望大王宽恕我的罪过，允许我把话说完。有个人在都城唱歌，起初他唱《下里》《巴人》，城里跟着他唱的有几千人；后来唱《阳阿》《薤露》，跟着他唱的有几百人；等到唱《阳春》《白雪》，跟着他唱的不过几十人；最后引其声而为商音，压低其声而为羽音，夹杂运用流动的徵声时，跟着应和的不过几人罢了。这样看来，歌曲越高雅，应和的人就越少。

"所以鸟类中有凤凰，鱼类中有鲲鱼。凤凰展翅上飞九千里，穿越云霓，背负着苍天，两只脚搅乱浮云，翱翔在那极高远的天上；那跳跃在篱笆下面的小鷃雀，岂能和它一样了解天地的高大！鲲鱼早上从昆仑山脚下出发，中午在渤海边的碣石山上晒脊背，夜晚在孟诸过夜；那一尺深水塘里的小鲵鱼，岂能和它一样测知江海的广阔！

"所以不光是鸟类中有凤凰，鱼类中有鲲鱼，士人之中也有杰出人才。圣人的伟大志向和美好的操行，超出常人而独自存在，一般的人又怎能知道我的所作所为呢？"

导学

一、作者简介

宋玉（约前 298 年—约前 222 年），又名子渊，宋国公族后裔，楚国士大夫。曾事楚襄王。屈原之后辞赋家。流传作品有《九辩》《风赋》《高唐赋》《登徒子好色赋》等。“下里巴人”“阳春白雪”“曲高和寡”的典故皆因他而来。

二、作品简析

《对楚王问》是问对体，即假设主客问答以表达作者思想的文体。此文是宋玉面对他人谗毁而作的辩解。运用比喻，以表现宋玉的清高孤傲的气质与品性，也在不经意中流露出隐隐的不满情绪，值得细加玩味。

三、知行合一

1. 学一学：本文虽短，成语颇多，如“白雪阳春、超然独处、尺泽之鲵、蕃篱之鷃、瑰意琦行、曲高和寡、下里巴人、阳阿薤露、阳春白雪、引商刻羽”等，请你利用工具书学懂。

2. 写一写：学习本文写法，记叙一个场景，写一段对话。

3. 读一读：宋玉被称为古代四大美男之一，后人多写诗文赞之，唐朝诗人李商隐《高花》即是，请你读读。

高 花

李商隐

花将人共笑，篱外露繁枝。

宋玉临江宅，墙低不碍窥。

智慧教育读库

汉晋春秋

高帝求贤诏[1]

（汉）刘邦

盖闻王者莫[2]高于周文[3]，伯[4]者莫高于齐桓[5]，皆待贤人而成名。今天下贤者智能[6]，岂特[7]古之人乎？患在人主[8]不交故也，士奚由[9]进？今吾以天之灵[10]，贤士大夫，定有天下，以为一家[11]。欲其长久，世世奉宗庙亡绝[12]也。贤人已与我共平[13]之矣，而不与吾共安利[14]之，可乎？贤士大夫有肯从我游[15]者，吾能尊显[16]之。布告天下，使明知朕[17]意。御史大夫昌下[18]相国，相国酂侯[19]下诸侯王，御史中执法下郡守，其有意称明德[20]者，必身劝[21]，为之驾，遣诣[22]相国府，署行义年[23]，有而弗言，觉免[24]。年老癃[25]病，勿遣[26]。

注释

[1]高帝：即汉高祖刘邦。诏：诏书，皇帝的命令或文告。[2]莫：没有。[3]周文：即周文王。[4]伯：通“霸”，春秋时诸侯盟主。[5]齐桓：即齐桓公。[6]智能：智谋才能。[7]岂特：难道只有。[8]人主：人君。[9]奚由：由奚，从哪里。[10]灵：威灵，保佑的意思。[11]以为一家：以天下为一家。[12]宗庙：奉祀祖先的庙堂，古时把帝王的宗庙当作国家的象征。亡绝：无穷，亡，通“无”。[13]平：平定。[14]安利：安养。[15]游：交游，这里有共事的意思。[16]尊显：置人于尊贵显赫的地位。[17]朕（zhèn）：我，我的。[18]昌：周昌，高祖功臣。下：下达。[19]酂（zàn）侯：指萧何。[20]其有：如有。意：美好的名声。称（chèn）：相符。明德：美德。[21]身劝：亲自往劝出仕。[22]诣（yì）：前往。[23]署：题写。行义年：事迹、状貌、年龄。[24]觉免：发觉后受免职处分。[25]癃（lóng）：腰部弯曲、背部隆起，这里泛指残疾。

[26]遣：派送，打发。

译文

听说古代圣王没有谁超过周文王的，霸主没有超过齐桓公的，他们都依靠贤人成就功名。现在天下贤人有智慧有才能的，难道只有古代才有吗？担忧的是君主不肯去结交，贤士从什么途径进身呢？现在我靠上天神灵和贤士大夫平定天下，统一全国成为一家。希望长久保持下去，世世代代奉祀宗庙到无穷。贤人已经和我共同平定天下了，而不和我共同治理天下，可以吗？贤士大夫们肯同我共事的，我能够使他贵显。把诏令布告天下，让大家明白我的意思。御史大夫周昌把诏书下达相国酂侯，相国酂侯下达各诸侯王，御史中执法下达各郡太守。如果有美名和美德相称的，一定要亲自劝他出来，给他准备车马，送他到相国府，写下经历、状貌、年龄。如果有贤人而不推举，发觉后要免除他的官。年老而体弱多病的，不要送来。

导学

一、作者简介

刘邦（前256年—前195年），字季，沛郡丰邑（今江苏丰县）人，汉朝开国皇帝。

二、作品简析

《高帝求贤诏》是刘邦称帝十一年二月发布的诏书，是他在全国范围内征求贤才的诏令。文章短小，却清楚说明了诏令求贤的原因、目的和方法。先写古人用贤成就功业，继之写自己用贤平定天下，最后表示欲安定天下在全国范围内征求贤才。汉高祖刘邦懂得任用人才是取得胜利、巩固统治的重要保证，他以周文、齐桓自许，用古代贤士期待今人，表现他的存心王霸和求贤若渴的心情。

三、知行合一

1. 背一背：利用工具书或上网，理解本文内容，在此基础上朗读和背诵本文。

2. 查一查：毛泽东评价刘邦是封建社会皇帝里最厉害的一个，请你阅读小说《汉高祖刘邦传》《大汉王朝》，看看你能在刘邦身上学到什么。

3. 悟一悟：创业难，守业更难，《大风歌》就是一代帝王刘邦的内心世界的真实体现，请你好好体会。

大风歌

刘邦

大风起兮云飞扬。
威加海内兮归故乡。
安得猛士兮守四方！

武帝求茂才异等[1]诏

（汉）刘彻

盖有非常之功，必待非常之人，故马或奔踶[2]而致千里，士或有负俗之累而立功名。夫泛驾[3]之马，跅弛[4]之士，亦在御之而已。

其令州郡察吏民有茂材异等可为将相及使绝国[5]者！

注释

[1]茂才：指优秀的人才。异等：才能出类拔萃的人。[2]奔踶（dì）：奔驰，踢人。意谓不驯服。[3]泛（fěng）驾：把车子弄翻，指不受驾驭。[4]跅（tuò）弛：放纵不羁。[5]绝国：极为辽远的邦国。

译文

建立不同一般的事业，必须依靠特殊的人才。有的马奔跑踢人，却能行千里；有的人受到世俗讥讽，却能建立功名。这些不受驾驭的马和放纵不羁的人，也在于如何驾驭他们罢了。

我命令：各州各郡要发现官吏和百姓中那些有优秀才能，超群出众，可担任将相及出使远方的人才。

导学

一、作者简介

汉武帝刘彻（前 156 年—前 87 年），幼名彘，徐州沛县（今江苏省沛县）人，西汉第七位皇帝。

二、作品简析

《武帝求茂才异等诏》是汉武帝选拔社会人才而颁布的诏书。汉武帝求人才，不拘资格，不苛求小节，务期适用，表现了他的雄才大略。这篇诏书文字精炼，强调了建设国家与发掘人才的密切关系，提出了大行不避细节的选拔原则。当代之人应学习汉武帝不拘一格选人才，只要是“千里马”就不要求全责备。

三、知行合一

1. 读一读：用那种求贤若渴的心情高声诵读本文，最好能默写本文。

2. 查一查：上网查询汉武大帝时期著名人物的生平事迹。

3. 比一比：秦孝公写《求贤令》称为战国第一雄文，认真学习后看看与本文有什么不同？

求贤令

秦孝公

昔我缪公自岐雍之间，修德行武。东平晋乱，以河为界。西霸戎翟，广地千里。天子致伯，诸侯毕贺，为后世开业，甚光美。会往者厉、躁、简公、出子之不宁，国家内忧，未遑外事，三晋攻夺我先君河西地，诸侯卑秦，丑莫大焉。献公即位，镇抚边境，徙治栎阳，且欲东伐，复缪公之故地，修缪公之政令。寡人思念先君之意，常痛于心。宾客群臣有能出奇计强秦者，吾且尊官，与之分土。

五帝本纪赞[1]

（汉）司马迁

太史公[2]曰：学者多称五帝，尚[3]矣。然《尚书》[4]独载尧以来，而百家[5]言黄帝，其文不雅驯[6]，荐绅[7]先生难言之。孔子所传《宰予[8]问五帝德》及《帝系姓》，儒者[9]或不传。余尝西至空桐[10]，北过涿鹿[11]，东渐[12]于海，南浮江淮矣，至长老皆各往往称黄帝、尧、舜之处，风教固殊焉。总之，不离古文[13]者近是[14]。予观《春秋》《国语》[15]，其发明[16]《五帝德》《帝系姓》章[17]矣，顾弟[18]弗深考，其所表见[19]皆不虚。书缺有间[20]矣，其轶[21]乃时时见于他说。非好学深思，心知其意，固[22]难为浅见寡闻道也。余并论次[23]，择其言尤雅者，故著为本纪书首。

注释

[1]五帝：中国古代五个帝王，共有五种说法，《五帝德》所说的黄帝、颛顼、帝喾、尧、舜五人；《战国策·赵策》与《易·系辞》提出的宓戏（伏羲）、神农、黄帝、尧、舜五人；《吕氏春秋·十二纪》所载的太昊、炎帝、黄帝、少昊、颛顼五人；《世经》所编排的伏羲、神农、黄帝为三皇，接着的少昊、颛顼、帝喾、尧、舜为五帝，“三皇五帝”说被奉为古代的信史；《通鉴外纪》及《路史发挥》以黄帝、少昊、颛顼、喾、尧为五帝，似是最晚的一说。本纪：《史记》的一种体例，按照年代先后，叙述历代帝王政绩。赞：文章最后的论赞部分，在叙事之后，以作者的口气写的议论、总结及补充的文字。 [2]太史：官名，是掌管政府资料档案文件的，司马迁曾担任汉太史令，所以自称太史公。 [3]尚：通“上”，久远。 [4]《尚书》：即《书经》，简称《书》，中国最古的史书，内容包括上古典谟训诰之文。 [5]百家：先秦时代，思想学术家极多，如孔子、老

子、庄子、墨子等，统称百家，又称诸子百家。[6]雅：正确、合乎规范。驯：通“训”，可以为训。[7]荐绅：通“搢绅”，也作“缙绅”，借指大人先生。[8]宰予：字子我，也称宰我，春秋时鲁人，孔子弟子，善于辞令。[9]儒者：指学习儒家学说的诸生。[10]空峒：也作“崆峒”，山名。[11]涿鹿：山名，传说黄帝征蚩尤，战于涿鹿，遂戮蚩尤。[12]渐（jiān）：流入，这里是到达的意思。[13]古文：指《尚书》等所载。[14]近是：近于是。[15]《春秋》：鲁国编年体史书名，为孔子所编定。[15]《国语》：书名，传说春秋时代左丘明所作，分国纪事。[16]发明：闻名。[17]章：通“彰”明显。[18]顾弟：只是，不过；弟，同“第”。[19]表见：表现；见（xiàn），通“现”。[20]间（jiàn）：间隙，这里指脱漏。[21]轶：通“佚”，遗失；这里指佚文。[22]固：本来。[23]论次：谓依次叙述。

译文

太史公说：学者多赞五帝，很久了。但最可征而信的《尚书》，记载的独有尧以来，而不记载黄帝、颛顼、帝喾。诸子百家言黄帝又涉于神怪，都不够典雅，没有依据。所以当世缙绅们都不敢说，不可以引以为证啊。孔子所传的《宰予问五帝德》及《帝系姓》，虽称孔子所传，但儒者怀疑不是圣人之言，所以不传以为实。我曾经西至崆峒山黄帝问道于广成子处，北到黄帝尧舜之都涿鹿，东到海，南到江淮，我所经历的地方，所见过的长老，往往称颂黄帝尧舜的旧绩与其风俗教化，固来与别处有所不同。那么别的书说到黄帝的，也或者可以为证。总之，接近不背离《尚书》所记载的。我看《春秋》《国语》，这两篇发挥阐释《五帝德》《帝系姓》很彰著。只不过不深考而且有的不传讲。这两篇所发挥阐述得很显著，验之风俗教化固然不同一般，都是事实，一点也不虚。况《尚书》缺亡的内容多了，岂能因为它缺亡而算了呢？它所遗失的，像黄帝以下的事情，就时时见于其他的传说中，如百家《五帝德》之类，都是其他学说。又怎么可以因为缙绅难言，儒者不传，而不选取了呢？非好学深思，心知其意的人，不能择取。而浅见寡闻者本来就难为它讲说。我按照黄帝、颛顼、帝喾、尧、舜的次序，选择其中语言比较典雅的。所以写成本纪的开头。

导学

一、作者简介

司马迁(前145年或前135年—？),创作中国第一部纪传体通史《史记》。其被公认为是中国史书的典范,“二十四史”之首。

二、作品简析

《五帝本纪赞》是《古文观止》里的一篇文章,为《史记·五帝本纪》的赞语,在于说明《五帝本纪》的史料来源和作者的见解。赞语的宗旨在于说明《五帝本纪》的史料来源以及作者的取舍,文章不足二百字,却极尽曲折回环之妙,是一篇引人入胜的说明性的短文,在《史记》诸多赞语中可称超绝。这段“赞”语表明了作者司马迁拨乱反正、重实去伪的史学观,同时说明写作《五帝本纪》的缘由。清金圣叹《天下才子必读书》卷七评“此为史赞之首,最古劲,最简直,而意义最多,顿挫最大。读之,生出通身笔力。”

三、知行合一

1. 背一背:本文短小,内容丰富,写法严谨,请你熟读并背诵。

2. 辩一辩:你觉得五帝是哪五帝?请按现代通识说法,熟记五帝称谓和顺序。

3. 学一学:课余阅读《史记·五帝本纪》,结合历史传说,试着了解中国远古时代的历史。

商鞅[1]立木建信

（汉）司马迁

令既具[2]，未布[3]，恐民之不信，已乃立三丈之木于国都市南门[4]，募民有能徙置北门者予十金[5]。民怪[6]之，莫敢徙。复曰“能徙者予五十金”。有一人徙之，辄予五十金，以明不欺。卒下令。

注释

[1]商鞅：战国政治家。 [2]令既具：商鞅变法的条令已准备就绪，具，准备就绪。 [3]布：公布，颁布。 [4]国都市南门：指城后边市场南门。 [5]金：古代货币单位。 [6]怪：感到奇怪。辄：就。

译文

法的条令已经完备，还没公布，商鞅担心人民不相信自己，就在国都集市南门竖了一根三丈高的木头，招募能把它迁移到北门的人给他十金。民众认为奇怪，没有一个敢去搬。商鞅又说：“能搬的人给他五十金。”有一个人搬迁了那根木头，商鞅就给了他五十金。商鞅用这个来表明自己不欺骗民众，终于公布了法令。

导学

一、作品简析

本文选自《史记·商君列传》，商鞅为了保证新法在百姓中顺利进行，采取了“立木为信”的方法，在百姓中得到了信任，推动了变法。《商鞅立木建信》这个故事告诉我们诚信很重要，“人无信而不立”，要想让人相信自己，必须“言必信，信必果”。

二、知行合一

1. 讲一讲：将本文故事讲给小朋友听。
2. 说一说：了解商鞅变法的内容，并说说这个故事告诉了我们什么道理。
3. 写一写：写一件发生在你身边的关于诚信的事。

叶公好龙

（汉）刘向

叶公[1]子高好龙，钩[2]以写[3]龙，凿[4]以写龙，屋室雕文[5]以写龙。于是天龙闻[6]而下之[7]，窥[8]头于牖[9]，施[10]尾于堂[11]。叶公见之，弃而还走[12]，失其魂魄，五色无主[13]。是[14]叶公非好[15]龙也，好夫[16]似龙而非龙者也。

注释

[1]叶公：春秋时楚国叶县县令沈诸梁，名子高。 [2]钩：衣服上的钩带。 [3]写：画。 [4]凿：通“爵”，古代饮酒的器具。 [5]屋室雕文：房屋上雕刻的图案、花纹。 [6]闻：听说。 [7]下之：到叶公住所处。 [8]窥（kuī）：偷窥、偷看。 [9]牖（yǒu）：窗户。 [10]施（yì）：延伸，同“迤”。[11]堂：厅堂。 [12]还（xuán）走：通“旋”，转身就跑。 [13]五色无主：脸色一会儿白，一会儿黄，五色，这里指脸色。 [14]是：由此看来。 [15]好：喜欢。 [16]夫：这，那。

译文

叶公子高非常喜欢龙，衣带钩、酒器上都刻着龙，屋子内外都雕刻着龙。他这样爱龙，被天上的真龙知道后，便从天上来到叶公的住所，龙头搭在窗台上探看，龙尾伸到了厅堂里。叶公一看是真龙，转身就跑，被吓得像失了魂似的，惊恐万状，茫然无措。由此看来，叶公并不是真的喜欢龙，他喜欢的只不过是那些像龙却不是龙的东西罢了。

导学

一、作者简介

刘向（前77年—前6年），字子政，原名更生，祖籍沛郡丰邑（今属江苏徐州），西汉经学家，经学家刘歆之父。

二、作品简析

这个故事用很生动的比喻，辛辣讽刺了叶公式的人物，揭露了他们只唱高调、不务实际的思想作风。通过这个故事，我们要丢弃“理论脱离实际”的坏思想、坏作风，树立实事求是的好思想作风。

三、知行合一

1. 读一读：认真阅读这则文言文，理解内容。
2. 悟一悟：这则文章告诉我们什么道理？
3. 想一想：当听到别人不实的话语时，你应该怎么做？

曾子不受邑

（汉）刘向

曾子[1]衣敝[2]衣以耕。鲁君使[3]人往致邑[4]焉，曰：“请以此修[5]衣。”曾子不受[6]，反[7]，复往，又不受。使者曰：“先生非求于[8]人，人则献之，奚[9]为不受？”曾子曰：“臣闻之，‘受人者畏人；予人者骄人。’纵子有赐，不我骄也，我能勿畏乎[10]？”终不受。孔子闻之，曰：“参之言足以全[11]其节也。”

注释

[1]曾子，曾参。[2]敝：破旧。[3]使：命令，派遣。[4]致邑：封赠一座城镇。[5]修：修饰。[6]受：接受。[7]反：同“返”，返回。[8]于：向。[9]奚：何，为什么。[10]不我骄也，我能勿畏乎：即使国君对我有了赏赐后，不傲视我，但我能不畏惧吗？[11]全：保全。

译文

曾子穿着破旧衣裳在地里耕种。鲁国国君派人到他那里去封赠他一座城镇。说：“请用这座城镇的收入，修饰一下你的服装。”曾子没有接受，派来的使臣便返回了，不久又来了，可曾子仍没有接受。派来的人说：“先生不是有求于国君，完全是国君自己封赠给你的，为什么不肯接受呢？”曾子说：“我听说过，接受人家赠送的东西，就怕得罪人家；给人家东西的人免不了会骄横。纵然鲁君赠送我采邑，没有对我表现出骄横，我能不怕他吗？”最后，曾子还是没有接受。孔子知道了这件事，说：“曾参的话足以保全他的气节。”

导学

一、作品简析

无功不受禄，这是理所当然。曾子对鲁国，没有什么贡献，而鲁国国君，要给他一座城镇，仅仅是为了帮助他修饰仪表。虽然这是国君的一片好心，是他对曾子的敬重。但如此丰厚的馈赠，曾子不肯接受，不敢接受，也是有道理的。他回答鲁君派来的人所说的一段话，并不是针对某一个人，却是反映了出于寻常的馈赠，正直的人们不可避免地会产生一种负疚的心理状态和思虑。亲友间的相互赠送，系于情谊，不必过于拒让，因为彼此没有什么报答不报答。但如鲁君以采邑相赠，非同小可，有必要拿曾子的话来考虑考虑，是否应该接受。

二、知行合一

1. 读一读：认真阅读这则文章。
2. 悟一悟：这则文章告诉我们什么道理？
3. 议一议：当别人无故送你礼物时，你该不该接受？为什么？

白马篇

（三国）曹植

白马饰金羁[1]，连翩[2]西北驰。
借问谁家子，幽并[3]游侠儿。
少小去乡邑[4]，扬声[5]沙漠垂。
宿昔秉[6]良弓，楛矢何参差[7]。
控弦[8]破左的[9]，右发摧月支[10]。
仰手接飞猱[11]，俯身散马蹄[12]。
狡捷[13]过猴猿，勇剽[14]若豹螭[15]。
边城多警急，虏骑数[16]迁移。
羽檄[17]从北来，厉马[18]登高堤。
长驱蹈[19]匈奴，左顾凌鲜卑[20]。
弃身[21]锋刃端，性命安可怀[22]？
父母且不顾，何言子与妻！
名编壮士籍[23]，不得中顾私[24]。
捐躯赴[25]国难，视死忽如归！

注释

[1]金羁（jī）：金饰的马笼头。 [2]连翩（piān）：连续不断，原指鸟飞的样子，这里形容白马的奔驰俊逸。 [3]幽并：幽州和并州。 [4]去乡邑：离开家乡。 [5]扬声：扬名。 [6]宿昔：早晚。秉：执、持。 [7]楛（hù）矢：用楛木做成的箭。何：多么。参差（cēncī）：长短不齐。 [8]控弦：开弓。 [9]的：箭靶。 [10]摧：毁坏。月支：箭靶的名称。 [11]接：接射。飞猱（náo）：飞奔的猿猴。 [12]散：射碎。马蹄：箭靶的名称。 [13]狡捷：灵活敏捷。 [14]勇剽（piāo）：勇敢剽悍。 [15]螭（chī）：传说中形状如

龙的黄色猛兽。[16]虏骑（jì）：指匈奴、鲜卑的骑兵。数（shuò）迁移：指经常进兵入侵。[17]羽檄（xí）：军事文书，插鸟羽以示紧急，必须迅速传递。[18]厉马：扬鞭策马。[19]长驱：向前奔驰不止。蹈：践踏。[20]顾：看。凌：压制。鲜卑：中国东北方少数民族。[21]弃身：舍身。[22]怀：爱惜。[23]籍：名册。[24]中顾私：心里想着个人的私事。[25]捐躯：献身。赴：奔赴。

译文

白色的战马，饰着金黄的笼头，直向西北飞驰而去。
请问这是谁家的孩子，是幽州和并州的游侠骑士。
年纪轻轻就离开了家乡，到边塞显身手建立功勋。
楛木箭和强弓从不离身，下苦功练就了一身武艺。
拉开弓如满月左右射击，一箭箭中靶心不差毫厘。
抬手就能射中飞驰而来的东西，俯身就能打碎箭靶。
他灵巧敏捷赛过猿猴，又勇猛轻疾如同豹螭。
听说国家边境军情紧急，侵略者一次又一次进犯内地。
告急信从北方频频传来，游侠儿催战马跃上高堤。
随大军平匈奴直捣敌巢，再回师扫鲜卑驱逐敌骑。
上战场面对着刀山剑树，从不将安和危放在心里。
连父母也不能孝顺服侍，更不能顾念那儿女妻子。
名和姓既列上战士名册，早已经忘掉了个人私利。
为国家解危难奋勇献身，把死亡看得像回家一样平常。

导学

一、作者简介

曹植（192年—232年），字子建，沛国谯县（今安徽亳州）人。建安文学代表人物。曹操之子，曹丕之弟。与曹操、曹丕合称为“三曹”，南朝宋文学家谢灵运更有“天下才有一石，曹子建独占八斗”的评价。

二、作品简析

诗歌以曲折动人的情节，塑造了一个性格鲜明、生动感人的青年爱国英雄形象。开头两句以奇景飞动之笔，描绘出驰马奔赴西北战场的英雄身影，显示出军情紧急，扣动读者心弦；接着以“借问”领起，以铺陈的笔墨补叙英雄的来历，说明他是一个什么样的英雄形象；“边城”六句，遥接篇首，具体说明“西北驰”的原因和英勇赴敌的气概。末八句展示英雄捐躯为国、视死如归的崇高精神境界。可以说，《白马篇》就是曹植的“心画心声”，寄托了诗人为国家建功立业的渴望和憧憬。

三、知行合一

1. 读一读：熟读并感悟这首诗中诗人表达的情怀。

2. 想一想：本诗中的主人公有哪些值得我们学习的优点？

3. 找一找：和平年代有哪些像本诗所刻画的主人公一样舍小家为大家的人？

五柳先生传

（晋）陶渊明

先生不知何许人[1]也，亦不详[2]其姓字[3]，宅边有五柳树，因以为号焉[5]。闲静少言，不慕荣利。好读书，不求甚解；每有会意[6]，便欣然[7]忘食。性嗜[8]酒，家贫不能常得。亲旧[9]知其如此[10]，或[11]置酒而招之；造饮辄尽[12]，期在必醉[13]。既[14]醉而退，曾不吝情去留[15]。环堵萧然[16]，不蔽风日；短褐穿结[17]，箪瓢[18]屡空，晏如[19]也。常著文章自娱，颇示己志。忘怀得失，以此自终[20]。

赞[21]曰：黔娄[22]之妻有言："不戚戚[23]于贫贱，不汲汲[24]于富贵。"其言兹若人[25]之俦[26]乎？衔觞[27]赋诗，以乐其志，无怀氏之民欤？葛天氏之民欤？

注释

[1]何许人：何处人。 [2]详：知道。 [3]姓字：姓名。 [5]因以为号焉：就以此为号。 [6]会意：指对书中的有所体会。 [7]欣然：高兴的样子。 [8]嗜：喜好。 [9]亲旧：亲戚朋友。 [10]如此：像这样。 [11]或：有时。 [12]造饮辄尽：去喝酒就喝个尽兴，辄（zhé），就。 [13]期在必醉：希望一定喝醉，期，期望。 [14]既：已经。 [15]吝情：舍不得。去留：离开。 [16]环堵萧然：简陋的居室里空空荡荡。 [17]短褐穿结：粗布短衣上打了个补丁。 [18]箪（dān）：盛饭的圆形竹器。瓢（piáo），饮水用具。 [19]晏如：安然自若的样子。 [20]自终：过完自己的一生。 [21]赞：传记结尾的评论性文字。 [22]黔（qián）娄：战国时期齐稷下先生，齐国有名的隐士和著名的道家学。 [23]戚戚：忧愁的样子。 [24]汲汲：极力营求的样子、心情急切的样子。 [25]其言：推究她所说的话。兹：这。

若人：此人，指五柳先生。[26]俦（chóu）：辈，同类。[27]觞（shāng）：酒杯。

译文

不知道五柳先生是什么地方的人，也不清楚他的姓字。因为住宅旁边有五棵柳树，就把这个作为号了。他安安静静，很少说话，也不羡慕荣华利禄。他喜欢读书，不在一字一句的解释上过分深究；每当对书中的内容有所领会的时候，就会高兴得连饭也忘了吃。他生性喜爱喝酒，家里穷经常没有酒喝。亲戚朋友知道他这种境况，有时摆了酒席叫他去喝。他去喝酒就喝个尽兴，希望一定喝醉；喝醉了就回家，竟然说走就走。简陋的居室里空空荡荡，遮挡不住严寒和烈日，粗布短衣上打满了补丁，盛饭的篮子和饮水的水瓢里经常是空的，可是他还是安然自得。常常写文章来自娱自乐，也稍微透露出他的志趣。他从不把得失放在心上，从此过完自己的一生。

赞语说：黔娄的妻子曾经说过："不为贫贱而忧愁，不热衷于发财做官。"这话大概说的是五柳先生这一类的人吧？一边喝酒一边作诗，因为自己抱定的志向而感到无比的快乐。不知道他是无怀氏时代的人呢？还是葛天氏时代的人呢？

导学

一、作者简介

陶渊明（约 365 年—427 年），字元亮，晚年更名潜，字渊明，别号五柳先生，私谥靖节，世称靖节先生，浔阳柴桑人（今江西九江）人。

二、作品简析

《五柳先生传》是陶渊明创作的自传文，"五柳先生"是作者自拟的称号，作者借写五柳先生以写自己的性格志向，表明自己的三大志趣：一是读书，二是饮酒，三是写文章，塑造了一个真实的自我，表现了卓然不群的高尚品格，透露出强烈的人格个性之美。文章立意新奇，剪裁得当；采用白描手法，塑造了生动的艺术形象；行文简洁，绝无虚词矜誉，前人称道为“一篇神行之文”，后世多有仿作，如白居易的《醉吟先生传》。

三、知行合一

1. 读一读：熟读本文，体会作者那种怡然自得的情感。

2. 比一比：查阅王绩的《五斗先生传》和白居易的《醉吟先生传》，看看在写法上有什么不同。

3. 学一学：《饮酒二十首》是陶渊明创作的一组五言诗，借酒为题，表达作者对历史、现实生活的感想和看法。第五首诗《饮酒·结庐在人境》是最为脍炙人口的作品之一，请你好好读一读，如能把二十首一起读完就更棒了。

饮酒（其五）·结庐在人境

陶渊明

结庐在人境，而无车马喧。
问君何能尔，心远地自偏。
采菊东篱下，悠然见南山。
山气日夕佳，飞鸟相与还。
此中有真意，欲辨已忘言。

真

智慧教育读库

唐朝气象

行路难三首·其一

（唐）李白

金樽清酒斗十千[1]，玉盘珍羞直[2]万钱。
停杯投箸不能食[3]，拔剑四顾心茫然[4]。
欲渡黄河冰塞川，将登太行[5]雪满山。
闲来垂钓碧[6]溪上，忽复[7]乘舟梦日边。
行路难，行路难，多歧路，今安在[8]？
长风破浪会[9]有时，直挂云帆济[10]沧海。

注释

[1]金樽（zūn）：盛酒的器具，以金为饰。清酒：清醇的美酒。斗十千：一斗值十千钱（即万钱），形容酒美价高。[2]玉盘：精美食具。珍羞：珍贵菜肴；羞：同“馐”，美味食物。直：通“值”，价值。[3]投箸：丢下筷子；箸（zhù）：筷子。不能食：咽不下。[4]茫然：无所适从。[5]太行：太行山。[6]碧：一作“坐”。[7]忽复：忽然又。[8]多歧路，今安在：岔道这么多，如今身在何处？安：哪里。[9]长风破浪：比喻实现政治理想。会：终将。[10]云帆：高高的船帆。船在海里航行，因天水相连，船帆像在云雾中。济：渡。

译文

酒杯里盛着昂贵的清醇美酒，玉盘里摆满价值万千的佳肴。

面对佳肴我放下杯子，停下筷子，不能下咽，拔出剑来，四处看看心中一片茫然。

想渡过黄河，却被坚冰阻塞，想登上太行，却被满山的白雪阻拦。

闲暇时坐在溪边垂钓，忽然又梦见乘船从白日边经过。

行路艰难，行路艰难，岔路这么多，今后要去哪？

总会有乘风破浪的那一天，挂起高高的帆渡过茫茫大海。

导学

一、作者简介

李白（701 年—762 年），字太白，号青莲居士，又号“谪仙人”，被誉为“诗仙”，与杜甫并称为“李杜”。

二、作品简析

这是李白所写的《行路难三首》的第一首，作于天宝三年（744 年）李白离开长安的时候。前四句写朋友对李白的深厚友情，接着紧承“心茫然”，正面写“行路难”，然后从大有作为的人物（姜尚和伊尹）身上看到希望，重树信心，面对现实充满豪情。这首诗共十四句，八十二个字，却跳荡纵横，具有长篇的气势格局，就在于它百步九折地揭示诗人感情的激荡起伏。本诗既充分显示了黑暗污浊的政治现实对诗人理想抱负的阻遏，反映了由此而引起的诗人内心的强烈忧愤和不平，同时又表现诗人的倔强、自信和他对理想的执着。

三、知行合一

1. 读一读:《行路难三首》表现了作者跌宕起伏的感情、跳跃式的思维、高昂的气势，是广为传诵的千古名篇。朗读时注意体会作者的感情。

2. 拓一拓：组诗是指由表现同一主题和采用相关题材的若干首诗所组成的一组诗篇，每首诗相对完整和独立，但是每首诗与其他诗之间又有内在的感情联系，每首诗和组诗内的其他诗都成排比列式，格式相同或相近。你学了哪些组诗？或者在网上找一些组诗来体会体会。

3. 学一学:《行路难三首》主要抒发了诗人怀才不遇的情怀，反映了诗人在思想上既不愿与权贵同流合污又不愿独善一身的矛盾。请学一学其余二首。

行路难三首·其二

李白

大道如青天，我独不得出。
羞逐长安社中儿，赤鸡白狗赌梨栗。
弹剑作歌奏苦声，曳裾王门不称情。
淮阴市井笑韩信，汉朝公卿忌贾生。
君不见昔时燕家重郭隗，拥彗折节无嫌猜。
剧辛乐毅感恩分，输肝剖胆效英才。
昭王白骨萦蔓草，谁人更扫黄金台？
行路难，归去来！

行路难三首·其三

李白

有耳莫洗颍川水，有口莫食首阳蕨。
含光混世贵无名，何用孤高比云月？
吾观自古贤达人，功成不退皆殒身。
子胥既弃吴江上，屈原终投湘水滨。
陆机雄才岂自保？李斯税驾苦不早。
华亭鹤唳讵可闻？上蔡苍鹰何足道？
君不见吴中张翰称达生，秋风忽忆江东行。
且乐生前一杯酒，何须身后千载名。

佳　人

（唐）杜甫

绝代[1]有佳人[2]，幽居[3]在空谷。
自云良家子，零落依草木[4]。
关中[5]昔丧乱[6]，兄弟遭杀戮。
官高[7]何足论，不得收骨肉[8]。
世情恶衰歇，万事随转烛[9]。
夫婿[10]轻薄儿，新人[11]美如玉。
合昏[12]尚知时，鸳鸯[13]不独宿。
但见新人笑，那闻旧人[14]哭。
在山泉水清，出山泉水浊。
侍婢卖珠[15]回，牵萝[16]补茅屋。
摘花不插发，采柏动[17]盈掬。
天寒翠袖薄，日暮倚修竹[18]。

注释

[1]绝代：冠绝当代。[2]佳人：美丽的女子。[3]幽居：静处闺室。[4]零落：飘零沦落。依草木：住在山林中。[5]关中：指函谷关以西的关内，指长安。[6]丧乱：死亡和祸乱，指遭逢安史之乱。[7]官高：指娘家官阶高。[8]骨肉：指遭难的兄弟。[9]转烛：烛火随风转动，比喻世事变化无常。[10]夫婿：丈夫。[11]新人：丈夫新娶的妻子。[12]合昏：夜合花，叶子朝开夜合。[13]鸳鸯：水鸟，雌雄成对，日夜形影不离。[14]旧人：佳人自称。[15]卖珠：因生活穷困而卖珠宝。[16]牵萝：拾取树藤类枝条。[17]采柏：采摘柏树叶。动：往往。[18]修竹：高高的竹子，比喻佳人高尚的节操。

译文

一位容貌绝伦美丽女人，孤独地住在幽深的山谷。
自称出身名门清白女子，飘零沦落在荒山野林中。
当年关中一带战火连天，自己的兄弟也惨遭杀戮。
官高禄厚又有什么用处，连骸骨都没能收进坟墓。
世间万事险恶变化无常，万事就像那摇曳的烛光。
薄情寡义的丈夫厌弃我，爱上貌美如玉美丽新妇。
夜合花尚知道花开百合，鸳鸯鸟双栖不只身独宿。
丈夫眼里只有新人笑容，哪听得到我的悲伤啼哭。
大山里的泉水清澈明亮，出山后泉水就染上污浊。
等待侍女变卖珍珠回来，牵起藤萝修补破漏茅屋。
不去采摘鲜花装饰鬓发，喜爱翠柏坚贞尽情摘采。
寒风吹动我薄薄的衣衫，日落黄昏我斜倚着青竹。

导学

一、作者简介

杜甫（712 年—770 年），字子美，被后世称“诗圣”。

二、作品简析

《佳人》以其格调之高而成为咏美人的名篇。这首五言古体，讴歌的是这种贫贱不移，贞节自守的精神。全诗文笔委婉，缠绵悱恻，绘声如泣如诉，绘影楚楚动人，“在山泉水清，出山泉水浊”是哲理名句。

三、知行合一

1. 诵一诵：大声朗读和默写本文。
2. 写一写：认真书写本文，看谁写得更美。
3. 比一比：阅读后文苏轼的《鹧鸪天・佳人》，看看有什么不同。

送韦城李少府[1]

（唐）张九龄

送客南昌尉[2]，离亭西[3]候春。
野花看欲尽，林鸟听犹新。
别酒青门[4]路，归轩[5]白马津[6]。
相知无远近，万里尚为邻。

注释

[1]少府：县尉的别称。[2]南昌尉：即南昌县尉。[3]离亭：路旁驿亭。西：古代宾主相见，以西为尊，主东而宾西。[4]青门：泛指城门。[5]轩：车的通称。[6]白马津：今河南滑县北。

译文

送别客人南昌县尉，路旁驿亭拜别贵宾时，正是春天。
美丽野花尽收眼底，林中鸟鸣犹感清新。
告别县城踏上回乡路，归车走向白马津。
知己挚友不分远近，相隔万里如同邻居。

导学

一、作者简介

张九龄（678 年—740 年），字子寿，唐朝著名政治家、诗人。

二、作品简析

本诗是送别诗的名作，张九龄任职洪州时送别挚友所作，告诉我们只要彼此互相了解、感情深厚，便没有距离远近之分，即使相隔万里，也如同邻居一样亲近。“相知无远近，万里尚为邻。”是千古名句。

三、知行合一

1. 读一读：理解本诗表达的朋友间的深厚情谊，时时吟诵本诗。

2. 比一比：“相知无远近，万里尚为邻”与王勃《送杜少府之任蜀州》的“海内存知己，天涯若比邻”，意思有什么不同。

3. 讲一讲：中华民族情谊深厚，把关于友谊的故事如《伯牙子期》《桃园结义》讲给大家听听。

黄鹤楼

（唐）崔颢

昔人[1]已乘黄鹤去，此地空余黄鹤楼[2]。
黄鹤一去不复返，白云千载空悠悠[3]。
晴川历历汉阳树[4]，芳草萋萋鹦鹉洲[5]。
日暮乡关[6]何处是？烟波[7]江上使人愁。

注释

[1]昔人：传说古代有一位叫费祎的仙人，在此乘鹤登仙。[2]黄鹤楼：古代名楼，旧址在湖北武昌黄鹤矶上，俯见大江，面对大江彼岸的龟山。[3]悠悠：飘荡的样子。[4]晴川：阳光照耀下的晴明江面。历历：清楚可数。汉阳：地名，在黄鹤楼之西，汉水北岸。[5]萋萋：形容草木茂盛。鹦鹉洲：在湖北省武汉市汉阳区。[6]乡关：故乡家园。[7]烟波：暮霭沉沉的江面。

译文

昔日的仙人已乘着黄鹤飞去，这地方只留下空荡的黄鹤楼。
黄鹤一去再也没有返回这里，千万年来只有白云飘飘悠悠。
汉阳晴川阁的碧树历历可辨，更能看清芳草繁茂的鹦鹉洲。
时至黄昏不知何处是我家乡？看江面烟波渺渺更使人烦愁！

导学

一、作者简介

崔颢（hào）（704年—754年），汴州（今河南省开封市）人，唐朝诗人，所写边塞诗雄浑奔放，《全唐诗》存其诗四十二首。

二、作品简析

七言律诗《黄鹤楼》描写了在黄鹤楼上远眺的美好景色，是一首吊古怀乡之佳作。这首诗首联巧用典故由仙人乘鹤归去引出黄鹤楼；颔联紧承首联，说自从仙人离去，黄鹤楼已经历经千百年之久；颈联诗意一转，进入景物描写，写晴日在黄鹤楼所见之景；尾联以写烟波江上日暮怀归之情作结，使诗意重归于开头那种渺茫不可见的境界。《黄鹤楼》由于意中有象、虚实结合的意境美和气象恢宏、色彩缤纷的绘画美，成为千古传颂的名篇佳作，严羽《沧浪诗话》评本诗“唐人七言律诗，当以崔颢《黄鹤楼》为第一。”

三、知行合一

1. 读一读：据说《黄鹤楼》曾使李白叹服。李白为之搁笔，曾有“眼前有景道不得，崔颢题诗在上头”的赞叹。请你声情并茂地朗诵本诗。

2. 走一走：黄鹤楼是江南三大名楼之一（还有江西南昌的滕王阁和湖南岳阳的岳阳楼），希望你早日去游历。

3. 学一学：学习其他与黄鹤楼相关诗词，加深对本文的理解。

黄鹤楼送康太守

王维

城下沧江水，江边黄鹤楼。
朱栏将粉堞，江水映悠悠。
铙吹发夏口，使君居上头。
郭门隐枫岸，侯吏趋芦洲。
何异临川郡，还劳康乐侯。

满江红·登黄鹤楼有感

岳飞

遥望中原，荒烟外、许多城郭。想当年、花遮柳护，凤楼龙阁。万岁山前珠翠绕，蓬壶殿里笙歌作。到而今、铁骑满郊畿，风尘恶。

兵安在？膏锋锷。民安在？填沟壑。叹江山如故，千村寥落。何日请缨提锐旅，一鞭直渡清河洛。却归来、再续汉阳游，骑黄鹤。

杂说一·龙说

（唐）韩愈

龙嘘[1]气成云，云固[2]弗灵于龙也。然龙乘是气，茫洋穷乎玄间，薄日月，伏[3]光景[4]，感震电，神变化，水[5]下土，汩[6]陵谷，云亦灵怪矣哉。

云，龙之所能使为灵也；若龙之灵，则非云之所能使为灵也。然龙弗得云，无以[7]神其灵矣。失其所凭依，信[8]不可欤！

异哉！其所凭依，乃其所自为也。《易》曰："云从龙[9]。"既曰：龙，云从之矣。

注释

[1]嘘：喷吐。[2]固：本来、当然。[3]伏：遮蔽。[4]景：通"影"。[5]水：名词用作动词，下雨。[6]汩：淹没。[7]无以：没有可以用来。[8]信：确实、的确。[9]云从龙：语出《易·乾·文言》"云从龙，风从虎，圣人作而万物睹。"从，跟随。

译文

龙吐出的气形成云，云本来不比龙灵异。但是龙乘着这股云气，可以在茫茫的太空中四处遨游，接近日月，遮蔽它的光芒，震撼起雷电，变化神奇莫测，雨水降落在大地，使得山谷沉沦。这云也是很神奇灵异的呢！

云，是龙的能力使它有灵异的。至于龙的灵异，却不是云的能力使它这样子的。但是龙没有云，就不能显示出它的灵异。失去它所凭借的云，实在是不行的啊。

多么奇怪啊，龙所凭借依靠的，正是它自己造成的云。《周易》说："云跟随着龙。"那么既然叫作龙，就应该有云跟随着它啊！

导学

一、作者简介

韩愈（768年—824年），字退之，河南河阳（今河南省孟州市）人，称“昌黎先生”，被后人尊为“唐宋八大家”之首，与柳宗元并称“韩柳”。有《韩昌黎集》传世。

二、作品简析

“杂说”是随感性的议论文，内容、形式都比较自由。《韩昌黎集》中有杂说四篇，本篇是第一篇，又称《龙说》。全篇以云龙做比喻，有五层意义：龙嘘气生云；龙得云则变化无穷；龙失云则毫无神异；云的有无全靠龙自己创造；真正的龙一定有云跟从。这篇杂感的用意很明显：作者以龙喻圣君，以云喻贤臣，说明了圣君与贤臣之间的关系，即圣君是要依靠贤臣建功立业，贤臣又要仰仗圣君的识拔才能荷重行远，如此才能相得益彰。本文借此鼓励有志之士要自己创造出可以施展抱负的有利条件。

三、知行合一

1. 想一想：本文借“龙”与“云”相互依存，说明要使国家长治久安，圣君与贤臣缺一不可。你觉得在一个团队中，是领导重要还是人才重要，为什么？

2. 答一答：“唐宋八大家”是哪八人？韩愈为什么能被后人尊为“唐宋八大家”之首？

3. 学一学：韩愈的“杂说”有四篇，分别为《龙说》《医说》《崔山君传》《马说》。请学一学其余文章。

商山早行

（唐）温庭筠

晨起动征铎[1]，客行悲故乡。
鸡声茅店月，人迹板桥霜。
槲[2]叶落山路，枳[3]花明驿墙[4]。
因思杜陵[5]梦，凫雁[6]满回塘[7]。

注释

[1]动征铎（duó）：震动出行的铃铛，征铎，车行时悬在马颈上的铃铛，铎，大铃。 [2]槲（hú）：落叶乔木，端午用这种树叶包出的槲叶粽也成为当地特色。 [3]枳（zhǐ）：落叶灌木，果实似橘而略小，酸不可吃，可用作中药。 [4]明：使……明艳。驿（yì）墙：驿站的墙壁。 [5]杜陵：地名，指长安。 [6]凫（fú）雁：凫，野鸭；雁，一种候鸟，春往北飞，秋往南飞。 [7]回塘：岸边曲折的池塘。

译文

黎明起床，车马的铃铎已叮当作响，出门人踏上旅途，还一心想念故乡。

鸡声嘹亮，茅草店沐浴着晓月的余辉；足迹依稀，木板桥覆盖着早春的寒霜。

枯败的槲叶，落满了荒山的野路；淡白的枳花，照亮了驿站的泥墙。

因而想起昨夜梦见杜陵的美好情景；一群群鸭和鹅，正嬉戏在岸边弯曲的湖塘里。

导学

一、作者简介

温庭筠（约 812 年—约 866 年），唐代诗人、词人。字飞卿，太原祁县（今山西祁县东南）人。文思敏捷，每入试，押官韵，八叉手而成八韵，故有“温八叉”“温八吟”之称。诗与李商隐齐名，时称“温李”。其词在晚唐诸词人之上，尊为“花间派”之鼻祖。现存诗三百多首，词七十余首。收录于《花间集》《金荃词》等。

二、作品简析

《商山早行》描写旅途中寒冷凄清的早行景色，抒发游子在外的孤寂之情和思乡之意，字里行间流露出人在旅途的失意和无奈。“早”字是这首诗所描写的中心，虽然正文没有出现一个“早”字，但诗中的一切动作、场景、情绪都围绕着它而发出。整首诗是通过霜、茅店、鸡声、人迹、板桥、月这六个意象，把初春山村黎明特有的景色，细腻而又精致地描绘出来。本诗是唐诗中的名篇，也是文学史上写羁旅之情的名篇，尤其是诗的颔联：“鸡声茅店月，人迹板桥霜”，更是脍炙人口。

三、知行合一

1. 诵一诵：想象本诗描写的场景，边走边朗读本诗。
2. 想一想：本诗在哪些地方表现出了“早行”这个意思？
3. 赏一赏：清上官周绘、乾隆八年刻本《晚笑堂画传》温庭筠题跋像。

题长安壁主人

（唐）张谓

世人[1]结交须黄金，黄金不多交不深。
纵令然诺[2]暂相许，终是悠悠[3]行路心。

注释

[1]世人：指世俗之人。 [2]然诺：即“相许”，指答应做朋友。 [3]悠悠：淡薄貌。行路心：路上行人的心理。

译文

世俗的人互相结交需要以黄金为纽带，黄金用得不多交情就不会很深。纵然口头上暂时承诺了什么，实际上他的心就如路人一样冷漠。

导学

一、作者简介

张谓（约711年—？），字正言，河内（今河南沁阳）人，唐朝诗人，代表作有《早梅》《邵陵作》《送裴侍御归上都》等，其中以《早梅》为著名，《唐诗三百首》各选本多有辑录。“不知近水花先发，疑是经冬雪未消”，疑白梅作雪，趣味盎然。

二、作品简析

《题长安壁主人》用朴实精练的语言捕写了中唐之后日渐衰败的社会风气，从侧面反映了世态人情。前两句指出世俗社会人情往来、友谊都是建立在金钱基础上。后两句形象描写出长安壁主人虚情假意的笑脸和冷漠无情的心肠。李元洛评论：“张谓的《题长安壁主人》言简意深，灿如照照人眉睫的明珠，利若一击而中的匕首。”

三、知行合一

1. 背一背：熟读并背诵这首诗。

2. 想一想：交朋友的标准是什么？应该怎样结交朋友？

3. 题壁诗始于两汉，盛于唐宋，多题于邮亭、驿墙、寺壁等处。请你品读下面三首题壁诗词。

题西林壁

苏轼

横看成岭侧成峰，远近高低各不同。
不识庐山真面目，只缘身在此山中。

题青泥市寺壁

岳飞

雄气堂堂贯斗牛，誓将直节报君仇。
斩除顽恶还车驾，不问登坛万户侯。

狱中题壁

谭嗣同

望门投止思张俭，忍死须臾待杜根。
我自横刀向天笑，去留肝胆两昆仑。

题弟侄书堂

（唐）杜荀鹤

何事居穷道不穷[1]，乱时[2]还与静时[3]同。
家山[4]虽在干戈[5]地，弟侄常修礼乐[6]风。
窗竹影摇书案[7]上，野泉声入砚池中。
少年辛苦终身事，莫向光阴惰[8]寸功。

注释

[1]何事：为什么。居穷道不穷：处于穷困之境仍要注重修养。 [2]乱时：战乱时期。 [3]静时：和平时期。 [4]家山：家乡的山，这里代指故乡。 [5]干戈：干和戈本是古代打仗时常用的两种武器，这里代指战争。[6]礼乐（yuè）：这里指儒家思想。 [7]案：几案。 [8]惰：懈怠。

译文

虽然住的屋子简陋但知识却没有变少，我还是与往常一样，尽管外面已经战乱纷纷。

故乡虽然在打仗，可是弟侄还在接受儒家思想的教化。

窗外竹子的影子还在书桌上摇摆，砚台中的墨汁好像发出了野外泉水的叮咚声。

年轻时候的努力是有益终身的大事，对着匆匆逝去的光阴，不要丝毫放松自己的努力。

导学

一、作者简介

杜荀鹤（约 846 年—约 904 年），字彦之，自号九华山人，池州石埭

（今安徽省石台县）人。晚唐著名诗人，著有《杜荀鹤文集》。

二、作品简析

《题弟侄书堂》是杜荀鹤为侄子的书堂所题的诗，目的是勉励侄儿为了终身的事业，要珍惜光阴，勤奋学习。本诗先叙侄子谨守礼道勤奋修业，后写书堂美景，最后劝勉弟侄莫荒废学业时光。张静秋《历代哲理诗鉴赏辞典》评本诗："如同黑夜里的繁星，在广袤的天空里熠熠生辉，能够振聋发聩，催人扬帆奋进。"

三、知行合一

1. 读一读：结合自己读书学习的场景，诵读本诗，如能默写就更棒了。

2. 做一做：收集、整理惜时、勤学名言（包括诗词），时时体会。

3. 学一学：杜荀鹤一生以诗为业，下面这首在李白墓前写的诗《经青山吊李翰林》值得一读。

经青山吊李翰林

杜荀鹤

何为先生死，先生道日新。
青山明月夜，千古一诗人。
天地空销骨，声名不傍声。
谁移耒阳冢，来此作吟邻。

送魏大从军

（唐）陈子昂

匈奴犹未灭，魏绛复从戎[1]。
怅别三河道[2]，言追六郡雄[3]。
雁山横代北[4]，狐塞[5]接云中[6]。
勿使燕然[7]上，惟[8]留汉将功。

注释

[1]魏绛（jiàng），春秋晋国大夫。复，又。从戎，投军。戎（róng），兵器，武器。 [2]怅（chàng）别：惆怅地离别。三河道：古称河东、河内、河南为三河。 [3]六郡雄：原指金城、陇西、天水、安定、北地、上郡的豪杰，这里专指西汉时在边地立过功的赵充国。 [4]雁山：即雁门山。横代北：横亘在代州之北。 [5]狐塞（sài）：飞狐塞的省称。 [6]云中：云中郡，治所在今山西大同。 [7]燕然：古山名，今蒙古国境内的杭爱山。 [8]惟：只。

译文

匈奴还没有被灭亡，友人又像多功的魏绛一样从军保卫边疆。

在三河道与友人分别，心里有些怅惘，盼望魏大像赵充国那样的英雄豪杰建下大功。

雁门山横亘在代州北面，飞狐塞远远连接云中郡。

不要让燕然山上只留下汉将的功绩，也要有大唐将士的赫赫战功。

导学

一、作者简介

陈子昂（659 年—700 年），字伯玉，梓州射洪（今属四川射洪）人，初唐诗文革新人物之一。与司马承祯、卢藏用、宋之问、王适、毕构、李白、孟浩然、王维、贺知章称为仙宗十友，有《陈伯玉集》传世。

二、作品简析

《送魏大从军》表达了对友人建功报国的殷切期望和报效国家的豪情壮志。全诗感情豪放激扬，语气慷慨悲壮，充满了奋发向上的精神，表现出诗人“感时思报国，拔剑起蒿莱”的思想情操。令人读来如闻战鼓，有气壮山河之势。

三、知行合一

1. 读一读：登高望远，有感情地朗读本诗。

2. 查一查：边塞诗又称出塞诗，是以边疆地区军民生活和自然风光为题材的诗，本诗是代表作之一。《全唐诗》中边塞诗达两千余首。上网找一找到自己喜欢的边塞诗，集在一起时时品读。

送杜少府之任蜀州[1]

（唐）王勃

城阙[2]辅三秦，风烟[3]望五津[4]。
与君[5]离别意，同是宦游人。
海内[6]存知己，天涯[7]若比邻[8]。
无为[9]在歧路[10]，儿女共沾巾。

注释

[1]少府：官名。之：到、往。蜀州：今四川崇州。[2]城阙：即城楼。[3]风烟：意为在风烟迷茫之中。[4]五津：指四川省从灌县以下到犍为一段的岷江五个渡口。[5]君：尊称，相当于“您”。[6]海内：四海之内，即全国。[7]天涯：天边，喻极远的地方。[8]比邻：并邻，近邻。[9]无为：无须、不必。[10]歧路：岔路。

译文

雄伟长安城由三秦之地拱卫，透过那风云烟雾遥望着五津。
和你离别心中怀着无限情意，因为我们同是在宦海中浮沉。
只要四海之内有知心朋友，纵使远在天涯也如近在比邻。
绝不要在岔路口上分手之时，像小儿女那样悲伤泪湿佩巾。

导学

一、作者简介

王勃（650 年—676 年），字子安，绛州龙门县（今山西省河津市）人，与杨炯、卢照邻、骆宾王共称“初唐四杰”。擅长五律和五绝，著有《王子安集》等。

二、作品简析

《送杜少府之任蜀州》是王勃在长安相送杜少府将到四川去做官，临别时赠送给他这首送别诗，意在慰勉友人勿在离别之时悲哀。首联描画出送别地与友人出发地的形势和风貌，隐含送别的情意，严整对仗；颔联为宽慰之辞，点明离别的必然性，以散调相承，以实转虚，文情跌宕；颈联奇峰突起，高度地概括了“友情深厚，江山难阻”的情景，使友情升华到一种更高的美学境界；尾联点出“送”的主题，而且继续劝勉、叮咛朋友，也是自己情怀的吐露。全诗开合顿挫，气脉流通，意境旷达，堪称送别诗中的不世经典，虽仅四十字，却有不尽的风光，至今广泛流传。顾璘《批点唐音》：“读《送卢主簿》并《白下驿》及此诗，乃知初唐所以盛，晚唐所以衰。”

三、知行合一

1. 读一读：朗读并背诵本诗。

2. 讲一讲：和同学一起交流对“海内存知己，天涯若比邻”的看法。

3. 比一比：高适的《别董大》也是一首“送别诗”，把他与本诗比较，你觉得哪首更有情趣？

别董大

高适

千里黄云白日曛，北风吹雁雪纷纷。

莫愁前路无知己，天下谁人不识君？

登乐游原[1]

（唐）杜牧

长空澹澹[2]孤鸟没[3]，万古销沉[4]向此中[5]。
看取汉家何事业[6]，五陵无树[7]起秋风。

注释

[1]乐游原：古游览胜地。[2]澹澹：广阔无边的样子。[3]没：消失。[4]销沉：形迹消失、沉没，销，同“消”，消散，消失。[5]此中：指乐游原四周。[6]事业：功业。[7]五陵：汉代五个皇帝的陵墓。无树：即每棵树。

译文

天空广阔鸟儿消失天际，古时的遗迹消沉在这荒废的原野。
看着汉代的功业，那五陵原上的树木都在萧瑟的秋风中。

导学

一、作者简介

杜牧（803年—852年），字牧之，号樊川居士，京兆人，唐代诗人。杜牧人称“小杜”，以别于杜甫。与李商隐并称“小李杜”。因晚年居长安南樊川别墅，故后世称“杜樊川”，著有《樊川文集》。

二、作品简析

《登乐游原》是杜牧的一首七绝。上联描写乐游原的景色，渲染了凄凉的气氛。下联萧瑟凄凉，衰败的景色使诗人对历史的风云变幻，人世沧桑发出由衷的感慨。此诗凄婉动人，运用比喻、衬托等手法，描写了诗人于秋日夜晚登临乐游原的所感，表达了客居思乡之情。陈洪《中国古代文学史 上册》："《登乐游原》从时代变迁中参悟人生哲理，极大地发挥了绝句体诗的妙用。"

三、知行合一

1. 背一背：熟读并背诵这首诗。
2. 比一比：阅读唐代诗人李商隐的诗《乐游原》，更深刻地理解本诗。

乐游原

李商隐

向晚意不适，驱车登古原。
夕阳无限好，只是近黄昏。

白鹿洞[1]二首·其一

（五代）王贞白

读书不觉已春深[2]，一寸光阴一寸金。
不是道人来引笑[3]，周情孔思正追寻。

注释

[1]白鹿洞：即指白鹿洞书院；位于九江庐山五老峰下，是中国古代最早建立的书院之一。诗人曾在此读书求学。 [2]春深：春末，暮春。 [3]引笑：逗笑，开玩笑。

译文

专心读书，不知不觉已经到了暮春时节，一寸光阴就像一寸黄金珍贵。如果不是道人来逗笑，还在深入钻研周公孔子的精义、教导呢。

导学

一、作者简介

王贞白，字有道（875 年—958 年），号灵溪。信州永丰人。唐末五代十国著名诗人。他曾随军出塞抵御外敌，写下了许多边塞诗，有不少反映边塞生活，激励士气的佳作。征戍之情，深切动人。对军旅之劳、战争景象描写得气势豪迈、色彩浓烈、音调铿锵。有《灵溪集》七卷，今编诗一卷。其名句“一寸光阴一寸金”，至今民间广为流传。

二、作品简析

这是一首写诗人自己的读书生活的诗，也是一首惜时诗。从诗人的读书生活看，诗人是惜时如金、潜心求知的人。后人应当从中受到启发和教育，知识是靠时间积累起来的，为充实和丰富自己，应十分珍惜时间才是。诗句“一寸光阴一寸金”，成为劝勉世人珍惜光阴的千古流传的至理名言。

三、知行合一

1. 背一背：背诵和默写这首诗。
2. 想一想：我们应该怎样合理安排学习的时间？
3. 做一做：制定学习计划表，认真投入到每一天的学习中。
4. 比一比：阅读下面诗作，加深理解作者的读书生活。

白鹿洞二首·其二

王贞白

一上西园避暑亭，芰荷香细午风轻。

眼前物物皆佳兴，并作吟窝一味清。

虞美人[1]·春花秋月何时了

（五代十国）李煜

春花秋月何时了[2]，往事知多少？小楼昨夜又东风，故国[3]不堪回首月明中！

雕栏玉砌[4]应犹在，只是朱颜改[5]。问君[6]能有几多愁？恰似一江春水向东流。

注释

[1]虞美人：唐代教坊曲，后用为词牌名。[2]了：了结，完结。[3]故国：指南唐故都金陵（今南京）。[4]雕栏玉砌：即雕花的栏杆和玉石砌成的台阶，这里泛指南唐宫殿。[5]朱颜改：指所怀念的人已衰老，暗指亡国。朱颜，红颜，年轻的容颜，指美人。[6]君：作者自称。

译文

春花年年开放，秋月年年明亮，时光什么时候才能了结呢？在过去的岁月里，有太多令人伤心难过的往事。小楼昨夜又有东风吹来，登楼望月又忍不住回首故国。

旧日金陵城里精雕细刻的栏杆、玉石砌成的台阶应该还都在吧，只不过里面住的人已经换了。要问心中的哀愁有多少，大概就像东流的滔滔春水一样，无穷无尽。

导学

一、作者简介

李煜（937 年—978 年），字重光，号钟隐、莲峰居士，徐州彭城县（今江苏徐州）人，南唐末代国君，世称李后主。李煜精书法、工绘画、通音律，尤以词的成就最高，被誉为“千古词帝”，著有《南唐二主词》等。

二、作者简析

这首《虞美人》被前人誉为“词中之帝”，是李煜囚居汴京时所作，是一曲生命的哀歌。这首词通过今昔交错对比，表现了一个亡国之君的无穷的哀怨。全词以明净、凝练、优美、清新的语言，运用比喻、比拟、对比、设问等多种修辞手法，高度地概括和淋漓尽致地表达了作者的真情实感。

三、知行合一

1. 读一读：本词感怀故国，悲愤已极，如泣如诉，请你读出感情来，要富有情调。

2. 议一议：一个能写出如此华美词章的人，为什么成了亡国之君？了解李煜的生平和词作。

3. 学一学：李璟、李煜父子并称“南唐二主”，李璟的词可读性较强，请你试着读读下面这首词。

摊破浣溪沙 · 手卷真珠上玉钩

李璟

手卷真珠上玉钩，依前春恨锁重楼。风里落花谁是主？思悠悠。

青鸟不传云外信，丁香空结雨中愁。回首绿波三楚暮，接天流。

上行杯·离棹逡巡欲动

（五代）孙光宪

离棹逡巡[1]欲动，临极浦，故人相送，去住[2]心情知不共。
金船[3]满捧，绮罗[4]愁，丝管咽。回别[5]，帆影灭，江浪如雪。

注释

[1]离棹（zhào）：离别的船。逡（qūn）巡：迟疑不决，欲进不进的样子。[2]去住：离去与留下。[3]金船：大酒杯，因形如船，又称“金斗”。[4]绮（qǐ）罗：穿绮罗之人，指侍女、歌女。[5]回别：回首告别，依依不舍貌。

译文

客船徘徊着即将开动，故友又赶来相送，虽说是行客和送者心情各不相同，我们仍满饮大斗金杯，用酒来表达惜别之情。歌女在唱着伤愁的送别曲，伴奏的弦管似呜咽着别情。当我向远处回首告别的时候，一弯明月已高挂帆顶。只见如雪的浪花，涌动在浩渺的江中。

导学

一、作者简介

孙光宪（901年—968年），字孟文，自号葆光子，陵州贵平人（今四川省仁寿县）。五代至北宋大臣。著有《北梦琐言》传世。孙光宪是花间派中较有个性和成就的词人，毛泽东曾抄录他的《上行杯》（本词）。

二、作品简析

《上行杯·离棹逡巡欲动》是一首送别词，上片头三句写江浦送别，后一句写送行人的想法；下片歇拍三句写离别饮酒，结尾三句表现了行人与送行人的依依惜别之情。这首词是写与故人相别的情景，纯用白描的方法，从“极浦送别”写到帆影消失在“浪如雪”的碧江中，把去者和住者依依惜别的真挚感情，十分细腻地表现出来。王湘绮说孙词写“常语常景，自然风采”，这首词正体现了这一艺术特色。吴梅认为“孟文（孙光宪）之沉郁处，可与后主并美”，又说：“俊逸语，亦孟文独有。”这首词的下片的沉郁，上片的俊逸，确实是不容易达到的艺术境界。

三、知行合一

1. 读一读：本词“不言情而情自见，不言愁而愁自深”，朗读时注意表达作者的送别时的情感。

2. 走一走：《仁寿县志》说：孙光宪祖上数代都是农民，少年时很争气，勤奋苦读。后来，少年孙光宪翻越二峨山，负笈远行，开始了为期10多年的游历和求学生活，他所做的一首《浣溪沙》记录了自己早年蜀中生活的一些真实：“十五年来锦岸游，来曾何处不风流，好花长与万金酬。满眼利名浑幸运，一生狂荡恐难休，且陪烟花醉红楼。”请同学在有机会时，去孙光宪故里追寻他的足迹。

3. 学一学：孙光宪的另一首《上行杯·草草离亭鞍马》词，也写送别，请你读读。

上行杯·草草离亭鞍马

孙光宪

草草离亭鞍马，从远道，此地分襟。燕宋秦吴千万里。

无辞一醉。野棠开，江草湿，伫立，沾泣，征骑骎骎。

智慧教育读库

宋元故事

横渠四句教

（宋）张载

> 为天地立心，为生民立命，为往圣继绝学，为万世开太平。

译文

给人们认识天地的真理确立一个切实的理论体系，
给百姓在世上的安身立命建立一套切实的思想和方法，
替历代圣贤延续行将绝传的不朽学说，
给千秋万代开创永久太平的伟大基业。

导学

一、作者简介

张载（1020年—1077年），字子厚，世称横渠先生。凤翔郿县（今陕西省宝鸡市眉县横渠镇）人。北宋理学创始人之一，尊称张子，与周敦颐、邵雍、程颐、程颢合称“北宋五子”，后人编为《张子全书》。

二、作品简析

“横渠四句教”通过立心、立道、继学，最后要达到“开太平”的目标，这涉及人们的价值目标、生命意义、学统传承、社会理想等方面，“为天地立心”不仅是张载对自己一生抱负和理想的概括，而且对当时、后世乃至现代的有志之士也都产生了极大的精神激励作用。这四句话最能表出儒者的襟怀，也最能开显儒者的器识与宏愿，因而也可说是人类教育的最高向往。

三、知行合一

1. 读一读：背诵本文，反复体会其中的深刻含义。

2. 做一做：网上查找制作书签方法，把这四句话做成四个书签，送给你最好的朋友。

3. 想一想：你的理想是什么？你准备怎样去实现自己的远大理想？

4. 悟一悟：下面是杜甫写的《柏学士茅屋》诗，读后你会明白有志之士只有勤苦和博学才能成功的道理。

柏学士茅屋

杜甫

碧山学士焚银鱼，白马却走深岩居。
古人已用三冬足，年少今开万卷余。
晴云满户团倾盖，秋水浮阶溜决渠。
富贵必从勤苦得，男儿须读五车书。

纵笔[1]

（宋）苏轼

白头萧散[2]满霜风[3]，小阁[4]藤床寄病容。
报道先生春睡美，道人[5]轻打五更钟。

注释

[1]纵笔：放手书写。[2]萧散：萧疏散乱。[3]霜风：形容头发披离。[4]小阁：在惠州时住的嘉佑寺房舍。[5]道人：寺中僧人。

译文

白发越发稀少，好似被寒风吹过一般，养病卧在寺中小阁楼的藤床上。
我此刻春睡香甜，道人不敢打扰，轻轻敲打五更的鼓。

导学

一、作者简介

苏轼（1037年—1101年），字子瞻，号东坡居士，世称苏东坡，眉州眉山（今四川省眉山市）人，北宋著名文学家、书法家、画家，历史治水名人。苏轼是北宋中期文坛领袖，在诗、词、散文、书、画等方面取得很高成就。

二、作品简析

《纵笔》是苏轼贬居惠州的诗作，诗人为读者描绘了一幅白发老人春睡图。寥寥二十八字，波澜起伏。诗的开头二句用白描的笔触，描绘了一位卧病在床、白发苍苍的老人，情景令人心酸。接下二句笔锋一转，从道人怕惊扰自己的春睡而轻轻敲钟这一侧面，描绘出自己虽身处困境但却悠闲潇洒的处世心态。这虽说是诗人苦涩中的幽默、悲凉中的微笑，但其随遇而安，的确令人感佩。诗歌表现了作者与当地人融洽相处的友好关系，也是苏轼随遇而安的性格和乐观豁达的精神的具体体现。

三、知行合一

1. 读一读：有感情地诵读本诗。

2. 写一写：将本诗和后面三首诗，学习用四种不同的字体认真书写，你更喜欢哪种字体。

3. 比一比：阅读苏轼的《纵笔三首》，看看有什么不同。

纵笔三首・其一

寂寂东坡一病翁，白须萧散满霜风。
小儿误喜朱颜在，一笑那知是酒红。

其二

父老争看乌角巾，应缘曾现宰官身。
溪边古路三叉口，独立斜阳数过人。

其三

北船不到米如珠，醉饱萧条半月无。
明日东家知祀灶，只鸡斗酒定膰吾。

鹧鸪天[1]·佳人

（宋）苏轼

罗带[2]双垂画不成。殢人[3]娇态最轻盈。酥胸斜抱天边月，玉手轻弹水面冰[4]。

无限事，许多情。四弦丝竹[5]苦丁宁[6]。饶[7]君拨尽相思调，待听梧桐叶落声。

注释

[1]鹧鸪天：词牌名。 [2]罗带：丝织的衣带。 [3]殢（tì）人：迷恋人。 [4]水面冰：水的表面如冰滑一般，这里指琵琶的声音。 [5]四弦：即琵琶。丝竹：弦乐器与竹管乐器的总称，泛指音乐。 [6]丁宁：形容乐器所发出的声响。 [7]饶：任凭，尽管。

译文

双双垂下的“罗带”飘柔而美丽，连画都比不上。娇艳的姿色迷人，飘然得不能再轻盈了。洁白细嫩的手指，轻弹琵琶，发出如“水面冰”滑的声音。

事很多，情也很多。琵琶弹奏出的音乐声响中有你的愁绪。尽管你弹完相思调，但你这是单相思。请你等待着秋天的来临，听我弹拨那“梧桐落叶”的琵琶声吧！

导学

一、作品简析

《鹧鸪天·佳人》上阕写琵琶歌女的外貌和弹琵琶的美妙效果，下阕写琵琶歌女的幽独愁苦。运用描写与烘托的笔法，借此表达作者尊重歌妓人格，爱惜歌妓才艺，同情歌妓不幸遭遇。本词平仄得当，对仗工整，颇富现代蒙太奇的韵律美。

二、知行合一

1. 读一读：有感情地诵读本词。

2. 想一想：本词人美、声美，你还感觉到了比这些更美的是什么？

3. 比一比：所谓伊人，在水一方。李白的诗《清平调》写中国四大美女之一的杨玉环，请你读读。

清平调·其一

李白

云想衣裳花想容，春风拂槛露华浓。

若非群玉山头见，会向瑶台月下逢。

水龙吟[1]·次韵章质夫[2]杨花词

（宋）苏轼

似花还似非花，也无人惜从教[3]坠。抛家傍路，思量却是，无情有思[4]。萦损柔肠[5]，困酣娇眼[6]，欲开还闭。梦随风万里，寻郎去处，又还被、莺呼起。

不恨此花飞尽，恨西园、落红[7]难缀[8]。晓来雨过，遗踪何在？一池萍碎[9]。春色[10]三分，二分尘土，一分流水。细看来，不是杨花，点点是离人泪。

注释

[1]水龙吟：词牌名。[2]章质夫：章楶（jié），时任湖北路提点刑狱，常与苏轼诗词酬唱。[3]从教：任凭。[4]无情有思（sì）：言杨花看似无情，却自有它的愁思，思，心绪，情思。[5]萦：萦绕、牵念。柔肠：柳枝细长柔软，故以柔肠为喻。[6]困酣：困倦之极。娇眼：美人娇媚的眼睛，比喻柳叶。[7]落红：落花。[8]缀：连结。[9]一池萍碎：苏轼自注："杨花落水为浮萍，验之信然。"[10]春色：代指杨花。

译文

像花又好像不是花，无人怜惜任凭衰零坠地。把它抛离在家乡路旁，细细思量仿佛又是无情，实际上则饱含深情。受伤柔肠婉曲娇眼迷离，想要开放却又紧紧闭上。梦里随风把心上人寻觅，却又被黄莺儿无情叫起。

不恨这种花儿飘飞落尽，只是抱怨愤恨那个西园、满地落红枯萎难再重缀。清晨雨后何处落花遗踪？飘入池中化成一池浮萍。如果把春色姿容分三份，其中的两份化作了尘土，一份坠入流水了无踪影。细看来那全不是杨花啊，是那离人晶莹的眼泪啊。

导学

一、作品赏析

这一首是次韵之作，依照别人词的原韵答和，韵脚也相同的叫“次韵”或“步韵”。上阕写杨花（柳絮）飘忽不定的际遇和不即不离的神态；下阕写柳絮的归宿，感情色彩更加浓厚。篇末“细看来，不是杨花，点点是离人泪，”实为显志之笔，千百年来为人们反复吟诵、玩味，堪称神来之笔。王国维《人间词话》卷上说“咏物之词，自以东坡《水龙吟》为最工。”

二、知行合一

1. 读一读：把握“咏物拟人，缠绵多态”的格调，有感情地诵读本词。

2. 悟一悟：苏词向以豪放著称，但也有婉约之作，这首《水龙吟》即为其中之一。把本词和《念奴娇·赤壁怀古》进行比较，体会苏轼风格的多样性。

3. 学一学：王国维“东坡杨花词，和韵而似原唱；章质夫词原唱而似和韵。”章楶的词《水龙吟·燕忙莺懒芳残》构思新奇精巧，风格清丽和婉，是不可多得的词中精品，请你学后看看好在哪里。

水龙吟

章楶

燕忙莺懒芳残，正堤上、柳花飘坠。轻飞乱舞，点画青林，全无才思。闲趁游丝，静临深院，日长门闭。傍珠帘散漫，垂垂欲下，依前被、风扶起。

兰帐玉人睡觉，怪春衣、雪沾琼缀。绣床旋满，香球无数，才圆却碎。时见蜂儿，仰粘轻粉，鱼吞池水。望章台路杳，金鞍游荡，有盈盈泪。

插秧歌

（宋）杨万里

田夫抛秧[1]田妇接，小儿拔秧大儿插[2]。

笠是兜鍪蓑[3]是甲[4]，雨从头上湿到胛[5]。

唤渠[6]朝餐歇半霎[7]，低头折腰[8]只不答。

秧根未牢莳未匝[9]，照管鹅儿与雏鸭。

注释

[1]抛秧：插秧前，将秧苗从秧畦拔出，捆成小捆，扔进稻田。[2]插：栽插在水田中。[3]兜（dōu）鍪（móu）：打仗时戴的头盔。蓑（suō）：即蓑衣，防雨用具。[4]甲：用金属或皮革制成的护身装备。[5]胛（jiǎ）：肩胛骨，这里指肩膀。[6]渠（qú）：他。[7]半霎（shà）：半晌，一会儿。[8]折腰：弯腰。[9]莳（shì）：移栽植物，指插秧。未匝（zā）：田里还没有栽插完。匝，满。

译文

种田的农夫将秧苗抛在半空，农妇一把接住，小儿子把秧苗拔起，大儿子再把秧苗插入水中。

斗笠是头盔，蓑衣是战甲，但似乎没什么用，雨水从头上进入，直湿到肩胛。

喊他停下来吃早餐好休息一会儿，那农夫低头弯腰，努力插秧，半天不回答。

秧苗根部尚不牢固，栽种也还没完成，一定要照看好小鹅小鸭，不要让它们来破坏秧苗。

导学

一、作者简介

杨万里（1127年—1206年），字廷秀，号诚斋，吉州吉水（今江西省吉水县）人。南宋文学家，诗与陆游、尤袤、范成大并称为南宋“中兴四大诗人”。相传有诗二万余首，现存诗四千二百余首，今存《诚斋集》。

二、作品赏析

《插秧歌》生动描绘了江南农户全家动员插秧的情景；田夫、田妇、大儿、小儿各有分工，拔秧、抛秧、接秧、插秧，紧张忙碌而秩序井然。全诗写得新、奇、快、活，充分体现了诚斋体的风格。华东师大徐中玉教授《唐宋诗》评本诗：通篇用口语、俗语连缀成句，用毫不卖弄甚至毫不修饰的白描手法，写出农家插秧的情景，浅显，生动，形象，活泼的生活气息从诗中溢出。

三、知行合一

1. 读一读：请你结合插秧生活场景，有感情地朗读本诗。

2. 写一写：作文要有真情实感，请你选择自己参与的家庭生活，写一篇短文。

3. 比一比：下面这首《插秧歌》，表达的主题和本诗不同，请你好好体会。

插秧歌

契此

手捏青苗种福田，低头便见水中天。

六根清净方成稻，后退原来是向前。

满江红·怒发冲冠[1]

（宋）岳飞

怒发冲冠，凭栏[2]处、潇潇[3]雨歇。抬望眼、仰天长啸[4]，壮怀[5]激烈。三十功名尘与土，八千[6]里路云和月。莫等闲[7]、白了少年头，空悲切[8]。

靖康耻，犹未雪。臣子恨，何时灭。驾长车，踏破贺兰山缺。壮志饥餐胡虏[9]肉，笑谈渴饮匈奴[10]血。待从头、收拾旧山河，朝天阙[11]。

注释

[1]满江红：词牌名。怒发（fà）冲冠：头发竖起，将帽子顶起，形容愤怒至极。[2]凭栏：身倚栏杆。[3]潇潇：雨势急骤。[4]长啸：大声呼叫。啸，蹙口发出的叫声。[5]壮怀：奋发的志向。[6]八千：约数，极言沙场征战行程之远。[7]等闲：轻易。[8]空悲切：白白的悲痛。[9]胡虏：对女真入侵者的蔑称。[10]匈奴：古代北方民族之一，这里指金国入侵者。[11]朝天阙：朝见皇帝。

译文

怒发冲冠倚栏杆，一场潇潇细雨刚停歇。抬头放眼四望辽阔一片，仰天长声啸叹。壮怀激烈，三十年勋业如今成尘土，征战千里只有浮云明月。莫虚度年华白了少年头，只有独自悔恨悲悲切切。

靖康年的奇耻尚未洗雪，臣子愤恨何时才能泯灭。我只想驾驭着一辆辆战车踏破贺兰山敌人营垒。壮志同仇饿吃敌军的肉，笑谈蔑敌渴饮敌军的血。我要重新收复旧日河山，再回京阙向皇帝报捷。

导学

一、作者简介

岳飞（1103年—1142年），南宋抗金将领。字鹏举，相州汤阴（今河南汤阴）人。官至枢密副使，封武昌郡开国公。以不附和议，被秦桧所陷，被害于大理寺狱。孝宗时追谥武穆，宁宗时追封鄂王，理宗时改谥忠武。《全宋词》录其词三首。

二、作品简析

这首词表现岳飞"精忠报国"的英雄之志，词里句中无不透出雄壮之气，以及忧国报国的壮志胸怀。它作为爱国将领的抒怀之作，情调激昂，慷慨壮烈，充分表现了中华民族不甘屈辱，奋发图强，雪耻若渴的神威。《满江红》是爱国主义的绝唱，与岳飞本人的高风亮节一起在神州大地传颂。

三、知行合一

1. 诵一诵：本词表达了作者不可压抑的国土沦丧之痛和爱国深情，请你有感情地朗读本词。

2. 读一读：课外阅读清代钱彩编次、金丰增订的长篇英雄传奇小说《说岳全传》，上网查阅岳飞的生平和抗金故事。

3. 学一学：《小重山·昨夜寒蛩不住鸣》是岳飞词的上乘之作，请你阅读后看看好在哪里。

小重山·昨夜寒蛩不住鸣

岳飞

昨夜寒蛩不住鸣。惊回千里梦，已三更。起来独自绕阶行。人悄悄，帘外月胧明。

白首为功名。旧山松竹老，阻归程。欲将心事付瑶琴。知音少，弦断有谁听？

书愤[1]

（宋）陆游

早岁[2]那知世事艰[3]，中原北望[4]气如山。
楼船夜雪瓜洲渡，铁马秋风大散关。
塞上长城[5]空自许，镜中衰鬓[6]已先斑。
出师一表[7]真名世，千载谁堪伯仲[8]间！

注释

[1]书愤：书写自己的愤恨。 [2]早岁：早年，年轻时。 [3]世事艰：指抗金大业屡遭破坏。 [4]中原北望："北望中原"的倒文。 [5]塞上长城，比喻能守边的将领。 [6]衰鬓：年老而疏白的头发。 [7]出师一表：诸葛亮写的《出师表》。 [8]堪：能够。伯仲：原指兄弟间的次第，这里比喻人物不相上下。

译文

年轻时就立志北伐中原，哪想到竟然是如此艰难。我常常北望那中原大地，热血沸腾啊怨气如山。

记得在瓜州渡痛击金兵，雪夜里飞奔着楼船战舰。秋风中跨战马纵横驰骋，收复了大散关捷报频传。

想当初我自比万里长城，立壮志为祖国扫除边患。到如今垂垂老鬓发如霜，盼北伐盼恢复都成空谈。

不由人缅怀那诸葛孔明，出师表真可谓名不虚传，有谁像诸葛亮鞠躬尽瘁，率三军复汉室北定中原！

导学

一、作者简介

陆游（1125 年—1210 年），字务观，号放翁，越州山阴（今浙江绍兴）人，尚书右丞陆佃之孙，爱国诗人。其诗今存九千余首，清新圆润，格力恢宏，著有《剑南诗稿》等。

二、作品简析

《书愤》是陆游的七律名篇，全诗紧扣住一“愤”字，前四句概括了自己青壮年时期的豪情壮志和战斗生活情景，后四句抒发壮心未遂、时光虚掷、功业难成的悲愤之气，展现了诗人复杂的内心世界。这首诗意境开阔，感情沉郁，气韵浑厚，尤以颔联“楼船”“铁马”两句，雄放豪迈，为人们广泛传诵。

三、知行合一

1. 读一读：朗读、背诵、默写本诗。

2. 比一比：把自己学过的陆游的诗和词进行比较，看看诗和词在表达上有什么异同。

3. 学一学：《书愤》是陆游的七律名篇，共五首，请你体会其他四首。

书愤·其二

白发萧萧卧泽中，秖凭天地鉴孤忠。
厄穷苏武餐毡久，忧愤张巡嚼齿空。
细雨春芜上林苑，颓垣夜月洛阳宫。
壮心未与年俱老，死去犹能作鬼雄。

书愤·其三

镜里流年两鬓残，寸心自许尚如丹。
衰迟罢试戎衣窄，悲愤犹争宝剑寒。

远戍十年临的博，壮图万里战皋兰。
关河自古无穷事，谁料如今袖手看。

书愤·其四

山河自古有乖分，京洛腥膻实未闻。
剧盗曾从宗父命，遗民犹望岳家军。
上天悔祸终平虏，公道何人肯散群？
白首自知疏报国，尚凭精意祝炉熏。

书愤·其五

清汴逶迤贯旧京，宫墙春草几番生。
剖心莫写孤臣愤，抉眼终看此虏平。
天地固将容小丑，犬羊自惯渎齐盟。
蓬窗老抱横行路，未敢随人说弭兵。

诉衷情·当年万里觅封侯[1]

（宋）陆游

当年万里觅封侯，匹马戍[2]梁州。关河梦断[3]何处？尘暗旧貂裘。

胡[4]未灭，鬓[5]先秋[6]，泪空流。此生谁料，心在天山，身老沧洲。

注释

[1]诉衷情：词牌名。万里觅封侯：奔赴万里外的疆场，寻找建功立业的机会。[2]戍（shù）：守边。[3]关河：关塞、河流。梦断：梦醒。[4]胡：古泛称西北各族为胡，贬义。[5]鬓：鬓发。[6]秋：秋霜，比喻年老鬓白。[7]沧洲：靠近水的地方，古时常用来泛指隐士居住之地。

译文

回忆当年鹏程万里为了寻找建功立业的机会，单枪匹马奔赴边境保卫梁州。如今防守边疆要塞的从军生活只能在梦中出现，梦一醒不知身在何处？灰尘已经盖满了旧时出征的貂裘。

胡人还未消灭，鬓边已呈秋霜，感伤的眼泪白白地淌流。这一生谁能预料，原想一心一意抗敌在天山，如今却一辈子老死于沧洲！

导学

一、作品简析

《诉衷情·当年万里觅封侯》，此词描写了作者一生中最值得怀念的一段岁月，通过今昔对比，反映了一位爱国志士的坎坷经历和不幸遭遇，表达了作者对祖国炽热之情。全词饱含着人生的秋意，格调苍凉悲壮，语言明白晓畅，用典自然，不着痕迹，不加雕饰，如叹如诉，使陆游这首词感人至深，独具风格。

二、知行合一

1. 读一读：本词表达的情感与《示儿》诗一样十分强烈，请你有感情地朗读本词，试着默写本词和《示儿》诗。

2. 看一看：观看 1981 年电影《风流千古》，更全面地了解作者。

3. 学一学：陆游的诗《金错刀行》咏物言志，借赞美金错刀寓抗金报国之志，请你借助工具书认真品读。

金错刀行

陆游

黄金错刀白玉装，夜穿窗扉出光芒。
丈夫五十功未立，提刀独立顾八荒。
京华结交尽奇士，意气相期共生死。
千年史册耻无名，一片丹心报天子。
尔来从军天汉滨，南山晓雪玉嶙峋。
呜呼！楚虽三户能亡秦，岂有堂堂中国空无人！

冬夜读书示子聿[1]

（宋）陆游

古人学问无遗力[2]，少壮工夫[3]老始[4]成。
纸[5]上得来终[6]觉浅[7]，绝知[8]此事要躬行[9]。

注释

[1]示：训示、指示。子聿（yù）：陆游的小儿子。[2]学问：指读书学习。无遗力：用出全部力量。[3]少壮：青少年时代。工夫：做事所耗费的时间。[4]始：才。[5]纸：书本。[6]终：到底，毕竟。[7]浅：肤浅，浅薄，有限的。[8]绝知：深入、透彻地理解。[9]躬行：亲身实践，行，实践。

译文

古人学习知识是不遗余力的，终身为之奋斗，往往是年轻时开始努力，到了老年才取得成功。

从书本上得到的知识终归是浅薄的，未能理解知识的真谛，要真正理解书中的深刻道理，必须亲身去实践，方能学有所成。

导学

一、作品简析

这是一首教子诗，诗人在书本与实践的关系上强调了实践的重要性，诗的前两句，赞扬了古人刻苦学习的精神以及做学问的艰难，诗的后两句，强调了做学问的工夫要下在哪里的重要性。“要躬行”包含两层意思：一是学习过程中要“躬行”，力求做到“口到、手到、心到”，二是获取知识后还要“躬行”，通过亲身实践化为己有，转为已用。这首诗不仅包含诗人对子女的殷切期望，同时也体现了诗人深邃的教育思想：要珍惜时光，趁着年轻努力学习并坚持不懈。不要急于求成，也不要死读书。清陈廷焯《白雨斋词话》评本诗“文章本天成，妙手偶得之。”

二、知行合一

1. 读一读：理解并背诵此诗，我们应该怎样对待学习？

2. 找一找：了解陆游的生平故事，阅读陆游的其他诗篇。

3. 悟一悟：下面是唐朝孟郊写的《劝学》诗，读后你会懂得趁早努力学习的重要性。

劝 学

孟 郊

击石乃有火，不击元无烟。
人学始知道，不学非自然。
万事须己运，他得非我贤。
青春须早为，岂能长少年。

念奴娇·登多景楼[1]

（宋）陈亮

危楼还望[2]，叹此意、今古几人曾会。鬼设神施，浑认作[3]、天限南疆北界。一水横陈，连岗三面，做出争雄势。六朝何事，只成门户私计[4]。

因笑王谢[5]诸人，登高怀远，也学英雄涕。凭却长江，管不到，河洛腥膻[6]无际。正好长驱，不须反顾，寻取中流誓。小儿破贼，势成宁问强对[7]。

注释

[1]念奴娇：词牌名。多景楼：在江苏镇江市北固山上甘露寺内，登临圣地。 [2]危楼：高楼。还望：环顾。 [3]浑认作：竟当作。 [4]私记：私利。 [5]王谢：指东晋上层人士，喻指今之掌权者。 [6]河洛：黄河、洛河，泛指中原。腥膻（xīng shān）：外敌入侵，这里指金人。 [7]强对：此指强敌。

译文

登楼极目四望，不觉百感交集，可叹自己的这番心意，古往今来，又有几人能理解呢？镇江一带的山川形势极其险要，简直是鬼斧神工，非人力所能致。这样险要的江山却不被当作进取的凭借，而是都看成了天设的南疆北界。镇江北面横贯着波涛汹涌的长江，东、西、南三面都连接着起伏的山岗。这样的地理形势，正是进可以攻，退可以守，足以与北方强敌争雄的形胜之地。六朝的旧事，原来全不过是为少数私家大族的狭隘私利打算！

于是笑王谢等人，他们空洒英雄之泪，却无克服神州的实际行动。他们依仗着长江天险，自以为可以长保偏安，哪里管得到广大的中原地区，长久沦陷，广大人民呻吟辗转于铁蹄之下呢？凭借这样有利的江山形势，正可长驱北伐，无须前怕狼，后怕虎，应该像当年的祖逖那样，中流击水，收复中原。南方并不乏运筹帷幄、决胜千里的统帅，也不乏披坚执锐、冲锋陷阵的猛将，完全应该像往日的谢安一样，对打败北方强敌具有充分信心，一旦有利之形势已成，便当长驱千里，扫清河洛，收复国土，何须顾虑对方的强大呢？

导学

一、作者简介

陈亮（1143 年—1194 年），原名陈汝能，字同甫，号龙川，称“龙川先生”。婺州永康（今浙江永康）人。南宋思想家、文学家。著作有《龙川文集》《龙川词》等。

二、作品赏析

这是一首借古论今之作，上片写登楼远眺所见之景和由此引发的感慨，借批判东晋统治者偏安江左，谴责南宋统治者不图恢复中原；下片借评议王、谢的空论清谈，批评了当时只空谈收复而无有效行动的士大夫。整首词直斥那些倡言“南北有定势，吴楚之脆弱不足以争衡中原”的失败论者，毫无顾忌，其精神可流传千古，词中大气磅礴、开拓万古心胸的强音，足以振奋人心。

三、知行合一

1. 读一读：本词有称雄于一代的非凡气概，请朗读时读出气势来。

2. 品一品：请欣赏龙开胜书写本词的书法作品，争取把自己的字写得更好。

3. 学一学：南宋诗词中表达恢复国土的诗词较多，辛弃疾《水龙吟·登建康赏心亭》的主题也是表达恢复国土、统一祖国的抱负和愿望，但词风不同，请你仔细辨析。

水龙吟·登建康赏心亭

辛弃疾

楚天千里清秋，水随天去秋无际。遥岑远目，献愁供恨，玉簪螺髻。落日楼头，断鸿声里，江南游子。把吴钩看了，栏杆拍遍，无人会，登临意。

休说鲈鱼堪脍，尽西风，季鹰归未？求田问舍，怕应羞见，刘郎才气。可惜流年，忧愁风雨，树犹如此！倩何人唤取，红巾翠袖，揾英雄泪！

州桥[1]

（宋）范成大

南望朱雀门[2]，北望宣德楼[3]，皆旧御路也。

州桥南北是天街[4]，父老[5]年年等驾回[6]。

忍泪失声询[7]使者，几时真有六军[8]来？

注释

[1]州桥：正名为天汉桥，位于开封汴河上。[2]朱雀门：汴京旧城南面有三座门中间的一座门。[3]宣德楼：宫城的正门楼。[4]天街：京城街道叫天街，指当年的御道。[5]父老：指汴梁的百姓。[6]等驾回：等候宋朝天子的车驾回来。[7]失声：哭不成声。询：探问，打听。[8]六军：古时规定天子设六军，此处指南宋的军队。

译文

在州桥上，向南望见朱雀门，向北望见宣德楼，都是过去的官道。

州桥南北的天街之上，中原父老伫足南望，他们年年盼望王师返回。

哭不成声，强忍泪水询问使者：什么时候真有我们朝廷的军队过来？

导学

一、作者简介

范成大（1126 年—1193 年），字至能，号称石湖居士。平江吴县（今属江苏苏州）人。南宋诗人。谥文穆。与杨万里、陆游、尤袤合称南宋“中兴四大诗人”。

二、作品简析

父老岁岁年年在等着“王师北定中原日”，几乎到了望穿双眼，几乎要化作“望驾石”，其强烈的愿望和痛苦的心情自然就融于“等”字中。而含泪失声的“询”则惟妙惟肖地描绘出父老的神情，那颤颤巍巍的身影，如在眼前，那哽哽咽咽的声调，犹在耳旁，真是“沉痛不可多读”。

《州桥》是宋代诗人范成大过汴京时所作，此诗共四句，截取了一个生动的场面，有人物、有环境、有情节、有对话，完全可以作为一篇“小小说”来看。作者以白描手法，撷取了一个特写镜头，表现了中原人民盼望光复的殷切心情，隐晦地流露了作者对议和不战政策的不满。

三、知行合一

1. 想一想：我们可以做哪些事情来奉献祖国？
2. 背一背：理解本诗诗意并背诵此诗。
3. 比一比：阅读王安石的诗《州桥》，看看作者是如何表达思想感情的。

州　桥

王安石

州桥踏月想山椒，回首哀湍未觉遥。

今夜重闻旧呜咽，却看山月话州桥。

瑞鹧鸪[1]·双银杏

（宋）李清照

风韵雍容未甚都[2]，尊前甘橘可为奴[3]。谁怜流落江湖上，玉骨冰肌[4]未肯枯。

谁教并蒂连枝摘，醉后明皇[5]倚太真[6]。居士擘开[7]真有意，要吟风味两家新。

注释

[1]瑞鹧鸪：词牌名。[2]都：姣好，美盛。[3]甘橘可为奴：甘橘别称木奴。[4]玉骨冰肌：清澈高洁。[5]明皇：唐明皇唐玄宗。[6]太真：指贵妃杨玉环。[7]擘开（bāi kāi）：用手把东西分开。

译文

风度韵致，仪态雍容，看起来并不奢侈华丽，即使如此，而酒樽前的柑桔，还是显得逊色几分。流落江湖，有谁怜？有谁惜？玉洁的肌肤，冰清的风骨，依然故我，不肯枯竭。

是谁将这并蒂连理果双双摘下？恰似那酒醉之后的唐明皇与太真贵妃相拥相依。居士擘开连理果，情真意切，两人分享，品尝风味，醇香清新，惺惺相惜。

导学

一、作者简介

李清照（1084年—1155年），号易安居士，齐州章丘（今山东济南）人。南宋女词人，婉约词派代表，有“千古第一才女”之称。后人辑有《漱玉词》，今有《李清照集》辑本。

二、作品简析

这首词采用拟人手法，将双银杏比作玉洁冰清、永葆气节的贤士，比作患难与共、不离不分的恋人，贴切深刻；尾句使用谐音手法，不仅略带诙谐而且起脱俗之效。此词以物言志，借物抒情，赋予银杏以灵动的人的品格，全词写的都是银杏的内在精神，写得入情入心，是历代文人描写银杏中的经典。赵万里辑《漱玉词》评本词“按虞、真二部，诗馀绝少通叶。极似七言绝句，与《瑞鹧鸪》词体不合。”

银杏，俗称白果，又称鸭脚树或公孙树，它以其苍劲的体魄，独特的性格，清奇的风骨，较高的观值和经济价值而受到世人的钟爱和青睐。眉山有数千年银杏栽培历史，达尔文在《进化论》称银杏为“活的化石”，2001年12月，眉山市第一届人大常委会第七次会议审议决定，眉山市市树为银杏。

三、知行合一

1. 学一学：查阅资料，全面了解眉山市市树银杏，并看看眉山市市花是什么。

2. 品一品：三苏祠门口两棵并存600多年的银杏雄树被喻为苏轼苏辙两兄弟，称为“兄弟树”，代表着眉山的人文精神。苏轼将银杏视为擎天柱，寓意银杏种子为自己的文章，表达了对银杏一树擎天的敬慕之情和审美情趣，也有文章流传千古之意。他这样赞美银杏：“四壁峰山，满目清秀如画。一树擎天，圈圈点点文章。”

3. 读一读：当代大文豪郭沫若曾这样赞美银杏：“亭亭最是公孙树，挺立乾坤亿万年。云去云来随落拓，当头几见日中天”，请你课外欣赏他写的散文《银杏》。

4. 悟一悟：下面是几首写银杏的诗，你认为好在哪里。

文杏馆

王维

文杏裁为梁，香茅结为宇。

不知栋里云，去作人间雨。

鸭脚

欧阳修

鸭脚生江南，名实未相浮。

绛囊因入贡，银杏贵中州。

德远叔坐上赋肴核八首银杏

杨万里

深存浅火略相遭，小苦微甘韵最高。

未必鸡头如鸭脚，不妨银杏伴金桃。

济阴之贾人

（元末明初）刘基

济阴[1]之贾人[2]，渡河而亡[3]其舟，栖于浮苴[4]之上，号[5]焉。有渔者以舟往救之，未至，贾人急号曰："吾乃济阴之巨室[6]也，能救我，予[7]尔百金！"渔者载而升诸[8]陆，则予十金。渔者曰："向许[9]百金，而今予十金，无乃[10]不可乎！"贾人勃然作色[11]曰："若，渔者也，一日能获几何[12]？而骤得十金，犹为不足[13]乎？"渔者黯然[14]而退[15]。他日，贾人游吕梁而下，舟薄[16]于石又覆[17]，而渔者在焉。人曰："盍[18]救诸？"渔者曰："是许金不酬者也。"立而观之，遂没[19]。

注释

[1]济阴：古郡县名。 [2]贾（gǔ）人：商人。 [3]亡：失去。 [4]浮苴（jū）：水中浮草。 [5]号：求救。 [6]巨室：世家大族。 [7]予：给。[8]诸：相当于"之于"。 [9]向许：刚才答应。 [10]无乃：恐怕。 [11]勃然：发怒的样子。作色：脸变了颜色，指变成了怒色。 [12]几何：多少。[13]足：满足。 [14]黯然：失望的样子。 [15]退：走开。 [16]薄：迫近，这里指冲撞、触击。 [17]覆：翻，这里指翻船。 [18]盍：何不。 [19]没：淹没。

译文

济阴有位商人，渡河的时候沉了船，危急中只好伏在河中漂着的枯草上呼救。一位渔夫驾着小舟去救他，不等船划到跟前，商人就急忙大喊："我是济上的大户，你能救了我，我送给你一百两银子。"渔夫用船把他载到岸上去以后，他却只给了渔夫十两银子。渔夫问他："我救你的时候你亲口许给我一百两银子，可是现在只给十两，这恐怕不合理吧？”商人马上变了脸说：“你是个打鱼的，一天能有多少收入？现在一下子得了十两银子，还不满足吗？”渔夫很不高兴地走开了。过了些日子，这位商人坐船沿着吕梁河东下，船撞在礁石上又沉了，而那位渔夫刚好在他沉船的地方。有人见渔夫没动，便问他：“你怎么不去救救他？”渔夫轻蔑地回答说：“这是那位答应给我百两银子却又说不算的人。”渔夫站着观看那位商人在水中挣扎，一会儿就沉没于河水之中了。

导学

一、作者简介

刘基（1311年—1375年）字伯温，谥曰文成，浙江青田县南田乡人，通经史、晓天文、精兵法。辅佐朱元璋开创明朝。朱元璋多次称刘基为：“吾之子房也。”刘基与宋濂、高启并称“明初诗文三大家”。

二、作品简析

孔子曰“人而无信，不知其可也。”如果人不诚信，即使他富可敌国，也会像这个商人一样，遭人唾弃。人无信不立。答应别人的事，就要兑现承诺。言而无信，必失信于人。“济阴之贾人”就是因为不信守承诺，当他再次遇到险情时，无论他怎样对渔夫承诺，渔夫都不会再听他的话去救他，最终把自己最为宝贵的生命丢掉了。看来，“承诺是金”这句话一点不假。

三、知行合一

1. 讲一讲：将《济阴之贾人》这个故事讲给其他小朋友听。
2. 悟一悟：《济阴之贾人》这个故事告诉我们什么道理？
3. 想一想：我们应该怎样做一个诚实守信的人？

智慧教育读库

明清诗话

登太白楼[1]

（明）王世贞

昔闻李供奉[2]，长啸[3]独登楼。
此[4]地一垂顾[5]，高名百代留。
白云海色曙[6]，明月天门[7]秋。
欲觅重来者，潺湲[8]济水流。

注释

[1]太白楼：在今山东济宁，李白曾客居，相传李白曾饮于楼上。 [2]李供奉：即李白。 [3]啸：撮口发出悠长清越的声音，这里指吟咏。 [4]“此地”二句：此楼自经李白一登之后，遂扬名千古。 [5]垂顾，光顾，屈尊光临。 [6]“白云”二句：以天高海阔、白云明月，喻李白心胸博大。曙：黎明色。 [7]天门：星名，属室女座，此指天空。 [8]潺湲（chán yuán）：水缓缓流动貌。

译文

我听说从前李白曾独自登上这楼台，吟咏诗作。
他一来到这里，此地和他的大名就一起百代流传。
白云悠悠，海上霞光映照，明月皎洁升起，秋色宜人。
潺湲的济水流淌，尽阅古今，却是再找不到那曾来过的人了。

导学

一、作者简介

王世贞（1526 年—1590 年），字元美，号凤洲，明代文学家。

二、作品简析

《登太白楼》是登临怀古诗，诗中缅怀李白，对其文章、风采表达了崇敬的心情。首联由太白楼起笔，遥想李白长啸登楼的豪放之举。颔联由此而畅想古今。颈联回到现实，以壮阔之笔描绘景色。尾联以委婉之言，抒发高士难求的情怀。本诗把李白当年登楼和自己今日登楼捏合在一起，直写李白的飘逸神姿，感叹楼仍在而大诗人李白之后无人可及。明写大白，暗写自己，极富才情与个性，表现王世贞敢于与李白攀比的雄心、气魄。

三、知行合一

1. 诵一诵：学古人，登楼（登高）高声诵读本诗。

2. 查一查：查询“李白”“王世贞”词条信息，想一想作者为什么有和李白攀比的雄心？

精卫[1]

（明末清初）顾炎武

万事有不平，尔[2]何空自苦？
长将一寸身，衔木到终古[3]。
我愿平东海，身沉心不改。
大海无平期，我心无绝时。
呜呼！君不见西山衔木众鸟多，
鹊[4]来燕去自成窠[5]。

注释

[1]精卫：神话中所记载的一种鸟。相传是炎帝的小女儿，在东海中溺水而死，所以死后化身为鸟，名叫精卫，常常到西山衔木石以填东海。[2]尔：指精卫。 [3]终古：永远。 [4]鹊、燕：比喻无大志的人。 [5]窠（kē）：鸟巢。

译文

世间万事没有绝对的公平，你何必自寻无来由的烦恼？
若只凭你这寸长的身躯，衔着木头填海要填到何时。
我也愿意填平这东海，即便身体沉入海中心也拒不悔改。
只要大海没有被填平，填海之心将永不泯灭。
呜呼！
你看不到西山之上的飞禽虽衔木者众多，
但都在自己忙着筑自己的巢歇息！

导学

一、作者简介

顾炎武（1613年—1682年），本名绛，乳名藩汉，字忠清，人称亭林先生，南直隶昆山（今苏州昆山市）人。明末清初的经学家、史地学家和音韵学家，与黄宗羲、王夫之并称为明末清初“三大儒”。主要作品有《日知录》《顾亭林诗文集》等。

二、作品简析

诗人把自己比喻为精卫鸟，对精卫的形象作了富于独创性的再塑造，决心以精卫填海的精神，实现自己反清复明和编写巨著的大业。苏州大学严迪昌《清诗史》评本诗“名篇《精卫》有‘我愿平东海，身沉心不改’，物我相化，精神透亮纸上，略无涩味。”

三、知行合一

1. 讲一讲：把精卫填海的故事讲给同学们听。

2. 悟一悟：结合寓言故事《愚公移山》，你觉得精卫和愚公的行为给你最大启示是什么？

西湖晤袁子才[1]喜赠

（清）赵翼

不曾识面早相知，良会[2]真诚意外奇[3]。
才可必传能有几，老犹得见未嫌迟。
苏堤二月如春水，杜牧三生鬓有丝[4]。
一个西湖一才子[5]，此来端[6]不枉[7]游资。

注释

[1]袁子才：即袁枚，字子才。 [2]良会：美好的会见。 [3]意外奇：指两人意外相聚。 [4]三生：指前生、今生、来生。鬓有丝：鬓发花白。[5]才子：指袁枚。 [6]端：真正。 [7]枉：白费。

译文

我们不曾见面就早已知道姓名，这次意外相聚让我格外惊奇。
你的才华一定会长久流传，我有幸晚年见到你也不算晚了。
二月的苏堤涨着春水，我曾像杜牧一般风流，如今却已鬓边生白。
一赏西湖一见你，不枉费在这里游玩啊。

导学

一、作者简介

赵翼（1727 年—1814 年），字云崧，号瓯北，别号三半老人。常州府阳湖县（今江苏省常州市）人，赵翼长于史学，论诗主“独创”，与袁枚、张问陶并称清代性灵派三大家。著作宏富，传世有《廿二史札记》《瓯北集》等。

二、作品简析

这首诗写诗人与袁枚初次见面的喜悦，首联写与袁枚不期而遇，颔联极言袁枚的才华之出众，颈联写晤面时的环境与所见的袁枚形象，尾联点明自己的喜悦之情，表现诗人了对袁枚才华的推重和朋友间诚挚的感情。

三、知行合一

1. 学一学：与人相交，贵在相知，本文赞美朋友，独具特色，请向大家夸奖你的朋友。

2. 议一议：朋友有何作用？我们结交朋友的标准是什么？你打算怎么和朋友交往？

3. 读一读：袁枚是清朝乾嘉时期诗人、散文家，主张诗文要表现个人的真情实感，下面的《偶作五绝句》值得一读。

偶作五绝句

袁枚

偶寻半开梅，闲倚一竿竹。
儿童不知春，问草何故绿。

吟 剑

（清）洪秀全

手持三尺[1]定山河，四海为家共饮和[2]。
擒尽妖邪[3]归地网，收残奸宄[4]落天罗。
东南西北效皇极[5]，日月星辰奏凯歌。
虎啸龙吟[6]光世界，太平一统乐如何！

注释

[1]三尺：指剑。[2]饮和：食德饮和，受道德的涵养教化。[3]妖邪：指清朝，太平军称清朝为妖胡或妖魔。[4]奸宄（guǐ）：指帮助清朝的汉人官僚。[5]皇极：以帝王为中心，施政教于四方。[6]虎啸龙吟：比喻帝王的发号施令，声威远播。

译文

手拿宝剑，平定万里江山；四海一家，共享道德的涵养。
捉尽妖魔，全给打进地狱；汉奸逆贼，也不让一个漏网。
四方中外，都来接受教化；日月星辰，一齐为胜利歌唱。
帝王号令，光明普照世界；太平一统，人民的幸福无量！

导学

一、作者简介

洪秀全（1814 年—1864 年），族名仁坤，广东花县（今广州市花都区）人。太平天国天王，清末农民起义领袖。乃至孙中山也自诩“洪秀全第二”。所著诗文及诏旨、文告等多收入《太平天国史料》等。

二、作品简析

这首诗写于作者落第还乡之时。开头两句诗人开口见胆，直抒宏伟志向，声称要做主宰天下的人。颔联和颈联诗人充分抒发了自己充满自信的战斗豪情，展现了一个雄才大略、以天下为己任的革命者形象。尾联写诗人预见革命风暴即将席卷全国，大展身手实现自己的志向。本诗气势磅礴，读起来虎虎有生气，表现了诗人革命的壮志和革命必胜的信心。

三、知行合一

1. 讲一讲：高声朗读本诗。
2. 学一学：了解洪秀全和他领导的太平天国农民运动。
3. 读一读：阅读洪秀全的《述志》诗，加深对作者的理解。

述志诗

洪秀全

手握乾坤杀伐权，斩邪留正解民悬。
眼通西北江山外，声振东南日月边。
展爪似嫌云路小，腾身何怕汉程偏。
风雷鼓舞三千浪，易象飞龙定在天。

黄海舟中日人索句[1]并见日俄战争地图

（清）秋瑾

万里乘风[2]去复来，只身东海挟春雷[3]。
忍看图画移颜色[4]，肯使[5]江山付劫灰[6]！
浊酒不销[7]忧国泪，救时[8]应仗出群才[9]。
拚将十万[10]头颅血，须把乾坤[11]力挽回。

注释

[1]日人索句：日本友人讨取诗句。 [2]乘风：乘风而行。 [3]只身东海：指单身乘船渡海。挟春雷：形容胸怀革命理想，为祖国新生而奔走。[4]忍看：即“怎忍看”。图画：指地图上割给日本的中国领土。移颜色：即指中国的领土从俄占变成日占。[5]肯使：“岂肯使”的省略。[6]劫灰：遭到劫掠之后的灰烬，指遭到瓜分惨祸。 [7]销：消除。 [8]救时：挽救时局命运。 [9]仗：依靠。出群才：指杰出的人才，出类拔萃的人物。[10]拚（pàn）将：舍弃。十万：泛言极多。 [11]乾坤：天地，此指中国危亡的局势。

译文

千万里远途我像腾云驾雾一样去了又回，我独自一人穿越东海往返伴随滚滚春雷。

不忍心看到祖国的地图变成别国的领土，怎能让锦绣江山被侵略者炮火化成飞灰。

那浊酒哪能排解我忧心国事所洒的热泪，国家的救亡图存依靠的是大家群策群力。

就算是需要拼上十万将士抛头颅洒热血，我也必须把这颠倒的乾坤大地拼力挽回。

导学

一、作者简介

秋瑾（1875年—1907年），原名秋闺瑾，字璿卿，号竞雄，别署“鉴湖女侠”。浙江山阴（今浙江绍兴）人，生于福建闽县（今福州）。近代民主革命志士，她是我国近代史上第一位为民主革命而牺牲的女英雄。善诗歌，有《秋瑾集》。

二、作品简析

此诗是作者再次东渡日本舟中所作，诗中作者对日俄帝国主义的侵略暴行极为愤恨，对民族前途深为忧虑，抒发了作者决心为拯救民族危亡而奋斗终身、甘洒热血力挽乾坤的革命豪情。潘国琪《豪迈诗篇抒壮志》评本诗“这首诗，是秋瑾诗作中值得击节的一首，它形象地表现了作者强烈的爱国主义精神和救国救民的革命胸怀，对了解秋瑾的思想具有重要的意义。”

三、知行合一

1. 背一背：背诵并默写本诗，注意体会作者强烈的爱国情怀。

2. 讲一讲：收集秋瑾的故事，讲给大家听听，立志为国作贡献。

3. 读一读：秋瑾的言志之作词《满江红·小住京华》表达了她匡国济世的凌云志向，请认真阅读体会。

满江红·小住京华

秋瑾

小住京华，早又是中秋佳节。为篱下黄花开遍，秋容如拭。四面歌残终破楚，八年风味徒思浙。苦将侬强派作蛾眉，殊未屑！

身不得，男儿列，心却比，男儿烈。算平生肝胆，因人常热。俗子胸襟谁识我？英雄末路当磨折。莽红尘何处觅知音？青衫湿！

真

智慧教育读库

现代文风

太平洋遇雨

梁启超

一雨纵横亘二洲[1]，浪淘天地[2]入东流。
劫余人物淘难尽[3]，又挟风雷[4]作远游[5]。

注释

[1]纵横：形容雨雾迷茫，无边无际。亘（gèn）：横贯，从此端直达彼端。二洲：指亚洲、美洲，太平洋东接美洲，西接亚洲。[2]浪淘天地：形容浪涛好像在荡涤天地。[3]劫余人物：指戊戌政变后的劫余人物，包括诗人自己。淘难尽：指维新变法的人物没有杀尽。[4]风雷：比喻自己怀有改良社会的雄心壮志。[5]远游：指诗人远游美洲。

译文

我乘船过太平洋见雨雾迷茫横贯亚洲美洲，远处水天相连浪涛好像在荡涤天地向东流去。

戊戌政变后的劫余人物不会被历史浪潮涤荡尽，今天我又怀着改革社会的雄心壮志作远游。

导学

一、作者简介

梁启超（1873 年—1929 年），字卓如，一字任甫，号任公，又号饮冰室主人。广东新会人，中国近代维新派代表人物，其著作合编为《饮冰室合集》。

二、作品简析

本诗是作者在太平洋上遭遇大雨时有感而发的诗篇。整首诗托雨写志，作者立足于太平洋之上，遥视亚美二洲；身处政治逆境之中，思及古今，更展望未来，表现了作者并不因为变法维新运动的失败而退缩，胸怀远大目标，做一个立志改良的胸有风雷之士。刘梦芙《中华诗词》评本诗“大气磅礴，有包举八荒之概，运用比兴手法又极为高妙，不愧为‘诗界革命’的倡导者。”

三、知行合一

1. 写一写：在熟读的基础上，认真书写本诗，用书法表现作者一往无前的远大志向。

2. 学一学：了解“百日维新”“戊戌六君子”等史实。

3. 读一读：梁启超的散文《少年中国说》是寄托了作者对少年中国的热爱和期望。请学习、理解和诵读下面的节选内容，并想一想你如何做新时代好少年。

故今日之责任，不在他人，而全在我少年。少年智则国智，少年富则国富；少年强则国强，少年独立则国独立；少年自由则国自由；少年进步则国进步；少年胜于欧洲则国胜于欧洲；少年雄于地球，则国雄于地球。红日初升，其道大光。河出伏流，一泻汪洋。潜龙腾渊，鳞爪飞扬。乳虎啸谷，百兽震惶。鹰隼试翼，风尘翕张。奇花初胎，矞矞皇皇。干将发硎，有作其芒。天戴其苍，地履其黄。纵有千古，横有八荒。前途似海，来日方长。美哉我少年中国，与天不老！壮哉我中国少年，与国无疆！

七绝·改诗赠父亲

毛泽东

孩儿立志出乡关[1]，
学不成名誓不还。
埋骨何须桑梓[2]地，
人生无处不青山[3]。

注释

[1]乡关：家乡，故乡。[2]桑梓（sāng zǐ）：家乡，故乡。[3]青山：象征祖国的山河秀丽。

译文

孩儿立下志向走出家乡，
学习不取得成就发誓不还来。
死后埋葬何必在故乡的土地，
人生到处都是可以埋葬尸骨的青山。

导学

一、作者简介

毛泽东（1893 年—1976 年），字润之，湖南湘潭人。伟大的马克思主义者，无产阶级革命家、战略家和理论家，中国共产党、中国人民解放军和中华人民共和国的主要缔造者和领导人。

二、作品简析

《七绝·改诗赠父亲》是毛泽东 1910 年赠给父亲的一首七绝，赠诗表达了作者对父亲的深厚感情，通俗不失大雅。这是一首典型的言志诗，表明了他求学的坚决、志向的高远。起首两句直抒胸臆，叙述出作者心中立志走出家乡，不创造一番事业不还乡的抱负与志向。后两句引用中国经书上经典词句，表达了大丈夫志在四方，好男儿四海为家之意。全诗通俗易懂，主题明确，平仄押韵流畅，简洁而不简单，是毛泽东心态、志向的真实流露。

三、知行合一

1. 学一学：多渠道、多方面了解毛泽东生平、伟业。

2. 看一看：在家长陪伴下，观看以毛泽东为主角的电影和电视剧，感受领袖风采。

3. 做一做：制作毛泽东知识卡片，把你了解的毛泽东讲给大家听。

4. 读一读：在老师或家长的指导下，尽可能多地阅读毛泽东的作品，包括诗、词、文和讲话稿。大声朗读毛泽东少年时所作《七古咏蛙》。

七古咏蛙

毛泽东

独坐池塘如虎踞，
绿荫树下养精神。
春来我不先开口，
哪个虫儿敢作声？

沁园春[1]·长沙

毛泽东

独立寒秋[2]，湘江北去，橘子洲头。看万山红遍，层林尽染；漫江[3]碧透，百舸争流[4]。鹰击[5]长空，鱼翔浅底，万类霜天[6]竞自由。怅寥廓[7]，问苍茫大地，谁主沉浮？

携来百侣[8]曾游，忆往昔峥嵘岁月稠[9]。恰[10]同学少年，风华正茂；书生意气，挥斥[11]方遒[12]。指点江山，激扬文字，粪土当年万户侯。曾记否，到中流击水[13]，浪遏飞舟[14]？

注释

[1]沁园春：词牌名。[2]寒秋：深秋、晚秋。[3]漫江：满江。[4]舸（gě）：大船，泛指船只。争流：争着行驶。[5]击：搏击。[6]万类：指一切生物。霜天：指秋天。[7]寥廓（liáo kuò）：广远空阔。[8]携来：挽，牵。百侣：很多的伴侣，侣，指同学战友。[9]稠：多。[10]恰：适逢，正赶上。[11]挥斥：奔放。[12]遒（qiú）：强劲有力。[13]击水：游泳（作者自注）。[14]遏（è）：阻止。飞舟：如飞之舟，言其迅速。

译文

我独自伫立在秋天的橘子洲头，眺望湘江缓缓北流。看万千山峰变成了红色，一层层树林好像染过颜色一样，江水清澈澄碧，一艘艘大船乘风破浪，争先恐后。鹰在广阔的天空飞，鱼在清澈的水里游，万物都在秋光中争着过自由自在的生活。面对着无边无际的宇宙，（千万种思绪一齐涌上心头）我要问：这苍茫大地的盛衰兴废由谁来决定主宰呢？

回想过去，我和我的同学，经常携手结伴来到这里游玩。在一起商讨国家大事，那无数不平凡的岁月至今还萦绕在我的心头。同学们正值青春年少，风华正茂；大家踌躇满志，意气奔放，正强劲有力。评论国家大事，写出这些激浊扬清的文章，把当时那些军阀官僚看得如同粪土。还记得吗？那时我们在江水深急的地方游泳，那激起的浪花几乎挡住了疾驰而来的船？

导学

一、作品简析

《沁园春·长沙》通过对秋景的描绘和对青年时代革命斗争生活的回忆，提出了“谁主沉浮”的问题，抒写出革命青年对国家命运的感慨和以天下为己任的志业，形象含蓄地给出了“谁主沉浮”的答案：主宰国家命运的，是以天下为己任、蔑视反动统治者、敢于改造旧世界的革命青年。全词情景交融，心忧天下，豪气干云。

二、知行合一

1. 悟一悟：朗读本词，要有“问苍茫大地，谁主沉浮”的豪迈气魄，请你边读边体会本词“立志存高远”的启示。

2. 看一看：观看电视剧《毛泽东》，感受领袖风采。

3. 赏一赏：欣赏毛泽东的书法作品《沁园春·长沙》和《橘子洲头》照片。

七律·人民解放军占领南京

毛泽东

钟山[1]风雨起苍黄[2]，百万雄师过大江。
虎踞龙盘[3]今胜昔，天翻地覆慨而慷[4]。
宜将剩勇追穷寇，不可沽名[5]学霸王[6]。
天若有情天亦老，人间正道[7]是沧桑[8]。

注释

[1]钟山：指南京。[2]苍黄：仓皇，突然。[3]虎踞（jù）龙盘：形容地势优越。[4]慨（kǎi）而慷：感慨而激昂。[5]沽（gū）名：故意做作猎取名誉。[6]霸王：指楚霸王项羽。[7]人间正道：社会发展的正常规律。[8]沧桑：沧海变桑田，这里比喻革命性的发展变化。

译文

革命的风雨震荡着蒋家王朝的南京，百万雄师突破了长江天险，直攻蒋军苦心经营三个半月的南京城。

以雄奇险峻而著称的古都南京城回到了人民手中，她比任何时候都美丽。这天翻地覆的巨大变化，是足以令人慷慨高歌和欢欣鼓舞的。

应该趁现在这敌衰我盛的大好时机，痛追残敌，解放全中国。不可学那贪图虚名，放纵敌人而造成自己失败的楚霸王项羽。

自然界如果有知，它会体察到兴盛与衰败这条不可改变的法则。不断地变异、不断地发展、不断地前进，这是人类社会发展的必然规律。

导学

一、作品简析

这是毛泽东于 1949 年创作的一首七律诗。诗中首联描绘了解放军渡江解放南京的雄伟场面；颔联赞颂了南京解放所取得的历史性胜利，抒发了欢庆南京解放的革命豪情；颈联概括了将革命进行到底的思想；尾联阐明了历史发展的必然规律，对全诗的思想做出哲理性的总结。全诗表现了人民解放军彻底打垮国民党反动派的信心和决心，表达了诗人解放全中国的必胜信念，格调雄伟，气势磅礴，雄壮有力。郭沫若评论：这一首诗是纪念南京解放、庆祝革命胜利的万古不磨的丰碑。刘白羽评论：这首七律，是毛主席一组战争题材诗词中最后一篇，也是寓意十分深远、气象十分宏伟、格调十分崇高的珍贵诗篇。

三、知行合一

1. 读一读：有感情地朗读本诗，认真书写本诗。

2. 看一看：观看人民解放军解放南京的影视作品，如《风雨下钟山》《百万雄师过长江》《解放南京》等。

3. 赏一赏：品读启功《七律·人民解放军占领南京》书法作品。

满江红[1]·和郭沫若同志

毛泽东

小小寰球[2]，有几个苍蝇碰壁。嗡嗡叫，几声凄厉，几声抽泣。蚂蚁缘槐夸大国，蚍蜉[3]撼树谈何易。正西风落叶下长安，飞鸣镝[4]。

多少事，从来急；天地转，光阴迫。一万年太久，只争朝夕[5]。四海[6]翻腾云水怒，五洲震荡风雷激。要扫除一切害人虫，全无敌。

注释

[1]满江红：词牌名。[2]寰（huán）球：指地球。[3]蚍（pí）蜉（fú）：指苍蝇。[4]鸣镝（dí）：响箭。[5]朝夕：一早一晚，这里指一天。[6]四海：指全国范围内。

译文

小小的地球上，有那么几个国家，像几只碰壁的苍蝇一样嗡嗡叫唤，貌似声色俱厉，又像哭泣声一样。这些国家好比那大槐树下的蚂蚁一样吹嘘自己的国家有多强大，却不知道他们的所作所为，就像蚍蜉撼大树一样可笑！我们吹响冲锋的号角（飞鸣镝），要像秋风扫落叶一样席卷他们。

天下的事情，从来都是那样急切；日月轮回，光阴紧迫。要等一万年后才等来胜利，实在是太久，我们要抓紧时间，力求主动，只争朝夕。当今的世界上，四海翻腾，风云变幻，五洲震荡，形势诡谲，我们要消灭所有危害人类的败类，还世界一个太平。

真

导学

一、作品简析

《满江红·和郭沫若同志》是毛泽东于1963年在《光明日报》上读到郭沫若的词深受感动所创作的一首鼓舞人心的反霸权主义的词。诗人高昂时代巨人的头颅，对几伙苍蝇、蚂蚁、蚍蜉等害人虫，投以蔑视的目光，给以憎恶的申斥；并意气风发，大义凛然，发出了战斗的号召，显示了胜利的信心。这首词自始至终贯穿着反帝反霸、捍卫马列主义和无产阶级国际主义的思想意志。

二、知行合一

1. 读一读：有感情地朗读本词。

2. 比一比：朗读郭沫若同志的作品，体会异同。

满江红·沧海横流

郭沫若

沧海横流，方显出，英雄本色。人六亿，加强团结，坚持原则。天垮下来擎得起，世披靡矣扶之直。听雄鸡一唱遍寰中，东方白。

太阳出，冰山滴；真金在，岂销铄？有雄文四卷，为民立极。桀犬吠尧堪笑止，泥牛入海无消息。迎东风革命展红旗，乾坤赤。

3. 赏一赏：欣赏毛泽东的书法作品《满江红·和郭沫若同志》。

《野草》题辞

鲁迅

当我沉默着的时候，我觉得充实；我将开口，同时感到空虚。

过去的生命已经死亡。我对于这死亡有大欢喜，因为我借此知道它曾经存活。死亡的生命已经朽腐。我对于这朽腐有大欢喜，因为我借此知道它还非空虚。

生命的泥委弃在地面上，不生乔木，只生野草，这是我的罪过。

野草，根本不深，花叶不美，然而吸取露，吸取水，吸取陈死人的血和肉，各各夺取它的生存。

当生存时，还是将遭践踏，将遭删刈，直至于死亡而朽腐。

但我坦然，欣然。我将大笑，我将歌唱。

我自爱我的野草，但我憎恶这以野草作装饰的地面。

地火在地下运行，奔突；熔岩一旦喷出，将烧尽一切野草，以及乔木，于是并且无可朽腐。

但我坦然，欣然。我将大笑，我将歌唱。

天地有如此静穆，我不能大笑而且歌唱。天地即不如此静穆，我或者也将不能。我以这一丛野草，在明与暗，生与死，过去与未来之际，献于友与仇，人与兽，爱者与不爱者之前作证。

为我自己，为友与仇，人与兽，爱者与不爱者，我希望这野草的朽腐，火速到来。要不然，我先就未曾生存，这实在比死亡与朽腐更其不幸。

去罢，野草，连着我的题辞！

一九二七年四月二十六日

导学

一、作者简介

鲁迅（1881 年—1936 年），原名周樟寿，字豫山，改名周树人，字豫才，浙江绍兴人。著名文学家、思想家、革命家、教育家，新文化运动的重要参与者，中国现代文学的奠基人之一。鲁迅一生在文学创作、文学批评、思想研究、文学史研究、翻译、美术理论引进、基础科学介绍、古籍校勘与研究等多个领域具有重大贡献。毛泽东评价：“鲁迅的方向，就是中华民族新文化的方向。”其作品收录为《鲁迅全集》。

二、作品简析

《野草》题辞是鲁迅为散文诗集《野草》写的前言。在这首散文诗里，作者披露了写作《野草》的思想变化历程，形象地概括了写作《野草》的目的及艺术来源，并表达了作者继续战斗的决心，本文是作者“诗的总结和心的誓言”。

三、知行合一

1. 读一读：朗读本文，读一读《野草》（作品集）。
2. 查一查：了解鲁迅的生平事迹和主要作品。
3. 看一看：观看电视剧《鲁迅》（1983 年）和电影《鲁迅》（2005 年）。

面具

许地山

人面原不如那纸制的面具哟！你看那红的、黑的、白的、青的、喜笑的、悲哀的、目眦怒得欲裂的面容，无论你怎样褒奖，怎样弃嫌，它们一点也不改变。红的还是红，白的还是白；目眦欲裂的还是目眦欲裂。

人面呢？颜色比那纸制的小玩意儿好而且活动，带着生气。可是你褒奖他的时候，他虽是很高兴，脸上却装出很不愿意的样子；你指摘他的时候，他虽是懊恼，脸上偏要显出勇于纳言的颜色。

人面到底是靠不住呀！我们要学面具，但不要戴它，因为面具后头应当让它空着才好。

导学

一、作者简介

许地山（1893 年—1941 年），笔名落华生（古时“华”同“花”，所以也叫落花生），籍贯广东揭阳，生于台湾，落籍福建龙溪。

二、作品简析

本文选自 1922 年 8 月 10 日《小说月报》，面具实在是—个神秘微妙的东西。本文作者观赏多姿多彩的面具的时候，更多的是反思万物之灵的人。反思的结果是颇具讽刺意味的。人将自己的面影赋予了面具，面具一旦具有了属于自己的表情，便始终如一。人却不然，更为自己设计了数不清的“带着生气”的面具——假脸，从而得以掩饰自己的虚伪。与面具相比，人是应当为自己的表里不一、见风使舵感到羞愧的。这篇杂文在对面具与人面的一爱一憎里，显示了对于虚伪的社会道德的厌恶和对于真善美的由衷的向往。

三、知行合一

1. 搜一搜：向同学们展示你找到的各种面具图片或实物，说说用处。
2. 做一做：制作一个你最喜欢的面具，经常提醒自己要表里如一。
3. 写一写：找一找现实中的生活小现象，学写本文这样的小杂文。

智慧教育读库

教师寄语

建设最美丽的学校

——校长寄语之一

易学军

2017 年，是高家小学 100 年华诞之年。百年高小，百年奋进，百年辉煌，百年典范。高家小学——美丽的学校。

高家小学校注重以德治校，立德树人。其办学理念是“高山景行，真善美慧”。在教育实践中处处彰显格物致知、智慧领航、知行合一、至善至美的教育传统，立足于培养为人师表的教师和德才兼备的学生。

高家小学校注重以人为本，依法治校。师生学法守法，践行无规矩不成方圆的古训，学校的制度管理、行为规范很好地体现了以人为本、成人之美的团队精神。

高家小学师高弟子强，桃李满天下。历任校长治校有方，代代教师敬业乐业，名师辈出，学校现有四川省特级教师黄瑛，有眉山市优秀校长易学军，仁寿县榜样教师韩玉萍，高家小学美丽教师陈俊清。学校教师用自己的心血培养了一大批社会主义的建设者和接班人，如樊文华、高力生、高林远、李仕明、高黄根等一大批出类拔萃的人才。

高家小学具有包容、开放和创新精神。学校虽在龙泉山下，但校风开放，胸怀宽广，善教善研，锐意进取，与时俱进，看得、考得、听得的教育丰碑在当地人民心中赢得了尊严和荣耀。

高家小学以人为本，服务社会。学校突出学生的主体地位，致力于服务学生家长，感化和引领社会风气。高家环境优美、人民安居乐业，学校功莫大焉。

高家小学有思想，有精神，有灵魂。在“人生七十古来稀，先生道德过古人”的高秉诚先生创建高家乡高尚高级小学后，高家小学丰富教育思想，弘扬“勇于担当、敢为人先的创新精神，生生不息、与时俱进的奋斗精神，敬业奉献、永争第一的进取精神，结伴同行、成人之美的团队精神”，为学生的终身发展和一生幸福奠基，校园生机勃勃，美丽和谐。

高家小学面向未来，探索永无止境。今天的高家小学有先进的办学理念引领，学校以“建设最美乡村小学”为办学目标，弘扬“勤奋学习，诚实做人”的校训，培植“感恩幸福，关爱成长”的校风，遵循“以人为本，依法治校”的工作方法，启迪优秀、特长的时代俊杰。

高家小学在我们的心中——我们向往。

高家小学在我们的手中——我们建设。

高家小学在我们的眼中——我们亲历。

我爱美丽的高家小学！

2017 年 11 月 28 日

高家大佛遐思

李德铭

牛角寨习习的山风
吹来一个盛唐的传说
高家大佛的灵光
催生嘉州凌云的
壮丽崴峨

近观鹰头水库的渔舟白鹭
远眺历史的浩瀚烟波
张献忠嘶鸣的烈马
踏响一支
荡气回肠的壮歌

将斑驳的阳光篡在手中
点一支心香
将悠悠禅声触摸
思绪的小草
染绿山坡
天下第一胸佛
双手合十
是在觉寤
心灵喷薄的日出
是在祈福
环宇飞翔的白鸽
穿透飘飘渺渺的香火

总能听见
真真切切的诉说
腾飞的沃土
洒下晶莹如玉的汗珠
梦的枝头
总会挂满芳香扑鼻的硕果

（原载《仁寿文艺》《眉山日报》）

导学

一、作者简介

李德铭，中共党员，中学高级教师，历任学校校长、学区主任等职，仁寿县知名教育管理者。曾在《星星诗刊》《四川日报》《四川教育》《教育导报》《首都文学》《三秦文学》《眉山日报》发表诗歌百余首。

二、知行合一

1. 读一读：站在山顶或户外，大声朗读本诗。
2. 写一写：搜集仁寿大佛的美丽传说，用短文写下来。
3. 走一走：参观全国重点文物保护单位仁寿大佛，感悟深厚的家乡文化。

禅意流韵

——《仁寿大佛遐思》赏析

张劲松

《仁寿大佛遐思》是李德铭先生游仁寿大佛后赐给本刊的感悟之作。

德铭先生是一位教育工作者，学生时代便与诗结下不解之缘，多有诗作见诸报刊。

所谓诗者，一要有形象，二要有思想，三要有韵味。

先说形象。在赵朴初题名的《中国大佛》一书中，仁寿大佛是我国最大的唯一一尊半身摩崖石刻造像，被誉为“中华第一胸佛”。在这首诗中，诗人用“巍峨”和“灵光”来表现了佛的雄伟和神圣，用“催生嘉州凌云”的乐山大佛来追叙了仁寿大佛的悠久历史。这些言简意赅的描写都给人留下无尽的遐想。

次说思想。诗是表达思想感情的，诗人在这首诗中表达了什么样的思想感情呢？一是对历史的追缅凭吊，“绿水青山的云影”“苍穹浩瀚的烟波”“张献忠的烈马”“荡气回肠的悲歌”这几种意象，无一不是对历史的回望，对时代兴亡的沉思。二是对禅意的顶礼膜拜，“点亮一炷心香/飘飘渺渺/将悠悠禅声触摸”，表达了诗人对禅韵的向往，对禅心的敬畏。三是对和平的虔诚追求。“双手合十/是在觉寤/心灵喷薄的日出/是在祈福/天宇飞翔的白鸽”，正是诗人对人类和平幸福的向往。

再说诗的韵味。这首诗的意境是开阔的，让我们找到了登高赋诗抒情的感觉；这首诗的表达是含蓄的，画面构图留下的飞白，给我们留下了遐想的空间；这首诗的语言是精炼的，如“习习”“吹来”“浩瀚”“荡气回肠”“飘飘渺渺”“飞翔”等，都很贴切，增强了诗的节奏感，很有韵律，不仅情味绵绵，真切动人，而且读起来也朗朗上口。

行善积德，普度众生，是佛的灵魂，可以说，这首诗不仅赞颂了这个灵魂，也流淌着，沁人心脾的暖暖禅意。

2016年11月15日

附　录

眉山天府新区高家小学办学思想

办学理念	高山景行　真善美慧
发展愿景	建设最美乡村小学
校　　训	勤奋学习　诚实做人
校　　风	感恩幸福　关爱成长
教　　风	结伴同行　成人之美
学　　风	健康明礼　阳光乐学
工作方法	以人为本　依法治校
高小精神	团结进取　奋斗创新
勇于担当	敢为人先的创新精神
生生不息	与时俱进的奋斗精神
敬业奉献	永争第一的进取精神
结伴同行	成人之美的团队精神

眉山天府新区高家小学校徽

★ 主题图案是由大写字母“G J”组成的一把火炬。大写字母“G”为火炬头，象征着学生，“J”为火炬把，象征着教师，意味着教师甘愿做阶梯，做支柱，引领一批又一批学生走得更远，支撑起一批又一批学生攀登得更高。

眉山天府新区高家小学校旗

中间图案是大写字母“G J”组成的一把火炬，象征光明，激励着孩子们为祖国的繁荣富强努力奋斗。下方为三条阶梯形线条，象征人生的阶梯，激励学生坚实走好每一步，一步一步攀登，实现人生目标。

眉山天府新区高家小学校歌

1＝D $\frac{4}{4}$

作词：秦海泉
作曲：何俊鹏

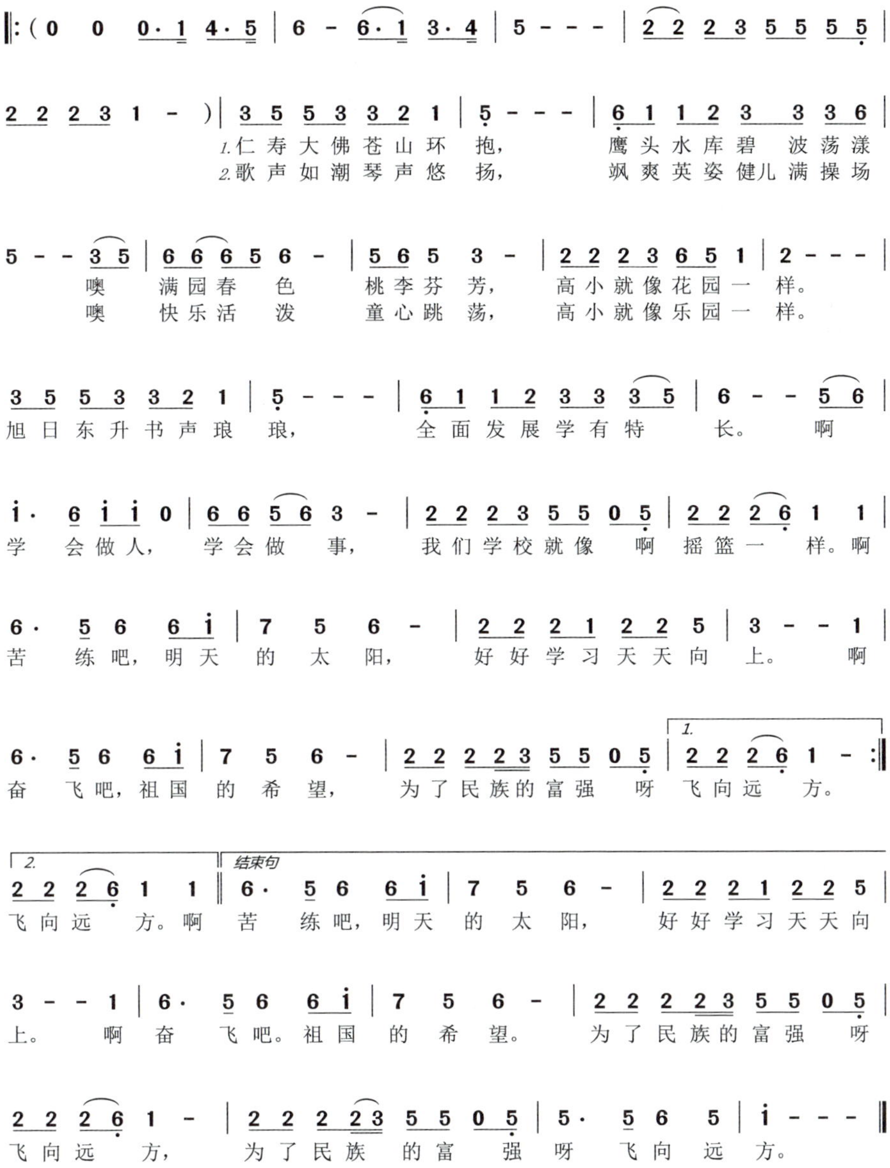

智慧教育读库

善

总 主 编　易学军
分册主编　李万军

西南交通大学出版社
·成 都·

图书在版编目（CIP）数据

智慧教育读库. 2，善 / 易学军总主编；李万军分册主编. —成都：西南交通大学出版社，2022.6

ISBN 978-7-5643-8698-6

Ⅰ. ①智… Ⅱ. ①易… ②李… Ⅲ. ①品德教育 – 中国 – 小学 – 教学参考资料 Ⅳ. ①G624.153

中国版本图书馆 CIP 数据核字（2022）第 085421 号

坚持教育为社会主义现代化建设服务、为人民服务，把立德树人作为教育的根本任务，全面实施素质教育，培养德智体美劳全面发展的社会主义建设者和接班人，努力办好人民满意的教育。

前言

学习苏东坡　当好接班人

眉山天府新区高家小学 100 年华诞，精彩绽放。高家小学的学生要投入到“学习苏东坡，当好接班人的”活动中去，用自己最美丽的言行为一百年高小远大启航增光添彩。

一、学习先贤圣人

我国是从古至今文明一直延续的伟大国家，文化底蕴特别深厚，值得我们学习的杰出人物数不胜数。生长在龙泉山下的高家儿女，要从我们身边的优秀人物身上吸取营养。被称为“千年英雄”的苏东坡，是四川历史最重要的名人之一，值得我们好好学习。

高家小学的学生学习苏东坡，要学习他勤奋学习的上进精神，学习他正直善良的优秀品质，学习他勤政为民的敬业精神，学习他有理想更务实的处世之道。

二、弘扬高小传统

眉山天府新区高家小学于 1917 年高秉诚先生创建，校名是高家乡高尚高级小学，郭沫若赞先生“人生七十古来稀，先生道德过古人”。100 年来，学校紧跟时代步伐，以“勤奋学习，诚实做人”为校训，秉承“高山景行，真善美慧”的办学理念，用美好的愿景鼓舞人、用科学的机制激励人、用文化的氛围熏陶人、用人格的魅力感召人，教育成果丰硕。学校是眉山市校风示范学校和仁寿县文明单位，教育质量和各项评估名列全县前列，培养了一大批建设祖国和服务社会的优秀人才。

高家小学师生要弘扬高小优良传统，就是要坚持高家学校与时俱进、开拓创新的发展思路不动摇，就是要树立敢为人先、砥砺奋进的拼搏意识，就是要发扬团结协作、校兴我荣的团队精神，就是要倡导求真务实、刻苦钻研的好学之风，就是要共同建设环境优美、校风优良、质量优异、特色优秀的示范学校。

三、争做时代英才

2016 年 9 月 13 日，《中国学生发展核心素养》正式发布。中国学生发展核心素养共分为文化基础、自主发展、社会参与三个方面，综合表现为人文底蕴、科学精神、学会学习、健康生活、责任担当、实践创新六大素养，具体细化为国家认同等十八个基本要点。

高家小学的学生要从小树立远大理想，立志做一个德智体美全面发展的社会主义建设者和接班人。同学们增强自己的道德与法制观念，要耐心接受家长的辅导，要虚心接受教师的教导，要做好自主管理，努力学习，认真做事，使自己的身心更加健康、性格更加健全、学业更加优秀、前途更加光明！

有理想、有本领、有担当，这是每一个高家小学师生心中的目标。

编　者

目录

先秦古韵

汉晋春秋

唐朝气象

宋元故事

明清诗话

现代文风

教师寄语

善

智慧教育读库

先秦古韵

秦风[1]·无衣

（先秦）诗经

岂曰无衣？与子同袍[2]。王于[3]兴师[4]，修我戈矛，与子同仇[6]！

岂曰无衣？与子同泽[7]。王于兴师，修我矛戟，与子偕作[8]！

岂曰无衣？与子同裳[9]。王于兴师，修我甲兵[10]，与子偕行[11]！

注释

[1]秦风：《诗经》国风之一。 [2]袍：长袍。 [3]王：一般认为指秦君。于：语助词。 [4]兴师：起兵。 [5]修：整治。 [6]同仇：共同对敌。 [7]泽：通“襗”，贴身内衣，如今之汗衫。 [8]偕作：一起行动。[9]裳：下衣，指战裙。 [10]甲兵：铠甲与兵器。 [11]行：往。

译文

谁说我们没衣穿？与你同穿长袍。君王发兵去交战，修整我那戈与矛，与你同杀敌。

谁说我们没衣穿？与你同穿内衣。君王发兵去交战，修整我那矛与戟，与你在一起。

谁说我们没衣穿？与你同穿那战裙。君王发兵去交战，修整甲胄与刀兵，与你共前进。

导学

一、作者简介

《诗经》是中国古代诗歌开端，传为尹吉甫采集、孔子编订。《诗经》为《六经》之一。

二、作品简析

《无衣》是一首激昂慷慨、同仇敌忾的战歌，表现军民团结互助、共御外侮的高昂士气。全诗风格矫健爽朗，采用叠唱的形式，抒写将士们在大敌当前之际，与周王室保持一致，一听“王于兴师”就一呼百诺，舞戈挥戟，奔赴前线的英雄主义气概和爱国主义精神。清末吴闿生《诗义会通》评“英壮迈往，非唐人出塞诸诗所及。”

三、知行合一

1. 读一读：先听歌曲《秦风·无衣》，想象出征去参战的场景，体会战士保家卫国的激情，有感情地朗诵本诗，

2. 议一议：战争与和平和我们相随，我们热爱和平，如果有一天战争来到我们身边时，我们应该怎么办？

3. 比一比：课外阅读屈原的《楚辞·九歌·国殇》、鲍照的《代出自蓟北门行》、王褒的《关山篇》、吴均的《战城南》，看看这些诗歌的主题与《秦风·无衣》有何异同。

道德经·不争无尤

（先秦）老子

上善[1]若水。水善利万物而不争，处众人之所恶[2]，故几于道[3]。居，善地；心善渊[4]；与善仁[5]；言善信；正善治[6]；事善能；动善时[7]。夫唯不争，故无尤[8]。

注释

[1]上善：最善。 [2]处众人之所恶：即处于众人不愿去的地方。[3]几于道：接近于道，几，接近。 [4]渊：沉静、深沉。 [5]与：指与别人相交。善仁：有修养之人。 [6]正善治：为政善于治理。 [7]动善时：行为善于把握有利的时机。 [8]尤：怨咎、过失、罪过。

译文

最高的德行如水一样。水善于滋养万物而不与万物相争，水停留在众人都不喜欢的地方，所以最近于“道”。上善之人，居处善于选择地方，心胸善于保持沉静而深不可测，待人真诚、友爱和无私，说话恪守信用，为政善于治理，处事善于发挥所长，行动善于把握时机。上善之人所作所为正因为有不争的美德，所以没有过失，也就没有怨咎。

导学

一、作者简介

老子，姓李名耳，字聃，道家学派创始人和主要代表人物，与庄子并称“老庄”。

二、作品简析

老子钟爱水，认为水德近于道。水的德行在于它是最柔弱最具善性的东西，它具有宽广包容的胸怀和毫无所求、甘居人下的德操，无声无息，滋润万物而不居功，清静无为而又无所不为。水和“大道”相近。水性善柔，大道无形；水善利万物而不争，大道化育一切而不言功。老子列举七个“善”，告诉人们为人处世的要旨即“不争”，要人们学习水“柔弱处下”的德行。

三、知行合一

1. 读一读：反复诵读本章，体会其中的深刻道理。

2. 想一想：上网看看我们最熟悉的水有什么性质？

3. 写一写：选取文中七个善中的一个善，写一篇读后感，或者写一写自己怎样做。

孝

（先秦）《论语》节录

其一

子游问孝。子曰："今之孝者，是谓能养，至于犬马，皆能有养，不敬，何以别乎？"

译文

子游请教什么是孝。孔子说："现在所谓的孝，指能够奉养父母，就连狗与马都能服侍人。如果少了礼敬，用什么来区别呢？"

其二

子夏问孝。子曰："色难[1]。有事，弟子服其劳；有酒食，先生馔[2]，曾是以为孝乎？"

注释

[1]色难：和颜悦色，最难。 [2]馔：意为陈具饮食。

译文

子夏请教什么是孝。孔子说："子女保持和悦的脸色是最难的。有事要办，儿女代劳；有了酒饭，让年长的吃喝，这样就能算是孝吗？"

其三

孟懿子问孝。子曰："无违。"

译文

孟懿子请教什么是孝。孔子说："不要违背礼制。"

> **其四**
>
> 孟武伯问孝。子曰："父母唯其疾之忧。"

译文

孟武伯请教什么是孝。孔子说："父母只为你的疾病担忧（而不担忧别的）就是孝顺。"

> **其五**
>
> 子曰："父母在，不远游[1]，游必有方[2]。"

注释

[1]远游：远方游历。 [2]方：去处，地方。

译文

孔子说："父母在世，子女不出远门，如果要出远门，必须有一定的去处。"

> **其六**
>
> 子曰："父母之年，不可不知也。一则以喜，一则以惧。"

译文

孔子说："父母的年纪，做子女的不可以不知道。一方面为他们高寿而欢喜，一方面为他们衰老而忧虑。"

其七

子曰："事父母几谏[1]。见志不从，又敬不违，劳[2]而不怨。"

注释

[1]几（jī）：婉转。谏：委婉劝阻。 [2]劳：劳心；担忧。

译文

孔子说："侍奉父母，对他们的缺点应该劝阻。如果自己的意见没有被采纳，仍然要对他们恭敬，不加抗。只在内心忧愁但是不去抱怨。"

导学

一、作者简介

《论语》是孔子弟子记录孔子言行的著作，共20篇。

二、作品简析

俗话说"百善孝为先"，孝顺是对父母长辈心存尊敬和关爱，孝更要合于礼，对亲人的过错要"几谏"，即反复劝谏（对朋友、上级的过错最多劝两次）。

《尚书》言"克谐以孝"，孝道是中华五千年的政教之本。子曰"夫孝，德之本也，教之所生也"。

三、知行合一

1. 读一读：阅读《论语》中与孝相关的句子并理解其意思。

2. 学一学：孝是道德要求，也是法律要求。我国法律中对子女赡养父母有什么规定？

3. 写一写：你觉得子女应该怎样孝敬父母？把你的做法写下来。

论语·季氏篇（节选）

（先秦）《论语》

子曰："见善如不及[1]，见不善如探汤[2]。吾见其人矣，吾闻其语矣。隐居以求其志，行义以达其道。吾闻其语矣，未见其人也。"

注释

[1]不及：赶不上，来不及。 [2]探汤：把手伸到沸水里。汤，沸水。

译文

孔子说："见到善的行为，就像怕赶不上似的去追随；看见不善的行为，就像手伸进沸水中一样赶快避开。我见过这样的人，也听到过这样的话语。隐居起来以求保全志向，按照'义'的原则行事以贯彻自己的主张。我听到过这样的话语，没见过这样的人。"

导学

一、作品简析

孔子认为行善，态度非常重要。主动行善与被动行善是不一样的。对善的追求要永不满足，这是人修德行善的根本。孔子意在通过两种情况的对比告诉我们，行善修德重在自觉，更要去掉一切功利性目的。

二、知行合一

1. 讲一讲：请用自己的话把本文的意思说给同学听。
2. 学一学：查阅《论语·季氏篇》的其他章节，把你喜欢的写下来。
3. 写一写：在生活中你主动帮助同学的一件小事。

晏子谏景公（节选）

（先秦）《晏子春秋》

景公[1]之时，雨雪三日而不霁[2]，公被狐白之裘[3]，坐堂侧陛[4]。晏子[5]入见，立有间，公曰："怪哉！雨雪三日而不寒。"晏子对曰："天不寒乎？"公笑。晏子曰："婴闻之，古之贤君，饱而知人之饥，温而知人之寒，逸而知人之劳，今君不知也。"公曰："怪哉！寡人闻命[6]矣。"乃令出裘发粟[7]与饥寒者。令所睹于途者，无问其乡；所睹于里者，无问其家；循国计数，无言其名。士既事者兼月[8]，疾者兼岁。孔子闻之曰："晏子能明其所欲，景公能行其所善也。"

注释

[1]景公：名杵臼，齐庄公的异母弟。雨雪三日而不霁：多日下雪不转晴。[2]霁：雨后或雪后转晴。[3]公被狐白之裘（qiú）：齐景公穿着白毛狐皮大衣。裘：皮衣。被（pi）同"披"。[4]陛：殿堂的台阶。[5]晏子：字平仲，齐国大夫，齐景公时任国相。[6]闻命：景公自谦的话，意为听您的话。闻：听命、辞命。[7]粟：谷子，旧时泛指谷类，指救济粮。[8]既事者：已有职业的人。兼月：两个月。兼：两倍。

译文

景公在位的时候，雪下了好几天还不转晴。景公披着白色的狐皮大衣，坐在朝堂台阶上。晏子进去朝见，站立一会儿，景公说："奇怪啊！雪下了几天可是天气不冷。"晏子回答："天气不冷吗？"景公笑了。晏子说："我听说贤德的国君，自己吃饱却知道别人的饥饿，自己穿暖却知道别人的寒冷，自己安逸却知道别人的劳苦。现在君王不知道别人了。"

景公说："我明白您的教育了。"于是发令拿出大衣和粮食给忍饥挨饿的人。命令：在路上见到的，不必问是哪乡的；在里巷见到的，不必问是哪家的；巡视全国统计数字，不必记姓名。已有职业的人发给两月的粮食，病困的人发给两年的粮食。孔子听到后说："晏子能阐明他的愿望，景公能实行他认识到的德政。"

导学

一、作者简介

晏婴（？—公元前500年），晏氏，字仲，谥"平"，史称"晏子"，夷维（今山东省高密市）人，春秋时齐国政治家。轶事见于《晏子春秋》。

二、作品简析

本文记述晏子同齐景公的对话，晏子以生活琐事提醒景公要重视百姓疾苦，景公能听从劝谏，推己及人，及时救助忍饥挨饿的人。本文宣扬民本思想和推己及人的美德。可从《岳阳楼记》一句话来概括："居庙堂之高则忧其民"。

三、知行合一

1. 说一说：读了此文后，我们应该学习景公什么样的好品质？
2. 议一议：我们应该怎样向晏子学习，劝说别人做该做的事。
3. 写一写：本文对话很有技巧，请仿写一段对话。

谏逐客书（节选）

（先秦）李斯

臣闻地广者粟多，国大者人众，兵强则士勇。是以太山[1]不让[2]土壤，故能成其大；河海不择细流[3]，故能就其深；王者不却[4]众庶，故能明其德。是以地无四方，民无异国，四时充美，鬼神降福，此五帝三王[5]之所以无敌也。今乃弃黔首[6]以资[7]敌国，却宾客以业[8]诸侯，使天下之士退而不敢西向，裹足不入秦，此所谓“藉寇兵而赍盗粮[9]”者也。

夫物不产于秦，可宝者多；士不产于秦，而愿忠者众。今逐客以资敌国，损民以益仇[10]，内自虚而外树怨于诸侯[11]，求国无危，不可得也。

注释

[1]太山：即泰山。 [2]让，辞让，拒绝。 [3]择：舍弃。细流：小水。 [4]却：推却，拒绝。 [5]五帝：指黄帝、颛顼、帝喾、尧、舜。三王：指夏、商、周三代开国君主，即大禹、商汤和周武王。 [6]黔首：指百姓。 [7]资：助，供给。 [8]业：从业，从事。 [9]赍盗粮：把武器粮食供给寇盗。赍（jī）：送，送给。 [10]损民以益仇：减少本国的人口而增加敌国的人力。益：增多。仇，仇敌。 [11]外树怨于诸侯：指宾客被驱逐出外必投奔其他诸侯，从而树新敌。

译文

我听说田地广粮食就多，国土大人口就众，武器精良将士就骁勇。因此，泰山不拒绝泥土，所以能成就它高大；江河湖海不舍弃细流，所以能成就它的深邃；有志于王业的人不嫌弃民众，所以能彰明他的德行。因此，土地不分东西南北，百姓不论异国它邦，便会一年四季富裕美好，天地鬼神降赐福运，这就是五帝、三王无可匹敌的缘故。抛弃百姓使之去帮助敌国，拒绝宾客使之去侍奉诸侯，使天下的贤士退却而不敢西进，裹足止步不入秦国，这就叫作“借武器给敌寇，送粮食给盗贼”啊。

物品中不出产在秦国，而宝贵的却很多；贤士中不出生于秦，愿意效忠的很多。如今驱逐宾客来资助敌国，减损百姓来充实对手，内部自己造成空虚而外部在诸侯中构筑怨恨，要谋求国家没有危难，不可能啊。

导学

一、作者简介

李斯（约前 284 年—前 208 年），字通古。战国末期楚国上蔡（今河南上蔡）人。主要作品有《谏逐客书》《泰山封山刻石》《琅琊刻石》等。

二、作品简析

《谏逐客书》是李斯给秦王上的奏章。情词恳切。文中把圣人比作“泰山”“河海”，把从庶比作土壤、细流，比喻人度量大能包容不同的事物。言外之意，是奉劝秦王不能把六国的人才驱逐出秦国。秦王也正是因为汇集这些人的力量，最后统一天下而成“千古一帝”。

三、知行合一

1. 学一学：在网上查阅《谏逐客书》原文，理解要义。

2. 说一说：你对“太山不让土壤，故能成其大；河海不择细流，故能就其深”的感悟。

3. 赏一赏：李斯的文学和文字的造诣很深，请欣赏他的书法作品。

善

智慧教育读库

汉晋春秋

文帝议佐百姓诏

（汉）刘恒

间[1]者数年比[2]不登[3]，又有水旱疾疫之灾，朕甚忧之。愚而不明，未达其咎[4]。意者朕之政有所失、而行有过与？乃天道有不顺、地利或不得、人事多失和、鬼神废不享与？何以致此？将百官之奉养或费、无用之事或多与？何其民食之寡乏也？

夫度[5]田非益寡，而计民未加益，以口量地，其于古犹有余，而食之甚不足者，其咎安在？无乃百姓之从事于末[6]、以害农者蕃[7]、为酒醪[8]以靡[9]谷者多、六畜[10]之食焉者众与？细大之义[11]，吾未能得其中。其与丞相、列侯、吏二千石[12]、博士[13]议之，有可以佐百姓者，率意[14]远思，无有所隐。

注释

[1]间：jiān，近来。 [2]比：连续。 [3]登：作物的成熟和收获。[4]咎：灾祸，也可引申为过失。 [5]度：音 duó，计算，此处为丈量土地。 [6]末：古有士、农、工、商的顺序，商排最末，有轻视商的意思。 [7]蕃：繁多。 [8]醪（láo）：酒。 [9]靡（mí）：浪费。 [10]六畜：即马、牛、羊、鸡、犬、豕。 [11]义：道理，意义。 [12]二千石：汉代内自九卿郎将，外至郡守，俸禄二千石，泛指高官。 [13]博士：秦及汉初立博士，掌管经史，后博士专讲经学传授。 [14]率意：竭尽心意。

译文

近来连续作物歉收，又有水灾旱灾和疾病，我非常担忧啊。我愚而不明，不知道这些问题的原因。我想，我的政策有过失因而执政有错吗？是天道有不顺、地利或许没有得到、人事大都失去和睦、鬼神被遗弃没有祭祀吗？为什么会这样呢？养官的俸禄是不是太多了，没用的事是不是做得太多了？为什么民众的粮食会匮乏呢？

计算田地没有更少，统计人口没有增加，按照人口来算田地，那比古人还有多余啊，但吃的东西非常不足，它的根源在哪里呢？难道是百姓从事商业损害农业的地方很多，还是做酒浪费的谷子很多，禽畜吃掉的粮食很多吗？大大小小的道理，我没能明白它的主要原因，要与丞相、列侯、吏二千石、博士们讨论这问题，有可以帮助百姓的办法，用心大胆地广开思路，不要有所隐瞒！

导学

一、作者简介

刘恒（前 203 年—前 157 年），汉文帝，他和儿子景帝统治时期，被誉为“文景之治”，文帝曾经亲自为母亲薄太后尝药，《二十四孝》“亲尝汤药“的主角。

二、作品简析

《文帝议佐百姓诏》属诏令，出自《汉书》，表达了文帝对百姓疾苦的关心。文章共四段：首段说明民生的日益困苦。二段从朝廷和官吏方面设想民困的原因。三段从习俗方面设想民困的原因。末段令丞相、列侯、吏二千石、博士等讨论，不可以隐讳。通篇辞意委婉，官式文书如话家常，反复设问，诚意跃然纸上。

三、知行合一

1. 背一背：诵读本文，背诵本文。

2. 想一想：结合本文和其他史实，你觉得汉文帝是一位什么样的皇帝?

3. 学一学：公文的写作有特殊的要求。请你有空时，把过去的公文和现在的公文进行对比，了解、学习现代公文的一些基本写法。

上书谏猎

（汉）司马相如

臣闻物有同类而殊能者，故力称乌获[1]，捷言庆忌[2]，勇期贲、育[2]。臣之愚，窃以为人诚有之，兽亦宜然。今陛下好陵阻险，射猛兽，卒然[4]遇逸材[5]之兽，骇不存之地，犯属车[6]之清尘[7]，舆不及还辕[8]，人不暇施巧，虽有乌获、逢蒙[9]之技不能用，枯木朽枝尽为难矣。是胡越起于毂[10]下，而羌夷接轸[11]也，岂不殆哉！虽万全而无患，然本非天子之所宜近也。

且夫清道而后行，中路而驰，犹时有衔橛之变[12]。况乎涉丰草，骋丘虚，前有利兽之乐，而内无存变之意，其为害也不难矣。夫轻万乘[13]之重不以为安，乐出万有一危之途以为娱，臣窃为陛下不取。

盖明者远见于未萌，而知者避危于无形，祸固多藏于隐微而发于人之所忽者也。故鄙谚曰："家累千金，坐不垂堂[14]。"此言虽小，可以喻大。臣愿陛下留意幸察。

注释

[1]乌获：秦国力士。 [2]庆忌：吴王僚之子，颜师古则说他能射快箭。 [3]贲、育：孟贲、夏育，皆战国时卫国人，著名勇士。 [4]卒（cù）然：卒同"猝"，突然。 [5]逸材：过人之材；逸，通"轶"，超越，指凶猛超常的野兽。 [6]属车：随从之车。 [7]清尘：即尘土。 [8]还（xuán）：通"旋"。辕：车舆前端伸出的直木或曲木，指舆车。 [9]逢（páng）蒙：夏代善于射箭的人，相传学射于羿。 [10]毂（gǔ）：车轮中心用以镶轴的圆木，也可代称车轮。 [11]轸（zhěn）：车厢底部四围横木。也用为车的代称。 [12]衔橛（jué）之变：泛指行车中的事故；衔，马嚼；橛，车的钩心。 [13]万乘：指皇帝。 [14]垂堂：靠近屋檐下，

坐不垂堂是防万一屋瓦坠落伤身。

译文

臣子听说物有族类相同而能力不一样的，所以力气要称誉乌获，速度要说起庆忌，勇敢要数孟贲、夏育。臣子愚昧，私下认为人确实有这种力士勇士，兽类也应该是这样。现在陛下喜欢登险峻难行之处，射猎猛兽，要是突然遇到凶猛的野兽，它们因无藏身之地而惊起，冒犯了您圣驾的正常前进，车子来不及掉头，人来不及随机应变，即使有乌获、逢蒙的技术也施展不开，枯树朽枝都成了障碍。这就像胡人越人从车轮下窜出，羌人夷人紧跟在车子后面，岂不危险啊！即使一切安全不会有危险，但这类事本来不是皇上应该接近的啊。

况且清扫道路而后行车，驰骋在大路中间，尚且不时会出现拉断了马嚼子、滑出了车钩之类的事故。何况在密层的草丛里穿过，在小丘土堆里奔驰，前面有猎获野兽的快乐在引诱，心里却没有应付事故的准备，这样造成祸害也就不难了。看轻皇帝的贵重不以为安逸，乐于外出到可能发生万一的危险道路上去以为有趣，臣子以为陛下这样不可取。

聪明的人在事端尚未萌生时就能预见到，智慧的人在危险还未露头时就能避开它，灾祸本来就多藏在隐蔽细微之处，而暴发在人忽视它的时候。所以俗语说："家里积聚了千金，就不坐在近屋檐的地方。"这说的虽是小事，却可以引申到大的问题上。臣子希望陛下留意明察。

导学

一、作者简介

司马相如（约前 179 年—前 118 年），字长卿，蜀郡成都人，中国汉赋四大家。

二、作品简析

汉武帝虽有雄才大略的一面，却迷恋驰逐野兽的游戏、喜欢亲自搏击熊和野猪。《上书谏猎》是针对皇帝好田猎而写。文章先是以人喻兽，说明危险如兵让人猝不及防，难以预料。又把天子日常出行和狩猎场景加以对比、千金之家和堂堂天子加以对比，希望天子看到打猎的各种隐患，劝谏天子以身体和国家为重，不要冒险。行文委婉，劝谏与奉承结合得体，收到了“劝百而讽一”的效果。清代吴汝纶《两汉文举要》点评“此文用笔之奇，古今所罕。”

三、知行合一

1. 读一读：理解文章内容，朗读本文，读出对上劝谏的语调。

2. 想一想：本文说理层次清晰，先强调客观因素，点明了有形之险，再着重分析主观上的因素，提出了无形之险，最后推导到“明者”“知者”对于危情的处置，达到了上书的目的。注意体会“盖明者远见于未萌，而知者避危于无形，祸固多藏于隐微而发于人之所忽者也。”的深刻含义。

3. 学一学：围猎，四面合围而猎，又称狩猎、打围、畋猎。中国历代帝王大多要举行围猎活动，你觉得有哪些好处？

宋人好善

（汉）《淮南子》

昔者，宋人好善者，三世不解[1]。家无故而黑牛生白犊。以问先生[2]。先生曰："此吉祥，以飨[3]鬼神。"

居一年，其父无故而盲。牛又复生白犊。其父又复使其子以问先生。其子曰："前听先生言而失明，今又复问之，奈何？"其父曰："圣人之言，先忤[4]而后合。其事未究[5]，固[6]试往，复问之。"其子又复问先生。先生曰："此吉祥也，复以飨鬼神。"归，致命[7]其父。其父曰："行先生之言也。"

居一年，其子又无故而盲。其后楚攻宋，围其城。当此之时，易子而食，析骸而炊。丁壮者死，老病童儿皆上城，牢守而不下。楚王大怒。城已破，诸城守者皆屠之。此独以父子盲之故，得无乘城。军罢围解，则父子俱视。

注释

[1]解：通"懈"懈怠。 [2]先生：指孔子。 [3]飨（xiǎng）：供奉，祭祀。 [4]忤（wǔ）：违反抵触。 [5]究：明白。 [6]固：同"姑"姑且。 [7]致命：传达先生之言。

译文

从前，宋国有乐于为善的人，他家三代都不懈地做善事。家里的黑牛无故生出了白牛犊，于是他去请教孔子。孔子说："这是吉祥的预兆，应该祭祀鬼神。"

过了一年，那父亲的眼睛无缘无故瞎了。黑牛又生了白牛犊。父亲就叫他儿子再去请教孔子。他儿子说："前次听从了先生的话，却失明了，而如今还要去问他，为什么？”父亲答道：“圣人的预测，先违背后符合事实。这件事的结果还不清楚，姑且试着前往，再去问一问。”他儿子又去问孔子。孔子回答：“这是吉祥的预兆，还应该去祭祀鬼神。”儿子回家把孔子的话传达给他的父亲，他的父亲说：“照先生所说的去做。”

又过了一年，那做儿子的眼睛也无故瞎了。后来楚国攻打宋国，围了他们所在的城市。在这个时候，城内的人断了粮食只好相互交换子女杀食以果腹，劈开尸骨作柴烧。所有的成年男人都战死，连老年人、病人、小孩子都上了城墙，坚守着城池而使楚军不能攻下。楚王非常生气。城被攻破后，所有守城的人都被屠杀了。只有这家父子因为眼瞎的缘故，没有上城墙。战争结束围困解除后，这对父子都复明了。

导学

一、作者简介

《淮南子》原名《鸿烈》，为刘安集合其门客所编。刘安（前 179 年—前 122 年），沛郡丰县（今江苏徐州丰县）人。西汉淮南王，主持编撰《淮南子》等。

二、作品简析

本文选自《淮南子·人间训》，刘安及门客撰写。文章以宋人祖孙三代不懈怠行善，之间虽有所变故，但结局仍然是美好。告诉世人善有善报。

三、知行合一

1. 读一读：熟读本文，体会其中蕴含的道理。
2. 想一想：结合本文，想想“祸福相依”对自己的启示。
3. 讲一讲：开一次班队“故事会”，讲讲你知道的好人好事。

与善人居（节选）

（汉）孔安国

子曰："与善[1]人居[2]，如入芝兰之室[3]，久而不闻其香，即与之化矣；与不善人居，如入鲍鱼之肆[4]，久而不闻其臭，亦与之化矣。丹之所藏者赤[5]，漆[6]之所藏者黑，是以[7]君子必慎[8]其所处者焉。"

注释

[1]与：和。善：品德高尚。 [2]居：交往。 [3]芝兰之室：芝、兰，两种香草，用来比喻良好的环境；室：房间。 [4]鲍鱼之肆：卖渍鱼的店铺，比喻小人集聚的地方。鲍鱼，即渍鱼，有腥臭；肆：店铺。[5]丹之所藏者赤：朱砂所放的地方一定是红色，比喻交朋友必须谨慎选择。丹：丹砂，矿物名，红色。 [6]漆：油漆。 [7]是以：所以，因此。必：一定，必定。 [8]慎：谨慎。

译文

孔子说："常和品行高尚的人在一起，就像沐浴在芝兰散满香气的屋子里，时间长了便闻不到香味，本身已充满香气了；和品行低劣的人在一起，就像进入了卖臭咸鱼的店铺，久而久之就闻不到咸鱼的臭味，这是因为自己与臭味融为一体。藏朱砂的地方就是红色的，藏有油漆的地方就是黑色的，因此有道德修养的人必须谨慎选择相处的朋友和环境。"

导学

一、作者简介

孔安国（前 156 年—前 74 年），孔丘十世孙。西汉经学家，著有

《古文尚书》《古文孝经传》《论语训解》等。

二、作品简析

孔子的话告诉世人“近朱者赤，近墨者黑”的道理，必须要谨慎选择相处的朋友和环境，要多交益友、诤友，不交损友，注意区别“真正的友谊”和“哥们义气”。

三、知行合一

1. 学一学：在网上查阅《与善人居》原文，理解大意。
2. 背一背：有感情地背诵本段话并默写在佳词美句本上。
3. 说一说：和同学交流“我们交朋友要注意些什么？”

说苑·谈丛（节选）

（汉）刘向

屋漏者民去之，水浅者鱼逃之。树高者鸟宿[1]之，德厚者士趋[2]之。

注释

[1]宿：栖息。 [2]趋：追随，归附。

译文

房屋漏了，百姓就会离去；水太浅，鱼就会逃离；树木高大，鸟儿就会栖息在上面；为政者仁德深厚，士子就会归附他。

导学

一、作者简介

刘向（前77年—前6年），沛郡丰邑（今属江苏徐州市）人。

二、作品简析

本文用排比和博喻的方法，从正反两个方面加强说理，告诉我们一个人的德行，是他最好的底牌。德行好的人，懂得厚道待人，不会算计别人。这样的人，更能得到人心，获得更多好机会。越算计，越不幸，算计太多的人，最终会算计到自己头上。

三、知行合一

1. 读一读：富有感情地大声朗诵本文，体会其蕴含的道理。
2. 议一议：和同学一起议议“怎样真诚厚道地对待他人？”。
3. 写一写：将本文抄写在习字本上，看谁写得工整。

光武帝临淄劳耿弇[1]

（汉）刘秀

车驾[2]至临淄，自劳军，群臣大会。帝谓弇曰：“昔韩信破历下[3]以开基；今将军攻祝阿[4]以发迹。此皆齐之西界[5]，功足相方。而韩信袭击已降[6]，将军独拔勍敌[7]，其功乃难于信也。又田横烹郦生[8]，及田横降，高帝诏卫尉[9]不听为仇；张步前亦杀伏隆，若步来归命，吾当诏大司徒释其怨。又事尤相类也。将军前在南阳，建此大策，常以为落落难合，有志者事竟成也。”

注释

[1]临淄：春秋战国时齐国都城，在今山东淄博西北。耿弇（yǎn）：字伯昭，扶风茂陵人，随刘秀起兵，后拜建威大将军。 [2]车驾：即车，皇帝外出时乘用，指汉光武帝刘秀。 [3]韩信破历下：汉高帝三年，韩信袭击历下军，占领齐国首都临淄。 [4]祝阿：地名。 [5]西界：历下，祝阿是古时齐鲁的分界。 [6]袭击已降：韩信袭破历下之前，刘邦已派郦食其到齐，游说齐王，齐王同意与汉和好，并撤除了对汉的防御，韩信趁其不备袭击齐军，并攻灭齐国。 [7]勍（qíng）敌：劲敌。[8]田横烹郦生：当韩信袭历下时，田横以为郦生出卖自己，便将郦生烹杀。 [9]卫尉：官名，即郦商，郦食其（郦生）的弟弟，刘邦即位后封信成侯，刘邦曾警告郦商不得报仇。

译文

光武帝来到临淄，慰劳军队，群臣在这里隆重地聚会。光武帝对耿弇说：“从前韩信因攻破历下而开创基业，现在将军您攻取祝阿而立身扬名。历下和祝阿都是齐国的西界，你与韩信的功绩也足以相比。但韩信袭击的是已经降伏的对手，而将军却独力战胜强大的敌人，这个功绩的取得，确实比韩信难。再说田横烹杀了郦生，等到田横投降，汉高帝下诏告诫郦商，不许他与田横结仇。张步也曾杀过伏隆，如果张步前来归降，我也要下诏给司徒伏湛，要他消除仇怨。这两件事又更加相似。将军从前在南阳时，就提出了这项重要的计策，我原以为迂远疏阔，很难实现，现在看来，真是有志者事竟成啊！

导学

一、作者简介

刘秀（前 5 年—57 年），字文叔，东汉开国皇帝，开创古代历史上“风化最美、儒学最盛”的“光武中兴”时代。

二、作品简析

本文是刘秀表彰大将军耿弇的一段话。光武帝首先将耿弇的功业与西汉名将韩信相比，认为耿弇攻取祝阿比韩信攻破历下更难，所以更值得称颂，这大大地肯定了耿弇的战功。接着又引证史实，表明只要张步投降，他愿意赦免其罪过。这就进一步瓦解了敌军。本文百余字，但恰当地引用历史事实阐明自己的观点。尤其是“有志者事竟成”一句，有画龙点睛之妙。

三、知行合一

1. 读一读：本文虽短，人物较多，要好好熟悉，熟悉和背诵本文。

2. 想一想：刘秀是东汉开国皇帝，结合本文和其他史实，你觉得刘秀是一位什么样的皇帝？

3. 比一比：查阅资料，从不同方面把耿弇和韩信进行比较，然后说说你对他俩的看法。

野田黄雀行

（三国）曹植

高树多悲风[1]，海水扬其波[2]。
利剑[3]不在掌，结友何须[4]多？
不见篱间雀，见鹞[5]自投罗[6]。
罗家[7]得雀喜，少年见雀悲。
拔剑捎[8]罗网，黄雀得飞飞[9]。
飞飞摩苍天，来下谢少年。

注释

[1]悲风：凄厉的寒风。 [2]扬其波：掀起波浪。 [3]利剑：比喻权势。 [4]结友：交朋友。 [5]何须：何必。鹞（yào）：一种凶狠的鸟类，似鹰而小。 [6]罗：捕鸟用的网。 [7]罗家：设罗网捕雀的人。[8]捎（xiāo）：挥击，削破。 [9]飞飞：自由飞行的样子。摩：接近、迫近。

译文

高高的树木受到狂风的吹袭，平静的海面波浪迭起。
宝剑虽利却不在我手中，无援助之力而结交朋友又有何必？
你没看见篱笆上可怜的黄雀，为躲避凶狠的鹞却撞进网。
张设罗网的人见到黄雀多么欢喜，少年见到挣扎的黄雀不由怜惜。
拔出利剑对着罗网用力挑去，黄雀才得以飞离那受难之地。
振展双翅直飞上苍天，获救的黄雀飞来向表示谢意。

导学

一、作者简介

曹植（192 年—232 年），字子建，是建安文学的代表人物与集大成者，其代表作有《洛神赋》《白马篇》《七哀诗》等。

二、作品简析

此诗通过黄雀投罗的比喻，抒写朋友遭难而无力援救的心情，塑造了一个解救受难者的少年侠士的形象，寄寓诗人的理想和反抗情绪。体现了曹植诗歌“骨气奇高，辞采华茂”的特点，具有汉乐府民歌的质朴风味，如拔剑捎网、黄雀谢恩这一情节就受汉乐府民歌中寓言作品的影响。刘勰评本诗“格高才劲，且长于讽谕。”

三、知行合一

1. 读一读：大声朗读并默写本诗。

2. 看一看：课余阅读《三国演义》，把曹植的故事讲给大家听。

3. 学一学：曹植的《七步诗》有多个版本，读下面这首诗，结合本文说说对曹植的评价。

七步诗

曹植

煮豆持作羹，漉菽以为汁。

萁在釜下燃，豆在釜中泣。

本自同根生，相煎何太急？

陈情表

（晋）李密

臣密言：臣以险衅[1]，夙[2]遭闵凶[3]。生孩六月，慈父见背[4]；行年四岁，舅夺母志[5]。祖母刘悯臣孤弱，躬亲抚养。臣少多疾病，九岁不行，零丁孤苦，至于成立[6]。既无伯叔，终鲜兄弟，门衰祚[7]薄，晚有儿息[8]。外无期功强近之亲[9]，内无应门五尺之僮[10]，茕茕孑立[11]，形影相吊[12]。而刘夙婴[13]疾病，常在床蓐[14]，臣侍汤药，未曾废离[15]。

逮奉圣朝，沐浴清化[16]。前太守[17]臣逵察[18]臣孝廉[19]；后刺史[20]臣荣举臣秀才[21]。臣以供养无主，辞不赴命。诏书特下，拜[22]臣郎中，寻[23]蒙国恩，除[24]臣洗马[25]。猥[26]以微贱，当侍东宫[27]，非臣陨首[28]所能上报。臣具以表闻，辞不就职。诏书切峻[29]，责臣逋慢[30]；郡县逼迫，催臣上道；州司临门，急于星火。臣欲奉诏奔驰，则刘病日笃[31]，欲苟顺[32]私情，则告诉不许。臣之进退，实为狼狈。

伏惟[33]圣朝以孝治天下，凡在故老[34]，犹蒙矜育[35]，况臣孤苦，特为尤甚。且臣少仕伪朝[36]，历职郎署[37]，本图宦达，不矜名节。今臣亡国贱俘，至微至陋，过蒙拔擢，宠命优渥[38]，岂敢盘桓，有所希冀！但以刘日薄西山，气息奄奄，人命危浅，朝不虑夕。臣无祖母，无以至今日，祖母无臣，无以终余年。母孙二人，更相为命，是以区区[39]不能废远。

臣密今年四十有四，祖母今年九十有六，是臣尽节于陛下[40]之日长，报养刘之日短也。乌鸟私情[41]，愿乞终养。臣之辛苦，非独蜀之人士及二州牧伯[42]所见明知，皇天后土[43]，实所共鉴。愿陛下矜悯愚诚[44]，听[45]臣微志，庶刘侥幸，保卒余年。臣生当陨首，死当结草[46]。

臣不胜犬马[47]怖惧之情，谨拜表以闻。

注释

[1]险衅（xìn）：灾患，指命运坎坷。 [2]夙：早，幼年时。 [3]闵（mǐn），通“悯”，可忧患的事。凶，不幸。 [4]见背：弃我死去。 [5]舅夺母志：舅父强行改变母亲守节之志。 [6]成立：成人。 [7]祚（zuò）：福分。 [8]儿息：儿子。 [9]期功强近之亲：指比较近的亲戚，古代丧礼以亲属关系的亲疏规定服丧时间。 [10]应门五尺之僮：应门，开门，五尺高的小僮。 [11]茕（qióng）茕孑（jié）立：茕茕：孤单的样子。孑：孤单。 [12]吊：安慰。 [13]婴：纠缠。 [14]蓐（rù）：通“褥”，垫子。 [15]废离：废养、远离。 [16]清化：清明的教化。 [17]太守：郡长官。 [18]察：考察推举。 [19]孝廉：汉代举荐人才的科目，晋朝仍保留此制。“孝”指孝敬，“廉”指廉洁。 [20]刺史：州长官。 [21]秀才：推举优秀人才的科目，与后代科举“秀才”不同。 [22]拜：授官。 [23]寻：不久。 [24]除：任命官职。 [25]洗马：太子属官，在宫中掌管图书。 [26]猥：辱。自谦词。 [27]东宫：指太子。 [28]陨（yǔn）首：丧命。 [29]切峻：急切严厉。 [30]逋（bū）慢：回避怠慢。 [31]日笃：日益沉重。 [32]苟顺：姑且迁就。 [33]伏惟：旧时奏疏、书信中对上级的敬语。 [34]故老：遗老。 [35]矜（jīn）育：怜惜抚育。 [36]伪朝：指蜀汉。 [37]历职郎署：指曾在蜀汉任郎署。 [38]宠命：恩命。优渥（wò）：优厚。 [39]区区：拳拳。指私情。 [40]陛下：帝王尊称。 [41]乌鸟私情：相传乌鸦反哺，比喻子女对父母的孝养。 [42]二州：指益州和梁州，二州区域大致相当于蜀汉地区。牧伯：刺史。上古一州长官称牧，也称方伯。 [43]皇天后土：即天地神明。 [44]愚诚：愚拙的至诚。 [45]听：同意。 [46]结草：指报恩。 [47]犬马：作者自比。

译文

臣李密言：我因命不好，很早遭到不幸。六月大父亲去世。四年后舅父逼母亲改嫁。祖母刘氏怜我丧父，亲自抚养。臣小时常生病，九岁还不会行走，孤独无靠一直到成人。无叔伯兄弟，门庭衰福分浅，很晚才有儿子。在外没有比较近的亲戚，在内没照应的童仆。孤单无依靠，与自己影子相安慰。而祖母被疾病缠绕，常年卧床，我侍奉吃饭喝药从没停止。

晋朝建立，我蒙受着清明的政治教化，前任太守逵举我为孝廉，后任刺史荣又举臣下。因赡养祖母我辞谢任命。朝廷又下诏任我为郎中，不久又受恩命，任命我为太子洗马。我这样卑下，担当侍奉太子的职务，实在不是我杀身捐躯能报答的。我将以上苦衷上表，加以推辞不就职。但诏书急切，责备我逃避命令，有意拖延态度傲慢。长官催我上路；州官登门督促，比流星还急。我很想遵从旨意，但祖母病一天比一天重；姑且顺从的私情，而申诉不被允许。我进退两难很狼狈。

圣上用孝治天下，凡是老臣，尚且被怜悯供养，何况我的孤苦。而且我年轻时做蜀汉的郎官，本来希望显达，不顾惜名节。现在我是低贱的亡国俘虏，卑微浅陋，被过分提拔，恩宠优厚，怎敢犹豫不决而有非分企求呢？只是祖母寿命将至，气息微弱，生命垂危，早上不能想晚上怎样。臣下若没有祖母，无法有今天地位；祖母如果没我照料，无法度过余生。祖孙二人互相依靠，我不能远离祖母。

臣下四十四岁，祖母九十六。为陛下尽忠尽节的日子还长，而为祖母面前尽孝的日子已不多。乌鸦有反哺，乞求准许我对祖母养老。我的辛酸苦楚，不仅仅被蜀地百姓及益州、梁州的长官所目睹，连天地神明也清楚。望陛下能怜悯我愚昧诚心，允许我完成心愿，使祖母保全余生。我活着当杀身报效朝廷，死也要结草衔环报答。我像犬马一样惶恐，恭敬呈上此表使陛下知道。

导学

一、作者简介

李密（224 年—287），字令伯，犍为武阳（今四川省眉山市彭山区）人。代表作有《述理论》《陈情表》。

二、作品简析

《陈情表》是李密写给晋武帝的奏章。晋武帝征召为太子洗马，李密不愿应诏，写了这篇申诉自己不能应诏的表文。语言简洁生动，富有表现力与感染力。晋武帝看后很受感动，命郡县按时给其祖母供养。

史上有“读诸葛亮《出师表》不流泪者不忠，读李密《陈情表》不流泪者不孝”的说法。

三、知行合一

1. 学一学：结合工具书学习李密《陈情表》原文，体会其对祖母的情意。

2. 讲一讲：把你了解的有关孝敬长辈的故事讲给大家听。

3. 悟一悟：查阅诸葛亮写的《出师表》，感悟他“鞠躬尽瘁，死而后已”的忠君爱国精神。

遗诏敕后主

（三国）刘备

朕初疾但下痢耳，后转杂他病，殆[1]不自济。人五十不称夭，年已六十有馀，何所复恨，不复自伤，但以卿兄弟为念。射君到，说丞相叹卿智量，甚大增修，过于所望，审能如此，吾复何忧！勉之，勉之！勿以恶小而为之，勿以善小而不为。惟贤惟德，能服于人。汝父德薄，勿效之。可读汉书、礼记，间暇[2]历观诸子及六韬、商君书，益人意智。闻丞相为写申、韩、管子、六韬一通已毕，未送，道亡[3]，可自更求闻达。

注释

[1]殆：大概，恐怕。 [2]间暇：有空时。 [3]道亡：在路上丢失了。亡，丢失。

译文

我最初只是得了一点痢疾而已，后来转而得了其他病，恐怕难以挽救了。五十岁死不能称为夭折，我已六十多，又有什么可遗憾呢？所以不再为自己感伤，只是惦念你们兄弟。射援先生来了，说丞相（诸葛亮）惊叹你的智慧和气量，有很大进步，远比他期望的要好，真是这样，我又有什么可忧虑的啊！努力啊，努力！不要因为坏事很小而去做，不要因为善事很小而不去做。只有拥有才能和品德，才能使别人信服。你父亲我德行不深厚，你不要效仿。可以读《汉书》《礼记》，有空时系统读一下诸子著作以及《六韬》《商君书》，对思想和智慧有很大帮助。听说丞相已经为你抄写完一遍《申子》《韩非子》《管子》《六韬》，还没给你，就在路上丢失了，你自己可以再找有学问的人学习这些东西。

导学

一、作者简介

刘备（161 年—223 年），字玄德，幽州涿县（今河北省涿州市）人，蜀汉开国皇帝，谥号昭烈，又称先主。

二、作品简析

这是刘备去世前给其子刘禅的遗诏，诏文中“勿以恶小而为之，勿以善小而不为。”是劝勉他要进德修业。不要因为好事小而不做，更不能因为坏事小而去做。小善积多了就成为利天下的大善，而小恶积多了则“足以乱国家”，成为警世名言。

三、知行合一

1. 读一读：买一本《三国志》读一读，结合《三国演义》选读你喜欢的人物故事。

2. 写一写：收集有关“善”的十句格言，写下来常常体会和践行。

3. 讲一讲：给大家讲讲你知道的刘备、诸葛亮的故事。

智慧教育读库

唐朝气象

谏太宗十思疏

（唐）魏征

臣闻求木之长[1]者，必固其根本[2]；欲流之远者，必浚[3]其泉源；思国之安者，必积其德义。源不深而岂望流之远，根不固而何求木之长。德不厚而思国之治，臣虽下愚，知其不可，而况于明哲[4]乎！人君当神器之重[5]，居域中[6]之大，将崇极天之峻，永保无疆之休[7]。不念居安思危，戒奢以俭，德不处其厚，情不胜其欲，斯亦伐根以求木茂，塞源而欲流长者也。

凡百元首[8]，承天景命[9]，莫不殷忧[10]道著，功成而德衰。有善始者实繁，能克终者盖寡[11]，岂其取之易而守之难乎？昔取之而有余，今守之而不足，何也？夫在殷忧，必竭诚以待下，既得志则纵情以傲物[12]。竭诚则吴越为一体[13]，傲物则骨肉为行路[14]。虽董[15]之以严刑，振[16]之以威怒，终苟免而不怀仁[17]，貌恭而不心服。怨不在大[18]，可畏惟人[19]；载舟覆舟[20]，所宜深慎。奔车朽索，其可忽乎？

君人者，诚能见可欲[21]则思知足以自戒，将有所作[22]则思知止以安人[23]，念高危则思谦冲而自牧[24]，惧满溢则思江海下百川[25]，乐盘游[26]则思三驱[27]以为度，忧懈怠则思慎始而敬终[28]，虑壅蔽[29]则思虚心以纳下，想谗邪[30]则思正身以黜恶[31]，恩所加则思无因喜以谬赏，罚所及则思无以怒而滥刑。总此十思，宏兹九德[32]，简[33]能而任之，择善而从之。则智者尽其谋，勇者竭其力，仁者播其惠，信者效[34]其忠。文武争驰，君臣无事，可以尽豫游之乐，可以养松乔[35]之寿，鸣琴垂拱[36]，不言而化。何必劳神苦思，代下司职，役聪明之耳目，亏无为[37]之大道哉！

注释

[1]长：生长。 [2]本：树根。 [3]浚（jùn）：疏通。 [4]明哲：聪明睿智。 [5]当神器之重：处于皇帝的位置；神器，指帝位。 [6]域中：指天地间。 [7]休：美，指政权平和美好。 [8]凡百元首：泛指古代的帝王。 [9]承天景命：承受上天赋予的使命；景，大。 [10]殷忧：深忧。[11]克终者盖寡：能坚持到底的大概不多；克，能。 [12]傲物：傲视别人。 [13]吴越为一体：春秋时吴国与越国虽长期为仇，坦诚相见也可使有仇的团结一体。 [14]骨肉为行路：亲骨肉之间也会变为陌生人；行路，路人，喻陌生人。 [15]董：督责。 [16]振：通“震”，震慑。 [17]苟免而不怀仁：只求苟免于刑罚而不感怀国君仁德。 [18]怨不在大：怨恨不在大小。 [19]可畏惟人：可怕的只是人。 [20]载舟覆舟：比喻百姓能拥戴皇帝，也能推翻他。 [21]见可欲：见到能引起自己的喜好。 [22]将有所作：将建设；兴作，建筑。 [23]安人：使百姓安宁。 [24]念高危：想到帝位高高在上。则思谦冲而自牧：就想到要谦虚并加强修养；冲，虚；牧，约束。 [25]江海下而百川：江海处于河流下游。 [26]盘游：打猎。[27]三驱：古代贤君打猎布网拦住三面而网开一面。 [28]敬终：谨慎把事情做完。 [29]虑壅（yōng）蔽：担心言路不通受蒙蔽；壅，堵塞。 [30] 想谗邪：考虑到出现谗佞奸邪；谗，说人坏话；邪，不正派。 [31]正身以黜（chù）恶：使自身端正才能罢黜奸邪；黜，排斥。 [32]宏兹九德：弘扬九种美德；九德，指忠、信、敬、刚、柔、和、固、贞、顺。 [33]简：选拔。 [34]效：献出。 [35]松乔：赤松子和王子乔，传说中的仙人。[36]垂拱：垂衣拱手；比喻无为而治。

译文

我听说要树木生长，一定要稳固根本；水流得远，一定要疏通源泉；要国家安定，一定要厚积德仁。源泉不深却希望水流得远，根系不牢却要树木生长。道德不深厚却想国家安定，我虽地位低见识浅，也知道不可能，更何况您的聪明睿智。国君在天地间尊大，要推崇皇权的高峻，永远保持政权和平美好。如果居安思危，戒奢，行俭，道德不宽厚，欲望不能克服，这如同挖断树根要求得树木茂盛，堵塞源泉而要泉水流得远。

所有帝王承受上天的使命，没有一个不为国家深切忧虑而且治理成效显著的，但大功告成后品德就衰微，开头做得好的多，坚持到底的大概不多，难道得天下易、守天下难吗？夺天下时力量有余，守天下却力不足，为什么？通常在忧虑之中一定能竭诚对臣民，成功就放纵自己傲视别人。竭尽诚心，虽一北一南也能结成一家，傲视别人，会使亲人也成为陌路人。即使用严酷的刑罚督责，用威怒来吓唬，臣民只求苟免于刑罚而不感怀仁德，表面恭敬而内心不服，对国君的怨恨不在大小，可怕的是百姓如同水，能载船，也能倾覆船，这应当谨慎。疾驰的马车用腐烂的绳索驾驭，怎么可以疏忽大意？

作为国君，能做到一见能让自己喜好的东西，就想到以知足来克制；要兴建什么，就想到适可而止来让百姓安宁；想到帝位高高在上，就想到谦虚并约束；害怕骄傲自满，就想到像江海那样能处于河流的下游；喜爱狩猎就想到网开一面，担心意志松懈就想到慎始慎终；担心言路不通受蒙蔽，就想到虚心采纳意见；考虑到朝中会有谗佞奸邪，就想到让自身端正以罢黜奸邪；施加恩泽，就考虑到不因一时高兴而奖赏不当；动用刑罚就想到不因一时发怒而滥用刑罚。做到这十件应该深思的事，弘扬九种美德，选拔有才能的人任用，选好的意见听从。有智慧的人就能献出他的谋略，勇敢的人就能使出他的力量，仁爱的人就能散播他的恩惠，诚信的人就能献出他的忠诚。文武百官争先，而君臣无事游乐，颐养得如同仙人，弹琴垂衣而天下大治，不言而教化天下。为什么要劳神费思，代臣下行事，役使您灵敏的耳目，亏损无为而治的大道呢！

导学

一、作者简介

魏征（580 年—643 年），字玄成，巨鹿郡下曲阳县（今河北省晋州市）人，唐朝政治家，有《魏郑公文集》。

二、作品简析

这是魏征写给唐太宗的奏章，劝谏太宗居安思危，戒奢以俭。“疏”即“奏疏”，是臣下向君主进言的文体。“十思”是奏章的主要内容，全篇以“思”字为行文线索，告诫唐太宗“总比十思，宏兹九德”，这样就会达到天下“文武并用，垂拱而治”。这些主张被唐太宗采纳，成就了“贞观之治”。

三、知行合一

1. 读一读：本文较长，以理服人，请你结合注释认真阅读，相信一定会有收获的。

2. 悟一悟：唐太宗李世民即位实行了不少有利于国计民生的政策后，内外无事，逐渐骄奢忘本，劳民伤财。魏征对此极为忧虑，在贞观十一年（637 年）的三月到七月，“频上四疏，以陈得失”，《谏太宗十思疏》就是其中第二疏，因此也称“论时政第二疏”。唐太宗看了猛然警醒，写了《答魏征手诏》，表示从谏改过。这篇文章被太宗置于案头，奉为座右铭。贞观十三年，魏征又上《十渐不克终疏》，直指太宗十个方面行为不如初期谨慎，被太宗书于屏风之上。魏征上疏为什么能被唐太宗采纳？

3. 学一学：理解和运用本文产生的四个成语“载舟覆舟、善始善终、垂拱而治、戒奢以俭”。

丁督护歌

（唐）李白

云阳上征[1]去，两岸饶商贾[2]。
吴牛[3]喘月时，拖船一何[4]苦。
水浊不可饮，壶浆[5]半成土。
一唱督护歌，心摧泪如雨。
万人凿磐石[6]，无由达江浒[7]。
君看石芒砀[8]，掩泪悲千古。

注释

[1]云阳：今江苏丹阳。上征：指往北行舟。 [2]饶商贾（gǔ）：多商人，指商业兴隆。贾，商人。 [3]吴牛：江淮间水牛。 [4]一何：多么之意。 [5]壶浆：壶中的水。 [6]磐（pán）石：大石。 [7]江浒（hǔ）：江边。浒，水边。 [8]石芒砀（dàng）：形容又多又大的石头。芒砀，大而多貌。

译文

从云阳逆运河而上服徭役，两岸住着许多的商贾大户。
吴牛热得对月直喘之盛暑，沿江拖船的工人多么辛苦！
江水混浊不堪已不可饮用，壶中的水有一半都是泥土。
唱起那丁督护歌以助挽力，内心就会摧裂而泪落如雨。
万名工人凿取奇异的文石，没办法很快运达江边水浒。
你看那石头多么粗大笨重，掩面而泣为百姓悲伤千古。

导学

一、作者简介

李白（701 年—762 年），字太白，号青莲居士，又号“谪仙人”，唐代伟大的浪漫主义诗人，被后人誉为“诗仙”，与杜甫并称为“李杜”，其诗达到盛唐诗歌艺术的巅峰。存世诗文千余篇，有《李太白集》30 卷。

二、作品简析

《丁督护歌》又作《丁都护歌》，是《清商曲辞·吴声歌曲》旧题，是描写民夫拖船痛苦的诗作。作者怀着沉痛的心情，以朴质的语言描绘了一幅辛酸的河工拉纤图，表现了作者对劳动人民的同情，是一首风格沉郁的现实主义诗篇。清朝乾隆皇帝敕编《唐宋诗醇》评本诗“落笔沉痛，含意深远，此李诗之近杜者。”

三、知行合一

1. 读一读：熟读本诗，有感情地朗诵本诗。

2. 作一作：把你学过的李白诗收集整理，制作一张手抄报，和同学们分享。

3. 比一比：李白是浪漫主义诗人被称为“诗仙”，杜甫是现实主义诗人被称为“诗圣”，请把你熟悉的李杜二人诗歌进行比较，看看有什么不同，你更喜欢谁的诗。

囝

（唐）顾况

囝，哀闽也。

囝[1]生闽方[2]，闽吏得之，乃绝[3]其阳[4]。

为臧[5]为获[6]，致金满屋。

为髡[7]为钳[8]，如视草木。

天道[9]无知，我罹[10]其毒[11]。

神道[12]无知，彼[13]受其福。

郎罢[14]别囝，吾悔[15]生汝。

及汝既生，人劝不举[16]。

不从[17]人言，果获是苦[18]。

囝别郎罢，心摧血[19]下。

隔地[20]绝天，及至黄泉[21]，不得[22]在郎罢前。

注释

[1]囝（jiǎn）：福建方言，指儿子。 [2]闽方：今福建省一带。 [3]绝：割断。 [4]阳：男性生殖器。 [5]臧（zāng）：奴隶的别称。 [6]获：奴隶的别称。 [7]髡（kūn）：剃去头发，古代一种刑。 [8]钳：用铁圈束颈，古代刑罚。与“髡”同为奴隶身份标志。 [9]天道：犹天理。 [10]罹（lí）：遭遇不幸。 [11]毒：加害。 [12]神道：神明之道。 [13]彼：指掠卖奴隶的人。 [14]郎罢：方言。闽人用以称父。 [15]“吾悔”五句：是父亲对儿子说的话。 [16]不举：不养育，指一生下来就把他弄死。 [17]从：听从。 [18]是苦：这样痛苦（指做奴隶）。 [19]摧：伤。血：血泪。 [20]“隔地”三句：是儿子的话。 [21]及至黄泉：犹言一直到死。 [22]得：能。

译文

男孩生在闽这个地方，闽地的官吏得了他。于是割掉他的阳具。
他成了奴隶当牛做马，使闽吏家金银装满屋。
被剃去头发用铁束颈，看待他如同对待草木。
天道根本就属于无知，让我遭受到如此毒害。
神明也根本属于无知，让他享受着这些福佑。
父亲和儿子告别时说：我真后悔当初要生你。
当你已经出生的时候，别人都劝我不要养你。
我没有听从别人劝告，你果然遭受这些痛苦。
儿子悲痛与父亲告别，心如被摧裂眼中泣血。
从此我们将天地隔绝，一直到入黄泉，也不能够再到您面前！

导学

一、作者简介

顾况（727 年—815 年？），字逋翁，号华阳真逸（隐），苏州海盐县（今浙江省海盐县），新乐府诗歌运动的先驱。有《华阳集》二十卷。

二、作品简析

《囝》是顾况创作的四言诗。诗人在小序中说："哀闽也"。首先叙述闽童被掠为奴的经过，又透过这一生活现象，揭示出奴隶们的怨愤，最后用细腻的笔触描写父子离别痛不欲生的情景。全诗用白描手法，以事实说话，对闽地人民的不幸遭遇表示同情。清代陆次云《晚唐诗善鸣集》评本诗"一语一答，酸入心脾。作诗能引人泪下，方是至情所感。"

三、知行合一

1. 读一读：有感情地朗读本诗，注意语气和语速。
2. 学一学：了解其他四言诗，自己学着写一写四字短语或文章。
3. 写一写：网上查询顾况其他的作品，把你喜欢的写下来。

燕诗示刘叟

（唐）白居易

叟有爱子，背叟逃去，叟甚悲念之。叟少年时，亦尝如是。故作《燕诗》以谕之矣。

梁上有双燕，翩翩[1]雄与雌。
衔泥两椽[2]间，一巢生四儿。
四儿日夜长，索食[3]声孜[4]孜。
青虫不易捕，黄口[5]无饱期。
觜[6]爪虽欲敝，心力[7]不知疲[8]。
须臾[9]十来往，犹恐巢中饥。
辛勤三十日，母瘦雏[10]渐肥。
喃喃教言语，一一刷毛[11]衣。
一旦羽翼成，引上庭树枝[12]。
举翅不回顾[13]，随风四散飞。
雌雄空中鸣，声尽呼不归。
却入空巢里，啁啾[14]终夜悲。
燕燕尔勿悲，尔当返自思。
思尔为雏日，高飞背母时。
当时父母念，今日尔[15]应知。

注释

[1]翩翩（piān）：鸟飞的样子。 [2]椽（chuán）：屋顶的木料。 [3]索食：求食。 [4]孜（zī）：勤勉的样子。 [5]黄口：小儿。 [6]觜（zī）：觜爪指鸟类的爪和嘴。 [7]心力：精神与体力。 [8]敝（bì）：疲惫，困乏，衰败。 [9]须臾（yú）：顷刻，瞬间。 [10]雏（chú）：幼小

的鸟。 [11]刷毛：整理羽毛。 [12]庭树枝：庭院的树枝。 [13]“举翅”句：向上伸起翅膀而不回头看。 [14]啁啾（zhōu jiū）：形容鸟叫声、奏乐声等。 [15]尔：你，你们。

译文

刘老头有一爱子，长大后离开了他，他非常地悲伤想念他的爱子。刘老头少年时也像他儿子一样离开了自己的父亲。所以作《燕诗》以讽劝他。

屋梁上来了一双燕子，翩翩飞舞，一雄一雌。
衔泥在椽条间垒窝，一窝生下乳燕四只。
四只乳燕日夜成长，求食的叫声喳喳不住。
青虫不容易抓到，黄口小燕似乎从来没吃饱饭。
双燕用爪抓，用嘴衔，气力用尽，不知疲倦。
不一会儿往返十来转，还怕饿着窝里的小燕。
辛辛苦苦忙了三十天，拖瘦了母燕喂肥了小燕。
喃喃不断教小燕发音，一一为它们梳理打扮。
小燕一朝羽毛长得丰满，引上了庭院里的树枝，
张翅飞翔再不回头，随着风儿四下飞散。
雌雄双燕，空中叫喊，声嘶力竭，也唤不回还。
只好回到空窝里面，悲鸣通宵不断！
老燕啊，切莫悲叹，你们应当回想从前：
想想你们是乳燕的时代，也同样远走高飞，
抛弃父母那时父母多么挂念，今天你们应有体验！

导学

一、作者简介

白居易（772 年—846 年），字乐天，号香山居士。

二、作品简析

这首寓言通过双燕新婚燕尔的幸福、筑巢、孵卵、哺雏、教飞、幼鸟长大四散飞去、抛弃老鸟、再不回归等描写，借双燕的遭遇讽劝那些不顾父母痛苦而独自远走的人们。它还强调：想要子女对自己尽孝，自己就应先带头对父母尽孝；同样，教育人者首先要教育自己。劝喻人们不忘养育之恩。

三、知行合一

1. 读一读：请你和同学一起分角色有感情地朗读本诗。
2. 想一想：刘叟的儿子读到本诗后，是否回家？为什么？
3. 唱一唱：向同学演唱歌曲《世上只有妈妈好》《母亲》《父亲》。

观游鱼

（唐）白居易

绕池闲步[1]看鱼游，正值儿童弄钓舟。
一种爱鱼心各异，我来施食[2]尔垂钩。

注释

[1]闲步：散步。 [2]施食，喂食、丢食。

译文

闲下来围着水池看着水里的鱼儿自由地游动，正好遇到小孩儿摆弄钓鱼船。

一样的喜欢鱼但是心态却不一样，我来给鱼儿喂食你却来垂钓。

导学

一、作品简析

《观游鱼》是一首七言绝句，描写了一幅生活场景：诗人池畔观鱼，儿童在垂钩钓鱼。诗人有感而发：我爱鱼给鱼施食，你却垂钩以图己乐。两种心情是何等不同啊？流露出诗人伤感、善良和淡淡的无奈。

二、知行合一

1. 读一读：搜集一二首爱护动物的诗并读背。

2. 讲一讲：和同学交流“在生活中怎样爱护动物的？”

3. 比一比：白居易下面的《鸟》这首诗，写法和主题与本诗有何不同？

鸟

白居易

谁道群生性命微？一般骨肉一般皮。

劝君莫打枝头鸟，子在巢中望母归。

杂 诗

（唐）王维

君自故乡来，应知故乡事。
来日绮窗[1]前，寒梅着花未[2]？

注释

[1]来日：来的时候。绮窗：雕画花纹的窗户。 [2]着花未：开花没有？着（zhuó）花，开花。未，用于句末，相当于“否”，表疑问。

译文

您是刚从我们家乡来的，一定了解家乡的人情世态。
请问您来的时候我家雕画花纹的窗户前，那一株腊梅花开了没有？

导学

一、作者简介

王维（701 年—761 年），字摩诘，号摩诘居士。

二、作品赏析

《杂诗》是一首五言诗，思乡诗，以问话的口吻，简练而形象地表达了游子思念家乡的感情，抒发了对故乡亲人和风物景色的思念。诗歌前两句以记言的方式询问从家乡来的友人，后两句则仅问寒梅是否开花，出人意外，平淡质朴。原诗有三首，这是第二首。王永强评本诗：在古代诗歌史上，表现“游子思乡”这一主题的作品数不胜数，王维《杂诗》是其中很纤巧、很精致的一首”

三、知行合一

1. 背一背：大声诵读本诗，体会诗人描写思乡之情独特的表达方式：诗人思念故乡却不直接描写思念，而是询问故乡来的友人绮窗前梅花是否开放时，欲语还休的表达方式。

2. 查一查：利用网络工具搜索查找“王维”，并议议王维为什么被称为“诗佛”。

3. 比一比：阅读王维《杂诗》其余两首，体会诗中表达的思想感情。

杂诗·其一

家住孟津河，门对孟津口。
常有江南船，寄书家中否？

杂诗·其三

已见寒梅发，复闻啼鸟声。
心心视春草，畏向玉阶生。

登柳州城楼寄漳汀封连[1]四州

（唐）柳宗元

城上高楼接大荒[2]，海天愁思[3]正茫茫。
惊风乱飐芙蓉[4]水，密雨斜侵薜荔[5]墙。
岭树重遮千里目[6]，江[7]流曲似九回肠[8]。
共来百越文身[9]地，犹自音书滞[10]一乡。

注释

[1]漳：漳州；汀：汀洲；今属福建。封：封州；连：连州；今属广东。 [2]接：连接。大荒：荒僻的边远地区。 [3]海天愁思：如海如天的愁思。 [4]惊风：急风；狂风。乱飐（zhǎn）：吹动。芙蓉：指荷花。 [5]薜荔：一种蔓生植物，也称木莲。 [6]重遮：层层遮住。千里目：远眺的视线。 [7]江：指柳江。 [8]九回肠：愁肠九转，形容愁绪缠结。 [9]共来：指和韩泰、韩华、陈谏、刘禹锡四人同时被贬远方。百越：即百粤，指五岭以南的少数民族。文身：身上文刺花绣，古代有些民族有此习俗。 [10]犹自：仍然是。音书：音信。滞：阻隔。

译文

登上柳州高楼，向远处望去，只见平地连接着无际的荒原，海天一般的茫茫哀怨愁苦油然生起。

突然狂风大作，吹起了水中的荷花；顿时暴雨来临，击打着墙上的薜荔。

层叠的远山连绵起伏，遮住目光长远的视线，清澈的柳江九转千回，更添内心繁乱的思绪。

我和同伴一起来到岭南荒蛮之地，仍然无法相互联系着实使人伤悲。

导学

一、作者简介

柳宗元（773 年—819 年），字子厚，河东（现山西运城永济）人，唐宋八大家之一。

二、作品简析

这是柳宗元创作并寄予际遇相同的韩泰、韩晔、陈谏、刘禹锡的一首七律。寄赠四位共患难而天各一方的朋友，抒写思念朋友而难以见面之意，表现出真挚的友谊，虽天各一方，却有无法自抑的思念。诗人写风雨侵飐、岭树遮挡，蕴含了诗人遭贬以后的忧烦，赋中有比，情景交融，凄楚动人。

三、知行合一

1. 查一查：了解本诗写作背景和诗中四人的经历，加深对本诗的理解。

2. 学一学：你学过的柳宗元古诗《江雪》，苏轼曾这样评价“柳子厚云千山鸟飞绝……人性有隔也哉！殆天所赋，不可及也已”，请你再次品读，并欣赏配图和书法作品。

江 雪

柳宗元

千山鸟飞绝，万径人踪灭。

孤舟蓑笠翁，独钓寒江雪。

紫薇花

（唐）杜牧

晓迎秋露一枝新，不占园中最上春[1]。
桃李无言[2]又何在，向风偏笑艳阳人[3]。

注释

[1]上春：早春。 [2]桃李无言：司马迁《史记·李将军列传》："桃李不言，下自成蹊。"意谓桃李不说话，不夸耀自己，而人们都来欣赏他们，在桃李树下，走出了一条条小路。 [3]艳阳人：指在艳阳春天里开的花。

译文

一支初绽的紫薇在秋露里迎接晨光，而不是在早春与百花争奇斗艳。无言的桃花、李花现在不知道在何处，只有紫薇花向着寒冷的秋风，笑对那些争着在艳阳春天开放的花朵了。

导学

一、作者简介

杜牧（803 年—853 年），唐代诗人。字牧之，京兆万年（今陕西西安）人。和李商隐合称"小李杜"，以别于李白与杜甫。有《樊川文集》二十卷传世。

二、作品简析

春天时节，百花盛开，争奇斗艳，而紫薇花不与百花争春，它夏季开花，一直到秋末。诗人赋予紫薇花以人的精神，它不怕秋寒，迎着寒露开放，为人间装点秋天的景色。诗人在赞美紫薇花不与百花争春的谦逊品格时，也赞美了具有谦逊美德的人。这首被人们誉为咏紫薇诗中的佳作，诗中却一字不提紫薇，设想入奇，使人玩味不已。

三、知行合一

1. 背一背：请结合译文和作品简析，了解古诗表达的意境，并把这首诗背诵下来。

2. 议一议：在生活中，我们怎样做一个谦逊的人?

3. 认真观察高家小学校园内的紫薇花开时节的景象，并把你看见的景象用笔写下来。

放 鱼

（唐）李群玉

早觅[1]为龙去，江湖莫漫[2]游。
须知香饵[3]下，触口是铦钩[4]。

注释

[1]觅：寻求。 [2]莫：不要。漫：随意，随便。 [3]香饵：诱饵。 [4]铦（xiān）钩：锋利的钓钩。

译文

早日求得化身成龙去，江河湖海中切莫逗留。
要知诱人的香饵之下，张口就是锋利的鱼钩。

导学

一、作者简介

李群玉（808 年—862 年），字文山，唐代澧州人。李群玉极有诗才，唐宣宗“遍览”其诗，称赞“所进诗歌，异常高雅”，“授弘文馆校书郎”。有《李群玉诗集》三卷。

二、作品简析

《放鱼》是咏物诗中难得的佳作，寄意深远。写诗人将鱼放生时对鱼的嘱咐，希望放生之鱼寻觅到广阔自由没有心机的世界。写的是具体的尺寸之鱼，却由鱼而社会人生，抒发了善良的人们对于险恶社会生活的普遍感受。

三、知行合一

1. 读一读：有感情地朗读本诗，体会诗人的情感。

2. 辩一辩：现在有一些人喜欢放生，其中有些人把蛇和鱼放在自己喜欢的地方。你觉得应该怎样让动物回归自然？

3. 比一比：白居易下面的《放鱼诗》，写法和主题与本诗有何不同？

放鱼诗

白居易

香饵见来须闭口，大江归去好藏身。
盘涡峻激多倾险，莫学长鲸拟害人。

善

送母回乡

（唐）李商隐

停车茫茫[1]顾，困我成楚囚[2]。
感伤从中起，悲泪哽[3]在喉。
慈母方[4]病重，欲将名医投。
车接今在急，天竟情不留！
母爱无所报，人生更何求！

注释

[1]茫茫：茫然。 [2]楚囚：本指春秋时被俘到晋国的楚国人钟仪，后来指被囚禁的人，也比喻处境窘迫的人。 [3]方：才，刚刚。 [4]哽：哭时不能痛快哭出声。

译文

将车子停下来，茫然的回顾周边，感觉自己就像楚囚一般困顿窘迫。
忧愁伤感从中蓦然升起，悲伤的眼泪如鲠在喉。
慈母刚刚得了重病，我就想要送她去拜访名医。
可是就在当车子急迫接送时，苍天就无情地带走了我的慈母！
母亲对自己养育之恩都无法报答，人生在世还能追求其他的东西吗？

导学

一、作者简介

李商隐（约 813 年—约 858 年），字义山，祖籍怀州河内（今河南省沁阳市），晚唐著名诗人，和杜牧合称“小李杜”，与温庭筠合称为“温李”。其诗构思新奇，风格秾丽，作品收录有《李义山诗集》。

二、作品简析

本诗描写诗人的困顿窘迫，为自己没有得到重用不能施展抱负而悲伤，加之母亲重病来不及治疗去世，使诗人感到不能报答母爱悲愤愧疚。母亲的去世，仕途的坎坷让李商隐写下了这首怀念逝母的诗歌，抒发了诗人愧对慈母的懊悔。

三、知行合一

1. 读一读：收集李商隐的诗，把你喜欢的诗有感情地读背。

2. 写一写：查阅描写母爱的古诗，把你喜欢的写下来。

3. 讲一讲：和同学交流“母亲是怎样关爱我们的？我们应该怎样报答母亲？”

劝 学

（唐）孟郊

击石乃[1]有火，不击元[2]无烟。
人学始[3]知道[4]，不学非自然[5]。
万事须己运[6]，他得非我贤[7]。
青春[8]须早为，岂[9]能长[10]少年。

注释

[1]乃：才。 [2]元：原本、本来。 [3]始：方才。 [4]道：事物的规律。 [5]非：不是。自然：天然。 [6]运：运用。 [7]贤：才能。 [8]青春：青年时期。 [9]岂：难道。 [10]长：长期。

译文

只有击打石头，才会有火花；如果不击打，连一点儿烟也不冒出。

人也是这样，只有通过学习，才能掌握知识；如果不学习，知识不会从天上掉下来。

任何事情必须自己去实践，别人得到的知识不能代替自己的才能。

青春年少时期就应趁早努力，一个人难道能永远都是“少年”吗？

导学

一、作者简介

孟郊（751 年—814 年），字东野，湖州武康（今浙江德清）人。代表作有《游子吟》等。

二、作品简析

《劝学》全诗四句四十个字，写出学习读书的重要。不学习知识是不会从天上掉下来的。错过了学习时间，少年再也不会回来。

三、知行合一

1. 背一背：熟读本首诗，并把这首诗背下来，注意读准字音。

2. 讲一讲：仔细品读“青春须早为，岂能长少年。”表达的意思，并讲一讲我们应该怎样珍惜时间。

3. 学一学：《登科后》是孟郊进士及第时所作的一首七绝，后两句诗成为人们喜爱的千古名句，成语“春风得意”“走马观花”由此而来，请你仔细体会。

登科后

孟郊

昔日龌龊不足夸，今朝放荡思无涯。

春风得意马蹄疾，一日看尽长安花。

蜂

（唐）罗隐

不论平地与山尖[1]，无限风光[2]尽被占[3]。
采[4]得百花成蜜后，为谁辛苦为谁甜？

注释

[1]山尖：山顶。 [2]无限风光：极其美好的风景。 [3]占：占有，占据。 [4]采：采取，这里指采取花蜜。

译文

无论是在平地，还是在山峰，美好的风景都被蜜蜂占有。

蜜蜂啊，你采尽百花酿成了花蜜，到底为谁付出辛苦，又想让谁品尝香甜？

导学

一、作者简介

罗隐（833 年—909 年），原名横，字昭谏，杭州新城（今浙江杭州市富阳区新登镇）人，唐末诗人。其诗颇有讽刺现实之作。有《谗书》及《两同书》等。

二、作品简析

《蜂》是咏物诗。前两句写蜜蜂飞到平地山尖，经历了美丽的风光，不辞劳苦，不畏艰险。后两句写蜜蜂采集百花，酿成蜂蜜，给人甜蜜。这首诗通过描写蜜蜂采花酿蜜供人享受，赞美蜜蜂辛勤劳动、无私奉献的品格，也暗喻劳动人民的成果被统治阶级剥削的现实，表现了诗人对劳动人民的同情。

三、知行合一

1. 悟一悟：反复品读，领悟诗人表达的情感。
2. 讲一讲：收集描写蜜蜂的诗文与同学交流、并读背你喜欢的诗文。
3. 写一写：写一篇赞美勤劳、奉献的蜜蜂的短文。

燕歌行[1]·并序

(唐) 高适

开元二十六年，客有从御史大夫张公出塞而还者；作《燕歌行》以示适，感征戍之事，因而和焉。

汉家烟尘[2]在东北，汉将辞家破残贼[3]。
男儿本自重横行，天子非常赐颜色[4]。
摐金伐鼓[5]下榆关[6]，旌旆逶迤碣石[7]间。
校尉羽书[8]飞瀚海[9]，单于猎火[10]照狼山[11]。
山川萧条极边土，胡骑凭陵[12]杂风雨。
战士军前半死生，美人帐下犹歌舞。
大漠穷秋[13]塞草腓[14]，孤城落日斗兵稀。
身当恩遇常轻敌，力尽关山未解围。
铁衣[15]远戍辛勤久，玉箸[16]应啼别离后。
少妇城南欲断肠，征人蓟北[17]空回首。
边庭飘飖[18]那可度，绝域苍茫更何有[19]。
杀气三时[20]作阵云[21]，寒声一夜传刁斗[22]。
相看白刃血纷纷，死节从来岂顾勋。
君不见沙场征战苦，至今犹忆李将军[23]。

注释

[1]燕歌行：乐府名。 [2]汉家：借指唐朝。烟尘：战地烽烟，指战争警报。 [3]残贼：凶残的敌人。 [4]非常赐颜色：破格赐予荣耀。 [5]摐（chuāng）金伐鼓：军中鸣金击鼓，摐金，敲锣。 [6]榆关：山海关。[7]旌旆：旗帜。逶迤：曲折行进。碣石：山名，指山东沿海一带。 [8]羽书：羽檄，插有羽毛的紧急军事文书。 [9]瀚海：大沙漠。 [10]单于：

秦汉时匈奴君主，指敌酋。猎火：狩猎时所举之火。 [11]狼山：阴山山脉西段，在今内蒙古自治区中部，泛指当时战场。 [12]凭陵：逼压，凭信威力，侵凌别人。 [13]穷秋：深秋。 [14]腓（féi）：病，枯萎。 [15]铁衣：借指将士。 [16]玉箸：白色的筷子，比喻思妇的泪水如注。 [17]蓟北：蓟州、幽州一带，今河北省北部地区，此泛指东北战场。 [18]边庭飘飖（yáo）：指形势动荡。险恶绝域：更遥远的边陲。 [19]更何有：更加荒凉不毛。 [20]三时：早晨、午间、傍晚，代表一整天。 [21]阵云：战云。 [22]刁斗：古代军中煮饭用的铜锅，夜间可用来敲打巡逻。 [23]李将军：指李广，善用兵，匈奴畏之不敢南侵，称为飞将军。

译文

唐玄宗开元二十六年，有个随从主帅出塞回来的人，写了《燕歌行》诗一首给我看。

我感慨于边疆战守的事，因而写了这首《燕歌行》应和他。

唐朝边境举烟火狼烟东北起尘土，唐朝将军辞家去欲破残忍之边贼。

战士们本来在战场上就所向无敌，皇帝又特别给予他们丰厚的赏赐。

锣声响彻重鼓槌声威齐出山海关，旌旗迎风又逶迤猎猎碣石之山间。

校尉紧急传羽书飞奔浩瀚之沙海，匈奴单于举猎火光照已到我狼山。

山河荒芜多萧条满目凄凉到边土，胡人骑兵仗威力兵器声里夹风雨。

战士拼斗军阵前半数死去半生还，美人却在营帐中还是歌来还是舞！

时值深秋大沙漠塞外百草尽凋枯，孤城一片映落日战卒越斗越稀少。

身受皇家深恩义常思报国轻寇敌，边塞之地尽力量尚未破除匈奴围。

身穿铁甲守边远疆场辛勤已长久，珠泪纷落挂双目丈夫远去独啼哭。

少妇孤单住城南泪下凄伤欲断肠，远征军人驻蓟北依空仰望频回头。

边境飘渺多遥远怎可轻易来奔赴，绝远之地尽苍茫更是人烟何所有。

杀气早中晚三时腾起阵前似乌云，一夜寒风声声里如泣更声惊耳鼓。

互看白刃乱飞舞夹杂着鲜血纷飞，从来死节为报国难道还求着功勋？

你没看见拼杀在沙场战斗多惨苦，现在还在思念有勇有谋的李将军。

导学

一、作者简介

高适（704年—765年），字达夫，沧州渤海县（今河北省景县）。唐朝著名边塞诗人，与岑参、王昌龄、王之涣合称“边塞四诗人”，著有《高常侍集》二十卷。

二、作品简析

《燕歌行》是高适的代表作，全诗以浓缩的笔墨，写一次战役全过程：第一段八句写出师，第二段八句写战败，第三段八句写被围，第四段四句写死斗的结局，反映了士兵与将领之间苦乐不同，庄严与荒淫的现实，讽刺和愤恨不恤战士的将领，也写出为国御敌之辛勤。《燕歌行》是唐人七言歌行中运用律句很典型的一篇。不仅是高适“第一大篇”（近人赵熙评语），而且是唐代边塞诗中的杰作，千古传诵。

三、知行合一

1. 读一读：本诗主题雄健激越、慷慨悲壮，请你朗读时读出气势来。

2. 学一学：《燕歌行》二首是魏文帝曹丕创造的一组七言古诗，是言情的名作，这是中国文学史上现存最古老的完整的七言诗，请你阅读第一首。

燕歌行·其一

曹丕

秋风萧瑟天气凉，草木摇落露为霜。
群燕辞归鹄南翔，念君客游思断肠。
慊慊思归恋故乡，君何淹留寄他方。
贱妾茕茕守空房，忧来思君不敢忘，
不觉泪下沾衣裳。
援琴鸣弦发清商，短歌微吟不能长。
明月皎皎照我床，星汉西流夜未央。
牵牛织女遥相望，尔独何辜限河梁。

范元琰为人善良

（唐）李延寿

范元琰，字伯珪，吴郡钱塘[1]人也。及[2]长好[3]学，博通经史，兼精佛义。然性谦敬，不以所长骄人。家贫，唯以园蔬为[4]业。尝出行，见人盗其菘[5]，元琰遽[6]退走[7]。母问其故[8]，具[9]以实答。母问盗者为谁，答曰："向所以[10]退，畏其愧耻，今启[11]其名，愿不泄也。"于是母子秘之。或有涉沟盗其笋者，元琰因[12]伐木为桥以度之，自[13]是盗者大惭，一乡无复窃。

注释

[1]吴郡钱塘：今杭州市。 [2]及：等到。 [3]好：喜好，喜爱。 [4]园蔬：种植菜类。为：是。 [5]菘：白菜。 [6]遽：急忙。 [7]走：逃走。 [8]故：缘故。 [9]具：详细。 [10]向：刚才。所以：……的原因。 [11]启：说出。 [12]因：就。 [13]自：从此。

译文

范元琰，字伯珪，是南朝时吴郡钱塘人。他年轻时好学，博通经史，精研佛学。但他为人谦逊，从不以自己的所长而看不起别人。元琰家里贫穷，只靠种植蔬菜为生。有一次，元琰从家中出来，发现有人正在偷他家的白菜，他急忙退回家中。母亲询问他这么快回来的原因，他把刚才看到的事情告诉母亲。母亲问他偷菜的人是谁，他回答说："先前我之所以退走，是担心他惭愧羞耻，现在说出他名字来，希望您不要泄露。"于是母子两人为那个小偷保密。有人从水沟中渡水过来偷他家的竹笋，元琰就砍伐树木在水沟上架了座桥，方便偷竹笋的人过沟。自从这件事之后，小偷们十分惭愧，从此这一带居然都没有了偷盗之人。

导学

一、作者简介

李延寿，生卒年待考，字退龄，唐代相州（今河南安阳）人，史学家。独立修成两部正史：《南史》《北史》。《新唐书》对两书评价颇高，称："其书颇有条理，删落酿辞，过本书远甚。"

二、作品简析

范元琰不计较盗贼的行为，以善举使他们认识到自我的丑恶，从而改过自新。这是"不揭人之短"的处世态度：不因人之恶而恶，此君子善人之道，这就是以德服人。但对于丑恶行为，既要用好办法提醒其及时改正，有时又要及时坚决制止才能起到治病救人的作用。

三、知行合一

1. 读一读：熟读本文，领悟其中的处世为人之道。
2. 议一议：你认为"不揭人之短"和"治病救人"哪种做法更好？
3. 写一写：写一段话，表述你是怎样提醒小朋友改正不足的。

夏夜宿表兄话旧

（唐）窦叔向

夜合花[1]开香满庭，夜深微雨醉初醒。
远书珍重[2]何曾达，旧事[3]凄凉不可听。
去日[4]儿童皆[5]长大，昔年[6]亲友半凋零[7]。
明朝[8]又是孤舟别，愁见河桥酒幔[9]青。

注释

[1]夜合花：落叶乔木的花朵。 [2]远书：远方来的书信。珍重：珍贵。 [3]旧事：往事。 [4]去日：离开的日子。 [5]皆：都。 [6]昔年：过去的年代。 [7]凋零：死去的委婉语。 [8]明朝：明天一早。 [9]酒幔（màn）：从前酒店门前招客的幌子。

译文

夏日的深夜，小雨轻轻地下着，庭院里的百合花的清香阵阵袭来，我从酣睡中醒来。

和兄弟叙起往事，想起离家久远，在纷乱的年代写一份叮咛亲友珍重的书信也寄不到，家中的事情，件件桩桩都够凄凉的。

当年离别时的那些孩子都已经长大成人，过去的亲戚大部分已经亡故。

明天一早又要孤零零地乘船远离，想起河桥下青色的酒幔，心中不由得一阵忧愁，因为又要在那里与亲人分别饯行。

导学

一、作者简介

窦叔向（生卒年不详），字遗直，扶风平陵（今陕西省咸阳市）人，唐代诗人，工五言诗，《全唐诗》存其诗九首。

二、作品简析

这是一首怀旧与惜别诗，描述诗人与表兄夜晚畅聊往事，回忆旧时场景。首联描述夏夜庭院中重逢畅饮所见景象，二、三两联着重写话旧的内容，末联归结到话别、话旧，抒发诗人的亲故久别，老大重逢的感慨。全诗技巧浑熟，平易近人，如促膝谈心，真实动人，堪称“情文兼至”的佳作。

三、知行合一

1. 读一读：明代周珽《唐诗选脉会通评林》评本诗“周敬曰：好起结，中本真情，不费斧凿。不知者以为太直致。”朗读本诗要特别注意语气。

2. 写一写：描写亲友相见、朋友送别、同学相聚的一个场景，注意表现自己的真情实感。

3. 学一学：王维《送梓州李使君》是唐诗中写送别的名篇之一，全诗情绪积极开朗，格调高远明快，与本诗大相径庭，请你读一读。

送梓州李使君

王维

万壑树参天，千山响杜鹃。
山中一夜雨，树杪百重泉。
汉女输橦布，巴人讼芋田。
文翁翻教授，不敢倚先贤。

善

智慧教育读库

宋元故事

天道

（五代）冯道

穷达皆[1]由命，何劳[2]发叹声[3]。
但[4]知行好事，莫要问前程。
冬去冰须泮[5]，春来草自生。
请君观此理，天道甚分明。

注释

[1]穷达：困顿与显达。皆：都。 [2]何劳：不需要。 [3]叹声：长吁短叹。 [4]但：只。 [5]泮（pàn）：融解。

译文

贫穷富贵都是天意，不需要长吁短叹。
只要把握现在做好当下的事情，不要管将来会怎样。
冬天过去了冰雪就会消融，春天来了花草自然就会开放。
你要是能参悟这个道理，就能把世间万事万物都看透彻了。

导学

一、作者简介

冯道（882 年—954 年），字可道，自号长乐老，五代瀛州景城（今河北交河东北）人。大规模官刻儒家经籍的创始人。主持校定《九经》文字，雕版印书，世称“五代蓝本”，为官府正式刻印书籍之始。

二、作品简析

此诗体现了诗人豪迈的情怀以及内心深处的善良。在行善做好事时，一时可以，当长久的付出之后，没有得到回报，心里难免失落。可是，世间天道，只做善事，莫问回报，自己心安，人生即是一大得到。

三、知行合一

1 读一读：熟读本诗，领悟做善事不望回报的崇高品质。

2. 写一写：把本诗默写在习字本上，比比谁写得工整美观。

3. 谈一谈：把你了解的做好事不望回报的真实故事讲给同学听听。

读史

（宋）王安石

自古功名亦苦辛，行藏[1]终欲付何人？
当时黮暗犹承误[2]，末俗[3]纷纭更乱真。
糟粕所传非粹美[4]，丹青[5]难写是精神。
区区[6]岂尽高贤意，独守千秋纸上尘[7]。

注释

[1]行藏：行止，指事迹。 [2]黮（dàn）暗：昏暗，不清楚。犹承误：还以误传误，以讹传讹。 [3]末俗：后世的习俗。 [4]粹美：指精华。 [5]丹青：古代绘画的材料，指绘画艺术。 [6]区区：很少。[7]尘：尘土，这里指糟粕。

译文

自古以来一个人要历尽千辛万苦才功成名就，可如实记载下他们的事迹要靠哪一个人？

往往是由于当时的情况不清而以讹传讹，加上后世的流俗更搅乱了事实以假乱真。

低俗的东西即使怎样流传也不会是精华，要知道绘画最难的是画出人的气质精神。

点点记录怎能写尽古代贤哲的品格学问，俗儒们只会死抱着史书里的糟粕当宝贝。

导学

一、作者简介

王安石（1021 年—1086 年），字介甫，号半山，临川（今江西抚州）人。

二、作品简析

《读史》这首诗是王安石针对当时俗儒歪曲历史事实，把糟粕当精华的情况而写。诗的前四句说一个人的功名是经过一番艰难才得到，但却不知谁能如实记载他们的事迹。后四句说有人把古人流传下来的糟粕当作精华，而真正美好的东西是很难流传下来的。王安石认为读史的基本态度是要区分精华与糟粕，见解十分精到。这首诗深沉、抑郁，抒发了诗人的忧愤。

三、知行合一

1. 背一背：有感情地朗读本文，注意读准字音，背诵并默写这首诗。

2. 悟一悟：名句“糟粕所传非粹美，丹青难写是精神”常用来说明在文艺创作上刻画人物时，外表好写而内心世界和本质精神却不易写的道理；或者说明要反映事物的本质是不容易的。请你仔细体会其深刻道理。

3. 读一读：请读读王安石的《梅花》，体会诗词表达作者的思想感情。

梅　花

王安石

墙角数枝梅，凌寒独自开。
遥知不是雪，为有暗香来。

自题金山画像[1]

（宋）苏轼

心似已灰[2]之木，身如不系之舟。
问汝平生功业，黄州惠州儋州[3]。

注释

[1]金山画像：指金山寺苏轼画像，李公麟所作。《金山志》："李龙眠（公麟）画东坡像留金山寺，后东坡过金山寺，自题。" [2]心似已灰：即心如死灰。 [3]黄州惠州儋州：作者反对王安石新法，以作诗"旁讪朝廷"罪贬谪黄州，后又贬谪惠州、儋州。在三个地方，作者度过了长期的贬谪生活。

译文

心灵已然寂静无欲了，不会再为外物所动。

这一生漂泊不定，好似无法拴系的小船。有人问我平生的功业在何方，那就是黄州、惠州和儋州。

导学

一、作者简介

苏轼（1037年—1101年），字子瞻，号东坡居士。

二、作品简析

苏轼诗清新豪健，艺术表现独具一格。本诗更是出语惊人，开端便说自己心如死灰，乍看似与诗人一向旷达豪爽的性格不相符，然而了解了诗人的经历、心情后，就不能不对作者这种心死之哀寄予深切的同情。作此诗时，是苏轼去世前两月，回首一生，几起几落，失意坎坷，纵然有忠义填骨髓的浩瀚之气，也不得不化为壮志未酬的长长叹息。苏轼认为一生的功业，恰恰在被贬谪的三州。整首诗庄中含谐，直中有曲，表现了其人其诗特有的风格。读之使人击节可叹。岳希仁《宋诗绝句精华》:“这是诗人生命最后阶段的作品。精炼概括了他一生的境遇。一代文豪，英才天纵，回首往事，唯存贬谪。其遭际之坎坷遂成千古伤心事。”

三、知行合一

1. 读一读：有感情地诵读本诗，体会诗人的心情。

2. 学一学：上网查询苏轼在黄州、惠州、儋州的功绩，更好地理解本诗。

3. 写一写：请把你知道的苏东坡，写成一篇短文，介绍给同学们。

海 棠

（宋）苏轼

东风袅袅泛崇光[1]，香雾空蒙[2]月转廊。
只恐夜深花睡去，故[3]烧高烛照红妆[4]。

注释

[1]东风：春风。袅袅：微风轻轻吹拂的样子。泛：摇动。崇光：指正在增长的春光。 [2]空蒙：一作“霏霏”。 [3]故：于是。 [4]红妆：用美女比海棠。

译文

袅袅的东风吹动了淡淡的云彩，露出了月亮。月光也是淡淡的，花朵的香气融在朦胧的雾里，而月亮已经移过了院中的回廊。由于只是害怕在这深夜时分，花儿就会睡去。因此燃着高高的蜡烛，不肯错过欣赏这海棠盛开的时机。

导学

一、作品简析

《海棠》这首诗写的是作者在花开时节与友人赏花时的所见。首句写白天的海棠，“泛崇光”指海棠的高洁美丽。第二句写夜间的海棠，作者创造了一个散发着香味、空空蒙蒙、带着几分迷幻的境界，与海棠自甘寂寞的性格相合。后两句用典故，深夜作者恐怕花睡去，不仅是把花比作人，也是把人比作花，为花着想，极富浪漫色彩。

全诗语言浅近而情意深远。写此诗时，诗人虽已过不惑之年，此诗却无颓唐、萎靡之气，从“东风”“崇光”“香雾”“高烛”“红妆”这些明丽的意象中可以感触到诗人的达观。清代诗人查慎行说：“此诗极为俗口所赏，然非先生老境。”

二、知行合一

1. 背一背：有感情地朗读本文，并背诵和默写本文。

2. 走一走：阅读与苏轼有关的书籍，利用假期和空闲时间，前去眉山市探寻苏轼足迹轶闻。

3. 学一学：《寄黎眉州》表达了苏轼对朋友、恩师、故乡的感情，请你学一学。

寄黎眉州

苏轼

胶西高处望西川，应在孤云落照边。
瓦屋寒堆春后雪，峨眉翠扫雨余天。
治经方笑春秋学，好士今无六一贤。
且待渊明赋归去，共将诗酒趁流年。

水调歌头·明月几时有

（宋）苏轼

丙辰[1]中秋，欢饮达旦[2]，大醉，作此篇，兼怀子由。

明月几时有？把酒[3]问青天。不知天上宫阙[4]，今夕是何年。我欲乘风归去[5]，又恐琼楼玉宇[6]，高处不胜[7]寒。起舞弄清影[8]，何似[9]在人间。

转朱阁[10]，低绮户[11]，照无眠。不应有恨，何事[12]长向别时圆？人有悲欢离合，月有阴晴圆缺，此事[13]古难全。但愿人长久，千里共婵娟[14]。

注释

[1]丙辰：公元 1076 年（宋神宗熙宁九年）。这一年苏轼在密州（今山东省诸城）任知州。 [2]达旦：到天亮。 [3]把酒：端起酒杯。 [4]天上宫阙（què）：指月中宫殿。阙，古代城墙后的石台。 [5]归去：回去，回到月宫。 [6]琼（qióng）楼玉宇：美玉砌成的楼宇，指想象中的仙宫。 [7]不胜（shèng，旧时读 shēng）：经受不住。 [8]弄清影：月光下的身影也跟着做出各种舞姿。弄：赏玩。 [9]何似：何如，哪里比得上。 [10]朱阁：朱红的楼阁。 [11]绮户：雕饰的门窗。 [12]何事：为什么。 [13]此事：指人的“欢”“合” 和月的“晴”“圆”。 [14]共：一起。婵娟：指月亮。

译文

丙辰年的中秋节，高兴地喝酒直到第二天早晨，喝到大醉，写了这首词，同时思念弟弟苏辙。

明月从什么时候才出现？我端起酒杯遥问苍天。不知道在天上的宫殿，今晚是何年何月。想要乘御清风回到天上，又恐怕在美玉砌成的楼宇，受不住高耸九天的寒冷。翩翩起舞玩赏着月下清影，哪里比得上在人世间？

月儿转过朱红色的楼阁，低低地挂在雕花的窗户上，照着没有睡意的自己。明月不该对人们有什么怨恨吧，为什么偏在人们离别时才圆呢？人有悲欢离合的变迁，月有阴晴圆缺的转换，这种事自古以来难以周全。只希望这世上所有人的亲人能平安健康，即便相隔千里，也能共享这美好的月光。

导学

一、作品简析

中秋望月怀人之作，表达了对弟弟苏辙的思念。此词上阕望月，下阕怀人，以月起兴，围绕中秋明月展开想象，把人世间的悲欢离合纳入对宇宙人生的追寻之中，表达了对亲人的思念和祝愿，也表达了在仕途失意时的旷达超脱。此篇是历来公认的中秋词绝唱。

二、知行合一

1. 议一议：反复品读本词，和同学交流你对“高处不胜寒”“但愿人长久，千里共婵娟”的体会。

2. 查一查：苏轼对我国的影响是多方面的，请你找一找至今还影响我们学习生活的苏东坡元素。

3. 比一比：把其他人写中秋的诗文找出来，比较看看有什么不同？

江城子·乙卯正月二十日夜记梦

（宋）苏轼

十年[1]生死两茫茫，不思量[2]，自难忘。千里孤坟[3]，无处话凄凉。纵使相逢应不识，尘满面，鬓如霜[4]。

夜来幽梦[5]忽还乡，小轩窗[6]，正梳妆。相顾[7]无言，惟有泪千行。料得年年肠断处，明月夜，短松冈[8]。

注释

[1]十年：结发妻子王弗去世十年。 [2]思量：想念。 [3]千里：王弗葬地四川眉山与任所山东密州，相隔“千里”。其妻王氏之墓。[4]“尘满面”两句：形容年老憔悴。 [5]幽梦：梦境隐约，故云幽梦。[6]小轩窗：指小室的窗前，轩：门窗。 [7]顾：看。 [8]明月夜，短松冈：有矮松的墓地。

译文

生死相隔十年，音讯渺茫。克制自己不去思念吧，却本来难忘。千里之外那座遥远的孤坟啊，竟无处向你倾诉满腹的悲凉。纵然相逢也料想不会认识，因为我已经是灰尘满面、两鬓如霜。

昨夜忽然在隐约的梦境中回到了家乡，只见你正在小窗前对镜梳妆。你我二人默默相对无言，只有泪落千行。料想思念妻子年年痛欲断肠的地方，就在明月的夜晚，矮松的山冈。

导学

一、作品简析

这是苏轼为悼念妻子王弗而写的悼亡词，表达了绵绵不尽的哀思。

此词情意缠绵，字字血泪，句句沉痛。出语如话家常，却字字从肺腑而出，平淡中寄寓着真淳。全词思致委婉，境界层出，凄凉哀婉，对亡妻的哀思中又糅进身世感慨，是脍炙人口的名作。

二、知行合一

1. 读一读：这首词思念深切，体会作者的情感，读出感情来。

2. 写一写：试着把本文改写成一篇叙述短文，注意表达真情实感。

3. 看一看：观看优秀电视剧《苏东坡》，看看苏轼是如何对待家人、友人和政见不同者的。

撷　菜[1]

（宋）苏轼

秋来霜露满东园，芦菔[2]生儿芥[3]有孙。
我与何曾[4]同一饱，不知何苦食鸡豚[5]。

注释

[1]撷：摘下，取下。 [2]芦菔：萝卜。 [3]芥：芥菜，味辛烈，青绿色，似白菜，菜叶上有柔毛。 [4]何曾：西晋开国元勋。 [5]鸡豚：鸡和猪。

译文

入秋霜露之后，菜园的萝卜芥蓝都儿孙满堂了。

我与何曾同样都只求腹中一饱，不知他何苦非要吃鲜鸡肥豚呢。

导学

一、作品简析

何曾是晋朝公爵，豪奢无度，还说没处下筷子。末句用反问的语气，表达了对何曾奢侈浪费的鄙视。在苏轼看来，这些蔬菜比那鸡鸭鱼肉还要味美。人们发现，经常为善的人，心胸坦荡，在受到人们爱戴的同时，身心也得到慰藉，精神会感到愉悦。

二、知行合一

1. 查一查：多途径收集苏轼的诗词并背诵你喜欢的。
2. 议一议：你喜欢苏轼还是何曾？为什么？
3. 讲一讲：和同学讲讲你在“光盘行动”中是怎么做的？

临江仙·送钱穆父[1]

（宋）苏轼

一别都门[2]三改火[3]，天涯踏尽红尘。依然一笑作春温[4]。无波真古井[5]，有节是秋筠[6]。

惆怅孤帆连夜发，送行淡月微云。樽前不用翠眉颦[7]。人生如逆旅[8]，我亦是行人

注释

[1]临江仙：词牌名。父：是对有才德的男子的美称。 [2]都门：都城的城门。 [3]改火：指年度的更替。 [4]春温：春天的温暖。 [5]古井：枯井。比喻内心恬静，情感不为外事所动。 [6]筠：竹子。 [7]翠眉：古代妇女的一种眉饰，即画绿眉，也专指女子眉毛。颦：皱眉头。[8]逆旅：旅店。

译文

京城一别我们已是三年未见，你总是远涉天涯辗转在人世间。相逢欢笑时依然像春天般的温暖。你心如井水不起波澜，高风亮节似秋天的竹竿。

心中惆怅的是你连夜就要扬帆出发，送行之时云色微茫月光淡淡。不要端着酒杯愁眉不展了。人生就是座旅店，我也是匆匆过客。

导学

一、作品简析

这是一首赠别词。全词一改以往送别诗词缠绵感伤、哀怨愁苦或慷

慨悲凉的格调，写得既有情韵，又富理趣，充分体现了作者旷达洒脱、豪放达观的个性风貌。词人对老友的眷眷惜别，深沉细腻，婉转回互，动人心弦。然而在旷达的背后，仍能体察出词人对仕宦浮沉的惆怅，以及对身世飘零的慨叹。

二、知行合一

1. 读一读：有感情地朗读本词，体会词人惜别老友时的旷达心境。

2. 谈一谈：这首词和《水调歌头·明月几时有》所表达的感情有什么不同？

3. 写一写：你曾经送别过亲人或小朋友吧？请你以“送别”为话题，写一段话或一首小诗来表达你们当时的心情。

太上感应篇（节选）

（宋）李昌龄

不履[1]邪径，不欺暗室。积德累功，慈心于物。忠孝友悌[2]，正己化人，矜孤恤寡[3]，敬老怀幼。昆虫草木，犹不可伤。宜悯[4]人之凶，乐人之善，济人之急，救人之危。见人之得，如己之得。见人之失，如己之失。不彰[5]人短，不炫[6]己长。

注释

[1]履：行走。 [2]悌：敬爱兄长。 [3]矜孤恤寡：救助孤儿和寡妇。 [4]悯：怜悯、哀怜。 [5]彰：宣扬。 [6]炫：夸耀。

译文

不走邪恶之路，不明瞒，不暗骗。力行好事，多积阳功阴德，发慈悲心，爱护生物。尽忠国家，孝顺父母，友爱兄弟姐妹，先端正自己，然后劝化他人，怜惜和救济孤寡无依靠的人，尊敬老人，爱恤他人的幼儿。昆虫草木，尚且不能伤害。别人有不吉利事，应怜悯他，高兴别人做好事，别人有急需时，慨然济助，别人有危险时，立刻救他。人我一体，他人的得失，等于自己的得失。不宣扬他人的缺点，不夸耀自己的优点。

导学

一、作者简介

李昌龄（937 年—1008 年）字天锡，北宋宋州雍丘（今河南杞县）人，太平兴国进士，著有《乐善录》。

二、作品简析

《太上感应篇》被誉为“古今第一善书”。内容主要是劝人遵守道德规范，时刻止恶修善，自利利他。本书提倡“积德累功，慈心于物”，强调“忠孝友悌，正己化人，矜孤恤寡，敬老怀幼”，是儒释道思想融合的产物，是宋代以来儒家立身处世的名著。

三、知行合一

1. 学一学：查阅《太上感应篇》全文，理解其大意。

2. 谈一谈：读了本文，你觉得我们在生活中应该发扬哪些中华民族优良的传统美德。

3. 背一背：理解并背诵下列语句。

（1）忠孝友悌，正己化人，矜孤恤寡，敬老怀幼。

（2）宜悯人之凶，乐人之善，济人之急，救人之危。

蝶恋花·泪湿罗衣脂粉满

（宋）李清照

泪湿罗衣脂粉满[1]。四叠阳关[2]，唱到千千遍。人道山长山又断。萧萧[3]微雨闻孤馆[4]。

惜别伤离方寸[5]乱。忘了临行，酒盏深和浅。好把音书凭过雁。东莱不似蓬莱远。

注释

[1]满：同“漫”。 [2]阳关：这里指王维的《渭城曲》（送元二使安西）：“劝君更尽一杯酒，西出阳关无故人。” [3]萧萧：一作“潇潇”。[4]孤馆：孤独寂寞的旅馆。方寸：即“方寸地”，指人的心。

译文

与姐妹们分手时，惜别的泪水打湿了衣衫，泗湿了双腮。送别的《阳关曲》唱了一遍又一遍，纵有千言万语，也难尽别情。而今身在异乡，望莱州山长水远。寄宿馆所，秋雨潇潇，不禁感到无限凄清。

被离情别绪搅得心乱如麻，竟不知在饯行时姐妹们送别酒是如何喝下去的，那杯中酒是深是浅，都全不知道了。最后嘱咐姐妹，你们要将音讯让过往的大雁捎来，以慰我心，东莱毕竟不像蓬莱那样遥远。

导学

一、作者简介

李清照（1084 年—1155 年），号易安居士，齐州章丘（今济南章丘区）人，宋代婉约词派代表。

二、作品简析

本词用优美的语言写出姐妹之间难分难舍的友情。词人告慰姊妹们，东莱并不像蓬莱那么遥远，只要鱼雁频传，音讯常通，姊妹们还是如同厮守在一起。词作至此，已不仅仅表现的是离情别绪，更表现了词人深挚感人的骨肉手足之情。它通过词人自青州赴莱州途中的感受，表达她希望姐妹寄书东莱、互相联系的深厚感情。

三、知行合一

1. 查一查：多途径了解李清照生平和生活背景，以便更好地理解本词。

2. 读一读：收集李清照的诗或词，背诵你喜欢的一首诗或词。

3. 比一比：充满豪情地朗诵李清照晚年写的《夏日绝句》，与本词比较在主题和感情方面有何不同？

夏日绝句

李清照

生当作人杰，死亦为鬼雄。
至今思项羽，不肯过江东。

劝学诗 偶成

（宋）朱熹

少年易老学[1]难成，一寸光阴[2]不可轻[3]。
未觉池塘春草梦[4]，阶[5]前梧[6]叶已秋声。

注释

[1]学：学问，学业、事业。 [2]一寸光阴：日影移动一寸的时间，形容时间短暂。 [3]轻：轻视，轻松放过。 [4]未觉：没有感觉、觉醒。池塘春草梦：东晋诗人谢灵运《登池上楼》中有“池塘生春草，园柳变鸣禽”，是歌咏南国早春的句子。 [5]阶：台阶。 [6]梧：梧桐，落叶乔木。

译文

青春的日子十分容易逝去，学问却很难获得成功，所以每一寸光阴都要珍惜，不能轻易放过。

没等池塘生春草的美梦醒来，台阶前的梧桐树叶就已经在秋风里沙沙作响了。

导学

一、作者简介

朱熹（1130 年—1200 年），字元晦，又字仲晦，号晦庵，程朱理学集大成者，世尊称为朱子。

二、作品简析

这是一首逸诗，其主旨是劝青年人珍视光阴，努力向学，亦用于自警。语言明白易懂，形象鲜明生动，把岁月易逝的程度，用池塘春草梦未觉，阶前梧桐忽秋声来比喻，十分贴切，倍增劝勉的力量。

三、知行合一

1. 比一比：与人合作，试从不同方面比较朱熹与孔子的异同。

2. 悟一悟：下面的劝学诗文，请你试着背诵并实践。

劝学诗

韩愈

读书患不多，思义患不明。
患足己不学，既学患不行。

书院

刘过

力学如力耕，勤惰尔自知。
但使书种多，会有岁稔时。

读书有所见作

无名氏

人心如良苗，得养乃滋长；
苗以泉水灌，心以理义养。
一日不读书，胸臆无佳想。
一月不读书，耳目失精爽。

3. 做一做：求学要有目标，还要有计划，请在家长指导下制定你的学习计划。

破阵子·为陈同甫赋壮词以寄之

（宋）辛弃疾

醉里挑灯看剑[1]，梦回吹角连营。八百里[2]分麾下[3]炙，五十弦翻塞外声[4]。

沙场[5]秋点兵[6]。马作的卢飞快[7]，弓如霹雳[8]弦惊。了却[9]君王天下事[10]，赢得[11]生前身后[12]名。可怜[13]白发生！

注释

[1]醉里：醉酒中。挑灯：点灯。 [2]八百里：古代有牛名“八百里”。 [3]麾：麾下，指部下。 [4]五十弦：瑟，泛指乐器。翻：演奏。塞外声：指悲壮粗犷的军乐。 [5]沙场：战场。 [6]点兵：检阅军队。[7]马作的卢（dílú）飞快：战马像的卢马那样跑得飞快。作：像，如。的卢，马名。 [8]霹雳：特别响的雷声，比喻拉弓时弓弦响如惊雷。 [9]了却：了结，完成。 [10]天下事：指恢复中原。 [11]赢得：博得。 [12]身后：死后。 [13]可怜：可惜。

译文

醉梦里挑亮油灯观看宝剑，恍惚间又回到了当年，各个军营里接连不断地响起号角声。把酒食分给部下享用，让乐器奏起雄壮的军乐鼓舞士气。这是秋天在战场上阅兵。

战马像的卢马一样跑得飞快，弓箭像惊雷一样震耳离弦。我一心想替君主完成收复国家失地的大业，取得世代相传的美名。一梦醒来，可惜已是白发人！

导学

一、作者简介

辛弃疾（1140 年—1207 年），字幼安，中年后别号稼轩居士，山东历城（今山东济南）人。南宋将领，豪放派词人。

二、作品简析

该词生动地描绘出披肝沥胆、忠贞不二、勇往直前的将军形象，抒发了杀敌报国、恢复山河、建立功名的壮怀；也抒发了作者对苟安偷生、不思进取的南宋朝廷的愤慨以及“壮志难酬”的悲愤。只能在醉里挑灯看剑，在梦中驰骋杀敌，在醒时发出悲叹。

三、知行合一

1. 读一读：饱含激情地朗读本词，注意语调和语速，感悟作者的爱国情怀。

2. 议一议：为了实现民族的伟大复兴，作为新时代的小学生，我们应该怎样贡献自己的一份力量。

3. 写一写：多渠道、多方面了解辛弃疾的生平和成就，并写成一篇短文。

戒杀诗

（宋）陆游

血肉淋漓味足珍，一般苦痛怨[1]难伸[2]。
设身处地扪[3]心想，谁可将刀割自身。

注释

[1]怨：怨恨、怨念。 [2]伸：诉说、表达。 [3]扪：按、摸。

译文

屠宰时场面血肉淋漓换来了美味，
动物的种种痛苦和怨念难以表达。
请你们设身处地扪心自问一下，
谁肯用刀来切割自己的身体呢？

导学

一、作者简介

陆游（1125 年—1210 年），字务观，号放翁，越州山阴（今浙江绍兴）人，南宋爱国主义诗人。

二、作品简析

这首诗劝人们一心向善，不要滥杀动物。告诫人们动物不能表达它们被宰杀的痛苦和怨恨，但我们人类设身处地能感受到。善良是人身上最宝贵的东西，心存善念，讲“仁爱”，爱他人，爱社会，爱大自然，与动物和谐相处，人生才能走得更远。

三、知行合一

1. 读一读：富有感情地大声朗诵本诗，并体会作者善良仁爱的本性。

2. 谈一谈：了解现在的环境状况，和同学交流我们怎样与大自然和谐相处？

3. 写一写：以《我爱……》为题，写一篇爱护小动物的短文。

京都元夕[1]

（金）元好问

袨服华妆着处[2]逢，六街灯火闹[3]儿童。
长衫[4]我亦何为[5]者，也在游人笑语中。

注释

[1]京都：指汴京，今河南开封。元夕：元宵。 [2]袨（xuàn）服：盛服，艳服，漂亮的衣服。华妆：华贵的妆容。着处：到处。 [3]闹：玩耍嬉闹。 [4]长衫：读书人多穿长衫。 [5]何为：为何，做什么。

译文

元宵节时，到处都能碰到女人们穿着盛装，化着美好的妆容来看灯。大街小巷到处在舞弄着花灯，孩童们互相追逐打闹。

我这个穿着朴素长衫的读书人做什么呢？也在游人欢声笑语的气氛中赏灯猜谜。

导学

一、作者简介

元好问（1190 年—1257 年），字裕之，号遗山，世称遗山先生。太原秀容（今山西忻州）人。金末至元初文学家、历史学家。金元之际文学上承前启后的桥梁。有《元遗山先生全集》。

二、作品简析

本诗首先描写出了元宵节节游人们穿着鲜明华丽，大街小巷到处在舞弄着花灯的景象，衬托汴京一派繁华、升平的气象。再写到自己竟然也随游人追欢逐乐。一个隐晦的发问，包含着辛酸的自嘲，严峻的自责，同时也是对前面所铺叙的场景的否定。表现了诗人对金朝偏安处境的嘲讽，也表达了对繁华背后危机的担忧。当代作家、诗人赵丽宏评说：读这些光影摇曳、欢声漾动的诗句，感觉古时的元宵之夜，盛况不亚于现代。

三、知行合一

1. 学一学：收集元好问的诗词，把你喜欢的一首写下来。
2. 说一说：向小朋友说说“你家今年是怎样过元宵节的？”
3. 写一写：反复诵读本诗，用自己的话描写古代元宵之夜的盛况。

思母

（元）与恭

霜殒芦花[1]泪湿衣，白头无复倚柴扉[2]。
去年五月黄梅雨[3]，曾典[4]袈裟粜[5]米归。

注释

[1]霜殒芦花：寒霜把芦花摧残。芦花：后世专以芦花指母爱。[2]无复：不再。倚柴扉：母亲倚门望儿。 [3]黄梅雨：梅子熟时之雨，时当农历五月。黄梅谓梅子，熟时呈黄色。 [4]典：典当，抵押。[5]粜：买入粮食谷物。

译文

看到寒霜把芦花摧残，不禁落下了伤心的泪水，满头白发的老母亲再也不会到门口倚靠着柴门盼望我、看望我了。

去年五月梅雨时节，家中粮断，我曾抵押袈裟买米回家，奉养母亲。

导学

一、作者简介

与恭（生卒年不详）一作允恭，字行己，号懒禅，浙江上虞人。宋末元初僧人，时有诗名，与时士赵孟頫相善。主要作品《思母》。

二、作品简析

这是一首饱蘸生活气息、充满真情实感的思母诗。在霜打芦花之时，令他想起母亲的白发，想起了母亲的故去，不由潸潸泪下。在他的脑海中，浮现出去年五月归家省亲时的情景：那是一个阴雨连绵的季节，僧人典当了法衣，买了些粗米拿回家侍奉娘亲，而白头的娘亲就是在柴门边盼望着儿子的归来……现在母亲也走了，留下的只是满腔怀念。诗如一张发黄的老照片，流露的全是一片赤子之心，孺慕之情。

三、知行合一

1. 读一读：有感情地品读本诗，体会诗人思母念母之情。

2. 用你的彩笔将诗人去年五月梅雨时节，回家探母的情景画下来。

3. 写一写：如果你的父母在外务工，你一定会思念你的父母。请写一篇短文来表达你的思念情怀。

墨萱图·其一

（元）王冕

灿灿萱草花[1]，罗生北堂下。
南风吹其心，摇摇为谁吐？
慈母倚门情，游子行路苦。
甘旨[2]日以疏[3]，音问日以阻。
举头望云林，愧听慧鸟[4]语。

注释

[1]灿灿：闪闪发亮。萱草花：忘忧花，中药名黄花，有解郁的药效。 [2]甘旨：美味的食品。 [3]疏：关系远，不亲近。 [4]慧鸟：知更鸟，是一种小型鸣禽，约有360多种，分布于世界各地，驯良而不惧人。

译文

灿灿的萱草花，生在北堂之下。
南风吹着萱草，摇摆着是为了谁吐露着芬芳？
慈祥的母亲倚着门盼望着孩子，远行的游子是那样的苦啊！
对双亲的奉养每天都在疏远，孩子的音讯每天都不能传到。
抬头看着一片云林，听到慧鸟的叫声思念起来至此很是惭愧。

导学

一、作者简介

王冕（1287 年—1359 年），字元章，号老村，浙江诸暨人。元朝诗人、篆刻家。擅长画梅花、竹石，著有《竹齐集》行世。

二、作品简析

这首诗描绘了慈祥善良的母亲倚着门盼望远行孩子，并为孩子的生活担忧的情景。萱草是中国的母亲花，诗人用萱草暗喻母爱，虽说忘忧，但对游子的牵挂终其一生。表达游子对母亲的深切思念和不能在母亲身边尽孝的愧疚。

三、知行合一

1. 读一读：有感情地朗读本诗，感悟游子思母之情。
2. 写一写：将这首诗默写在读书笔记本上，要写得工整、美观。
3. 讲一讲：读了此诗你有何感想？
4. 画一画：请把“倚门盼子归”的母亲形象画下来。

善

智慧教育读库

明清诗话

诫子弟

（明）林瀚

何事[1]纷争一角墙[2]，让他几尺又何妨[3]。
长城万里今犹在，不见当年秦始皇！

注释

[1]何事：为何，何故。 [2]一角墙：一个墙角。 [3]何妨：无妨。

译文

为何要为了一角墙这样的小地面而起纷争呢，让给他几尺也没有什么妨碍啊。万里长城如今还存在着，可是当年营造它的秦始皇早已看不到了。

导学

一、作者简介

林瀚（1434 年—1519 年），明福建闽县人，字亨大。成化进士，授编修。谥文安，有《文安公集》。

二、作品简析

《诫子弟》流传久远，好就好在作者将人与人之间的纷争，放在了历史的时空中去考察，让人遇事谦让，宽宏大量，不为小事小利而纷争。劝勉人们正确处理好人与人之间的关系，发扬谦让精神，营造和谐共进的氛围。

三、知行合一

1. 查一查：查阅六尺巷的故事，并理解其大意。
2. 议一议：怎样和邻里和睦相处，共建和谐社会。
3. 演一演：和同学一起表演六尺巷的故事。

新 竹

（清）郑板桥

新竹高于旧竹枝，全凭老干为扶持[1]。
下年再有新生者，十丈龙孙[2]绕凤池[3]。

注释

[1]扶持：支持、帮助，含有关怀照顾之意。 [2]龙孙：竹笋的别称。 [3]凤池：凤凰池，古时指宰相衙门所在地，这里指周围生长竹子的池塘。

译文

新生的竹子能够超过旧有的竹子，完全是凭仗老竹的催生与滋养。

等到第二年再有新竹长出，它也开始孕育新的竹子了，就这样池塘周围布满了郁郁葱葱的幼竹。

导学

一、作者简介

郑板桥（1693 年—1765 年）清代文学家，画家，一生主要客居扬州，卖画为生。“扬州八怪”之一。其诗、书、画均旷世独立，擅画兰、竹、石、松、菊等植物，其中画竹五十余年，成就最为突出。著有《板桥全集》。

二、作品简析

前两句写竹子青出于蓝而胜于蓝，而新生力量的成长又需老一辈的积极扶持，表达了后辈对长辈扶持的感恩。后两句是展望，用以表现新生力量会更强大。全诗表达了长江后浪推前浪的辩证思想。语言简单，却富含哲理。

三、知行合一

1. 悟一悟：背诵和默写本诗，体会作者借新竹超越旧竹来表达青出于蓝而胜于蓝，而新生力量的成长又需老一辈的积极扶持的思想感情。

2. 议一议：岁寒三友指哪些事物，象征什么品质？

3. 品一品：请欣赏郑板桥书画作品《石畔新竹》，品悟作者所赞美的正直、有节操的品格。

忆 母

（清）倪瑞璿

河广难航[1]莫我过[2]，未知安[3]否近如何[4]？
暗中时滴思亲泪，只恐思儿泪更多。

注释

[1]航：行船。 [2]过：过错。 [3]未知：不知道。安：平安。[4]如何：怎么样。

译文

河面宽广，船只难以航行，所以没有过来，并不是我的过错啊，不知道您最近过的如何，是否平安？

时常在暗地里因思念母亲而流泪，但只恐怕母亲思念我的泪水会流得更多呀！

导学

一、作者简介

倪瑞璿（1702 年—1731 年），字玉英，江苏宿迁人，清代女诗人。聪颖好学，博览群书，对历史有深刻的认识，对现实有冷静的思考，形成了愤世嫉俗的批判精神。今存《箧存诗集》。

二、作品简析

这是一首对母爱的赞歌。诗人用直白平实的语言，述说了由于河面宽广而难以启行回家探母，不知母亲是否平安健康，只能在暗中偷偷流下思母的泪水，虽说无过，却很自责。又设身处地，推己及人，想到母亲因思念自己流下的泪比自己流下的泪会更多。娓娓道来，一曲女思母，母思女的赞歌，令人心潮起伏，掩卷闭目，禁不住想念双亲而泪流满腮……

三、知行合一

1. 学一学：查阅倪瑞璿写的《过龙兴寺有感》《阅明史马士英传》《无题》等诗，体会诗人表达的思想感情。

2. 唱一唱：学会演唱歌曲《常回家看看》。

3. 议一议：有感情地朗读黄景仁写的《别老母》，和同学议议与本诗在主题和情感的表现上的异同？

别老母

黄景仁

搴帏拜母河梁去，白发愁看泪眼枯。

惨惨柴门风雪夜，此时有子不如无。

忆 父

（清）宋凌云

吴树燕云断尺书[1]，迢迢[2]两地恨何如？
梦魂[3]不惮[4]长安远，几度乘风问起居[5]。

注释

[1]尺书：书信。 [2]迢迢：道路遥远。 [3]梦魂：古人以为人的灵魂在睡梦中会离开肉体，故称“梦魂”。 [4]惮（dàn）：怕，畏惧。[5]起居：指饮食寝居等日常生活。

译文

吴地的树，燕山的云，南北相隔，隔断了音信；
两地迢迢万里，思念的愁恨有多少，让人如何去诉说？
只有在梦里，才不用担心长安的天长地远，
我的魂儿多少次乘风去看望您，问问父亲的生活身体可安好？

导学

一、作者简介

宋凌云（生卒年不详），清代诗人，字逸仙，清代长洲（今江苏省苏州市）人，李博妻。

二、作品简析

这首诗深刻地描述了宋凌云与父亲吴燕相隔，岂止万里，路途迢迢，书信中断，不能承欢膝下，思念之情无可排抑，难过又无可奈何。远嫁他方，离开父母，生怕有天“子欲养而亲不待”。只有在梦中才能不用担心路程遥远，能够乘风万里回到父亲身边服侍孝敬。音信隔断的无奈与悲戚，承载着满满的思念，寄予对父亲的问候和浓浓的思念。梦境与现实形成巨大的反差，表达了作者对父亲无法排遣的思念之情，让人倍觉伤感。

三、知行合一

1. 悟一悟：有感情地朗读本诗，感悟诗人所表达的生怕有天“子欲养而亲不待”的孝心。

2. 学一学：收集孝敬老人的格言 10 句并写下来，在生活中去体验和实践。

3. 讲一讲：向同学讲讲自己在生活中孝敬父母的小事。

晒旧衣

（清）周寿昌

卅[1]载绨袍[2]检尚存，领襟虽破却余温。
重缝不忍轻移折，上有慈母旧线痕。

注释

[1]卅（sà）：三十。 [2]绨袍：粗绨所制造的袍子。绨（tì）：丝织物类名。

译文

三十年前母亲缝制的一件粗绨面料的长袍还保存在箱柜里，领子和襟袖虽已破旧，依稀能感觉到绨袍上残留着母亲的余温。

想重新缝补又不忍轻易拆开旧衣，上面有母亲缝补的痕迹啊。

导学

一、作者简介

周寿昌（1814 年—1884 年），字应甫，一字荇农，号友生、自庵等，湖南长沙人，平生勤学，以著述为事，著有《思益堂集》《汉书注校补》等。

二、作品简析

这首诗表达至善至纯的天伦情感——母子之情。母亲逝世后，诗人一直思深念切。如今，母亲缝制的这件绨袍自然更强烈地激起他对母亲的回忆，母亲生前的慈爱，霎时间又浮现于脑海。母亲将对儿子的爱倾注于针针线线之中，缝进这件绨袍里。如今，这件旧衣上一针一线对儿子而言，都包含着母亲的爱心，为人子者怎能忍心拆断这爱的丝线呢？诗人的不忍拆移，正表明了对母亲的无比珍重和深情怀念。因而感人肺腑，能令读者掩卷长思。

三、知行合一

1. 议一议：有感情地朗读背诵本诗，和同学议议诗人对母亲的浓厚思念表现在哪些描写中。

2. 写一写：在习字本上抄写本诗，比比谁写得最工整好看。

3. 说一说：读了这首诗后，你一定有许多感触。请以“慈爱善良的母亲”为话题同学交流。

岁暮到家

（清）蒋士铨

爱子心无尽，归家喜及辰[1]。
寒衣[2]针线密，家信墨痕新。
见面怜[3]清瘦，呼儿问苦辛[4]。
低徊[5]愧人子，不敢叹风尘[6]。

注释

[1]及辰：及时，指在年底前赶到家。 [2]寒衣：御寒之衣。此句用唐代诗人孟郊《游子吟》诗意。其诗云："慈母手中线，游子身上衣。临行密密缝，意恐迟迟归。" [3]怜：怜惜，心痛。 [4]苦辛：劳苦艰辛。[5]低徊：徘徊。 [6]风尘：比喻旅途的艰辛劳累。

译文

母亲爱子女的心是无穷无尽的，我在过年的时候回到家里，母亲多高兴啊！

她正在针针线线地为我缝棉衣，我寄的家书她刚收到，墨迹还新。

一见面母亲便怜爱地说我瘦了，连声问我在外辛苦不辛苦？

我惭愧地低下头，不敢对她说我在外漂泊的境况。

导学

一、作者简介

蒋士铨（1725年—1785年），字心馀、苕生，藁生，号藏园，又号清容居士，江西铅山人。清代戏曲家、文学家，作品有《忠雅堂诗集》等。

二、作品简析

该诗是一首表现骨肉亲情的诗作，诗中通过描述久别回家的游子与母亲相见时的情景：母亲日夜思念自己的儿子，看到儿子在年底前回到家中，喜悦之情难以掩饰。“见面怜清瘦，呼儿问苦辛”疼儿之语声声在耳，让人心碎，把母亲对爱子无微不至的关怀写得多么真实、生动，情深意重，让所有游子读后热泪盈眶。本诗描绘出了一个慈祥善良的母亲形象，颂扬了母爱的深厚和伟大，也表达了儿子怕母担忧，不敢直率诉说在外风尘之苦。

三、知行合一

1. 读一读：有感情地朗读并背诵本诗，深入体会母慈子孝的动人情景。

2. 说一说：请说说你读了下面两句诗的感想。

见面怜清瘦，呼儿问苦辛。低徊愧人子，不敢叹风尘。

3. 讲一讲：结合生活实际，讲讲自己体验到的母爱故事。

格言联璧（节选）

（清）金缨

善为至宝，一生用之不尽；
心作良田，百世耕之有余。
世事让三分，天空地阔；
心田培一点，子种孙收。

译文

善良最为宝贵，一辈子由此得到的福泽无穷无尽；
培养一颗善良的心，子孙后世代代受益。
凡事能退让一步，则心中烦闷全无；
心中存有善念，则儿孙代代相传。

导学

一、作者简介

金缨（生卒年不详），字兰生，浙江山阴人，清代学者。编著有《格言联璧》一书。

二、作品简析

善良是人身上最宝贵的东西，心存善念人生才能走得更远。因为心中有爱，所以行为自善。积德虽无人见，行善自有天知，善良是一切修养之始。拥有善良美好的品质，就像给自己穿上了盔甲，可以帮助自己抵挡邪恶，亦可以给别人带来温暖。爱能让贫者富裕，让弱者刚强；使生命长青，使死神却步。爱别人，就会被别人所爱。这个世界因爱而温暖，因爱而美好。

三、知行合一

1. 学一学：查阅《格言联璧》全文，了解其大意。

2. 写一写：把《格言联璧》中你最喜欢的10句格言写下来并在生活中去实践。

3. 唱一唱：把《爱的奉献》唱给你的亲人朋友听。

善

智慧教育读库

现代文风

题三义塔

鲁迅

奔霆飞熛[1]歼人子，败井颓垣[2]剩饿鸠[3]。
偶值大心[4]离火宅，终遗高塔念瀛洲[5]。
精禽[6]梦觉仍衔石，斗士[7]诚坚共抗流[8]。
度尽劫波[9]兄弟在，相逢一笑泯[10]恩仇。

注释

[1]奔霆飞熛（biāo）：指枪炮和炸弹的轰击焚烧。霆：疾雷；熛：火焰，原作“焰”。 [2]败井：毁坏了的井。颓垣（yuán）：倒塌的墙。垣：墙。 [3]鸠：即鸽子。 [4]值：碰到。大心：宽厚的心。 [5]瀛洲：传说东海的神山，这里是指日本。 [6]精禽：指精卫鸟。 [7]斗士：指中日两国的反帝国主义战士。 [8]抗流：抗击当时世界上的帝国主义。[9]劫波：佛教用语，指长期的劫难。 [10]泯（mǐn）：消去。

译文

日本强盗轰炸上海闸北人民，饥饿的鸽子在瓦砾堆中幸存。
偶然遇到好心肠的日本友人，把这只劫后的鸽子带回东瀛。
鸽子死了还建筑起高塔纪念，日本农民常把它记挂在心田。
如果死去的鸽子从梦中醒回，将化作精卫鸟衔石填平东海。
消除战争种下的仇恨的种子，中日两国人民必将同仇敌忾。

导学

一、作者简介

鲁迅（1881 年—1936 年），周树人，字豫才，浙江绍兴人。现代著名文学家、思想家、革命家、民主战士，新文化运动的重要参与者，中国现代文学的奠基人之一。

二、作品简析

这首诗借一小的具体事物—— 一只鸽子，一座为埋鸽而建的塔冢，用爱国主义和国际主义的思想之光照射，生发出一个巨大深广的主题，揭露日本帝国主义对中国人民的侵略，更把日本人民和日本帝国主义者严加区别，指出两国人民友谊长存，展示随着时间的推移，待到“劫波”逝去，中日两国人民就将友好下去。所以说这首诗是一首高亢激越的反帝主义与国际主义赞歌。

三、知行合一

1. 学一学：查阅了解这首诗的写作背景，更好地理解本诗所表达的爱好和平正义的中日人民的反战精神。

2. 讲一讲：和家人一起观看影视片《鲁迅》，向同学讲讲使你最感动的情景。

3. 谈一谈：满怀激情地朗诵下面这首诗，谈谈诗人所表达的意思和情感。

惯于长夜过春时

鲁迅

惯于长夜过春时，挈妇将雏鬓有丝。
梦里依稀慈母泪，城头变幻大王旗。
忍看朋辈成新鬼，怒向刀丛觅小诗。
吟罢低眉无写处，月光如水照缁衣。

浪淘沙·北戴河

毛泽东

大雨落幽燕[1]，白浪滔天[2]，秦皇岛外打鱼船。一片汪[3]洋都不见，知向谁边[4]？ 往事越[5]千年，魏武挥鞭[6]，东临碣石[7]有遗篇。萧瑟秋风今又是，换了人间[8]。

注释

[1]幽燕：古幽州及燕国，今河北省北部及东北部。 [2]滔天：形容水势大，大到好像与天相连接。 [3]汪：指水势深且阔。 [4]谁边：何处。 [5]往事：过去的事，这里指曹操东征乌桓时写下《观沧海》之事。越：越过。 [6]魏武：即曹操。挥鞭：原指挥鞭策马，指骑马出征。 [7]碣石：古代山名。 [8]人间：社会制度。

译文

大雨落在了幽燕，滔滔波浪连天，秦皇岛之外的打鱼船，在起伏的波涛里都已经看不见，也不知漂去了哪边？

往事已经有千年，那时魏武帝曹操跃马挥鞭，东巡至碣石山吟咏过诗篇。秋风瑟瑟到了今日，人间却换了新颜。

导学

一、作者简介

毛泽东（1893 年—1976 年），字润之，湖南湘潭人。伟大的马克思主义者，无产阶级革命家、战略家和理论家，中国共产党、中国人民解放军和中华人民共和国的主要缔造者和领导人。

二、作品简析

《浪淘沙·北戴河》是毛泽东于 1954 年夏于秦皇岛北戴河开会时创作的一首词。生动描绘了北戴河海滨夏秋之交的壮丽景色，渔民出海的情形，怀古思今，热情地歌颂了新时代的新生活，展示了无产阶级革命家前无古人的雄伟气魄和汪洋浩瀚的博大胸怀，具有比《观沧海》更鲜明的时代感、更深邃的历史感、更辽阔的宇宙感。

三、知行合一

1. 读一读：有感情地朗读本词。

2. 想一想：查阅资料，为什么作者说“萧瑟秋风今又是，换了人间”？

3. 比一比：朗读曹操《观沧海》作品，体会诗文是如何用典。

观沧海

曹操

东临碣石，以观沧海。
水何澹澹，山岛竦峙。
树木丛生，百草丰茂。
秋风萧瑟，洪波涌起。
日月之行，若出其中；
星汉灿烂，若出其里。
幸甚至哉，歌以咏志。

采桑子·重阳

毛泽东

人生易老天难老[1]，岁岁重阳。今又重阳，战地黄花分外香[2]。

一年一度秋风劲[3]，不似[4]春光。胜似春光，寥廓江天万里霜[5]。

注释

[1]人生易老天难老：人生有尽，天道无穷。 [2]战地黄花分外香：也作“但看黄花不用伤”，黄花：菊花。分外：格外。 [3]劲：强劲。[4]不似：不像。 [5]寥廓江天万里霜：指广阔和泛着白霜的天空。寥廓（liáo kuò）：指宇宙的广阔，也指广阔高远。

译文

人的一生容易衰老而苍天却不老，重阳节年年都会来到。今天又逢重阳，战场上的菊花是那样的芬芳。

一年又一年秋风刚劲地吹送，这景色不如春天的光景那样明媚。却比春天的光景更为壮美，如宇宙般广阔的江面和天空泛着白霜。

导学

一、作品简析

《采桑子·重阳》是毛泽东于 1929 年创作的一首词。此词通过重阳述怀，表达了诗人对革命根据地和革命战争的赞美之情；表达了革命的人生观、世界观；表达了诗人宽广的胸襟和高度的革命乐观主义精神。

整首词有情有景，有色有香，熔诗情画意、野趣、哲理于一炉，形成生机盎然的诗境，既歌颂了土地革命战争，又显示了作者诗人兼战士的豪迈旷放的情怀。

二、知行合一

1. 读一读：有感情有朗读本词，边读边体会“人生易老天难老”的内涵。

2. 写一写：中国传统节日都有独特的含义，结合自己过节的经历，写一篇短文。

3. 品一品：毛泽东诗词和书法俱佳，在欣赏毛泽东书法作品《沁园春·雪》时，把这首词写下来读一读。

为人民服务

毛泽东

我们的共产党和共产党所领导的八路军、新四军，是革命的队伍。我们这个队伍完全是为着解放人民的，是彻底地为人民的利益工作的。张思德[1]同志就是我们这个队伍中的一个同志。

人总是要死的，但死的意义有不同。中国古时候有个文学家叫做司马迁[2]的说过："人固[3]有一死，或重于泰山[4]，或轻于鸿毛[5]。"为人民利益而死，就比泰山还重；替法西斯卖力，替剥削人民和压迫人民的人去死，就比鸿毛还轻。张思德同志是为人民利益而死的，他的死是比泰山还要重的。

因为我们是为人民服务的，所以，我们如果有缺点，就不怕别人批评指出。不管是什么人，谁向我们指出都行。只要你说得对，我们就改正。你说的办法对人民有好处，我们就照你的办。"精兵简政[6]"这一条意见，就是党外人士李鼎铭[7]先生提出来的；他提得好，对人民有好处，我们就采用了。只要我们为人民的利益坚持好的，为人民的利益改正错的，我们这个队伍就一定会兴旺[8]起来。

我们都是来自五湖四海[9]，为了一个共同的革命目标，走到一起来了。我们还要和全国大多数人民走这一条路。我们今天已经领导着有九千一百万人口的根据地，但是还不够，还要更大些，才能取得全民族的解放。我们的同志在困难的时候，要看到成绩，要看到光明，要提高我们的勇气。中国人民正在受难，我们有责任解救他们，我们要努力奋斗。要奋斗就会有牺牲，死人的事是经常发生的。但是我们想到人民的利益，想到大多数人民的痛苦，我们为人民而死，就是死得其所[10]。不过，我们应当尽量地减少那些不必要的牺牲。我们的干部要关心每一个战士，一切革命队伍的人都要互相关心，互相爱护，互相帮助。

今后我们的队伍里，不管死了谁，不管是炊事员，是战士，只要他是做过一些有益的工作的，我们都要给他送葬，开追悼[11]会。这要成为一个制度。这个方法也要介绍到老百姓那里去。村上的人死了，开个追悼会。用这样的方法，寄托我们的哀思[12]，使整个人民团结起来。

注释

[1]张思德，四川仪陇县人，中共中央警备团的战士，1933 年参加红军，经历长征，负过伤。1944 年 9 月 5 日在陕北安塞县山中烧炭，因炭窑崩塌而牺牲。 [2]司马迁，西汉著名文学家和历史学。 [3]固：本来或总是。 [4]或：有的。于：比。重于泰山：比泰山还重，形容十分重大。泰山，山名，在山东省。古人以泰山为高山的代表，常用来比喻敬仰的人和重大的、有价值的事物。 [5]轻于鸿毛：比天鹅的毛还轻，形容十分轻薄，微不足道。鸿毛，天鹅（也可说是大雁）的毛，比喻事物微不足道。 [6]精兵简政：缩小机构，精简人员，使部队、机关变得更精干，更灵活，更有战斗力。 [7]李鼎铭，陕西米脂人，开明绅士，1941 年当选为陕甘宁边区政府副主席。 [8]兴旺：兴盛；旺盛，蓬蓬勃勃地向前发展。文中指不断地扩大、强盛的意思。 [9]五湖四海：泛指全国各地。 [10]死得其所：形容死得有意义，有价值。 [11]追悼：指怀念死者，表示哀悼的意思。 [12]哀思：悲伤的思念。

导学

一、作品简析

《为人民服务》是毛泽东主席于 1944 年 9 月 8 日在张思德同志追悼会上所做的演讲。当时，抗日战争正处在十分艰苦的阶段，有许多困难需要克服。毛泽东主席针对这一情况，讲述为人民服务的道理，号召大家学习张思德同志完全彻底为人民服务的精神，团结起来，打败日本侵略者。

“为人民服务”最先由中国共产党领导人毛泽东提出。邓小平同志进一步发展了“为人民服务”的思想，改革开放以来，他更明确地指出，人民满意不满意、人民高兴不高兴、人民赞成不赞成，应当成为检验我们一切工作的标准。

二、知行合一

1. 读一读：有感情地朗读课文，背诵2、3自然段。

2. 说一说：说说课文围绕“为人民服务”讲了哪几方面的意思。

3. 悟一悟：你对“人固有一死，或重于泰山，或轻于鸿毛”的理解和体会。

4. 议一议：为人民服务是什么意思？我们怎样学习为人民服务？

纪念白求恩

毛泽东

白求恩[1]同志是加拿大共产党员，五十多岁了，为了帮助中国的抗日战争，受加拿大共产党和美国共产党的派遣，不远万里，来到中国。去年春上到延安，后来到五台山工作，不幸以身殉职[2]。一个外国人，毫无利己的动机，把中国人民的解放事业当作他自己的事业，这是什么精神？这是国际主义的精神，这是共产主义的精神，每一个中国共产党员都要学习这种精神。列宁主义认为：资本主义国家的无产阶级要拥护殖民地半殖民地人民的解放斗争，殖民地半殖民地的无产阶级要拥护资本主义国家的无产阶级的解放斗争，世界革命才能胜利。白求恩同志是实践了这一条列宁主义路线的。我们中国共产党员也要实践这一条路线。我们要和一切资本主义国家的无产阶级联合起来，要和日本的、英国的、美国的、德国的、意大利的以及一切资本主义国家的无产阶级联合起来，才能打倒帝国主义，解放我们的民族和人民，解放世界的民族和人民。这就是我们的国际主义，这就是我们用以反对狭隘[3]民族主义和狭隘爱国主义的国际主义。

白求恩同志毫不利己专门利人的精神，表现在他对工作的极端的负责任，对同志对人民的极端的热忱。每个共产党员都要学习他。不少的人对工作不负责任，拈轻怕重[4]，把重担子推给人家，自己挑轻的。一事当前，先替自己打算，然后再替别人打算。出了一点力就觉得了不起，喜欢自吹，生怕人家不知道。对同志对人民不是满腔热忱，而是冷冷清清，漠不关心[5]，麻木不仁[6]。这种人其实不是共产党员，至少不能算一个纯粹的共产党员。从前线回来的人说到白求恩，没有一个不佩服，没有一个不为他的精神所感动。晋察冀边区的军民，凡亲身受过白求恩医生的治疗和亲眼看过白求恩医生的工作的，无不为之感动。每一个共产党员，一定要学习白求恩同志的这种真正共产主义者的精神。

白求恩同志是个医生，他以医疗为职业，对技术精益求精[7]；在整个八路军医务系统中，他的医术是很高明的。这对于一班见异思迁[8]的人，对于一班鄙薄[9]技术工作以为不足道、以为无出路的人，也是一个极好的教训。

我和白求恩同志只见过一面。后来他给我来过许多信。可是因为忙，仅回过他一封信，还不知他收到没有。对于他的死，我是很悲痛的。现在大家纪念他，可见他的精神感人之深。我们大家要学习他毫无自私自利之心的精神。从这点出发，就可以变为大有利于人民的人。一个人能力有大小，但只要有这点精神，就是一个高尚的人，一个纯粹的人，一个有道德的人，一个脱离了低级趣味的人，一个有益于人民的人。

注释

[1]诺尔曼·白求恩（1890 年—1939 年），加拿大共产党党员，国际主义战士，著名医生。1937 年抗日战争爆发，他率领加拿大美国医疗队，1938 年 3 月到达延安，不久赴晋察冀边区，工作了一年多，在为伤员施行急救手术时受感染，1939 年 11 月 12 日逝世。 [2]以身殉（xùn）职：为忠于本职工作而贡献出生命。 [3]狭隘：心胸、气量、见识等不宽广。 [4]拈（niān）轻怕重：接受工作时挑拣轻松的，害怕繁重的。拈，抓，捏。 [5]漠不关心：形容对人或事物冷淡，一点也不关心。 [6]麻木不仁：本意是肢体麻木，没有感觉。这里指缺乏热情，对集体和人民的利益不关心。 [7]精益求精：好了还求更好。益，更。 [8]见异思迁：看见不同的事物，就改变原来的主意。指意志不坚定，喜爱不专一。这里指不安心工作，事业心不强。 [9]鄙薄：轻视，看不起。

导学

一、作品简析

《纪念白求恩》是毛泽东在 1939 年 12 月 21 日为纪念白求恩写的悼念文章。文章概述了白求恩同志来华帮助中国人民进行抗日战争的经历，表达了对白求恩逝世的深切悼念，高度赞扬了他的国际主义精神、毫不利己专门利人的精神和对技术精益求精的精神。白求恩医生在生命的最后时刻，仍怀着崇敬的心情，想念着毛泽东。毛泽东得知白求恩牺牲的消息后，非常悲痛。在延安各界追悼白求恩的大会上，写下挽词："学习白求恩同志的国际精神，学习他的牺牲精神，责任心与工作热忱。"号召大家向白求恩学习。

二、知行合一

1. 读一读：有感情地朗读课文，要注意语气语速，读出对白求恩的悼念之情。

2. 悟一悟：毛泽东在文中高度赞扬了白求恩的什么精神？批评了哪些行为？

3. 议一议：说说我们怎样做"一个高尚的人，一个纯粹的人，一个有道德的人，一个脱离了低级趣味的人，一个有益于人民的人"。

和郭沫若同志《登尔雅台[1]怀人》

朱德

一九四四年写于日寇南侵黔桂时。

回顾西南满战云，台高尔雅旧情殷[2]。
千村沦落悲三楚[3]，四位英雄[4]丧廿军。
北国翻新看后劲，东邻陨越[5]可先闻。
内忧外患澄清日，痛饮黄龙[6]定约君。

注释

[1]尔雅台：在今乐山市东乌尤山正觉寺外临江处，相传汉武帝时，犍为（县名）舍人郭氏在此地注《尔雅》。 [2]旧情殷：是指郭沫若在诗中所表达的对朱德的怀念。 [3]三楚：古地名，泛指湖北、湖南一带。 [4]四位英雄：此处是反语，表达作者对国民党四位将领的嘲讽。 [5]东邻：指日本帝国主义。陨越：从高处跌落下来残死之。引申为失败、垮台。 [6]黄龙：即黄龙府，古代金国都城，在今吉林省农安县。《宋史·岳飞传》：宋金交战时，岳飞对将士们说："直抵黄龙府，与诸君痛饮尔！"

译文

回顾西南的战火，在尔雅台上殷切地怀念与郭沫若旧时情谊。湖北、湖南一带千万村子地区沦落，一片悲惨凄凉的景象，国民党的四位无能的英雄丧师 60 余万人。北方抗日根据地军民一派日新月异的大好形势，日本帝国主义的彻底崩溃，被赶出中国领土已为期不远了。等到打败日本侵略者，实现了国家安定的那一天，一定请你饮酒相庆。

导学

一、作者简介

朱德（1886年—1976年），字玉阶，四川仪陇人。

二、作品简析

本诗是朱德元帅在1944年写下的诗作。表达了诗人对国民党反动派“消极抗日，积极反共”的强烈谴责，以及誓将日本侵略者赶出中国的决心。这首诗明显地具有唱和诗的特点，作者还精当地运用了典故、反语、对比等艺术手法，使诗歌起伏跌宕、错落有致、苍劲深沉，全诗平仄合律，显示了朱德古典律诗的功力。

三、知行合一

1. 背一背：大声朗读和背诵本诗，感悟朱德元帅歌颂的抗战精神。
2. 学一学：上网了解朱德的丰功伟绩，阅读刘学民小说《朱德元帅》。
3. 看一看：观看电视剧《朱德元帅》，欣赏塑像《新四军军长陈毅》。

游子谣

戴望舒

海上微风起来的时候，暗水上开遍青色的蔷薇。
——游子的家园呢？
篱门是蜘蛛的家，土墙是薜荔[1]的家，
枝繁叶茂的果树是鸟雀的家。
游子却连乡愁也没有，
他沉浮在鲸鱼海蟒间：
让家园寂寞的花自开自落吧。
因为海上有青色的蔷薇，
游子要萦系他冷落的家园吗？
还有比蔷薇更清丽的旅伴呢。
清丽的小旅伴是更甜蜜的家园，
游子的乡愁在那里徘徊踯躅[2]。唔，
永远沉浮在鲸鱼海蟒间吧。

注释

[1]薜荔：又名凉粉子，木莲等。攀援或匍匐灌木，叶两型，不结果枝节上生不定根，叶卵状心形。瘦果水洗可作凉粉，藤叶药用。

[2]踯躅：拼音（zhí zhú）：意思是以足击地，顿足；徘徊不进。

导学

一、作者简介

戴望舒（1905 年—1950 年），浙江省杭州市人。现代诗人，象征派诗歌的代表。因《雨巷》成为传诵一时的名作，被称为“雨巷诗人”。诗集有《戴望舒诗选》《戴望舒诗集》等。

二、作品简析

本诗以游子的情感构成往复不已的循环：乡愁不断地萌生，又不断地被理智所抑制。诗人巧妙地抓住了这种循环，从而细微地展现了游子的内心世界：他既有坚强的意志，又有不以意志为转移的情绪波澜。而碧海像一朵“青色的蔷薇”使游子触景生情，想起了家园。

三、知行合一

1. 听一听：在网上收听学读诗歌《游子谣》，注意语速和节奏，要饱含感情。

2. 讲一讲：查找并品读戴望舒的诗歌《雨巷》，讲讲你的感悟。

善

智慧教育读库

教师寄语

争做最美丽的教师

——校长寄语之二

易学军

教师，人人敬重，美丽的教师，人人仰望，最美丽的教师，高山景行！

今年，是高家小学建校 100 周年。百年来，高家小学英才辈出，俊杰涌现。百年高小，远大启航，更需要德才兼备、守正创新的美丽。

最美丽的教师是品德高尚、信念坚定的人。他热爱祖国，忠诚于党和人民的教育事业。有强烈的事业心和责任感，有理想信念，有道德情操，有扎实学识，有仁爱之心；他模范遵守社会公德，职业道德，家庭美德，能够以德立身，以德立学，以德立教，受到师生的普遍赞誉，在教育领域和社会上享有较高声望。

最美丽的教师是为人师表、严谨治学的人。他弘扬师德，严谨治学，自律慎独；严格执行教育教学管理规范，教育行为规范；遵循教育规律，教育理念先进，遵守学术道德规范；努力学习，以身作则，在师生中有较高的威信和影响力；勇于创新，教育教学和人才培养成绩显著；有自己独特、鲜明的教学风格和特色；在同行中具有较高的威望，受到师生和社会的普遍赞誉。

最美丽的教师是教书育人、关爱学生的人。他坚持立德树人，对学生循循善诱，因材施教，把思想政治教育放在教育教学工作首位，努力培养学生正确的世界观、价值观和良好的思想品德；坚持育人为本，面向全体学生，遵循人才成长规律，尊重学生人格，坚持正确的政绩观和科学的评价观，做学生成长成才的引路人；关爱帮助困难学生，深受学生尊敬和爱戴。

最美丽的教师是顾全大局、甘于奉献的人。他顾全大局，关心集体，团结协作，具有融洽的同事关系和乐观向上的心态，积极发挥引领示范作用；积极参加教育教学改革，不断提高教育教学质量；刻苦钻研业务，努力培养学生的创新精神和实践能力。

最美丽的教师是扎根教育、情系高小的人。他具有浓厚的教育情怀，长期工作在教育教学第一线，师德事迹真实、突出、感人，具有向上向善的感人力量；他深爱高家的山山水水，传播先进文化，服务高家人民；他育人质量高，学生特别优秀，是全校师生学习的榜样。

最美丽教师是依法执教、服务社会的人。他遵循教育原则，遵守教育法规，模范遵守学校各项规章制度，是遵守法纪的好公民；热爱学校，宣传学校教育成果，重视学校教育和家庭教育与社会教育的结合；重视教育对社会的引领作用，深入社会，服务社会；用自己的言行，用自己的育人成果，对地方教育的发展起到潜移默化的作用，为教育的发展赢得荣耀。

最美丽的老师，是最平凡的人，是最爱学生的人，是学生最爱的人！

最美丽的教师是快乐的，他享受工作！

最美丽的老师是成功的，他桃李满天下！

最美丽的老师是长寿的，他身心健康！

最美丽的老师是幸福的，他怡然自得！

2017 年 11 月 1 日

一棵榆树的见证

黄瑛

我是一棵枝繁叶茂的榆树，生长在高家小学的西墙边。曾经，我是农村田埂边野生的一棵不起眼的小苗，20 年前，在党中央“科教兴国”战略思想的部署下，“普六”的春风终于吹到了这个偏僻的小镇，高家小学开始扩建，原校址外的许多树被砍伐或者移栽，而我却非常有幸被保存下来，和高家小学一起健康地、快活地成长着。十多年来，我和高家小学风雨兼程，高家小学由苍白变得红润，由羸弱变得丰腴，一路跋涉，一路欢歌，我都尽收眼底，铭记在心，我见证着高家小学十年来的兴衰历程。

记得当我还是一棵小苗的时候，我站在校园外的田埂上，看着风起时，操场上黄沙漫天的景象，恼人的黄沙进入小伙伴们明亮的眼眸，他们用脏兮兮的手揉搓着眼睛，眼泪揉出来了，混合着灰尘，一张张天真无邪的脸顿时变成了“大花猫”；飞扬的尘土飘落在小青瓦上，又掉落在伙伴们的书桌上、身上，小伙伴们用手抹着，用嘴吹着，忙活了好久，教室里仍是乌烟瘴气。我目睹着伙伴们打扫卫生好辛苦！他们扫呀扫，抹呀抹，一天打扫三次卫生，可第二天到校一看，办公桌、书桌上仍是厚厚的一层尘土……

下雨时，伙伴们更是苦不堪言。本来从家到校，一路的泥泞就够他们受的了，可到了学校，还得饱受泥泞之苦：屋外下雨屋里漏，伙伴们将桌凳搬过来移过去，也很难找到一个不漏雨的地方。教室里积满了水，伙伴们挽着裤子坐在教室里上课，这哪是教室呀，分明就是水田，伙伴们在这样的环境下读书能专心吗？下课时，上一趟厕所回来，个个身上满是泥浆，有的泥浆甚至打在了同学们的头发上。“少年不知愁滋味”，尽管这样，孩子们天真无邪的脸上仍挂着笑容。看着他们狼狈不堪仍笑容满面的样子，我好心疼，觉得他们是那么可怜，又是那样可爱！

天晴时，一拨孩子在坑坑洼洼的操场上做着操，尽管地面不平，可只要能伸展筋骨，他们都是那么快活，可另一拨孩子只能坐在教室里眼巴巴地望着操场上那些活泼的身影，心里默念着第二天的快快到来，因为操场太小了，容不下全校同学一起做操，只能轮流活动了。那时，我站在田埂上，就在想：我一棵小小的树苗，却拥有这么广阔的空间给我踢腿，给我伸腰，给我呼吸，为什么同时祖国幼苗的伙伴们，却只能挤在一个狭小的空间里，寻找着哪怕是丁点儿属于自己的天地？那时，我好想把他们拉过来，和我靠在一起，享受大自然的广袤和无束……

教室里，老式的桌凳，由于使用时间过长，不是缺胳膊，就是少腿。教师没有办公室，备课时，只能在教室前面那张破旧的讲桌上备课或改作业，讲桌上放着简单的一本教科书，一盒粉笔……

20 年前的高家小学，我见证着它的辛酸历程，我渴望着它的突变，渴望师生们能在舒适、安定的环境中生活。

来了，机会终于来了，1996 年，“普六”的春风终于吹到了这个偏僻的小镇，高家小学开始扩建了，在上级领导的英明决策下，学校向西边扩建。我这棵野生的榆树，很荣幸地被圈了进来，成了高家小学的一分子，从此高家小学从衰败到兴盛，我看得更真切了。

变了，操场变得更宽敞了。学校扩建以后，操场向西延伸，2500 多名学生在操场上同时做操，也不显得拥挤了，操场全被硬化，同学们可自由自在在操场上跳绳、踢毽、打乒乓、做游戏……昔日伙伴们可怜巴巴、狼狈不堪的窘相早已荡然无存。操场四周，栽满了各种各样的风景树，像亭亭玉立的少女，深情注视着学校的变化。操场中心设置了大花园，花园造型各异，花园里的花四季交替，鲜花不败，把这所曾经是那样破烂的校园装扮得如此美丽多娇，真正成了一座大花园！教学楼变了，一幢幢高大、雪白的教学楼拔地而起，代替了昔日低矮的晴天尘土飞扬，雨天屋里屋外同时下雨的小青瓦房。走进教学楼，一间间宽敞明亮的教室，平整的水泥地板，雪白的墙壁，是那样的肃静，同学们能够安心地在教室里学习，全无了昔日灰尘、雨水侵袭的烦恼。再看看微机室，一排排整齐的电脑每天都迎接好学善思的伙伴们，从它那里获得更多的知识；每间教室都安装了书柜，操场上金玉书屋里摆满了书籍，小伙伴们随时都可以取书阅读，尽情地在书海里遨游；每间教室都装上了多功能的一体机，拥有完整的多媒体教学设备，老师们用电脑备课，用一体机上课，直观形象，小伙伴们听起课来，兴趣可浓了，学习效率大大提高；实验室里，小伙伴们一丝不苟做试验，积极探索科学的奥妙；音乐室里，小伙伴们用动听的歌声赞美美丽的校园；舞蹈室里，小伙伴们用优美的舞姿表达对幸福生活的热爱；绘画室里，小伙伴们用多彩的画笔描绘高家小学美好的未来……

老师们的住宿也发生了巨大的变化，不信？十年前，有几位教师站在我的枝叶下聊天时的一段对话，我还清清楚楚地记得——

“昨晚睡了个安稳觉，是吧？”李老师问。

王老师呵呵一笑：“那还用说，自己有独立的房间，再也不受老爸打雷一样鼾声的干扰了。”

“是呀，几代人挤在鸽子笼一样的小屋里的日子一去不复返了。”张老师接过话茬说道。

姚老师忙接上说：“过去‘打屁又屙尿，吃饭又睡觉’的住宿条件实在让人憋屈。现在好了，有居室，有厨房，有厕所，好方便呀！小女儿也有了自己的小天地，成天像小鸟一样从这个房间飞到那个房间，那快活劲就甭提了……”

“是呀，告别了压抑的生活环境，住在宽敞的居室里，全家人的心胸也敞亮起来，每天都是愉悦的，工作起来特带劲！”

“现在的政策真是好呀！”

……

挺立在校园的西墙边，听着老师们的对话，我的心情也愉悦起来，深吸一口气，我又向上猛蹿了一节……我陪伴着高家小学，走过了十多个春秋，高家小学二十年的巨大变化，我历历在目。如今我的主干长得是那样挺拔，枝叶是那样的茂盛，每天都招引来许多鸟儿在我的身上唱歌、嬉戏，能给鸟儿们提供栖息的场所，我是那样开心、幸福。更让我幸福的是我能亲眼见证高家小学的壮大，高家小学师生每天洋溢着的甜蜜笑脸，积极向上的精神风貌……

现在，高家小学全体师生正以更饱满的热情投入到创建地方特色知名学校教育活动中，以创建为载体，推动学校更快更好地往前发展。相信，高家小学的明天一定会更美好，一定会从辉煌走向更辉煌！为此，我也将更加努力地生长着，继续见证那份辉煌！

附文 《论语》中“君子与小人”语句

一、君子务本根本，本立而道生。孝悌也者，其为仁之本与。（学而：2）

二、君子不重庄重则不威威严，学则不固固执。（学而：8）

三、君子食无求饱，居无求安，敏于事而慎于言，就有道而正焉；可谓好学也已。（学而：14）

四、君子不器不以单一器具比喻。（为政：12）

五、子贡问君子。子曰：先行，其言而后从之。（为政：13）

六、子曰：君子周合群而不比勾结，小人比而不周。（为政：14）

七、君子之于天下也，无适可以也，无莫不可以也，义适宜妥当之与比亲近。（里仁：10）

八、君子怀德，小人怀土乡土。君子怀刑法制，小人怀惠恩惠。（里仁：11）

九、君子喻知晓于义，小人喻于利。（里仁：16）

十、君子欲讷木讷于言而敏于行。（里仁：24）

十一、质朴实胜文文采则野粗野，文胜质则史虚浮不实。文质彬彬，然后君子。（雍也：18）

十二、君子博学于文，约约束之以礼，亦可以弗叛违背矣夫。（雍也：27）

十三、君子坦荡荡，小人长戚戚嘀嘀咕咕的样子。（述而：37）

十四、君子成人之美，不成人之恶。小人反是。（颜渊：16）

十五、君子和团结而不同，小人同而不和。（子路：23）

十六、君子泰坦然而不骄，小人骄而不泰。（子路：26）

十七、君子而不仁者有矣夫，未有小人而仁者也。（宪问：6）

十八、君子上达，小人下达。（宪问：23）

十九、子曰：不在其位，不谋其政。曾子曰：君子思不出其位。（宪

问：26）

二十、君子耻其言而过其行。（宪问：27）

二十一、子曰：君子道者三，我无能焉。仁者不忧，智者不惑，勇者不惧。（宪问：28）

二十二、君子义以为质，礼以行之，逊谦逊以出之，信诚信以成之，君子哉。（卫灵公：18）

二十三、君子病担忧无能焉，不病人之不己知也。（卫灵公：19）

二十四、君子疾担忧没世去世而名不称焉。（卫灵公：20）

二十五、君子求诸己，小人求诸人。（卫灵公：21）

二十六、君子矜而不争，群而不党。（卫灵公：22）

二十七、君子不以言举人，不以人废言。（卫灵公：23）

二十八、君子谋道不谋食。耕也，馁饥饿在其中矣；学也，禄在其中矣。君子忧道不忧贫。（卫灵公：32）

二十九、君子不可小知小事情而可大受承担大任也，小人不可大受而可小知也。（卫灵公：34）

三十、君子贞诚信而不谅不拘泥于小信。（卫灵公：37）

三十一、益者三友，损者三友。友直、友谅、友多闻，益矣；友便辟虚伪，奸诈、友善柔阿谀奉承、友便佞花言巧语，损矣。（季氏：4）

三十二、益者三乐，损者三乐。乐喜好节礼乐音乐，乐道人之善、乐多贤友，益矣；乐骄乐、乐佚安逸游、乐宴乐，损矣。（季氏：5）

三十三、侍侍奉于君子有三愆过失。言未及之而言谓之躁急躁；言及之而不言谓之隐隐瞒；未见颜色而言谓之瞽盲人。（季氏：6）

三十四、君子有三戒：少之时，血气未定，戒之在色；及其壮也，血气方刚，戒之在斗；及其老也，血气既衰，戒之在得探求占有。（季氏：7）

三十五、君子有三畏：畏天命、畏大人、畏圣人之言。小人不知天命而不畏也，狎大人，侮圣人之言。（季氏：8）

三十六、君子有九思：视思明、听思聪、色脸色思温、貌思恭、言思忠、事思敬、疑思问、忿思难、见得思义。（季氏：10）

三十七、君子义以为上。君子有勇而无义为乱，小人有勇而无义为盗。（阳货：23）

三十八、唯女子与小人为难养也，近之则不逊远之则怨。（阳货：25）

三十九、子夏曰：小人之过也必文遮掩。（子张：8）

四十、子夏曰：君子有三变：望之俨然，即之也温，听其言也厉。（子张：9）

附　录

眉山天府新区高家小学办学思想

办学理念	高山景行　真善美慧
发展愿景	建设最美乡村小学
校　　训	勤奋学习　诚实做人
校　　风	感恩幸福　关爱成长
教　　风	结伴同行　成人之美
学　　风	健康明礼　阳光乐学
工作方法	以人为本　依法治校
高小精神	团结进取　奋斗创新
勇于担当	敢为人先的创新精神
生生不息	与时俱进的奋斗精神
敬业奉献	永争第一的进取精神
结伴同行	成人之美的团队精神

眉山天府新区高家小学校徽

★ 主题图案是由大写字母“G　J”组成的一把火炬。大写字母“G”为火炬头，象征着学生，“J”为火炬把，象征着教师，意味着教师甘愿做阶梯，做支柱，引领一批又一批学生走得更远，支撑起一批又一批学生攀登得更高。

眉山天府新区高家小学校旗

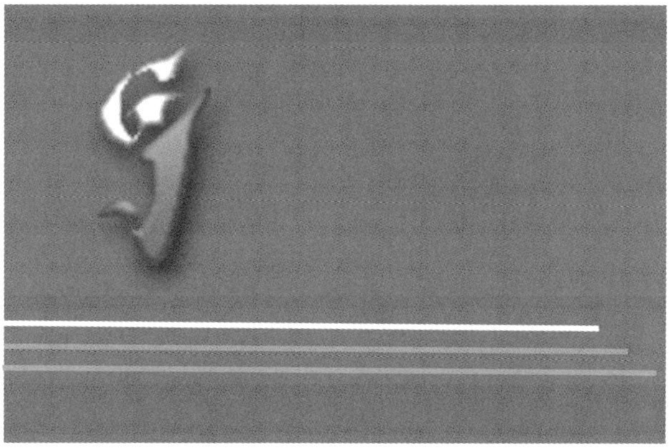

中间图案是大写字母“G　J”组成的一把火炬，象征光明，激励着孩子们为祖国的繁荣富强努力奋斗。下方为三条阶梯形线条，象征人生的阶梯，激励学生坚实走好每一步，一步一步攀登，实现人生目标。

眉山天府新区高家小学校歌

作词：秦海泉
作曲：何俊鹏

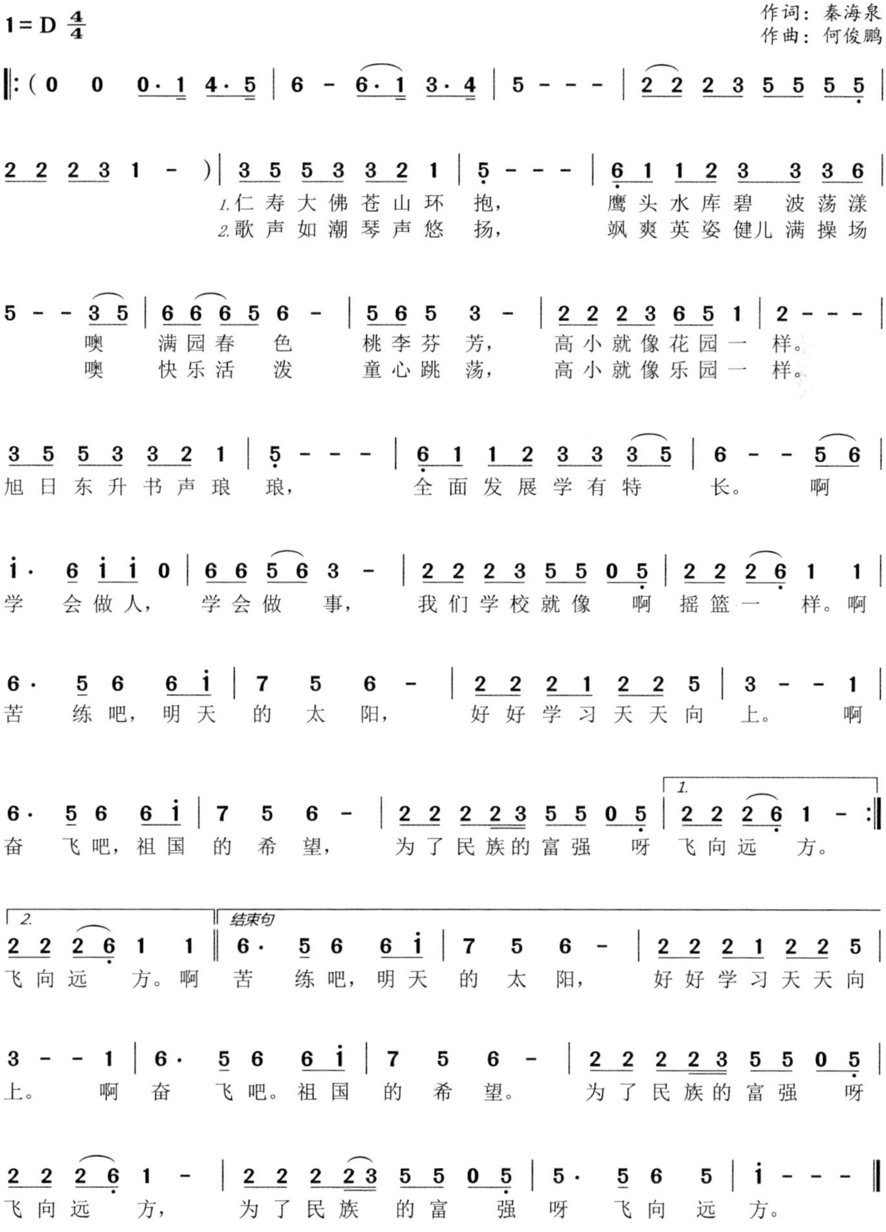

智慧教育读库

美

总 主 编　易学军
分册主编　高　艳

西南交通大学出版社
·成　都·

图书在版编目（CIP）数据

智慧教育读库. 3，美 / 易学军总主编；高艳分册主编. —成都：西南交通大学出版社，2022.6

ISBN 978-7-5643-8698-6

Ⅰ. ①智… Ⅱ. ①易…②高… Ⅲ. ①品德教育 – 中国 – 小学 – 教学参考资料 Ⅳ. ①G624.153

中国版本图书馆 CIP 数据核字（2022）第 085418 号

坚持教育为社会主义现代化建设服务、为人民服务，把立德树人作为教育的根本任务，全面实施素质教育，培养德智体美劳全面发展的社会主义建设者和接班人，努力办好人民满意的教育。

前言

更好的教育

生产让人类更好的生存，教育让人类有意义的生存。教育的高贵之处在于让人类的进化具有思想上的确定性。

教育无所不在，学校教育是其主要形式。人类一直在追求更好的教育，更好的教育需要更好的学校、更好的校长、更好的教师、更好的学生，这一切会结合为一件更有意义的事情。

更好的教育

更好的教育如同播撒种子：更好的教育如同天空和大地，给予学生生存、生长、发展的一切。教育就是让一个个充满生命活力的种子变得生机盎然。

更好的教育促进国富民强：更好的教育帮助国家强盛，帮助民族强大。这是教育的根本要求。

更好的教育传承与创新并重：更好的教育是将把人类文明赋能给学生，让他们去开创新的天地。

更好的教育影响人的一生：更好的教育帮助人认识自己，让人生有意义、有获得。

更好的学校

更好的学校如同放养的场所：更好的学校如同天空，让鸟儿自由飞翔，如同江河，让鱼儿自由的成长，如同大地，让万物自由的生长。

更好的环境文化：学校是育人场所，环境应该是适宜学习的，文化应该是能够感染人的。

更好的课程课堂：课程是学校的核心，课程力是学校更重要的生命力，通过课堂影响学生成长是学校教育的更重要形式，课程要体现办学宗旨，课程要富有活力。

更好的师生发展：教师为根，学生为本，建设更美丽的教师队伍，培养更美丽的学生，让师生跟上学校前进、教育发展的时代步伐。

更好的教育成果：为学生的一生发展和终身幸福奠定基石，教育的正能量促进校园周边社区和谐共生，存续当地文化传统，弘扬先进文化。

更好的校长

更好的校长如同植树：校长是学校之魂，本身就是学校里更高大的一棵树，让师生生长成树是校长的天职，好的校长营造环境、供给营养、防止侵害、因势利导。

更好的校长善学习有思想：读书、求学、思考，用自己丰富的知识、独特的思想、坚毅的品质推进学校教育的向好向上发展。

更好的校长善引导有队伍：引领专业发展、指导综合能力提升，建设好、带领好优秀的班主任队伍和优秀教师队伍，优秀的人都会培养更优秀的人。

更好的校长善工作有作为：按教育规律办事，有耐心和静气，静待花开，较长的时间后（二三十年）看看收获了什么。

更好的教师

更好的教师如同种花：细心、耐心、爱心，小心呵护，开天窗给阳光，让盛开的花朵成为张张笑脸。

更好的教师视生如子：视学生如儿女，宽严有度，像培养女婿那样培养学生，像对待媳妇那样善待学生。

更好的教师德才兼备：教师的德体现在慈爱和公德上，教师的才体现在专业和广博上，有德有才的教师才能培养德佳才厚的学生。

更好的教师为人师表：教师人人都必须是学生言行的榜样，都应该是世人模仿的模范。

更好的学生

更好的学生如同小鸟：学生在学校里长出翅膀，自由、愉快地飞向向往的地方。

更好的学生身心健康：身体好、心理好，学生才能道德好、智育好，体育是根基。

更好的学生全面发展：学生全面、个性、特长的发展，走出学校就能融入社会度过美好的一生。

更好的学生终身成长：我们的学生离开学校，能够一生都自觉学习、都积极做事、都向目标前进，我们的教育就是好的教育。

教育没有最好，只有更好。更好，是目标，是方向，是动力，更是教育的价值所在。

编　者

目录

先秦古韵

汉晋春秋

唐朝气象

宋元故事

明 清 诗 话

现 代 文 风

教 师 寄 语

美

智慧教育读库

先秦古韵

卫风·木瓜

（先秦）诗经

投我以木瓜[1]，报之以琼琚[2]。匪[3]报也，永以为好也！
投我以木桃[4]，报之以琼瑶[5]。匪报也，永以为好也！
投我以木李[6]，报之以琼玖[7]。匪报也，永以为好也！

注释

[1]木瓜：植物名。 [2]琼琚（jū）：佩玉，美玉为琼。 [3]匪：同“非”，不是。 [4]木桃：果名，即山楂，比木瓜小。 [5]琼瑶：美玉。[6]木李：果名，即榠楂，又名木梨。 [7]琼玖（jiǔ）：美玉。

译文

你将木瓜投赠我，我拿琼琚回报。不是为了答谢你，珍重情意永相好。

你将木桃投赠我，我拿琼瑶回报。不是为了答谢你，珍重情意永相好。

你将木李投赠我，我拿琼玖回报。不是为了答谢你，珍重情意永相好。

导 学

一、作品简介

《诗经》是中国古代诗歌开端，传为尹吉甫采集、孔子编订。《诗经》据内容题材按不同的音乐分为《风》《雅》《颂》三部分。《诗经》的表现手法有赋、比、兴：赋，铺陈直叙；比是譬喻（比方），以彼物比此物；兴是借助其他事物作为诗歌的开头。《诗经》是儒家《六经》之一。

二、作品简析

《卫风·木瓜》主旨在于“观民风之厚薄”。全诗三章，每章四句，语句重叠复沓，有很强的音乐性和民歌色彩，表现的是对他人情意的珍视。清末陈继揆《读风臆补》评本诗“千古交情，尽此数语。”

三、知行合一

1. 读一读：《卫风·木瓜》是现今传诵最广的《诗经》名篇之一，请你朗读本诗。

2. 想一想：成语“投木报琼”“投瓜报玉”出自本诗，与出自《诗经·大雅·抑》的成语“投桃报李”相似，告诉我们要尊重他人、注重礼仪。请你想一想应该怎样回报他人的深情厚谊呢？

3. 写一写：列出你收到的赞语和礼物，想一想是哪些人送你的，是什么时候送的，你当时的心情如何？你事后是怎样报答了他人的？然后写一篇短文，写一写你与他人交往中你觉得有意义、有趣味的事情。

道德经·善者不辩

（先秦）老子

信言[1]不美，美言[2]不信。善者[3]不辩[4]，辩者不善。知者不博[5]，博者不知。圣人不积[6]，既以为人己愈有，既以与人己愈多。天之道，利而不害[7]。圣人之道[8]，为而不争。

注释

[1]信言：真实可信的话。 [2]美言：赞美、夸奖。 [3]善者：言语行为善良的人。 [4]辩：能说会道。 [5]博：广博。不知："知"通"智"，不可能达到智者的程度。 [6]不积：不自私，没有占有的欲望。[7]利而不害：使万物得到好处而不伤害万物。 [8]圣人之道：圣人的行为准则。

译文

真实可信的言语不华美，华美的言语不真实。善良的人不巧言善辩，巧言善辩的人不善良。有真知灼见的人不求知识广博，有广博知识的人不可能有真知灼见。圣人不私自积藏，他尽力帮助别人，他自己反而更富有；他尽力给予别人，自己反而更丰富。自然的规律是让万事万物都得到好处，而不伤害它们。圣人的行为准则是施惠众人而不跟别人争夺。

导 学

一、作者简介

老子，姓李名耳，字聃，道家学派创始人和主要代表人物，与庄子并称"老庄"。后被道教尊为始祖。

二、作品简析

本章是《道德经》最后一章。前三句讲人生的主旨，后两句讲治世的要义，道出圣人与凡夫的差别在于一个“争”字。本章格言可以作为人类行为的准则，如信实、讷言、专精、利民而不争。人生最高境界是真、善、美、慧的结合，而以真为核心。《道德经》原文 5126 个字，其妙处在于它不是用来读的，而是用来悟的。“天之道利而不害，圣人之道为而不争”是《道德经》的总结：“道”是宇宙之道、自然之道，是修行的方法，道是一切；“德”不仅是道德或德行，而是修道者所应必备的世界观、方法论以及为人处世之法。我们要学习“圣人”，做有道之人，做无为无不为的人。

三、知行合一

1. 读一读：反复诵读本章，体会其中的深刻道理。

2. 想一想：老子说“天之道，利而不害。圣人之道，为而不争”，你是怎样理解的？

3. 做一做：请你学学书签的知识，然后将本文制作成一个书签，经常使用，时时体会。

《论语》选摘：学而时习之

（先秦）《论语》

其一

子曰："学而时习之，不亦说乎？有朋自远方来，不亦乐乎？人不知而不愠，不亦君子乎？"

译文

孔子说："学习道艺（天文地理，射御书数……），在适当的时候印证练习，不也觉得高兴吗？有志同道合的朋友从远方来，不很快乐吗？别人不了解自己，自己却不生气，不也是有修养的君子吗？"

其二

子曰："温故而知新，可以为师矣。"

译文

孔子说："在温习旧知识时，能有新发现，就可以当老师了。"

其三

子曰："吾十有五而志于学，三十而立，四十而不惑，五十而知天命，六十而耳顺，七十而从心所欲，不逾矩。"

译文

孔子说："我十五岁立志学习，三十岁能立于道，四十岁不再感到困惑，五十岁就知道哪些是不能为人力支配的事情而乐知天命，六十岁时能听进各种不同的意见，七十岁可以随心所欲又不超出规矩。"

共四

颜渊问仁。子曰："克己复礼为仁。一日克己复礼，天下归仁焉！为仁由己，而由人乎哉？"

译文

颜渊问什么是仁。孔子说："能够自己做主，使自己的言行合乎礼，这是仁。一旦这样做了，天下的人归向仁德。实行仁德，在于自己，难道还在于别人吗？"

导学

一、作者简介

《论语》是孔子弟子记录孔子言行的著作，共 20 篇。

二、作品简析

《论语》开篇几句，朱熹说是"入道之门，积德之基"，既谈读书学习，更讲如何做人。学而时习（跟着师父学习），与朋友共（与学友交流讨论），不为人不知而不愠（和他人分享），就能不断增进美德，开启智慧，使心灵获得滋养。

孔子自述学习的过程：十五岁到四十岁是学习领会的阶段；五十、六十岁是不受环境左右、安心立命的阶段；七十岁是主观意识和做人的规则融合为一的阶段。

孔子提出人的道德修养要经过长时间的学习和锻炼，有循序渐进的过程；道德的最高境界是思想和言行的融合。儒家克己复礼，约束自己，使每件事都归于"礼"，具体做法是"非礼勿视，非礼勿听，非礼勿言，非礼勿动"。记住：成长路径，克己复礼。

三、知行合一

1. 写一写：认真书写这四句话，体会深刻的含义。

2. 想一想：孔子说“吾十有五而志于学”，你的志是什么？

3. 做一做：仁是儒学的核心，礼是孔子特别看重的。你觉得“礼”发展到今天，我们应该怎么看待？应该怎么做一个有“礼”的人？

美

智慧教育读库

汉晋春秋

秋风辞

（汉）刘彻

上行幸河东，祠后土，顾视帝京欣然，中流与群臣饮燕，上欢甚，乃自作《秋风辞[1]》曰：

秋风起兮白云飞，草木黄落[2]兮雁南归。
兰有秀兮菊有芳[3]，怀佳人[4]兮不能忘。
泛[5]楼船兮济汾河，横中流[6]兮扬素波[7]。
箫鼓鸣[8]兮发棹歌[9]，欢乐极[10]兮哀情多。
少壮几时兮奈老何[11]！

注释

[1]辞：韵文的一种。 [2]黄落：变黄而枯落。 [3]芳：香气，比佳人香气。 [4]佳人：指想求得的贤才。 [5]泛：浮。楼船：上面有楼的大船。 [6]中流：中央。 [7]扬素波：激起白色波浪。 [8]鸣：发声，响。 [9]发：引发，即“唱”。棹（zhào）：船桨。棹歌：船工行船时所唱的歌。 [10]极：尽。 [11]奈老何：对衰老怎么办呢？

译文

秋风刮起，白云飞。草木枯黄雁南归。

秀美的是兰花呀，芳香的是菊花。思念美人难忘怀。

乘坐着楼船行驶在汾河上，划动船桨扬起白色的波浪。

吹起箫来打起鼓，欢乐过头哀伤多，年轻的日子早过去，渐渐衰老没奈何。

导学

一、作者简介

汉武帝刘彻（前 156 年—前 87 年），幼名彘，徐州沛县（今江苏省沛县）人。西汉第七位皇帝，在位 54 年，对内实行政治经济改革，对外用兵开拓疆土，为西汉极盛时代。汉武帝长于诗赋，存诗七首。

二、作品简析

《秋风辞》诗以景物起兴，继写楼船中歌舞盛宴的场面，最后以感叹乐极生悲，人生易老，岁月流逝作结。全诗比兴并用、情景交融，音韵流畅，适合传唱，是文学史上“悲秋”的佳作。语言清丽明快，句句押韵，节奏快，乐感强，适合传唱。

三、知行合一

1. 读一读：有感情、有情趣的传唱本文，注意读出作者的情调。

2. 学一学：毛主席评汉武帝：“雄才大略，开拓刘邦的业绩，晚年自知奢侈、黩武、方士之弊，下了罪己诏，不失为鼎盛之世。”请你观看电视连续剧《汉武大帝》，上网了解刘彻的生平事迹，理解“汉武大帝”的由来。

读山海经·其十

（晋）陶渊明

精卫衔微木[1]，将以填沧海。
刑天[2]舞干戚，猛志[3]固常在。
同物[4]既无虑，化去[5]不复悔。
徒[6]设在昔心[7]，良辰讵[8]可待。

注释

[1]精卫：神话中鸟名，炎帝之女精卫，因游东海淹死，灵魂化为鸟，常衔木石去填东海。衔：嘴含。微木：细木。 [2]刑天：神话人物，因和天帝争权，失败后被砍去了头，但他不甘屈服，以两乳为目，以肚脐当嘴，仍然挥舞着盾牌和板斧。 [3]猛志：勇猛的斗志。 [4]同物：精卫既然淹死而化为鸟，就和其他的鸟相同，即使再死也不过从鸟化为另一种物，没有什么忧虑。 [5]化去：刑天已被杀死，但他对和天帝争神之事并不悔恨。 [6]徒：徒然、白白地。 [7]在昔心：过去的雄心。 [8]良辰：实现壮志的好日子。讵：表示反问，岂。

译文

精卫含着微小的木块，要用它填平沧海。
刑天挥舞着盾斧，刚毅的斗志始终存在。
同样是生灵不存余哀，即使化成了异类并无后悔。
如果没有坚持战斗的初心，美好的时光又怎么会到来呢？

导 学

一、作者简介

陶渊明（约 365—427 年），字元亮，晚年更名潜，字渊明，别号五柳先生，私谥靖节，世称靖节先生，浔阳柴桑人（今江西九江）人。东晋末期南朝人，“田园诗派之鼻祖”。

二、作品简析

《读山海经》共十三首，本诗歌颂填海的精卫和敢与天帝争神的刑天，赞扬它们宁死不屈、抗争不息的精神，惋惜他们壮志雄心，却等不到实现理想的“良辰”，借此抒发自己壮志未酬的感慨。

三、知行合一

1. 读一读：结合本文的导学，课外阅读《读山海经》其余十二首诗。

2. 议一议：陶渊明笔下的桃花源究竟是什么？说说理由。

3. 学一学：课外阅读《山海经》，把“精卫”和“刑天”的故事讲给同学们听。

入若耶溪

（南北朝）王籍

艅艎[1]何泛泛[2]，空水[3]共悠悠。
阴霞[4]生远岫，阳景[5]逐回流[6]。
蝉噪[7]林逾[8]静，鸟鸣山更幽。
此地动归念，长年悲倦游。

注释

[1]艅（yú）艎（huáng）：舟名。大船。 [2]泛泛：船行无阻。 [3]水：指若耶溪。 [4]阴霞：山北面的云霞。 [5]阳景：指太阳在水中的影子。 [6]回流：船向上游行进时岸边倒流的水。 [7]噪：许多鸟或虫子乱叫。 [8]逾：更加。

译文

我乘一条大船在若耶溪上航行，天空倒映水中，水天悠悠。
晚霞从远处背阳的山头升起，阳光照耀蜿蜒的水流。
蝉声高唱，树林格外宁静；鸟鸣声声，深山更清幽。
这让我生了归隐之心，为厌倦仕途却没有归隐而悲伤。

导 学

一、作者简介

王籍（生卒年不详），字文海，琅琊临沂（今山东临沂市北）人。南朝梁诗人。因《入若耶溪》享誉诗史。

二、作品简析

《入若耶溪》写作者泛舟若耶溪的所见所闻，寓含长久羁留他乡的思归之念。诗开头两句写诗人乘小船入溪，三四句写眺望远山时所见到的景色，五六句用以动显静的手法来渲染山林的幽静，最后写诗人面对林泉美景，不禁厌倦宦游，产生归隐之意。诗因景生情，文辞清婉，音律谐美。“蝉噪林逾静，鸟鸣山更幽”被称为“文外独绝”。

三、知行合一

1. 背一背：想象诗句“蝉噪林逾静，鸟鸣山更幽”描绘出来的意境，并把这首古诗默写下来。

2. 想一想：这首诗写了哪些景色？表达了诗人怎样的境遇与情怀？

3. 比一比：阅读下面写耶溪的诗，看看有什么不同？

入若耶溪

崔颢

轻舟去何疾，已到云林境。
起坐鱼鸟间，动摇山水影。
岩中响自答，溪里言弥静。
事事令人幽，停桡向馀景。

耶溪泛舟

孟浩然

落景余清辉，轻桡弄溪渚。
澄明爱水物，临泛何容与。
白首垂钓翁，新妆浣纱女。
看看似相识，脉脉不得语。

渡青草湖[1]

（南北朝）阴铿

洞庭春溜[2]满，平湖锦帆张[3]。
沅水[4]桃花色，湘流杜若香。
穴去[5]茅山近，江连巫峡长。
带天澄迥碧，映日动浮光。
行舟逗远树，度鸟息危樯。
滔滔不可测，一苇讵能航？

注释

[1]青草湖：也叫巴丘湖，因湖的南边有青草山而得名。 [2]洞庭：即洞庭湖。春溜（liù）：春水。溜：水流。 [3]平湖：宽阔的湖，指青草湖。锦帆张：形容乘船渡青草湖。 [4]沅水：即沅江。 [5]穴：青草山的洞穴。去：距离。

译文

洞庭湖上春意盎然，湖面上泛起美丽的船帆。
沅江近处一片桃色，湘水岸飘逸着杜若花香。
穿过峡洞临近茅山，湖水汇巫峡长流延绵。
连天的清彻碧波曲折环绕，水面上闪动的浮光映入眼帘。
航船在水中象停泊在远树旁，飞渡湖的鸟儿憩息在帆樯。
滔滔的水面无法量测，一叶扁舟怎么能渡航？

导 学

一、作者简介

阴铿（511 年—563 年），字子坚，武威姑臧（今甘肃武威）人。南北朝时代梁朝至陈朝著名诗人，代表作品《五洲夜发》《晚出新亭》等。

二、作品简析

《渡青草湖》以清新流利的笔触，描绘了青草湖连接洞庭，融汇湘沅、吞吐长江、连天映日的壮阔景象，表达了诗人对当时混乱时局的感慨，抒发了在大浪中行舟的感慨和联想。写景壮阔，抒情委婉。陈祚明《采菽堂古诗选》评本诗："'带天'二句浑阔；'行舟'二句细曲。妙在并极生动。"

三、知行合一

1. 背一背：想象"洞庭湖上春意盎然，湖面上泛起美丽船帆。桃花盛开，杜若花香四溢"的画面，并背诵这首古诗。

2. 想一想：这首诗写了哪些景色？表达了诗人怎样的思想感情？

3. 议一议：在小组内讨论交流"行舟逗远树，度鸟息危樯"中"逗""息"二字的妙用。

美

智慧教育读库

唐朝气象

望 雪

（唐）李世民

冻云宵[1]遍岭，素雪晓[2]凝华[3]。
入牖[4]千重碎，迎风一半斜。
不妆[5]空散粉，无树独飘花。
萦空[6]惭夕照，破彩谢晨霞[7]。

注释

[1]冻云：天寒云彩也像冻结了。宵：夜晚。 [2]素雪：白雪。晓：清晨。 [3]华：同“花”。 [4]牖（yǒu）：窗户。 [5]不妆：无人梳妆。[6]萦空：指雪光照亮天空。萦：环绕。 [7]破彩：使彩云破灭。谢：凋落，衰败。晨霞：朝霞。

译文

冬天的云把山岭遮盖，清晨处处雪景。
雪片飘进窗户成了粉末，迎风飘舞。
没人梳妆却飘洒香粉，没有树林却飘来鲜花。
雪花照彻天空，黯淡的夕阳残照感到羞惭，缤纷的朝霞也失去光彩。

导 学

一、作者简介

李世民（598—649），唐太宗，唐朝第二位皇帝。有诗作与书法传世。

二、作品简析

《望雪》首句写雪前气氛，次句写雪中景象，三、四两句写雪花飞舞之状，五、六两句写落雪轻盈的形态美，最后两句写“素雪”的色彩美。表达了作者看到雪花内心的愉悦之情。细致描绘了雪来的气氛和雪中的景象，刻画了雪花飞舞的情状和降落的态势，写出了雪花的形态美和雪的光亮皎洁，写出了诗人内心的愉悦。全诗紧扣题目，句句不离“望”中之“雪”，状物细致，比喻贴切。

三、知行合一

1. 看一看：观看电视剧《贞观之治》，了解大唐开国皇帝李世民的丰功伟绩。

2. 读一读：阅读鲁迅的散文诗《雪》。

3. 比一比：阅读祖咏的《终南望余雪》，看看与本首诗有什么不同？

终南望余雪

祖咏

终南阴岭秀，积雪浮云端。

林表明霁色，城中增暮寒。

行路难·其一

（唐）李白

金樽清酒斗十千[1]，玉盘珍羞直[2]万钱。
停杯投箸不能食[3]，拔剑四顾心茫然[4]。
欲渡黄河冰塞川，将登太行[5]雪满山。
闲来垂钓碧[6]溪上，忽复[7]乘舟梦日边。
行路难，行路难，多歧路，今安在[8]？
长风破浪会[9]有时，直挂云帆济[10]沧海。

注释

[1]金樽（zūn）：古代盛酒的器具，以金为饰。清酒：清醇的美酒。斗十千：一斗值十千钱（即万钱），形容酒美价高。 [2]玉盘：精美的食具。珍羞：羞，同“馐”，美味的食物，指珍贵的菜肴。直：通“值”，价值。[3]投箸：箸（zhù），筷子，指丢下筷子。不能食：咽不下。 [4]茫然：无所适从。 [5]太行：太行山。 [6]碧：一作“坐”。 [7]忽复：忽然又。 [8]多歧路，今安在：歧，岔路；安，哪里。岔道这么多，如今身在何处？ [9]长风破浪：比喻实现政治理想。会：终将。 [10]云帆：高高的船帆。济：渡。

译文

酒杯里盛着价格昂贵的清醇美酒，玉盘里摆满价值万千的佳肴。

面对佳肴我放下杯子，停下筷子，不能下咽，拔出剑来，四处看看，心中一片茫然。

想渡过黄河，冰雪堵塞了这条大川；想登上太行，莽莽的风雪早已封山。

闲暇时坐在溪边垂钓，忽然又梦见乘船从白日边经过。

行路何等艰难，行路何等艰难，岔路这么多，真正的大道究竟在哪里？相信总会有乘风破浪的那一天，高高挂起云帆，在沧海中勇往直前！

导 学

一、作品简析

李白（701 年—762 年），字太白，号青莲居士，又号“谪仙人”，唐朝浪漫主义诗人，被誉为“诗仙”，与杜甫并称为“李杜”，著有《李太白集》传世。

二、作品简析

这首诗是李白所写的三首《行路难》的第一首诗，这首诗一共十四句，八十二个字，在七言歌行中虽是短篇，却跳荡纵横，具有长篇的气势格局，是因为它百步九折地揭示了诗人感情的激荡起伏、复杂变化。诗歌抒写了诗人在政治道路上遭遇艰难时的愤激情绪；同时还表现了诗人仍盼有一天会施展自己的抱负的那种积极追求、乐观自信的豪迈气概。“长风破浪会有时，直挂云帆济沧海！”是鼓舞人心的名句。

三、知行合一

1. 背一背：这是一首“奋进之歌”，请你充满激情的朗诵本诗。

2. 学一学：《行路难三首》是唐代大诗人李白的组诗作品，这三首诗跌宕起伏的感情、跳跃式的思维、以及高昂的气势使作品具有独特的艺术魅力，成为后人广为传诵的千古名篇。请你课余学习其余两首。

行路难三首

其二

大道如青天，我独不得出。

羞逐长安社中儿，赤鸡白狗赌梨栗。

弹剑作歌奏苦声，曳裾王门不称情。

淮阴市井笑韩信，汉朝公卿忌贾生。
君不见昔时燕家重郭隗，拥彗折节无嫌猜。
剧辛乐毅感恩分，输肝剖胆效英才。
昭王白骨萦蔓草，谁人更扫黄金台？
行路难，归去来！

其三

有耳莫洗颍川水，有口莫食首阳蕨。
含光混世贵无名，何用孤高比云月？
吾观自古贤达人，功成不退皆殒身。
子胥既弃吴江上，屈原终投湘水滨。
陆机雄才岂自保？李斯税驾苦不早。
华亭鹤唳讵可闻？上蔡苍鹰何足道？
君不见吴中张翰称达生，秋风忽忆江东行。
且乐生前一杯酒，何须身后千载名？

湖口望庐山瀑布泉

（唐）张九龄

万丈洪泉[1]落，迢迢[2]半紫氛[3]。
奔飞下杂树[4]，洒落出重云。
日照虹霓[5]似，天清风雨闻。
灵山[6]多秀色，空水共氤氲[7]。

注释

[1]洪泉：阳光映照的流水。 [2]迢迢（tiáo）：形容瀑布之长。 [3]紫氛：紫色水汽。 [4]杂树：杂乱的树木。 [5]虹霓（ní）：阳光射入水中，经反射形成的自然现象。 [6]灵山：指庐山。 [7]氤氲（yīn yūn）：水汽弥漫升腾。

译文

万丈瀑布从山间落下，四周呈现半红半紫的雾气。
奔流的瀑布落下杂树，飘洒过重重的云烟。
阳光照耀下如彩虹绚烂，在晴朗天气里像听到了风雨。
庐山景色多么壮美，烟云与水气融成一片。

导学

一、作者简介

张九龄（678 年—740 年），唐朝开元名相，誉为“岭南第一人”。

二、作品简析

《湖口望庐山瀑布泉》写庐山瀑布的远景，每一联都是从大处着手，不仅写其形貌，更重在传神。首联赞叹它从天而降的不凡气势；颔联写瀑布在杂树和云彩掩映中的风姿；颈联两句分别从视觉写其光彩夺目，从听觉写其声威远闻；尾联赞叹瀑布与天地相接的宏伟境界。

三、知行合一

1. 读一读：用喜欢、歌颂的语调朗读本诗，能默写下来更好。

2. 画一画：根据本诗描写，把你想象到的景象画下来，和同学交流欣赏。

3. 写一写：阅读李白《望庐山瀑布二首》，与本诗比较，你更喜欢哪一首诗，说说理由。

望庐山瀑布

李白

其一

西登香炉峰，南见瀑布水。
挂流三百丈，喷壑数十里。
欻如飞电来，隐若白虹起。
初惊河汉落，半洒云天里。
仰观势转雄，壮哉造化功。
海风吹不断，江月照还空。
空中乱潨射，左右洗青壁；
飞珠散轻霞，流沫沸穹石。
而我乐名山，对之心益闲；
无论漱琼液，还得洗尘颜。
且谐宿所好，永愿辞人间。

其二

日照香炉生紫烟，遥看瀑布挂前川。
飞流直下三千尺，疑是银河落九天。

感遇十二首·其四

（唐）张九龄

孤鸿[1]海上来，池潢[2]不敢顾。
侧见双翠鸟[3]，巢在三珠树[4]。
矫矫珍木巅，得无金丸[5]惧？
美服患[6]人指，高明[7]逼神恶。
今我游冥冥，弋者[8]何所慕[9]！

注释

[1]鸿：大雁。 [2]池潢：池塘，护城河，指朝廷。 [3]双翠鸟：即翡翠鸟，雄为翡，雌为翠。 [4]三珠树：传说的宝树，本作三株树。 [5]得无：反问，能不。金丸：弹丸。 [6]患：怕，忧患。 [7]高明：尊贵的人。 [8]弋者：猎鸟之人。 [9]慕：猎鸟的欲望。

译文

孤单的鸿雁从海上来，池塘河潢不敢眷顾。
侧目见到两只翠鸟，在三珠树上栖息。
珍贵之木的高处啊，难道不怕猎人的金弹丸？
美好的品德担心他人的嫉妒，高贵的地位让神鬼都厌恶。
今天我在冥冥之中遨游，那游弋的人将何处追求。

导学

一、作品简析

此诗暗寓作者的遭际。诗中以孤鸿自喻，以双翠鸟比喻他的政敌李林甫、牛仙客等奸臣，以孤鸿的口气，写出了诗人在政治生活中所受到的不公正待遇，表现诗人高逸的情怀。这首诗从对比的角度表现孤鸿与翠鸟的境况。孤雁之于翠鸟，一独一双，一大一小，一质朴一华艳，一方来自大海，一方来自池潢。小巧的翠鸟却高高在上；硕大的鸿雁对双翠鸟只能“侧见”，甚至“不敢顾”，暗指朝廷的“池潢”，可知其处境的险恶，更反衬出了翠鸟们不可一世的气焰。其诗语言简洁，借物喻人，颇得诗人敦厚之旨。

二、知行合一

1. 读一读：朗读并背诵本诗。

2. 做一做：找找诗中描写了哪些具体的景物，并用彩笔把诗中描绘出来的优美景物在纸上画一画。

3. 学一学：课余阅读张九龄《感遇十二首》，这组诗托物寓意，是其五言古诗的代表作。

与诸子登岘山

（唐）孟浩然

人事有代谢[1]，往来[2]成古今。
江山留胜迹，我辈复登临。
水落鱼梁[3]浅，天寒梦泽[4]深。
羊公碑[5]尚在，读罢泪沾襟。

注释

[1]代谢：交替变化。 [2]往来：旧去新来。 [3]梁：沙洲名。 [4]梦泽：云梦泽，古大泽，今江汉平原。 [5]羊公碑：为纪念西晋名将羊祜而建。

译文

人间的事情都有更替，来往的时日形成古今。
江山保留的名胜古迹，而今我们又登临。
水落石出鱼梁洲水清浅，云梦泽因天寒而幽深。
羊祜碑如今依然矗立，读罢碑文泪湿了衣襟。。

导 学

一、作者简介

孟浩然（689 年—740 年），名浩，字浩然，襄阳（今湖北襄阳）人，与王维并称为“王孟”，有《孟浩然集》三卷传世。

二、作品简析

孟浩然创作的这首山水诗又名《与诸子登岘首》，因作者求仕不遇心情苦闷而作，诗人登岘山，凭吊羊公碑，怀古伤今，想到自己空有抱负，不觉泪湿衣襟。融写景、抒情和说理于一炉，感情真挚，平淡深远。清沈德潜评孟浩然诗词："从静悟中得之，故语淡而味终不薄。"

三、知行合一

1. 查一查：了解本诗写作背景和诗中四人的经历，加深对本诗的理解。

2. 赏一赏：欣赏张佃新书法作品《与诸子登岘山》。

3. 学一学：古诗中还有干谒诗，作为投赠之作的诗，最重要的是曲折地表达了希望他人予以援引之意，既要写得得体，称颂对方要有分寸不失身份，措辞又要不卑不亢，不露寒乞相。请你学学孟浩然的这首干谒诗。

望洞庭湖赠张丞相

孟浩然

八月湖水平，涵虚混太清。
气蒸云梦泽，波撼岳阳城。
欲济无舟楫，端居耻圣明。
坐观垂钓者，空有羡鱼情。

宣州谢朓楼饯别校书叔云[1]

（唐）李白

弃我去者，昨日之日不可留；
乱我心者，今日之日多烦忧。
长风[2]万里送秋雁，对此可以酣高楼[3]。
蓬莱文章[4]建安骨，中间小谢又清发[5]。
俱怀逸兴壮思[6]飞，欲上青天览[7]明月。
抽刀断水水更流，举杯消愁愁更愁。
人生在世不称意[8]，明朝散发弄扁舟[9]。

注释

[1]谢朓（tiǎo）楼：又名谢公楼，李白多次登临。饯别：以酒食送行。校（jiào）书：官名。叔云：李白叔叔李云。 [2]长风：远风。 [3]酣（hān）：畅饮。高楼：指谢朓楼。 [4]蓬莱文章：指李云的文章。 [5]清发（fā）：指清新秀发的诗风。发，俊逸。 [6]俱怀：两人都怀有。逸兴（xìng）：飘逸豪放的兴致。壮思：雄心壮志。 [7]览：通“揽”，摘取。 [8]称（chèn）意：称心如意。 [9]明朝（zhāo）：明天。散发（fà）：去冠披发，指隐居不仕。弄扁（piān）舟：乘小舟归隐江湖。扁舟，小舟，小船。

译文

昨天的日子离我远去，已不可挽留；
今天的日子扰乱我心，充满了烦忧。
长风吹过几万里送来秋雁，对此可以开怀畅饮酣醉高楼。
校书的文章颇有建安风骨，又有如谢朓的诗赋秀朗清发。
我们都怀着逸兴壮思飞扬，要登上九天摘取一轮明月。

拔刀断水水却更加汹涌，举杯消愁却更加忧愁。

人生在世上不能称心如意，不如明天披头散发驾舟漂流。

导学

一、作者简介

李白（701 年—762 年），字太白，号青莲居士，又号“谪仙人”，唐代伟大的浪漫主义诗人，被后人誉为“诗仙”，与杜甫并称为“李杜”。

二、作品简析

此诗是李白的送别诗，共九十二字，不直言离别，而是感怀，既满怀豪情逸兴，又掩抑不住郁闷不平，抒发自己的抱负不能实现。语言明朗朴素，音调激越高昂。明人评此诗“如天马行空，神龙出海”。

三、知行合一

1. 读一读：本诗在豪迈中表达内心的不平，请你试着朗读并背诵本诗。

2. 写一写：本文佳句较多，请你把自己喜欢的写下来，并和他人交流自己的心得。

3. 走一走：研学实践——参观位于四川省江油市青莲镇的“李白故里”。

登峨眉山

（唐）李白

蜀国多仙山，峨眉邈[1]难匹。
周流试登览，绝怪[2]安可悉？
青冥[3]倚天开，彩错疑画出。
泠然[4]紫霞赏，果得锦囊术[5]。
云间吟琼箫[6]，石上弄宝瑟。
平生有微尚[7]，欢笑自此毕。
烟容[8]如在颜，尘累[9]忽相失。
倘逢骑羊子[10]，携手凌白日。

注释

[1]邈：渺茫绵远。 [2]绝怪：绝特怪异。 [3]青冥：青苍幽远的样子。 [4]泠然：轻举貌。 [5]锦囊术：成仙之术。 [6]琼箫：即玉箫，箫的美称。 [7]微尚：指学道求仙之愿。 [8]烟容：脸上烟霞之气。 [9]尘累：尘世烦扰。 [10]骑羊子：即葛由。《列仙传》卷上："葛由者。羌人也。周成王时，好刻木羊卖之。一旦骑羊而入西蜀，蜀中王侯贵人追之，上绥山。……随之者不复还，皆得仙道。"

译文

蜀国有很多仙山，但难与邈远的峨眉匹敌。

要登峨眉山观览，它奇异的景致哪里能全部领略。

青苍的山峰展列天际，色彩斑斓如同画中。

飘然登峰赏玩紫霞，恰如得到成仙之术。

我在云间吹玉箫，在石上弹宝瑟。

平生素有修道学仙的愿望，从此要结束世俗之乐。

我脸上似已有烟霞之气，尘世之牵累忽然消失。

若遇上仙人骑羊子，就与他携手跨凌白日。

导学

一、作品简析

《登峨眉山》通过写登峨眉山的感受，表达作者对仙界的向往。开头写未到峨眉以前的向往；接着写峨眉山的景色，抒发诗人探幽访胜的情怀、好道求仙的不羁性格，并写出了峨眉山远绝尘嚣的境界。虽写寻仙访道，而更多的则是李白追求纯真美善，反对虚伪的表现。陆文华《诗酒李太白》中说：“此诗极写峨眉之雄奇无匹，真令人有人间仙境之感！”飘飘然有出世之思，甚至幻想能遇到仙人葛由，跟着他得道成仙。

现实中的李白有着远大的抱负，有经国济世的大志，峨眉奇景暂时淡化了他的现实功利心。

二、知行合一

1. 想一想：文中用哪五个地名构成一种清朗秀美的意境，请在文中找出来。

2. 学一学：默写李白《峨眉山月歌》，结合本诗体会，学习作者对家乡山水的依恋和热爱。

3. 游一游：峨眉山是中国5A级旅游景区，峨眉山-乐山大佛是世界文化与自然双重遗产，建议你尽快去峨眉山游历研学。

终南山

（唐）王维

太乙近天都[1]，连山到海隅[2]。
白云回望合，青霭[3]入看无。
分野[4]中峰变，阴晴众壑[5]殊。
欲投人处宿，隔水问樵夫。

注释

[1]天都：天帝所居，指帝都长安。 [2]海隅：海边。终南山不到海，此为夸张。 [3]青霭：山中岚气。霭：云气。 [4]分野：古天文学名词，以天上的二十八个星宿的位置来区分中国的地域，称分野。 [5]壑：山谷。

译文

巍巍太乙山临近长安，山连山蜿蜒到海边。
白云缭绕回望中合成一片，青霭迷茫进山中都不见。
中央主峰把终南东西隔开，各山间山谷阴晴多变。
想在山中找户人家投宿，隔水询问那樵夫可否方便？

导学

一、作者简介

王维（701 年—761 年），字摩诘，号摩诘居士。河东蒲州（今山西运城）人。唐朝诗人、画家。精通诗、书、画、音乐，有“诗佛”之称。

二、知行合一

1. 写一写：打印终南山照片，把本诗题写在空白处，并署名落款。

2. 学一学："福如东海长流水，寿比南山不老松"中的南山指的就是终南山，终南山是"道文化""佛文化""孝文化""寿文化""钟馗文化""财神文化"的圣地，是中国重要的地理标志。上网学习，更多地了解"终南山"。

3. 游一游：网游终南山，欣赏其大好风光，长大后去终南山游览。

登岳阳楼

（唐）杜甫

昔闻洞庭水[1]，今上岳阳楼。
吴楚东南坼[2]，乾坤[3]日夜浮[4]。
亲朋无一字[5]，老病有孤舟[6]。
戎马[7]关山北，凭轩涕泗[8]流。

注释

[1]洞庭水：即洞庭湖，中国第二大淡水湖。 [2]坼（chè）：分裂。 [3]乾坤：指日、月。 [4]浮：日月星辰飘浮在湖上。 [5]无一字：音讯全无。字，指书信。 [6]有孤舟：唯有孤舟一叶。 [7]戎马：指战争。 [8]凭轩：靠着栏杆。涕泗（sì）流：眼泪禁不住地流。

译文

从前听说洞庭湖水茫茫，今天登上岳阳楼。
大湖把吴楚东南隔开，湖面上日月漂浮。
亲朋好友无一字音信，年老体弱只剩一叶孤舟。
关山以北战火未息，凭栏遥望家国泪水横流。

导 学

一、作者简介

杜甫（712 年—770 年），字子美，后人称为“诗圣”。

二、作品简析

《登岳阳楼》是即景抒情之作，五律名篇，称盛唐五律第一。这首诗意境开阔宏丽，表现手法变化多样，以自叙和抒情为主，写景只三、四两句，既是实写，又想象，一“坼”一“浮”，把洞庭湖的气象描绘得壮阔而又生动。

三、知行合一

1. 读一读：本诗写得大气恢弘，朗诵和背诵要有气势。

2. 找一找：找一找古人写岳阳楼的诗词文章，选自己喜欢的学一学，想想为什么这么多人都要写岳阳楼？

3. 走一走：研学实践——参观四川省成都市的杜甫草堂。

登　高[1]

（唐）杜甫

风急天高猿啸哀，渚[2]清沙白鸟飞回[3]。
无边落木萧萧[4]下，不尽长江滚滚来。
万里[5]悲秋常作客，百年[6]多病独登台。
艰难苦恨繁霜鬓[7]，潦倒新停[8]浊酒杯。

注释

[1]登高：农历九月九日为重阳节，历来有登高习俗。　[2]渚（zhǔ）：水中的小块陆地。　[3]鸟飞回：鸟盘旋。回：回旋。　[4]落木：飘落的树叶。萧萧：风吹的声音。　[5]万里：指远离故乡。常作客：长期漂泊他乡。　[6]百年：一生。　[7]艰难：指国运和自身命运。苦恨：极恨，极其遗憾。繁霜鬓：白发如霜。　[8]潦倒：失意，指衰老多病。新停：新近停止。

译文

天高风急猿声凄切，清澈水中群鸥盘旋。
无穷的树叶纷纷飘落，长江滚滚奔腾不息。
悲对秋色感叹漂泊在外，暮年多病独自登台。
深为憾恨发丝斑斑，潦倒多病我停杯伤怀。

导　学

一、作品简析

《登高》为杜甫于大历二年秋天在夔州所作，前四句写景，述登高见闻，紧扣季节特色，描绘江边空旷寂寥的景致，首联为局部近景，颔联为整体远景。后四句抒情，写登高所感，颈联自伤身世，将前四句写景所蕴含的比兴、象征、暗示之意揭出；尾联再作申述，以衰迟的自我形象收束。“一篇之内，句句皆奇，一句之内，字字皆奇”，慷慨激越、动人心弦。明胡应麟《诗薮》评本诗：“此诗自当为古今七律第一，不必为唐人七言律第一也。”

二、知行合一

1. 读一读：作者写本诗情感复杂，但词句精典，请你反复朗读，试着走入作者内心。

2. 悟一悟：复习你学过的关于登高的诗文，如《登鹳雀楼》《九月九日忆山东兄弟》《登幽州台歌》，你觉得诗人登高时在想什么？

3. 学一学：习近平主席在 2017 年春节团拜会上引用了非常具有生命力的《登飞来峰》诗句，鼓励大家“撸起袖子加油干”，请你好好体会。

登飞来峰

王安石

飞来峰上千寻塔，闻说鸡鸣见日升。

不畏浮云遮望眼，自缘身在最高层。

弹　琴

刘长卿（唐）

泠泠[1]七弦上，静听松风[2]寒。
古调[3]虽自爱，今人多不弹。

注释

[1]泠（líng）泠：形容清凉。弦：一作“丝”。　[2]松风：以风入松林暗示琴声凄凉。　[3]古调：古时的曲调。

译文

七弦琴奏出清亮的曲调悠扬起伏，细细倾听就像那松涛声。

我虽然很喜爱古时的曲调，但在今天人们大多已不弹奏了。

导　学

一、作者简介

刘长卿（718 年—790 年），字文房，祖籍宣城，家居洛阳，世称刘随州，唐时大臣。长于五言，自称“五言长城”，有《刘随州集》。

二、作品简析

《弹琴》是诗人听琴而作，是抒发怀才不遇，世少知音的小诗。前两句描摹音乐境界，后两句抒发情怀。全诗从对琴声的赞美，转而对世人不爱高雅古调的慨叹，喻指世人只知趋时随俗，流露了诗人孤高自赏，稀有知音的情操。清代吴瑞荣评价此诗“如置身高山流水之间”。

三、知行合一

1. 记一记：熟读本诗，并把这首诗默写下来。要求书写规范。

2. 做一做：收集整理刘长卿的诗集，并开展关于刘长卿“五言长城”诗歌朗诵会。

3. 比一比：阅读欣赏李白的《月夜听卢子顺弹琴》和韩愈的《听颖师弹琴》，

感悟不同的诗人所表达的不同感情。

月夜听卢子顺弹琴

李白

闲夜坐明月，幽人弹素琴。
忽闻悲风调，宛若寒松吟。
白雪乱纤手，绿水清虚心。
钟期久已没，世上无知音。

听颖师弹琴

韩愈

昵昵儿女语，恩怨相尔汝。
划然变轩昂，勇士赴敌场。
浮云柳絮无根蒂，天地阔远随飞扬。
喧啾百鸟群，忽见孤凤皇。
跻攀分寸不可上，失势一落千丈强。
嗟余有两耳，未省听丝篁。
自闻颖师弹，起坐在一旁。
推手遽止之，湿衣泪滂滂。
颖乎尔诚能，无以冰炭置我肠！

游终南山[1]

（唐）孟郊

南山塞[2]天地，日月石上生。
高峰夜留景，深谷昼未明。
山中人自正，路险心亦平。
长风驱松柏，声拂万壑清。
即此悔读书，朝朝近浮名。

注释

[1]南山：指终南山。 [2]塞：充满，充实。

译文

终南山雄伟塞满了天地，太阳和月亮都从山中石头上升起。

当群山被夜色笼罩，山峰上还留着落日余晖，都已洒满阳光时，幽谷中还是一片昏暗。

山矗立在那儿不偏不斜，居住的人也和这山一样爽直，虽然山路陡峭，崎岖不平，但他们心地平坦，从不会有路险身危的感觉。

长风吹动松柏，松叶在呼呼作响，松涛回荡在千山万壑，清脆激越。

来到终南山见到如此壮美的景色，我后悔读书去追求虚名浮利。

导学

一、作者简介

孟郊（751 年—814 年），字东野，湖州武康（今浙江德清）人。因其诗作多写世态炎凉，民间苦难，故有“诗囚”之称，与贾岛齐名，有

“郊寒岛瘦”之称。有《孟东野诗集》。

二、作品简析

《游终南山》以写景为主，通过对终南山景物的描绘，赞美终南山的万壑清风，清幽宜人，赞美山居之人的心地坦然。全诗险语惊人，笔力遒劲，于写景之中寓以深意，言外之意耐人寻味。韩愈在《荐士》诗里说孟郊的诗“横空盘硬语，妥帖力排奡”。“硬语”的“硬”，指字句的坚挺有力。

三、知行合一

1. 学一学：本文诗句优美，寓情于景。请你学习借景抒情的写法。

2. 比一比：对照王维《终南山》阅读，你觉得二首诗有何不同的风格?

3. 查一查：终南山是“寿比南山”“终南捷径”等典故的诞生地，把你了解到终南山的信息和同学们一起分享。

城[1]东早春

（唐）杨巨源

诗家清景[2]在新春[3]，绿柳才黄[4]半未匀[5]。
若待上林[6]花似锦[7]，出门俱[8]是看花人。

注释

[1]城：指京城长安。 [2]诗家：诗人统称。清景：清秀的景色。[3]新春：即早春。 [4]才黄：嫩黄的柳叶。 [5]匀：匀称。 [6]上林：上林苑，指京城长安。 [7]锦：五色织成的绸绫。 [8]俱：全。

译文

早春的清新景色正是诗人们的最爱，绿柳枝头嫩叶初萌，鹅黄之色尚未均匀。

若是到了京城花开之际，满城都是赏花之人。

导 学

一、作者简介

杨巨源（约 755 年—？）字景山，河中治所（今山西永济）人，作品主要有《城东早春》等。

二、作品简析

《城东早春》抒写作者对早春的热爱。前两句突出“早春”之意，以柳芽概括了全景。后两句用芳春的景色来反衬早春的“清景”，反衬出诗人对清新之景的喜爱，第三句写上林苑繁花似锦，第四句游人如云。寄寓了作者的人才观：求贤助国、选拔人才，应在他们地位卑微、功绩未显之际，犹如嫩柳初黄、色彩未浓之时，善于识别、大胆扶持，就会担当大用。王思宇评价此诗："此诗纳清极、秾极之景于一篇，格调极轻快。"

三、知行合一

1. 读一读：朗读、背诵本诗。

2. 做一做：用自己的语言向朋友讲一讲你眼中春天的景色，用你自己的笔画一幅春天的美景。

3. 比一比：仔细品读以下几首描写早春的诗，体会诗人笔下不同的春天。

早春

白居易

雪消冰又释，景和风复暄。
满庭田地湿，荠叶生墙根。
官舍悄无事，日西斜掩门。
不开庄老卷，欲与何人言。

早春

来鹄

新历才将半纸开，小庭犹聚爆竿灰。
偏憎杨柳难钤辖，又惹东风意绪来。

早春

刘威

晓来庭户外，草树似依依。
一夜东风起，万山春色归。
冰消泉派动，日暖露珠晞。
已酝看花酒，娇莺莫预飞。

赋得[1]古原草送别

（唐）白居易

离离[2]原上草，一岁一枯荣[3]。
野火烧不尽，春风吹又生。
远芳侵[4]古道，晴翠[5]接荒城。
又送王孙[6]去，萋萋[7]满别情。

注释

[1]赋得：借古人诗句命题作诗，一般在题前冠以“赋得”二字，称“赋得体”。 [2]离离：青草茂盛的样子。 [3]枯：枯萎。荣：茂盛。 [4]远芳：草香远播。侵：侵占，长满。 [5]晴翠：明丽翠绿。 [6]王孙：指贵族后代，这是指远方友人。 [7]萋萋：草木茂盛的样子。

译文

原上茂盛的青草，年年枯萎又昌荣。
野火也无法烧尽，春风一吹又生长。
远处春草占古道，翠绿连接着荒城。
又送友人远去，萋萋芳草满是离情。

导 学

一、作者简介

白居易（772 年—846 年），字乐天，号香山居士，河南新郑（今河南郑州新郑市）人，与元稹共同倡导新乐府运动，世称“元白”。诗歌题材广泛，语言平易通俗，有“诗魔”和“诗王”之称。著有《白氏长庆集》。

二、作品简析

《赋得古原草送别》是白居易成名作，应考的习作，按当时科举规定，凡指定的诗题，题目前须加“赋得”二字。此诗通过对原上野草的描绘，抒发送别友人的惜别之情，可以看成是一曲野草颂，进而是生命的颂歌。诗的前四句侧重表现野草的历时之美，后四句侧重表现其共时之美。章法谨严，自然流畅，对仗工整，意境浑成，是“赋得体”中的绝唱。

三、知行合一

1. 读一读：本诗由春草而惜别，朗读时注意情感的变化。

2. 说一说：把你对“野火烧不尽，春风吹又生”的拓展理解告诉同学们。

3. 学一学：课外阅读白居易的代表作品《长恨歌》《卖炭翁》《琵琶行》。

叹水别白二十二[1]

（唐）刘禹锡

水。
至清[2]，尽美[3]。
从一勺[4]，至千里。
利人利物，时行时止。
道性净[5]皆然，交情淡如此[6]。
君游金谷堤[7]上，我在石渠署[8]里。
两心相忆似流波[9]，潺湲[10]日夜无穷已。

注释

[1]叹水：咏水。白二十二：白居易在其堂兄弟间排行第二十二。[2]至清：极清澈。[3]尽美：极美。[4]纵一勺：即使一勺水。[5]道性静：道的本质是清静。[6]淡如此：淡如水。[7]金谷堤：洛阳金谷园之堤，指白居易所在地洛阳。[8]石渠署：汉宫藏书之处，指刘所在的集贤殿。[9]流波：流水。[10]潺湲：水慢慢流动的样子。

译文

水。

极清，极美。

从一勺之小，到千里之大都是如此。

水对人对物都有利，它有时流动，有时静止。

它的本性是这样的洁净，它清淡得如同君子的交谊。

您在洛阳城中宦游，我在集贤院里理书。

我们彼此之间互相思念就像那流水，日夜潺谖流淌永无穷止。

导学

一、作者简介

刘禹锡（772 年—842 年），字梦得，籍贯河南洛阳，唐朝中晚期著名诗人，有“诗豪”之称。与柳宗元并称“刘柳”，与韦应物、白居易合称“三杰”，并与白居易合称“刘白”，有《刘梦得文集》等。

二、作品简析

《叹水别白二十二》是一字至七字体，即以一字开始，以下每联逐增一字，最后以七字句作结，体裁新颖，写法曲尽其妙。诗人借水比喻二人的品质，形象贴切，用意深婉，这种宝塔形的诗体利于表达感情，随着每句增一字，情感也就更加深一层。原南京大学中文系教授卞孝萱评此诗“全诗题为‘叹水’，句句与‘水’有关。主题是送别，却不像一般诗重点写别时的‘黯然销魂’。这首诗清新雅致，不落流俗。此外，运用比兴手法和运用典故也是本篇的特色。”

三、知行合一

1. 背一背：朗读和背诵本诗。

2. 学一学：宝塔诗，原称“一字至七字诗”，也叫“一七体”，杂体诗的一种。从一字句或两字句的塔尖开始，向下延伸，逐层增加字数至七字句的塔底终止，如此排列下来，构成一个等腰三角形，即如塔形、山形。起始的字，既为诗题，又为诗韵。学习下面两首宝塔诗后，学写宝塔诗。

诗

白居易

诗。

绮美，瑰奇。

明月夜，落花时。

能助欢笑，亦伤别离。

调清金石怨，吟苦鬼神悲。
天下只应我爱，世间唯有君知。
自从都尉别苏句，便到司空送白辞。

茶

元稹

茶。
香叶，嫩芽。
慕诗客，爱僧家。
碾雕白玉，罗织红纱。
铫煎黄蕊色，碗转曲尘花。
夜后邀陪明月，晨前命对朝霞。
洗尽古今人不倦，将知醉后岂堪夸。

题李凝幽居

（唐）贾岛

闲居少[1]邻并，草径入荒园[2]。
鸟宿池边[3]树，僧敲月下门。
过桥分野色[4]，移石动云根[5]。
暂去还来此，幽期[6]不负言[7]。

注释

[1]少：不多。 [2]荒园：指李凝荒僻的居处。 [3]池边：亦作池中。[4]分野色：山野景色被桥分开。 [5]云根：古人认为“云触石而生”，故称石为云根。 [6]幽期：时间漫长。 [7]负言：指食言，不履行诺言，失信。

译文

幽居之处少有邻居，一条草径伸进荒园。
夜晚池塘边上，小鸟栖树；月光之下，老僧敲门。
归途中走过小桥，田野色彩斑斓。白云飘飞，山石如在移动。
暂时离开此地，不久就将归来，相约共同归隐，到期绝不失约。

导 学

一、作者简介

贾岛（779 年—843 年），字阆（làng）仙，河北道幽州范阳（今河北涿州）人，人称“诗奴”，与孟郊齐名，后人以“郊寒岛瘦”喻其诗之风格，著有《长江集》。

二、作品简析

《题李凝幽居》只写了作者走访友人未遇这样的寻常小事，却因诗人出神入化的语言，而别具韵致。诗人以草径、荒园、宿鸟、池树、野色、云根等寻常景物，以及闲居、敲门、过桥、暂去等寻常行事，道出了人所未道之境界，表达了作者对隐逸生活的向往之情。其中“鸟宿池边树，僧敲月下门”历来脍炙人口。《唐诗品汇》评本诗：“‘敲’意妙绝，‘下’意更好。结义又老成。”

三、知行合一

1. 议一议：仔细品读本诗，与朋友交流“‘敲’意妙绝”“绝妙”在何处，了解“推敲”一词的典故。请把这首诗默写下来。

2. 想一想：这首诗表现了诗人怎样的生活情趣？

3. 讲一讲：关于此诗创作故事。

相传有一天，贾岛在长安骑驴在官道上行走，吟成《题李凝幽居》这首诗，其中有两句是：“鸟宿池中树，僧推月下门。”贾岛觉得诗中的“推”字，用得不够恰当，想把“推”改为“敲”，可他又觉着“敲”也不太合适，不如“推”好。不知是“敲”还是“推”好。于是他在驴背上，一面嘴里念叨着，一面反复做着推门和敲门两个动作。不知不觉撞上了京兆尹韩愈的仪仗队，随即被人押至韩愈面前。韩愈生气地对贾岛说：“你骑着驴子怎么不看路？”贾岛向韩愈赔礼，并将自己刚才在驴上得诗，因斟酌“推”“敲”二字，专心思考不及回避的情形讲了一遍。韩愈听后，不但没有责备他，反而立马思之良久，对贾岛说：“我看还是用‘敲’好，即使是在夜深人静，拜访友人，还敲门，代表你是一个有礼貌的人！而且一个‘敲’字，使夜静更深之时，多了几分声响。再说，‘敲’字读起来也响亮些。”贾岛听了连连点头称赞，于是把诗句定为“僧敲月下门”。从此他和韩愈成了朋友。这就是“推敲”典故的由来。

美

智慧教育读库

宋元故事

玉楼春·春景

（宋）宋祁

东城[1]渐觉风光好，縠皱[2]波纹迎客棹[3]。绿杨烟[4]外晓寒轻[5]，红杏枝头春意闹[6]。

浮生[7]长恨欢娱少，肯爱[8]千金轻一笑[9]。为君持酒[10]劝斜阳，且向花间留晚照[11]。

注释

[1]东城：城市之东。 [2]縠（hú）皱：有皱褶的纱。 [3]棹（zhào）：船桨，此指船。 [4]烟：笼罩在柳梢的薄雾。 [5]晓寒轻：早晨的寒气。 [6]春意：春天的气象。闹：浓盛。 [7]浮生：指飘浮无定的人生。 [8]肯爱：岂肯吝惜，即不吝惜。 [9]一笑：特指美人之笑。 [10]持酒：端起酒杯。 [11]晚照：夕阳的余晖。

译文

东城外面的景色，越来越美。湖面上绉纱一样的波浪，就像是欢迎客船的到来。绿杨翠柳，茂密如烟，春深了，只有早上，尚余轻寒。红杏枝头，蜂飞蝶舞，春意盎然，十分热闹。

常常悔恨人一生欢乐的时光太少，何不花千金换取欢乐的生活呢。端起斟满的酒杯，邀请夕阳，劝夕阳同干一杯。希望西斜的太阳，能够在美丽的花丛中多停留一会儿！

导学

一、作者简介

宋祁（998 年—1061 年），字子京，祖籍安州安陆（今湖北省安陆市），开封雍丘（今河南商丘民权县）人，与兄宋庠并有文名，时称“二宋”。今有清辑本《宋景文集》，词有《宋景文公长短句》。

二、作品简析

《春景》上阕描绘春日景色。“东城”句总说春光渐好；“縠皱”句专写春水轻柔；“绿杨烟”与“红杏枝”相映衬，疏密有致；“晓寒轻”与“春意闹”互为渲染，表现春天的生机勃勃。下阕直抒惜春寻乐的情怀。“浮生”二字，点出珍惜年华之意；“为君”二句，明为怅怨，实是依恋春光，情极浓丽。全词赞颂明媚的春光，表达了珍惜青春和热爱生活的情感。清人刘体仁《七颂堂词绎》评：“红杏枝头春意闹”，一‘闹’字卓绝千古。”

三、知行合一

1. 读一读：朗读、背诵并默写本词。

2. 析一析：分小组讨论“红杏枝头春意闹”一句中的“闹”字能否改为“浓”或“盛”字？为什么？

3. 想一想：“为君持酒劝斜阳，且向花间留晚照”这两句诗，表现了怎样的情趣？

谏院题名记[1]

（宋）司马光

古者谏[2]无官，自公卿大夫，至于工商[3]，无不得[4]谏者。汉兴以来，始置官[5]。

夫以天下之政，四海之众，得失利病，萃[6]于一官使言之，其为任亦重矣。居是官者，当志[7]其大，舍其细；先其急，后其缓；专利国家而不为身谋。彼汲汲[8]于名者，犹汲汲于利也，其间相去[9]何远哉！

天禧初，真宗诏[10]置谏官六员，责[11]其职事。庆历[12]中，钱君[13]始书其名于版，光恐久而漫灭[14]。嘉祐[15]八年，刻著于石。后之人将历指其名而议之曰："某也忠，某也诈，某也直，某也曲。"呜呼！可不惧[16]哉！

注释

[1]谏（jiàn）院：向皇帝进谏的机构。题名：谏官把名字题写在木版上。[2]谏：指向皇帝提建议。[3]工商：从事手工和商业的人，指市井百姓。[4]不得：不能。[5]置官：设谏官一职，名谏大夫。[6]萃（cuì）：聚集。[7]志：记。[8]汲（jí）汲：心情急切。[9]去：距离。[10]真宗：宋真宗赵恒。诏（zhào）：名词活用作动词，下诏。[11]责：监督。[12]庆历：宋仁宗赵祯的年号。[13]钱君：指钱姓谏官。[14]漫灭：污漫消除。[15]嘉祐（yòu）：宋仁宗赵祯的最后一个年号。[16]惧：令人警戒。

译文

古时候没有规劝君王的官职，从官居高位的公、卿、大夫到工匠、商贩，都可以规劝君王。汉朝以来，才开始设置谏官的职位。

将天下政事、四海之内的百姓、国家社稷的得失利弊，都聚在谏官一人身上，让他指出来，他担当的责任相当重要啊！担任这一官职的，应当注意国家重要的事，舍弃细微的地方；把情况紧急的事放前面，不要紧的放后面；只为国家着想而不要一心只为自己。那些在获取名声方面急切的人，一定也会热衷于利益，这样与真正的谏官其中的差距有多远呢？

天禧初年的时候，宋真宗下诏书设立了六名谏官，规定了他们进谏的职责。宋代庆历年间，钱君才开始将谏官的名字书写在专门的文书上。我恐怕日子长了他们的名字会磨灭掉，在嘉祐八年的时候，又将谏官的名字刻在了石头上。后来的人就可以指着他们的名字议论说：这个人是忠臣，这个人是奸臣，这个人正直，这个人偏邪。哎，我们难道可以不为之警戒惧怕吗？

导学

一、作者简介

司马光（1019年—1086年），字君实，号迂叟，陕州夏县涑水乡（今山西省夏县）人，世称涑水先生，北宋政治家、史学家，主持编纂了编年体通史《资治通鉴》，有《温国文正司马公文集》传世。

二、作品简析

《谏院题名记》叙述了谏官的来历，说明谏官在历史上的重要地位，接着发表谏官“为任亦重矣”的议论，阐明谏官的责任和应具备的品德以及谏官石刻的由来，告诫谏官们要恪尽职守。全文仅一百字的篇幅，行文周详，面面俱到，简洁利落。《古文观止》卷九评曰：“文仅百余字，而曲折万状，包括无遗。尤妙在末后一结。后世以题名为荣，此独以题名为惧。立论不磨，文之有关世道者。”

三、知行合一

1. 悟一悟：谏官是中国古代官职之一，是对君主的过失直言规劝并使其改正的官吏。上网了解古代知名谏官的事迹，体会廉洁奉公、守正公道的优秀品德的重要性。

2. 写一写：学习本文写法，写一篇文章，向他人介绍你熟悉的人、事、物。

3. 学一学：司马光主持编撰的《资治通鉴》“鉴于往事，有资于治道”，编者总结出许多经验教训，供后人借鉴。你如能学习体会，必定有收获。

城南

（宋）曾巩

雨过横塘[1]水满堤，乱山高下路东西[2]。
一番桃李花开尽，惟有青青草色齐。

注释

[1]横塘：古塘名，今南京秦淮河南岸。　[2]乱山高下：群山高低起伏。路东西：分东西两路而去。

译文

春雨迅猛，池塘水满与堤齐平，远处群山高低不齐，东边西侧，山路崎岖。开了一阵的桃花和李花已凋谢，只看见萋萋的春草碧绿一片。

导学

一、作者简介

曾巩（1019年—1083年），字子固，世称“南丰先生”。建昌南丰（今属江西）人，“唐宋八大家”之一，有《元丰类稿》等。

二、作品简析

诗人通过桃花、李花容易凋谢对比小草的青色长久，暗示一个哲理：桃花、李花虽然美丽，花期却短；青草虽朴素无华，生命力却很强大。《城南》描写了暮春时节大雨过后的山野景象，笔调流畅优美，读来朗朗上口，令人赏心悦目。“惟有青青草色齐”这一句，表明雨后的大自然依然充满生机，是作者的神来之笔。

三、知行合一

1. 想一想：这是一首哲理诗，想想“一番桃李花开尽，惟有青青草色齐”，告诉我们一个什么道理？

2. 试一试：请在大自然中选择一处景物，进行细致观察在不同季节里的变化，并把你观察到的景象记下来。

同学一首[1]别子固

（宋）王安石

江之南有贤人焉，字子固[2]，非今所谓贤人者，予慕[3]而友[4]之。淮之南有贤人焉，字正之[5]，非今所谓贤人者，予慕而友之。二贤人者，足未尝相过[6]也，口未尝相语[7]也，辞币[8]未尝相接也。其师若[9]友，岂尽同哉？予考[10]其言行，其不相似者，何其少也！曰：学圣人而已矣。”学圣人，则其师若友，必学圣人者。圣人之言行，岂有二哉？其相似也适然[11]。

予在淮南，为正之道子固，正之不予疑也。还江南，为子固道正之，子固亦以为然。予又知所谓贤人者，既相似，又相信不疑也。

子固作《怀友》一首遗[12]予，其大略[13]欲相扳[14]以至乎中庸[15]而后已。正之盖亦常云尔。夫安驱[16]徐行，轥[17]中庸之庭，而造于[18]其堂，舍二贤人者而谁哉？予昔[19]非敢自必其有至也，亦愿从事于左右焉尔。辅而进之，其可也。

噫[20]！官有守[21]，私[22]有系[23]，会合不可以常也，作《同学一首别子固》以相警[24]，且相慰云。

注释

[1]同学：共同学习圣人之道。一首：一篇。 [2]子固：曾巩（1019年—1083年），字子固。 [3]慕：仰慕。 [4]友：与……交友，动词。 [5]正之：孙侔，字正之，早年丧父，事母至孝，曾授校书郎扬州州学教席。 [6]相过：拜访，交往；过，访问。 [7]相语：交谈。 [8]辞：这里指书信往来。币：帛，丝织品，指礼品。 [9]若：和，与。 [10]考：考察、观察。 [11]适然：理所当然的事情。 [12]遗（wèi）：赠送。 [13]大略：

大体。 [14]扳（pān）：同“攀”，援引。 [15]中庸（yōng）：儒家奉行的道德标准，即不偏不倚。 [16]安驱：稳稳当当地驾车。 [17]辚（lìn）：车轮碾过。 [18]造于：到达。 [19]昔：昔日。 [20]噫（yī）：唉，表示感叹。 [21]守：职守，工作岗位。 [22]私：私人。 [23]系：牵系，系念。 [24]警：警策，勉励。

译文

江南有一位贤人，字子固，他不是现在一般人所说的贤人，我敬慕他，并和他交朋友。淮南有一位贤人，字正之，他也不是现在一般人所说的贤人，我敬慕他，也和他交朋友。这两位贤人不曾互相往来，不曾互相交谈，也没有互相赠送礼品。他们的老师和朋友，难道都是相同的吗？我考察他们的言行，他们之间的不同之处是多么少呀！应该说，这是他们学习圣人的结果。学习圣人，那么他们的老师和朋友，也必定学习圣人。圣人的言行难道会有两样的吗？他们的相似是必然的。

我在淮南，向正之提起子固，正之不怀疑我的话。回到江南，向子固提起正之，子固也很相信我的话。于是我知道被人们认为贤的人，他们言行既相似，又互相信任而不猜疑。

子固写了一篇《怀友》赠给我，其大意是希望互相帮助，以便达到中庸的标准才肯罢休。正之也经常这样。驾着车子稳步前进，碾过中庸的门庭而进入内室，除了这两位贤人还能有谁呢？我过去不敢肯定自己有可能达到中庸的境地，但也愿意跟在他们左右奔走。在他们的帮助下前进，大概能够达到目的。

唉，做官的各有职守，由于私事的牵挂，我们不能常相聚，作《同学一首别子固》，用来互相告诫，互相慰勉。

导学

一、作者简介

王安石（1021 年—1086 年），字介甫，号半山，获谥“文”，后也称王文公。抚州临川（今江西抚州）人。北宋著名思想家、政治家、改革家。为“唐宋八大家”之一。

二、作品简析

《同学一首别子固》开篇简约地介绍贤人曾巩和孙侔；中间叙述曾巩和孙侔虽然素不相互交往，但都学圣人，所以能相似，又相信不疑，彼此勉励，最后说明回赠《同学一首别子固》的意图，是为了互相告诫和互相慰勉。文中指出，真正意义上的“同学”在于同道，在于同学于圣人，而不在形迹上曾否相过、相语、相接。全文表达了作者想和友人建立共同进步的君子之谊。

三、知行合一

1. 读一读：这篇散文感情真挚，鲜明地表达了作者自己的人生志趣和对文学的态度，朗读时注意句式语气的变换。

2. 想一想：本文的圣人、中庸、同学有什么深刻含义？

3. 学一学：本文运用了重复句式，采用陪衬手法（以孙侔陪衬曾巩），反复运用排比手法，长短句的交错出现，增强了文章的语言美，令人寻味无穷。请你写一段话，试着用不同的表达方式。

江城子·密州出猎

（宋）苏轼

老夫聊[1]发少年狂，左牵黄，右擎苍[2]，锦帽貂裘[3]，千骑[4]卷平冈[5]。为报[6]倾城随太守，亲射虎，看孙郎[7]。

酒酣胸胆尚开张[8]，鬓微霜[9]，又何妨！持节云中，何日遣冯唐？会[10]挽雕弓[11]如满月[12]，西北望，射天狼[13]。

注释

[1]老夫：作者自称。聊：姑且。 [2]左牵黄、右擎苍：左手牵黄狗，右臂托苍鹰，形容围猎时追捕猎物的架势。 [3]锦帽貂裘：戴着华美的帽子。 [4]千骑：从骑之多。 [5]平冈：山脊平坦处。 [6]为报：为了报答。 [7]孙郎：三国东吴的孙权，这里是作者自喻。 [8]酒酣胸胆尚开张：尽情畅饮，胆气豪壮。 [9]鬓：额角的头发。霜：白。 [10]会：应当。挽：拉。 [11]雕弓：雕花的弓背。 [12]满月：圆月。 [13]天狼：星名。

译文

我姑且抒发一下少年的豪情，左手牵黄犬，右臂托苍鹰，头戴华美的帽子，身穿貂皮，带着浩荡的部队像疾风一样席卷平坦的山冈。为了报答全城的人跟随我出猎的盛意，我要像孙权一样，亲自射猛虎。

我痛饮美酒，胆气更豪壮，两鬓发白又有何妨？什么时候皇帝会派人来，就像汉文帝派遣冯唐去云中赦免魏尚一样信任我？那时我将使尽力气拉满雕弓如满月，瞄准西北，把天狼星射下来。

导学

一、作者简介

苏轼（1037 年—1101 年），字子瞻，号东坡居士，眉州眉山（今四川省眉山市）人。

二、作品简析

《江城子·密州出猎》作于密州，豪放词代表作之一。写出猎之行，抒安邦之志。首三句直出会猎主题，次写围猎时的装束和盛况，然后转写自己的感想：射杀猛虎，答谢军民。下片叙述猎后的开怀畅饮，并以魏尚自比，希望能承担卫国守边的重任。结尾直抒胸臆，抒发杀敌报国的豪情。叙事、言志融为一体，多角度、多层次地从行动和心理上表现作者宝刀未老、志在千里的豪气。

三、知行合一

1. 读一读：用铿锵的语调朗读出战斗的豪气。

2. 学一学：苏轼在密州（今山东诸城）为官从政亲民，深得民心，请你查阅资料，了解苏东坡在密州留下的趣闻轶事。

3. 比一比：开展默写苏东坡诗词的比赛，看谁写得多写得好。

前赤壁赋（节选）

（宋）苏轼

壬戌[1]之秋，七月既望[2]，苏子与客泛舟游于赤壁之下。清风徐[3]来，水波不兴。举酒属[4]客，诵明月之诗[5]，歌窈窕之章。少焉[6]，月出于东山之上，徘徊于斗牛[7]之间。白露横江[8]，水光接天。纵一苇[9]之所如[10]，凌万顷[11]之茫然[12]。浩浩乎如冯虚御风[13]，而不知其所止；飘飘乎如遗世独立[14]，羽化[15]而登仙[16]。

注释

[1]壬戌（rén xū）：古代以干支纪年，该年为壬戌年。 [2]既望：农历每月十六，十五为“望日”，十六为“既望”。 [3]徐：缓缓。 [4]属（zhǔ）：倾注，引申为劝酒。 [5]明月之诗：指《诗经·陈风·月出》。 [6]少焉：一会儿。 [7]斗牛：星座名，即斗宿和牛宿。 [8]白露：白茫茫的水汽。横江：横贯江面。 [9]纵：凭。一苇：比喻极小的船。 [10]如：往。 [11]凌：越过。万顷：极为宽阔的江面。 [12]茫然：旷远的样子。 [13]冯（píng）虚御风：乘风腾空。冯：通“凭”，乘。虚，太空。御，驾御。 [14]遗世：离开尘世。 [15]羽化：传说成仙的人能像长了翅膀一样飞升。 [16]登仙：登上仙境。

译文

壬戌年秋天，七月十六日，我与客人在赤壁下泛舟。清风拂来，波澜不起。举起酒杯向同伴劝酒，朗读《月出》的诗篇，吟唱《窈窕》一章。一会儿，明月从东山升起，在斗宿与牛宿之间缓行。白茫茫的雾气横贯江面，水光连着天际。放任一苇轻舟自在而行，凌驾着万顷烟波而四顾茫然。浩大无边，我们好像乘着天风在太空飞行，不知到哪儿才能休止。飘飘摇摇仿佛远离人世，无牵无挂羽化成仙。

导学

一、作品简析

《前赤壁赋》全文不到700字，值得背下来，这是古代散文的最高成就之一，既有诗情画意，又有议论说理。风景、感情和道理水乳交融；赋体音韵优美，抑扬顿挫，适合诵读；这是苏轼贬官到黄州所写，在人生特别困难的阶段写下如此豁达的篇章。通过月夜泛舟、饮酒赋诗引出主客对话的描写，反映作者由月夜泛舟的舒畅，到怀古伤今的悲咽，再到精神解脱的达观。

宋代张表臣《珊瑚钩诗话》言："《赤壁赋》卓绝，近于雄风。"

二、知行合一

1. 读一读：借助语音示范，诵读《前赤壁赋》和《后赤壁赋》。

2. 查一查：上网了解苏轼贬官到黄州等地后为民办事的事例，并讲给同学们听听。

3. 写一写：下载《前赤壁赋》和《后赤壁赋》书法作品，仿写几遍，体味苏轼文章的美感。

汲江煎茶

（宋）苏轼

活水还须活火烹，自临钓石取深清。
大瓢贮月归春瓮，小杓分江入夜瓶。
茶雨已翻煎处脚，松风忽作泻时声。
枯肠未易禁三碗，坐听荒城长短更。

译文

用流动的活水和旺盛的火烹煮，亲自到江边钓石取深处的清水。
大瓢把映有月影的江水贮存入瓮，小杓将清流滤净装进瓶内。
茶沫如雪白的乳花在煎处翻腾，沸声似松间狂风在震荡怒吼。
清澈使枯肠难以三碗为限，坐听荒城的长更与短更相连。

导 学

一、作品赏析

诗人从汲水、舀水、煮茶、斟茶、喝茶到听更，绘形绘声地描绘了煎茶的过程，抒发其在垂暮之年贬居当时的“蛮荒之所”海南的寂寞。写得清新活泼，即便抒发贬谪心情也委婉含蓄。南宋诗人杨万里赞赏此诗说：“一篇之中句句皆奇，一句之中字字皆奇。”清纪昀也高度评价说：“细腻而出于脱洒，细腻诗易于粘滞，如此脱洒为难。”

二、知行合一

1. 学一学：上网学习中国茶的知识，如能读读陆羽的《茶经》就更好了。

2. 品一品：和家长一起，学习品、饮家乡绿茶。

3. 读一读：阅读苏轼的杂言古诗《试院煎茶》，再观摩饮茶场景有感情地诵读本诗。

试院煎茶

苏轼

蟹眼已过鱼眼生，飕飕欲作松风鸣。

蒙茸出磨细珠落，眩转绕瓯飞雪轻。

银瓶泻汤夸第二，未识古人煎水意。

君不见，昔时李生好客手自煎，贵从活火发新泉。

又不见，今时潞公煎茶学西蜀，定州花瓷琢红玉。

我今贫病长苦饥，分无玉碗捧蛾眉。

且学公家作茗饮，砖炉石铫行相随。

不用撑肠拄腹文字五千卷，但愿一瓯常及睡足日高时。

浣溪沙·细雨斜风作晓寒

（宋）苏轼

元丰七年十二月二十四日，从泗州刘倩叔[1]游南山[2]

细雨斜风作晓寒，淡烟疏柳媚[3]晴滩[4]。入淮清洛[5]渐漫漫[6]。

雪沫乳花浮午盏[7]，蓼茸[8]蒿笋试春盘[9]。人间有味是清欢。

注释

[1]刘倩叔：名士彦，泗州人。 [2]南山：在泗州东南，景色清旷。 [3]媚：美好。 [4]滩：十里滩，在南山附近。 [5]洛：洛河。 [6]漫漫：水势浩大。 [7]午盏：午茶。 [8]蓼（liǎo）茸：蓼菜嫩芽。 [9]春盘：旧俗，立春时用蔬菜水果、糕饼等装盘馈赠亲友。

译文

元丰七年十二月二十四日，跟泗州刘倩叔一起游览南山。

细雨斜风天气微寒，淡淡的烟雾和稀疏的杨柳使初晴后的沙滩更妩媚。洛涧入淮后水势茫茫。

乳色鲜白的好茶伴着新鲜如翡翠的春蔬，这野餐的味道着实不错。而人间真正有滋味的还是清淡的欢愉。

导 学

一、作品简析

《浣溪沙·细雨斜风作晓寒》以时间为序铺叙景物。上阕写早春游山时的沿途景观，下阕写作者与同游者品尝清茶野餐的风味。作品充满春天的气息，洋溢着生命的活力，反映了作者对现实生活的热爱和进取的精神。学者刘石在《苏轼词选》中评："这首词，雨细，风斜，寒小，烟淡，柳疏，清欢，正体现婉约词文小、质轻、境隐的特点，可知被作为豪放代表的东坡词原有多样的面目。不过此词较之于其他婉约词还是有区别的，它写野外的景色，野外的午餐，野外的心情，在婉约的基调中更掺进了几分晴朗、明媚的色彩。所以能够如此，是因为时节虽属寒冬，作者心里已充盈着灿烂的春天。"

二、知行合一

1. 写一写：有感情地朗读本文，试着学习苏轼字体默写本词。

2. 学一学：本词写清晨风斜雨细，《有美堂暴雨》诗展现的暴雨由远而近、横跨大江、呼啸奔来的壮观景象，对照学习后体会如何借景抒情。

有美堂暴雨

苏轼

游人脚底一声雷，满座顽云拨不开。
天外黑风吹海立，浙东飞雨过江来。
十分潋滟金樽凸，千杖敲铿羯鼓催。
唤起谪仙泉洒面，倒倾鲛室泻琼瑰。

书李世南[1]所画秋景·其一

（宋）苏轼

野水参差落涨痕[2]，疏林欹倒[3]出霜根。

扁舟[4]一棹[5]归何处，家在江南黄叶村。

注释

[1]李世南：字唐臣，安肃（今河北徐水）人，工画山水。 [2]落涨痕：涨水后水落留下的痕迹。 [3]欹倒：倾倒。 [4]扁舟：一本作“浩歌”。 [5]棹：形状如桨的划船用具。

译文

江水悠悠，微波荡漾，两岸留下潮涨潮落的痕迹。林木萧疏，枝叶残败，树下露出白色的树根。

驾着一叶扁舟飘荡江上的人啊，你去向何方？是不是要回到江南黄叶满地的村庄？

导 学

一、作品简析

《书李世南所画秋景》是题画诗，画题名《秋景平远》。苏轼时任翰林学士，与李世南同在汴京，李世南擅长山水画。画有《秋景平远》，苏轼为这幅画写了二首七绝，这是流传最广的一首。前两句写远观的野水、疏林，再写近看的涨痕、霜根，描绘了一幅空寂旷远、水瘦林疏的深秋图景。诗人写得极有层次，给人一幅立体感很强的画面。

二、知行合一

1. 背一背：有感情地朗读本文，注意读准字音，并把本文背诵下来。

2. 读一读：阅读《书李世南所画秋景》第二首，感受诗人用丰富的想象，虚实结合的手法，表现出的画景以外的景和趣。

书李世南所画秋景·其二

苏轼

人间斤斧日创夷，谁见龙蛇百尺姿。

不是溪山曾独往，何人解作挂猿枝。

逍遥堂会宿·其一

（宋）苏辙

逍遥堂后千寻[1]木，长送中宵[2]风雨声。
误喜对床[3]寻旧约，不知漂泊在彭城[4]。

注释

[1]千寻：形容高大。 [2]中宵：夜晚。 [3]对床：对床而卧。 [4]彭城：即今江苏徐州。

译文

逍遥堂后挺拔的参天古树，这淅淅沥沥、如丝如烟的秋雨，与这飒飒的秋风，多么像七年前的秋风秋雨！

今天兄弟对床而眠，漂泊在远离故乡的彭城，又怎能不让人伤感？

导 学

一、作者简介

苏辙（1039 年—1112 年），字子由，四川眉山人，北宋文学家、宰相，苏轼弟，“唐宋八大家”之一，著有《栾城集》等。

二、作品简析

《逍遥堂会宿》共有两首，苏辙送苏轼到徐州赴任，在徐州与苏轼一起度过了一百多天的美好时光，兄弟俩相伴游彭城，一起在逍遥堂住宿，这首诗抒发了与兄弟同甘共苦、心心相印的情怀。这是第一首，即景抒情，写在古木幽森的逍遥堂里兄弟共宿，只听得半夜传来萧萧风雨之声，引起二人悲欢离合的感慨。以故作轻松的笔调，抒发悲凉的感情。

第二首是别离诗，想象自己离去后，逍遥堂秋来夜凉如水，心情与环境同样凄冷的兄长，为了驱散离愁，将像山简那样喝得酩酊大醉，独自在北窗下困卧不起。这组诗质朴自然，不事雕琢，清幽冷峻，一唱三叹。

三、知行合一

1. 背一背：背诵并默写这首诗，注意读准字音，不写错别字。

2. 讲一讲：苏辙与父亲苏洵、兄长苏轼齐名，合称“三苏”，苏轼称其散文“汪洋澹泊，有一唱三叹之声，而其秀杰之气终不可没”。请你搜集“三苏”的逸闻趣事，开一个“三苏故事会”。

3. 读一读：比较阅读苏辙《逍遥堂会宿》第二首，结合作品简析理解诗人表达的感情。

逍遥堂会宿·其二

苏辙

秋来东阁凉如水，客去山公醉似泥。
困卧北窗呼不起，风吹松竹雨凄凄。

行香子·树绕村庄

（宋）秦观

树绕村庄，水满陂塘[1]。倚东风、豪兴徜徉[2]。小园几许，收尽春光。有桃花红，李花白，菜花黄。

远远围墙，隐隐茅堂。飏青旗[3]、流水桥旁。偶然乘兴[4]、步过东冈[5]。正莺儿啼，燕儿舞，蝶儿忙。

注释

[1]陂（bēi）塘：池塘。 [2]徜徉：安闲自在地步行。 [3]飏（yáng）：飞扬，飘扬。青旗：青色的酒幌子。 [4]乘兴：趁着一时高兴。[5]东冈：东面的山冈。

译文

绿树绕村庄，春水满池塘，淋浴东风，带着豪兴我信步而行。小园很小，却收尽春光。桃花正红，李花雪白，菜花金黄。

远远的围墙，隐约的茅草屋。青色旗帜风中飞扬，小桥在溪水旁。偶然乘游兴，走过东面山冈。莺儿鸣啼，燕儿飞舞，蝶儿匆忙，一派好春光。

导 学

一、作者简介

秦观（1049 年—1100 年），字少游，一字太虚，号淮海居士，也称淮海先生，扬州高邮（今属江苏）人。为苏轼所赏识，为“苏门四学士”之一，著有《淮海集》40 卷。

二、作品简析

这首词描绘春天的田园风光，写景抒情质朴自然，语言生动清新。词的上阕表现的是一处静态风景，主要描写小园和各种色彩缤纷的春花；下阕则描写农家乡院以及莺歌燕舞、蝶儿翻飞的迷人春色。全词写景状物，围绕词人游春足迹这个线索依次展开，意趣自出；结构方面上阕完全对称，组成两副相对独立的活动图画，相互辉映而又和谐统一。全词以白描的手法、浅近的语言，勾勒出了一幅春光明媚、万物竞发的田园风光图。

三、知行合一

1. 读一读：有感情地朗读本词，注意读准字音，并读出节奏感。

2. 想一想：本词描绘了一幅什么样的图景？表达了怎样的感情？

3. 游一游：春天来临的时候，到大自然去寻找并感受“莺儿啼，燕儿舞，蝶儿忙”的美景。

西江月·夜行黄沙道中

（宋）辛弃疾

明月别枝[1]惊鹊，清风半夜鸣蝉[2]。稻花香里说丰年，听取蛙声一片。

七八个星天外，两三点雨山前。旧时茅店社林[3]边，路转溪桥忽见[4]。

注释

[1]别枝，斜枝。 [2]鸣蝉：蝉叫声。 [3]旧时：往日。茅店：茅草盖的乡村客店。社林：土地庙附近的树林，社，土地神庙。 [4]忽见：忽然出现。

译文

明月升上树梢，惊飞枝头的喜鹊。清风吹来远处的蝉吟。稻谷的香气里，人们谈论着丰收的年景，耳边传来阵阵蛙声。

天空中轻云漂浮，闪烁的星星时隐时现，山前下起淅淅沥沥的小雨，我急急地从小桥过溪躲雨。往日土地庙林旁的茅屋小店哪去了？拐个弯，茅店忽然出现在眼前。

导学

一、作者简介

辛弃疾（1140 年—1207 年），字幼安，别号稼轩居士，山东历城（今山东济南）人。南宋将领，豪放派词人，与苏轼合称“苏辛”。现存词六百多首，有《稼轩长短句》等。

二、作品简析

《西江月·夜行黄沙道中》着意描写黄沙岭的夜景：明月清风，疏星稀雨，鹊惊蝉鸣，稻花飘香，蛙声一片，是一幅颇有审美价值的淡墨画——充满着农村生活气息的夏夜素描。全词从视觉、听觉和嗅觉三方面抒写夏夜夜行的山村风光，情景交融，优美如画，恬静自然，生动逼真，展现出夏夜乡村田野的幽美景色及作者对丰收年景的由衷喜悦。

三、知行合一

1. 读一读：找一个宁静的夏夜，有味道地朗读本词。

2. 比一比：把辛弃疾的词（如本词）和苏轼的词《密州出猎》进行比较，看看有什么不同。

3. 写一写：学习本词从视觉、听觉和嗅觉写景抒情的写法，写一写自己的观察所得。

青玉案·元夕[1]

（宋）辛弃疾

东风夜放花千树[2]。更吹落、星如雨[3]。宝马雕车[4]香满路。凤箫[5]声动，玉壶[6]光转，一夜鱼龙舞[7]。

蛾儿雪柳黄金缕。笑语盈盈暗香[8]去。众里寻他千百度[9]。蓦然[10]回首，那人却在，灯火阑珊[11]处。

注释

[1]青玉案：词牌名。元夕：元宵节。 [2]花千树：花灯多如千树开花。 [3]星如雨：指焰火纷落如雨。 [4]宝马雕车：豪华马车。 [5]凤箫：箫的美称。 [6]玉壶：比喻明月。 [7]鱼龙舞：指舞动鱼形、龙形的彩灯。 [8]盈盈：声音轻盈，亦指仪态娇美的样子。暗香：本指花香，此处指女性散发出来的香气。 [9]千百度：千百遍。 [10]蓦（mò）然：猛然。 [11]阑珊：零落稀疏的样子。

译文

像东风吹散千树繁花一样，又吹得烟火纷纷、乱落如雨。豪华的马车满路芳香。悠扬的凤箫声四处回荡，玉壶般的明月渐渐西斜，一夜鱼龙灯飞舞笑语喧哗。

美人头上都戴着亮丽的饰物，笑语盈盈地随人群走过，身上香气飘洒。我在人群中寻找她千百回，猛然一回头，不经意间却在灯火零落之处发现了她。

导学

一、作品简析

《青玉案·元夕》从极力渲染元宵节绚丽多彩的热闹场面入手，反衬出一个孤高淡泊、超群拔俗、不同于金翠脂粉的女性形象，寄托着作者政治失意后不愿同流合污的孤高品格。全词用对比手法，上阕极写花灯耀眼、乐声盈耳、游人如云的盛况；下阕描写主人公在好女如云之中寻觅不慕荣华、甘守寂寞的佳人。构思精妙，语言精致，含蓄婉转，余味无穷。

“众里寻他千百度，蓦然回首，那人却在，灯火阑珊处。”王国维把这种境界称之为成大事业者、大学问者的第三种境界。

二、知行合一

1. 读一读：注意本词的语言和意境，朗读时注意语调变化和节奏。

2. 悟一悟：“众里寻他千百度，蓦然回首，那人却在，灯火阑珊处。”是一种独特的体验，往往用于创作，请你试试找找这种灵感。

3. 写一写：回忆你和家人度过元宵节（或其他特别的日子）的情景，把你喜欢的东西试着写下来。

永遇乐·京口北固亭怀古

（宋）辛弃疾

千古江山，英雄无觅孙仲谋[1]处。舞榭歌台[2]，风流总被雨打风吹去。斜阳草树，寻常巷陌[3]，人道寄奴[4]曾住。想当年，金戈铁马[5]，气吞万里如虎。

元嘉草草，封狼居胥，赢得仓皇北顾。四十三年，望中犹记，烽火扬州路[6]。可堪[7]回首，佛狸[8]祠下，一片神鸦社鼓。凭谁问：廉颇老矣，尚能饭否？

注释

[1]孙仲谋：孙权，东吴主公，建都京口。 [2]舞榭（xiè）歌台：指孙权故宫。 [3]寻常巷陌：极窄狭的街道。寻常，古代指长度，八尺为寻，倍寻为常，形容窄狭，引申为普通、平常。巷、陌都指街道。[4]寄奴：南朝宋武帝刘裕小名。 [5]金戈铁马：古代军事装备，指精锐部队。金戈：长枪。铁马：披铁甲的战马。 [6]烽火扬州路：当年扬州是抗击金兵的主战场。路，宋朝的行政区划。 [7]可堪：怎能忍受。[8]佛（bì）狸祠：拓跋焘小名佛狸。

译文

江山依旧，割据的英雄孙仲谋，已无处寻觅。无论繁华的舞榭歌台，还是英雄的流风余韵，总被风吹雨打。斜阳中的草树，百姓的街巷，人们说寄奴曾经居住。遥想当年，他指挥着强劲的兵马，气吞骄虏如虎。

元嘉帝多么轻率鲁莽，想建立不朽战功，却仓皇逃命，北望追兵泪下无数。记得四十三年前，我战斗在硝烟弥漫的扬州路。真是不堪回首，拓跋焘的行宫下，神鸦叫声应和着喧闹的社鼓。有谁会来寻问，廉颇年纪已老，他的身体是否强健如故？

导学

一、作品简析

《永遇乐·京口北固亭怀古》是作者怀着深重的忧虑和悲愤而写下的。上阕赞扬了建立霸业的孙权和率军北伐气吞胡虏的刘裕，希望像他们一样金戈铁马为国立功。下阕讽刺刘义隆来表明坚决抗金而反对冒进误国的立场。用典贴切，紧扣题旨，增强了作品的说服力和意境美。全词豪壮悲凉，闪耀着爱国主义的思想光辉。明代杨慎《词品》说本词："稼轩词中第一。发端便欲涕落，后段一气奔注，笔不得遏。廉颇自拟，慷慨壮怀，如闻其声。谓此词用人名多者，当是不解词味。辛词当以《永遇乐·京口北固亭怀古》为第一。"

二、知行合一

1. 学一学：本词用典体现了作者在语言艺术上的特殊成就，利用工具书查阅作者用了哪些典故。

2. 悟一悟：品读苏轼和辛弃疾的词，体会有什么异同点。把你最喜欢他们的一首词读熟成诵。

3. 读一读：朗诵辛弃疾的另一词作，注意体会这首词表达的内容：第一，对国家前途的忧虑；第二，自己在政治上的失意和哀怨；第三，对南宋当权者的不满。

摸鱼儿·更能消几番风雨

辛弃疾

淳熙己亥，自湖北漕移湖南，同官王正之置酒小山亭，为赋

更能消、几番风雨？匆匆春又归去。惜春长怕花开早，何况落红无数。春且住。见说道、天涯芳草迷归路。怨春不语。算只有殷勤，画檐蛛网，尽日惹飞絮。

长门事，准拟佳期又误。蛾眉曾有人妒。千金纵买相如赋，脉脉此情谁诉？君莫舞？君不见、玉环飞燕皆尘土！闲愁最苦。休去倚危栏；斜阳正在、烟柳断肠处。

观书有感二首

（宋）朱熹

其一

半亩方塘[1]一鉴[2]开，天光云影共徘徊。

问渠那得清如许[3]？为有源头活水[4]来。

其二

昨夜江边春水生，艨艟[5]巨舰一毛轻[6]。

向来[7]枉费推移力[8]，此日中流[9]自在行。

注释

[1]方塘：又称半亩塘。 [2]鉴：盛水的青铜大盆，像鉴（镜子）一样照人。 [3]渠：第三人称代词，它，这里指方塘之水。那得：怎么会。清：清澈。如许：如此，这样。为：因为。 [4]源头活水：比喻知识要不断更新和发展的才有活力，就像水的源头一样。 [5]艨艟（méng chōng）：一作“蒙冲”，指大船。 [6]一毛轻：像一片羽毛一般轻盈。 [7]向来：原先，指春水上涨之前。 [8]推移力：指浅水时行船困难，需人推挽而行。 [9]中流：河流的中心。

译文

其一

半亩大的方形池塘像镜子一样展现在眼前，天空的光彩和浮云的影子都在一起移动。

要问为什么那方塘的水会这样清澈呢？是因为有那永不枯竭的源头为它源源不断地输送活水啊。

其二

昨天夜里江边涨起了阵阵春潮，巨大的舰船轻盈得如同一片羽毛。
向来行驶要白费很多推拉力气，今天却能在江水中央自在地顺漂。

导 学

一、作者简介

朱熹（1130 年—1200 年），字元晦，号晦庵，世尊称为朱子。

二、作品简析

这两首诗是描绘“观书”的感受，借助生动的形象揭示深刻的哲理。第一首诗借助池塘水清因有活水注入的现象，比喻不断接受新事物，才能保持思想的进步；第二首借助巨舰无人能推动却能自由航行在水中的现象，比喻艺术创作需要灵感。《观书有感二首》所蕴含的道理属于美学原理，其一的说理角度是欣赏美，其二的说理角度是创作美。全诗寓哲理于生动形象的比喻中，不堕理障，富于理趣，一直为人传诵。

三、知行合一

1. 画一画：这两首诗很美，试着用笔把你想到的景象画出来。
2. 学一学：先背诵这两首诗，再去了解朱熹的生平事迹。
3. 悟一悟：“问渠那得清如许？为有源头活水来”，对我们的学习、生活和工作什么启发？

喜春来·春宴 其二

（金）元好问

梅残玉靥[1]香犹在，柳破金梢眼未开[2]。
东风和气满楼台，桃杏拆[3]，宜唱喜春来。

注释

[1]玉靥：似玉的脸颊，此处指梅花瓣。靥（yè）：面颊。 [2]破：指嫩芽刚出。金梢：嫩黄色的树梢。眼未开：指柳叶未长出，如睡眼没有睁开。 [3]桃杏拆：拆，拆裂。指桃杏的花苞刚裂开。

译文

梅花虽残，那花瓣上香气犹在。柳树抽芽，梢头一片嫩黄色，而柳叶儿还没长出来。春风和煦，吹满楼台。桃杏的花苞儿刚刚裂开，这种情景正该高唱《喜春来》。

导 学

一、作者简介

元好问（1190 年—1257 年），字裕之，号遗山。太原秀容（今山西忻县）人。有《遗山集》等。

二、作品简析

《喜春来·春宴》是组曲四首小令的第二首，刻画人们赏花、折枝、庆春的雅兴。曲中用梅残香犹在、柳眼未开、东风和暖、桃杏绽蕾欲放等句，渲染了一幅美丽的春景图，使人如坐春风。曲文充满春天的生机和欢乐的气氛，舒畅而和谐，在欢乐中透露出作者的政治抱负。

其中第一首写人们欢庆春天的到来，为之相聚排春宴；第三首写人们歌舞欢庆；第四首描写宴会之余寻访、赏玩春花的逸兴。四曲写春天的美好景象，全曲清新婉约，别具风致。

三、知行合一

1. 品一品：有感情地朗读本文，仔细品品人们赏花折枝庆春来的雅兴，感悟梅残香犹在、柳眼未开、东风和暖、桃杏绽蕾的情景。

2. 读一读：积累阅读《喜春来·春宴》其余三首，体会春天的美好。

喜春来·春宴

元好问

其一

春盘宜剪三生菜，春燕斜簪七宝钗。
春风春酝透人怀。春宴排，齐唱喜春来。

其三

梅擎残雪芳心奈，柳倚东风望眼开，
温柔樽俎小楼台。红袖绕，低唱喜春来。

其四

携将玉友寻花寨，看褪梅妆等杏腮，
休随刘阮到天台。仙洞窄，且唱喜春来。

虞美人·听雨

（宋）蒋捷

少年听雨歌楼上，红烛昏罗帐[1]。壮年听雨客舟中，江阔云低、断雁[2]叫西风。

而今听雨僧庐[3]下，鬓已星星[4]也。悲欢离合总无情[5]，一任[6]阶前、点滴到天明。

注释

[1]昏：昏暗。罗帐：床上的纱幔。 [2]断雁：失群孤雁。 [3]僧庐：僧寺，僧舍。 [4]星星：白发点点如星。 [5]无情：无动于衷。 [6]一任：听凭。

译文

年少在歌楼上听雨，红烛盏盏，昏暗的灯光下罗帐轻盈。中年在他乡的小船上看蒙蒙细雨，茫茫江面，水天一线，西风中，失群的孤雁阵阵哀鸣。

而今人到暮年，两鬓白发苍苍，独自一人在僧庐下听细雨点点。人生的悲欢离合也无动于衷，任由阶前的小雨滴到天亮。

导 学

一、作者简介

蒋捷（1245 年—1305 年），字胜欲，号竹山，宋末元初阳羡（今江苏宜兴）人。南宋覆灭，隐居不仕，人称“竹山先生”，其气节为时人所重，有《竹山词》。

二、作品简析

《虞美人·听雨》这首词以“听雨”为媒介，概括出少年、壮年和晚年的特殊感受，将几十年大跨度的时间和空间相融合：少年听雨时的青春怀梦；中年听雨时的失落徊惶；老年听雨时的感伤无奈不可逆转的流程，一生悲欢，尽在雨声中体现。词中的三次听雨是一个双重象征，既象征着一个个体生命的一生，又象征着一个朝代的一生。宋执群说本词是“宋词的挽歌和终曲”。

三、知行合一

1. 读一读：有感情地朗读本词，注意体会蒋捷“用落雨的轻来托起生命的重，是要在写照自己一生的同时，写照出所有人的一生”的独特情怀。

2. 辩一辩：历代文人的笔下，绵绵不断的细雨总是和“愁思”难解难分的，蒋捷本词以“悲欢离合总无情，一任阶前、点滴到天明”这样两句无可奈何的话，总结了他“听雨”的一生。请和同学辩论“悲欢离合总无情”的是与否。

3. 学一学：近代词人王国维的词《蝶恋花·阅尽天涯离别苦》抒写了作者对光阴易逝的感叹，与本词有异曲同工之妙，请你读一读。

蝶恋花·阅尽天涯离别苦

王国维

阅尽天涯离别苦，不道归来，零落花如许。花底相看无一语，绿窗春与天俱暮。

待把相思灯下诉，一缕新欢，旧恨千千缕。最是人间留不住，朱颜辞镜花辞树。

挽文山丞相[1]

（元）虞集

徒把金戈挽落晖[2]，南冠[3]无奈北风[4]吹。
子房[5]本为韩仇出，诸葛宁[6]知汉祚移[7]。
云暗鼎湖龙去远[8]，月明华表[9]鹤归迟。
不须更上新亭[10]望，大不如前洒泪时。

注释

[1]文山丞相：即文天祥。 [2]挽：原指助葬牵引丧车，引申为哀悼。金戈（gē）挽落晖：意谓落日难挽。 [3]南冠：楚冠，比喻囚犯。 [4]北风：宋元诗文多以此比喻北方金元之势力。 [5]子房：即张良，字子房，佐刘邦灭秦兴汉。 [6]诸葛：指诸葛亮。宁：岂。 [7]祚（zuò）：皇位。移：转移。 [8]云暗：比喻宋室的倾覆。鼎湖：传说黄帝铸鼎于荆山下。龙去远：比喻宋室倾覆而难以复兴，亦隐喻宋帝赵昺之死。 [9]华表：立在宫殿、城垣、坟墓前的石柱。 [10]新亭：又名劳劳亭，故址在今江苏南京市南。

译文

您想同鲁阳公一样挥动金戈挽回落日，却是徒劳。被俘入狱，眼见蒙古如北风劲吹日益横骄。

张良本为韩国复兴而出，最终没能达到目的。诸葛亮鞠躬尽瘁，汉家终于灭亡岂能料到。

鼎湖云天黯淡，皇上早已乘龙远逝，迟迟不见您化成白鹤归来，停留在故乡的华表。

请不要再上新亭极目远眺，如今局势已大不如过江诸人流泪时的晋朝。

导学

一、作者简介

虞集（1272 年—1348 年），字伯生，号道园，世称邵庵先生，祖籍成都仁寿（今眉山市仁寿县），临川崇仁（今江西省抚州市崇仁县）人，南宋虞允文五世孙。元朝官员、诗人。虞集素负文名，曾领修《经世大典》，著有《道园学古录》《道园遗稿》等。

二、作品简析

《挽文山丞相》是一首哀悼文天祥的七言律诗。诗人在前两联用张良为韩复仇、诸葛亮匡扶蜀汉等典故，赞颂文天祥恢复宋室，欲挽狂澜于既倒的英雄气概；颈联表现诗人对宋朝的留恋和对英雄的思念；尾联用东晋过江诸人新亭对哭一事，直抒心中悲痛。这首诗以用典用事为长，既突出一个“挽”字，又有诗人自己的隐痛。陶宗仪《辍耕录》评本诗：“读此诗而不泣下者几希。”顾奎光《元诗选》评本诗：“意到，气到，神到；挽文山诗，此为第一。”

三、知行合一

1. 读一读：有感情地朗诵本诗，想想作者把文天祥比作张良和诸葛亮的原因是什么。

2. 悟一悟：阅读文天祥《正气歌》，感悟其“浩然正气贯日月”的英雄气概。

3. 学一学：朗读文天祥诗《过零丁洋》，加深对本文的理解。

过零丁洋

文天祥

辛苦遭逢起一经，干戈寥落四周星。
山河破碎风飘絮，身世浮沉雨打萍。
惶恐滩头说惶恐，零丁洋里叹零丁。
人生自古谁无死，留取丹心照汗青。

题苏武牧羊图

（元）杨维桢

未入麒麟阁[1]，时时望帝乡[2]。
寄书元有雁，食雪不离羊[3]。
旄尽风霜节[4]，心悬日月光。
李陵[5]何以别，涕泪满河梁[6]。

注释

[1]麒（qí）麟（lín）阁：汉代阁名，画功臣像于其上，苏武是第十一人。 [2]帝乡：京城。 [3]寄书元有雁，食雪不离羊：意为苏武北海牧羊时茹毛饮血，雁足传书。 [4]旄（máo）尽风霜节：指苏武持节牧羊，卧起操持，节旄尽落。旄：旗杆或节杖头上用牦牛尾做装饰的旗子。风霜节：比喻节操高洁。 [5]李陵：西汉将领，率兵击匈奴时，兵败投降，苏武归汉时，李陵曾置酒相送。 [6]河梁：桥梁。

译文

不期望麒麟阁的画像，也时时把故国遥望。

大雁送来苏武的音信，他即便身处恶劣的环境，也不忘汉使的节杖。

节杖虽已被风霜磨损，心中却有日月的光芒。

李陵送别了归国的苏武，不断的泪水洒满河梁。

导 学

一、作者简介

杨维桢（1296 年—1370 年），字廉夫，号铁崖，又号东维子，山阴（今浙江绍兴）人。元末明初诗人、书画家。有《东维子集》等近 20 种。

二、作品简析

《题苏武牧羊图》因苏武牧羊图而作。这首题画诗既写了苏武啮雪吞毡和冰天雪地中的持节牧羊，又写了他与降将李陵的相别，以李陵的羞愧痛苦来映衬苏武的高风亮节，还写了苏武回朝后，在甘露三年被图画于麒麟阁的光荣。短短八句诗，概括了苏武光辉而又经受无数磨难的一生，歌颂了苏武威武不屈、贫贱不移的气节，悲壮深沉，慷慨激越。

三、知行合一

1. 读一读：有感情地朗诵本诗，要读出赞颂、悲壮和肯定的情感来。

2. 讲一讲：把你知道的“苏武”“李陵”两人的故事讲给大家听。

3. 想一想：作为一个中国人，在和平时期你怎样为国家做贡献？如果民族面临危难时，你会怎样报效祖国？

寿阳曲·远浦帆归[1]

马致远（元）

夕阳下，酒旆[2]闲，两三航[3]未曾着岸[4]。
落花水香茅舍晚，断桥头卖鱼人散。

注释

[1]寿阳曲：曲牌名，又名“落梅风”。浦：水边。 [2]酒旆（pèi）：酒店的旗帘。旆，古代一边像燕尾的旗。 [3]两三航：两三只船。航：船。 [4]着岸：靠岸。

译文

夕阳西下，酒旗安闲地悬在门前，显得宁静闲适。江上还有两三只小船儿还未曾靠岸。

落花在水面弥漫着香气，茅舍进入了夜色之中。断桥头上卖鱼的人都已走散。

导 学

一、作者简介

马致远（1255 年—1321 年），号东篱，大都（今北京）人，元曲作家。与关汉卿、郑光祖、白朴并称“元曲四大家”。其散曲成就尤为世所称，有辑本《东篱乐府》。

二、作品简析

《远浦帆归》这支小令描绘的是一幅江村渔人晚归图，仅用二十七个字便描摹出江南的闲适生活，既写小镇黄昏归舟的美景，又写出渔人劳作后的轻松喜悦。境界清淡闲远，远浦、酒旗、断桥、茅舍，远景、近景描绘的是一幅水村黄昏的风景画，显示出疏淡旷雅、平和静穆的美。

三、知行合一

1. 诵一诵：有感情地诵读本诗，想象作者描写的江南渔村美景。
2. 想一想：读下面的诗，想一想主题和本曲有什么不同。

远浦帆归

揭西斯

冥冥何处来，小楼江上开。

长恨风帆色，日日误郎回。

3. 读一读：朗读马致远的《天净沙·秋思》，结合本曲，体会好在哪里。

天净沙·秋思

马致远

枯藤老树昏鸦，小桥流水人家，古道西风瘦马。

夕阳西下，断肠人在天涯。

美

智慧教育读库

明清诗话

龙潭夜坐

（明） 王阳明

何处花香入夜清？石林茅屋隔溪声。
幽人[2]月出每孤往，栖鸟山空时一鸣。
草露不辞芒屦[3]湿，松风偏与葛衣[4]轻。
临流欲写猗兰[5]意，江北江南无限情。

注释

[1]潭：指滁州的龙池。　[2]幽人：幽隐之人。　[3]芒屦（jù）：草鞋。　[4]葛（gé）衣：泛指夏季衣服。　[5]猗（yī）兰：即《猗兰操》，也称《幽兰操》，琴曲名。

译文

哪来的夜花香气清？石林的茅屋隔溪声。
隐者月出每每独往，鸟在空山偶尔一鸣。
草鞋不怕露珠湿，松风偏爱葛衣轻。
水边想写《猗兰操》，江南江北无限情。

导学

一、作者简介

王阳明（1472 年—1529 年），字伯安，别号阳明，浙江余姚人。明代心学集大成者。

二、作品简析

《龙潭夜坐》通过描写夜色中清幽淡雅的花香、潺潺的溪水声、鸟儿的鸣叫声以及草上露水、松林之风，渲染了月夜的静谧氛围，凸显了诗人月下独行的落寞心境。全诗写龙潭夜景，一片清幽，含蓄委婉地抒发了诗人厌倦官场，眷然归与的思想感情，同时以“无限情”抒发自己不因失意而消沉的情怀。钱谦益说本诗“俊爽之气，往往涌出于行墨之间”。

三、知行合一

1. 读一读：选一清静之地，想象本诗意境，体会作者情感，小声吟诵本诗。

2. 赏一赏：欣赏书法作品，加深对本文的理解。

3. 议一议：与教师和家长一起学习下面王阳明《月夜》两首诗，体会王阳明诗歌的意境。

月夜

王阳明

其一

万里中秋月正晴，四山云霭忽然生。
须臾浊雾随风散，依旧青天此月明。
肯信良知原不昧，从他外物岂能撄。
老夫今夜狂歌发，化作钧天满太清。

其二

处处中秋此月明，不知何处亦群英？
须怜绝学经千载，莫负男儿过一生！
影响尚疑朱仲晦，支离羞作郑康成。
铿然舍瑟春风里，点也虽狂得我情。

水仙子·瓦匠

（明）陈铎

东家壁土恰涂交[1]，西舍厅堂初瓦[2]了，南邻屋宇重修造。弄泥浆直到老，数十年用尽勤劳。金张第[3]游麋鹿，王谢宅[4]长野蒿，都不如手镘[5]坚牢。

注释

[1]恰涂交：才涂好。 [2]瓦（wà）：用瓦盖屋。 [3]金张第：指豪门世族之家。金张，汉宣帝时的金日磾和张安世，此两家在汉朝世代显贵。第，第宅。 [4]王谢宅：指高门望族。王谢，东晋士族王导和谢安，后世为高门世族的代称。 [5]手镘（màn）：泥瓦匠涂泥的工具，俗称“抹子”。

译文

东家壁墙刚涂好，西舍厅堂又盖新瓦，南邻屋宇重新修造。摆弄泥浆直到老，数十年勤劳不断。金张的府第麋鹿游荡，王谢豪宅长满野蒿，都不如泥瓦匠用手镘劳动更坚固。

导学

一、作者简介

陈铎（1488 年—1521 年），字大声，号秋碧、七一居士，明代散曲作家。下邳（今江苏邳州）人。工诗善画，精通音律，善弹琵琶，常常牙板随身，高歌一曲，被教坊子弟称为“乐王”。著有词集《草堂余意》等。

二、作品简析

《水仙子·瓦匠》这首散曲，用方言口语和对比手法，通过对瓦匠辛勤劳作的描写，写出瓦匠在劳动中傲视一切、睥睨荣华富贵的高大形象，对泥瓦匠的勤劳给予很高的评价，表现出对勤劳美德的赞美，还蕴含富贵如云不如手艺在身，世事沧桑，富贵荣华不足羡之意。金启华《中国古代文学作品选》评本曲："这篇作品描写了瓦匠繁忙的劳动和勤劳的品质，歌颂他们劳动的价值。"

三、知行合一

1. 读一读：用不同方言和普通话大声诵读本曲，体会不同的意境。

2. 想一想：像"家有千金，不如薄技随身""手艺胜于一切珠宝（俄罗斯）"讲技能重要性的名言很多，你认为应该如何掌握一门好的技艺？

3. 访一访：查看家乡的瓦房，向老年人了解制烧瓦的过程，从中体会劳动人民的勤劳和智慧。

渡易水

（明）陈子龙

并刀[1]昨夜匣中鸣[2]，燕赵[3]悲歌最不平。

易水潺湲[4]云草碧，可怜无处送荆卿[5]！

注释

[1]并刀：指宝刀、宝剑。 [2]匣中鸣：古人形容壮士复仇心切，常说刀剑在匣子里发出叫声。 [3]燕赵：战国时的两个诸侯国。 [4]易水：古时燕国南的大河。潺湲：河水缓缓流动的样子。 [5]荆卿：即荆轲。

译文

昨天夜里，并刀在匣子发出忧愤的声音，燕赵这一带自古多义士，慷慨悲歌，意气难平。

易水缓缓地流着，天青草绿，河山依旧，可惜到哪里再去找荆轲那样的壮士，来为他送行呢？

导 学

一、作者简介

陈子龙（1608 年—1647 年），字人中，南直隶松江华亭（今上海市松江区）人，明朝末年文学家、爱国英雄。主编《皇明经世文编》，删改徐光启《农政全书》并定稿，有《陈忠裕公全集》。

二、作品简析

《渡易水》前两句写出了为国尽忠的壮怀激烈；后两句与前两句对比，感叹物是人非，山河破碎。这首诗怀古感今，把对现实的强烈抒情融于深沉的咏史之中，洋溢着磊落不平之气，体现了晚明爱国诗人忧国忧民、悲壮忧郁的人格。复旦大学古籍所研究院钱振民《历代绝句精华鉴赏辞典》：“借古伤今，是这首诗的显著特色。诗人信手拈来为人熟知的古人古事，抒写胸中的感慨和对师长的思念，大大增强了诗的感染力，全诗笼罩着一层浓重的感伤色彩。”

三、知行合一

1. 背一背：有感情地朗读本文，读出慷慨激昂情感，并背诵本文。

2. 讲一讲：搜集荆轲的资料，开一个故事会，看看谁讲得更生动具体。

3. 学一学：荆轲也称庆卿、荆卿、庆轲，战国时期著名刺客，他的故事生动有趣。历代文人评写荆轲，大相径庭，请你阅读下面的诗词体会一二。

易水怀古

贾岛

荆卿重虚死，节烈书前史。
我叹方寸心，谁论一时事。
至今易水桥，寒风兮萧萧。
易水流得尽，荆卿名不消。

易水行

何景明

寒风夕吹易水波，渐离击筑荆卿歌。
白衣洒泪当祖路，日落登车去不顾。
秦王殿上开地图，舞阳色沮那敢呼？
手持匕首摘铜柱，事已不成空骂倨。
吁嗟呼！
燕丹寡谋当灭身，田光自刎何足云？惜哉枉杀樊将军。

咏笼莺

（清）纳兰性德

何处金衣客[1]，栖栖翠幕[2]中。
有心惊晓梦，无计啭[3]春风。
漫[4]逐梁间燕，谁巢[5]井上桐。
空将云路翼，缄恨[6]在雕笼[7]。

注释

[1]金衣客：即黄莺。 [2]栖栖（qī）：忙碌不安的样子。翠幕：绿色的纱帐，借指富贵之家。 [3]啭：鸟儿婉转地叫。 [4]漫：随意，不受约束。 [5]巢：做动词，筑巢。 [6]缄恨：衔恨。 [7]雕笼：指雕刻精致的鸟笼。

译文

哪里来的黄莺鸟，在这翠幕之中焦躁不安？
有意将睡梦惊醒，却没办法叫来春风。
梁上的燕子嬉戏追逐，谁在井边的桐树上筑巢。
可惜这双本该飞翔的翅膀，含恨收敛在雕笼之中。

导 学

一、作者简介

纳兰性德（1655 年—1685 年），叶赫那拉氏，字容若，号楞伽山人，原名纳兰成德，因避讳太子保成而改名纳兰性德。满洲正黄旗人，清朝初年词人。著有《通志堂集》《侧帽集》《饮水词》等。

二、作品简析

《咏笼莺》是纳兰性德所作的五言律诗。前两联从三个方面照应诗题中的“笼”字：从动作方面描写黄莺被迫在笼中栖息；从心理方面写黄莺在笼中焦躁不安；从声音方面写黄莺在笼中感受不到春的温馨而悲啼的情状。所以，虽未提到一个“笼”字，但写出了“笼”这个特殊环境对莺的影响。最后两句承上总结，抒发感情，千言万语汇集在一个“恨”字上，寄托了作者追求自由的思想。安徽大学古籍整理研究所副研究员宛新彬《元明清诗鉴赏辞典》：“这首诗的可贵在于咏笼莺既不颂其富丽华贵，亦不写闺怨的凄切悲伤，而是挑明矛盾，怒目以视，争取自由。”

三、知行合一

1. 背一背：背诵并默写本文，注意读准字音，不写错字。

2. 想一想：词中诗人借黄莺表达了怎样的感情？

3. 读一读：课外阅读纳兰性德作品，把你喜欢的作品和同学们一起分享。

弟子规

（清）李毓秀

总　叙

弟子规　圣人训　首孝弟　次谨信

泛爱众　而亲仁　有余力　则学文

入则孝

父母呼　应勿缓　父母命　行勿懒

父母教　须敬听　父母责　须顺承

冬则温　夏则清　晨则省　昏则定

出必告　反必面　居有常　业无变

事虽小　勿擅为　苟擅为　子道亏

物虽小　勿私藏　苟私藏　亲心伤

亲所好　力为具　亲所恶　谨为去

身有伤　贻亲忧　德有伤　贻亲羞

亲爱我　孝何难　亲憎我　孝方贤

亲有过　谏使更　怡吾色　柔吾声

谏不入　悦复谏　号泣随　挞无怨

亲有疾　药先尝　昼夜侍　不离床

丧三年　常悲咽　居处变　酒肉绝

丧尽礼　祭尽诚　事死者　如事生

出则弟

兄道友　弟道恭　兄弟睦　孝在中

财物轻　怨何生　言语忍　忿自泯

或饮食　或坐走　长者先　幼者后

长呼人　即代叫　人不在　己即到

称尊长 勿呼名 对尊长 勿见能

路遇长 疾趋揖 长无言 退恭立

骑下马 乘下车 过犹待 百步余

长者立 幼勿坐 长者坐 命乃坐

尊长前 声要低 低不闻 却非宜

进必趋 退必迟 问起对 视勿移

事诸父 如事父 事诸兄 如事兄

谨

朝起早 夜眠迟 老易至 惜此时

晨必盥 兼漱口 便溺回 辄净手

冠必正 纽必结 袜与履 俱紧切

置冠服 有定位 勿乱顿 致污秽

衣贵洁 不贵华 上循分 下称家

对饮食 勿拣择 食适可 勿过则

年方少 勿饮酒 饮酒醉 最为丑

步从容 立端正 揖深圆 拜恭敬

勿践阈 勿跛倚 勿箕踞 勿摇髀

缓揭帘 勿有声 宽转弯 勿触棱

执虚器 如执盈 入虚室 如有人

事勿忙 忙多错 勿畏难 勿轻略

斗闹场 绝勿近 邪僻事 绝勿问

将入门 问孰存 将上堂 声必扬

人问谁 对以名 吾与我 不分明

用人物 须明求 倘不问 即为偷

借人物 及时还 后有急 借不难

信

凡出言　信为先　诈与妄　奚可焉
话说多　不如少　惟其是　勿佞巧
奸巧语　秽污词　市井气　切戒之
见未真　勿轻言　知未的　勿轻传
事非宜　勿轻诺　苟轻诺　进退错
凡道字　重且舒　勿急疾　勿模糊
彼说长　此说短　不关己　莫闲管
见人善　即思齐　纵去远　以渐跻
见人恶　即内省　有则改　无加警
唯德学　唯才艺　不如人　当自砺
若衣服　若饮食　不如人　勿生戚
闻过怒　闻誉乐　损友来　益友却
闻誉恐　闻过欣　直谅士　渐相亲
无心非　名为错　有心非　名为恶
过能改　归于无　倘掩饰　增一辜

泛爱众

凡是人　皆须爱　天同覆　地同载
行高者　名自高　人所重　非貌高
才大者　望自大　人所服　非言大
己有能　勿自私　人所能　勿轻訾
勿谄富　勿骄贫　勿厌故　勿喜新
人不闲　勿事搅　人不安　勿话扰
人有短　切莫揭　人有私　切莫说
道人善　即是善　人知之　愈思勉
扬人恶　即是恶　疾之甚　祸且作

善相劝　德皆建　过不规　道两亏
凡取与　贵分晓　与宜多　取宜少
将加人　先问己　己不欲　即速已
恩欲报　怨欲忘　报怨短　报恩长
待婢仆　身贵端　虽贵端　慈而宽
势服人　心不然　理服人　方无言

亲仁

同是人　类不齐　流俗众　仁者希
果仁者　人多畏　言不讳　色不媚
能亲仁　无限好　德日进　过日少
不亲仁　无限害　小人进　百事坏

余力学文

不力行　但学文　长浮华　成何人
但力行　不学文　任己见　昧理真
读书法　有三到　心眼口　信皆要
方读此　勿慕彼　此未终　彼勿起
宽为限　紧用功　工夫到　滞塞通
心有疑　随札记　就人问　求确义
房室清　墙壁净　几案洁　笔砚正
墨磨偏　心不端　字不敬　心先病
列典籍　有定处　读看毕　还原处
虽有急　卷束齐　有缺坏　就补之
非圣书　屏勿视　蔽聪明　坏心志
勿自暴　勿自弃　圣与贤　可驯致

导学

一、作品简析

李毓秀（1647 年—1729 年），字子潜，号采三，清初学者、教育家，终身致力于治学、教书、育人、报国，主要著作有《弟子规》。

二、作品简析

《弟子规》原名《训蒙文》，全书以通俗的文字、三字韵的形式，阐述了学习的重要、做人的道理以及待人接物的礼貌常识等，是一部蒙学经典。全书分为七个科目，即孝、悌、谨、信、爱众、亲仁、学文，其核心思想是儒家的孝悌仁爱，堪称道德教科书。

习近平指出："各级领导干部应该读读《弟子规》。"

三、知行合一

1. 背一背：本文较长，请您和同学比赛一下，看看谁背得又快又好。

2. 悟一悟：本文的句子浅显易懂，但含义深刻，希望你认真体会，结合实际去检验和实践。

独秀峰

（清）袁枚

来龙去脉[2]绝无有，突然一峰插南斗[3]。
桂林山水奇八九，独秀峰尤冠其首。
三百六级登其巅，一城烟水来眼前。
青山尚且直如弦，人生孤立何伤[4]焉？

注释

[1]独秀峰：位于桂林市，以平地孤拔，无他峰相对，故名。 [2]来龙去脉：旧时堪舆（风水先生）以山势为龙，以山势起伏连绵为龙脉。 [3]南斗：星宿名，在南天。 [4]伤：妨碍。

译文

找不到来龙去脉，只见一座高峰突然出现，直插蓝天。

桂林山水本来就十有八九奇绝卓异，而独秀峰更是首屈一指。

三百多级阶梯拾级而上才到达峰巅，全城风光尽在眼前，但见轻雾弥漫，碧波荡漾。

青山尚且可以矗立如琴弦，人生遗世独立又有何妨碍！

导 学

一、作者简介

袁枚（1716 年—1798 年），字子才，号仓山居士、随园老人。钱塘（今浙江省杭州市）人，祖籍浙江慈溪。与赵翼、张问陶并称“性灵派三大家”，有《小仓山房文集》《随园诗话》及《随园诗话补遗》《随园食单》《子不语》等。

二、作品简析

袁枚晚年重游桂林所作《独秀峰》，从中鲜明地感受到“性灵”说的审美追求。诗的前六句描摹独秀峰的孤立，平淡无奇，突然笔锋一转由山峰说到做人：为人正直有时可能会被孤立，这也同独秀峰一样，有独秀之美，不必为此烦恼。题名为“独秀峰”，诗人以“来龙去脉绝无有，突然一峰插南斗”这种突兀的笔触，夸饰性的语言，横空劈来，一个“插”字生动地突现出独秀峰孤峰横插、直冲云霄的不凡气势，显示了独秀峰的动态美；也表达了一种积极、乐观的情怀。

三、知行合一

1. 读一读：有感情地朗读本诗，注意读准字音。

2. 议一议：细读本诗，说说袁枚通过这首诗写出了自己怎样的处境和心境。

3. 比一比：宋代张琮也写过一首《独秀峰》诗，你更喜欢哪首诗？

独秀峰

（宋）张琮

原隰驰驱过一冬，好山何处不相逢。
层峦叠嶂分高下，翠霭晴岚晕淡浓。
小至停车休作暇，迁来携酒款从容。
千崖竞秀吾乡远，只在南容独秀峰。

论诗五首·其二

（清）赵翼

李杜[1]诗篇万口传，
至今已觉不新鲜。
江山代有才人[2]出，
各领风骚[3]数百年。

注释

[1]李杜：指李白和杜甫。 [2]才人：有才情的人。 [3]风骚：指《诗经》中的“国风”和屈原的《离骚》，后来把关于诗文写作的事叫“风骚”，这里指在文学上有成就的“才人”的崇高地位和深远影响。

译文

李白和杜甫的诗篇曾经被成千上万的人传颂，
现在读起来感觉已经没有什么新意了。
国家代代都有很多有才情的人，
他们的诗篇文章以及人气都会流传数百年（流芳百世）。

导 学

一、作品简析

赵翼（1727 年—1814 年），字云崧（一作耘崧），号瓯北，别号三半老人。常州府阳湖县（今江苏省常州市）人，清中期史学家、诗人、文学家，与袁枚、张问陶并称清代性灵派三大家。

二、作品简析

此诗表达了作者提倡在诗词创作上要有时代精神和个性特点，大胆创新，反对沿袭守旧。诗歌要告诉我们的道理是：时代在发展，人类在进步，年轻人应该有自己的理想、抱负，创造美好的未来。诗歌中的后两句“江山代有才人出，各领风骚数百年”是广为传诵的名句，世人常常用这句诗来赞美人才辈出，或表示一代新人替换旧人，或新一代的崛起，就如滚滚长江，无法阻拦。

三、知行合一

1. 背一背：本文短小，内容丰富，写法严谨，请你熟读并背诵。

2. 学一学：《论诗五首》是清代诗人赵翼所作的五首组诗，此组诗为七言绝句，诗歌语言浅近，直抒胸臆，表达了作者对诗歌创作的卓越见解。课余阅读《论诗五首》的其余四首，仔细体会“作者论诗的核心与灵魂是发展与创作”。

论诗五首

其一

满眼生机转化钧，天工人巧日争新。
预支五百年新意，到了千年又觉陈。

其三

只眼须凭自主张，纷纷艺苑漫雌黄。
矮人看戏何曾见，都是随人说短长。

其四

少时学语苦难圆，只道工夫半未全。
到老始知非力取，三分人事七分天。

其五

诗解穷人我未空，想因诗尚不曾工。
熊鱼自笑贪心甚，既要工诗又怕穷。

富春至严陵山水甚佳·其二

（清）纪昀

浓似春云淡似烟，参差[2]绿到大江边。
斜阳流水推篷[3]坐，翠色随人欲上船。

注释

[1]富春：这里指富春江。严陵：指富春山。 [2]参差（cēn cī）：长短、高低、大小不齐。 [3]推篷：拉开船篷。

译文

这里的山色好似春天的云彩，又好似薄烟，参差不齐的树影映在江面。夕阳斜下，不禁推开船篷坐下，山水一片翠色似乎涌上了船头。

导 学

一、作者简介

纪昀（1724 年—1805 年），字晓岚，号石云，道号观弈道人、孤石老人，直隶河间府献县人，任《四库全书》总纂，著有《阅微草堂笔记》等。

二、作品简析

这首诗描绘富春江山明水秀的景色，犹如诗情画意的山水画：处处青翠碧绿：两岸山峦林木茂密；江中绿水涟漪，甚至让作者感到这一片翠色紧紧地追随着他涌上了船头。诗歌赋予富春江活的生命，语言清朗，比喻生动。

三、知行合一

1. 读一读：朗诵《富春至严陵山水甚佳》四首诗，如能背诵就更好了。

2. 写一写：景物描写多与作者心境相关，请你写一处景物，注意表达自己的情感。

3. 学一学：《富春至严陵山水甚佳》是纪昀船过杭州，乘船沿富春江向西南方逆水缓行观景之作的四首组诗。第一首写船出杭州时的第一印象；第二首写船行之中对沿江风光的瞬间感受；第三首则是概括地抒发他对这一带风景的总的观感；最后一首写的是过了桐庐之后，他见到的湖山风光。请你学一学其他三首。

富春至严陵山水甚佳

纪昀

其一

沿江无数好山迎，才出杭州眼便明。
两岸蒙蒙空翠合，琉璃镜里一帆行。

其三

烟水萧疏总画图，若非米老定倪迂。
何须更说江山好，破屋荒林亦自殊。

其四

金碧湖山作队看，沙鸥却占子陵滩。
武林旧事依稀记，待诏街头卖牡丹。

二峨山洞遂至后山

（清）毛澂

紫芝被崖长，绛叶疑猪肝，
高敞容千人，洒淅毛发寒。

导 学

一、作者简介

毛澂（1843年—1906年），字蜀云，号瀚丰，清道光三十三年（1843年）生于四川眉山市仁寿县镇子场（今骑虎乡）。光绪三年（1876年），以县学考取优贡第一，光绪六年（1880年）会试中进士，殿试三甲，朝考第一，授翰林院庶吉士。毛澂历任知县二十余年，勤政爱民，不治家产，死后囊空如洗。在任时，公务之暇博览群书，著有《群经通释》《三礼博义》《稚澥诗集》等。现代版《仁寿县志》对毛澂单独列传。

二、作品简析

清朝末期，曾创立“仁寿学派”的翰林进士毛澂，曾数次翻越二峨山，去尊经书院求学，去山东诸县任职，并树立“以民为本，清廉做官”的形象。在某山洞避雨后，毛澂欣然命笔，为二峨山题诗，名曰《二峨山洞遂至后山》:“紫芝被崖长，绛叶疑猪肝，高敞容千人，洒淅毛发寒。”这是文人墨客为二峨山的首度吟咏，无疑为二峨山文化铺下了一块厚重的基石。

三、知行合一

1. 背一背：朗读和背诵本诗，想一想写的是家乡哪处风光，看能不能找出来。

2. 查一查：查阅《仁寿文史》第六辑和第八辑、《仁寿县志》了解毛澂的生平事迹，如能实地考察更好。

3. 学一学：阅读毛澂的诗《峨眉县》。

峨眉县

毛澂

古槐夹道小邮亭，蜡树平田岁暮青。
水色过清知雪化，土膏微冷带云腥。
农分供石争山界，僧送春茶入县庭。
只有中峨看不足，乍如眉影乍如屏。

美

智慧教育读库

现代文风

忆秦娥·娄山关[1]

毛泽东

西风烈[2]，长空雁叫霜晨月。霜晨月，马蹄声碎[3]，喇叭[4]声咽[5]。

雄关[6]漫道真如铁，而今迈步[7]从头越。从头越，苍山如海，残阳如血。

注释

[1]忆秦娥：词牌名。娄山关：又称娄关、太平关，贵州遵义北大娄山的最高峰上。 [2]西风烈：烈，凛烈、猛风。 [3]碎：碎乱。 [4]喇叭：即军号。 [5]咽：呜咽、幽咽。 [6]雄关：雄壮的关隘，指娄山关。 [7]迈步：大踏步。

译文

西风正壮烈地吹送，大雁鸣霜、晓月当空。晓月当空，嗒嗒的马蹄令人心碎，军号声声沉郁低回。

不要说群山起伏像铁般难以逾越，而今让我们重振旗鼓向前。重振旗鼓向前，茫茫青山如大海，夕阳光华赤如血。

导 学

一、作者简介

毛泽东（1893 年—1976 年），字润之，湖南湘潭人。伟大的马克思主义者，无产阶级革命家、战略家和理论家，中国共产党、中国人民解放军和中华人民共和国的主要缔造者和领导人。

二、作品简析

此词写于1935年2月娄山关激战之后，最早发表于1957年1月的《诗刊》上。以娄山关之战为题材，写翻越娄山关的行军情景，表达胜利后的所见所闻所感。此词上阕写景，下阕抒情，从内到外勾勒出一幅雄浑壮阔的冬夜行军图，描画了红军长征中征战娄山关的激烈场景，表现了作者面对失利和困难从容不迫的气度和胸怀。这首词告诉我们：笑看风云起，即使面临绝境，也要乐观向上，积极找寻一线生机。现代文学家成仿吾《长征回忆录》:“这首词生动地描写了当年红军指战员从拂晓出发到傍晚结束战斗的动人情景。”李朝全《诗歌百年经典》:“这是一首气势豪迈的词。”

三、知行合一

1. 背一背：了解本词大意，有感情地朗读并背诵这首词。

2. 说一说：“雄关漫道真如铁，而今迈步从头越”表现了词人怎样的心情？请简要分析一下。

3. 学一学：此词写于娄山关激战之后，以娄山关之战为题材，请查找相关资料，给同学们分享相关故事。

七律·到韶山

毛泽东

别梦[1]依稀咒逝川[2]，故园[3]三十二年前。
红旗[4]卷起农奴戟[5]，黑手[6]高悬霸主鞭[7]。
为有牺牲多壮志，敢教日月换新天[8]。
喜看稻菽千重浪[9]，遍地英雄下夕烟[10]。

注释

[1]别梦：指离别之后，不能忘怀，家乡与故人常出现在梦中。[2]咒：诅咒、痛恨，这里只是恨的意思。逝川：流去的水，比喻流逝的光阴。 [3]故园：故乡，指韶山。 [4]红旗：革命的旗帜，象征中国共产党的领导。 [5]农奴：指旧中国受奴役的贫苦农民。戟：古代的一种刺杀武器。 [6]黑手：比喻反动派。 [7]霸主鞭：指反革命武装，即蒋介石反动武装。 [8]敢教：能令、能使。日月换新天：谓半封建半殖民地的旧中国变为社会主义新中国。 [9]千重浪：一层层波浪，喻指随风起伏的大片庄稼。 [10]英雄：此指新中国的农民。下夕烟：从黄昏时的炊烟和暮霭中归来。

译文

离别后多少梦境在诅咒岁月的流逝，我的故乡啊，与你一别已过了三十二年。红旗漫卷吹动农民的武装，而敌人却高高举起霸主的皮鞭。

因为太多的壮志才会有牺牲，但我敢令天地翻覆换一副新颜。再喜看大片庄稼如浪涛滚滚，尽是农民英雄们在暮色中收工归来。

导学

一、作品简析

《七律·到韶山》记述毛泽东回到阔别32年的故乡时的感受，通过对韶山人民革命历史的回顾，以及对人民公社社员热情劳动而喜获丰收的描绘，赞扬了艰苦卓绝的战斗精神，歌颂了中国人民战天斗地的风貌，鲜明体现了毛泽东高远的思想境界。这首诗以景写意，虚实结合，动静相应，既写登高望远的景致，也写极目远眺的情怀。

二、知行合一

1. 读一读：毛泽东离别了32年才回到他的故乡，32年前的沉痛回忆、32年间的革命变迁、32年后的光辉灿烂，56个字概括了32年的革命史！请站在作者本人的角度朗读本诗。

2. 走一走：韶山是毛泽东同志的故乡，是全国著名革命纪念地，建议你在暑期和家长前去瞻仰。

3. 学一学：毛泽东1965年6月25日回到故乡韶山，6月29日于百忙中登山览胜，借景抒情，写了雄伟豪迈的《七律·登庐山》，请你品读。

七律·登庐山

毛泽东

一山飞峙大江边，跃上葱茏四百旋。
冷眼向洋看世界，热风吹雨洒江天。
云横九派浮黄鹤，浪下三吴起白烟。
陶令不知何处去，桃花源里可耕田？

七绝·为女民兵题照[1]

毛泽东

飒爽[2]英姿五尺枪，曙[3]光初照演兵场[4]。

中华儿女多奇志[5]，不爱红装[6]爱武装[7]。

注释

[1]题照：为照片题字或题诗。 [2]飒爽：豪迈而矫健。 [3]曙：天刚亮。 [4]演兵场：练兵场。 [5]奇志：不平凡的志向。 [6]红装：红艳的装扮。 [7]武装：战士的装束。

译文

黎明时的阳光刚刚照到进行军事训练的场地，女民兵英俊威武的风姿，勇健敏捷、神采飞扬地持着五尺枪。

中华儿女志向不凡，不爱华丽浓艳的服饰，而爱革命的武装。

导学

一、作品简析

《七绝·为女民兵题照》是毛泽东在 1961 年为身边一位参加民兵训练的工作人员个人照题写的七言绝句。通过对女民兵军事训练的勾画，描绘了中国妇女前所未有的飒爽英姿，赞美她们“巾帼不让须眉”的英雄气概，颂扬了新中国妇女崭新的时代风貌和保卫祖国的不平凡志气。

二、知行合一

1. 读一读：结合本诗歌曲，理解诗歌韵律，有感情地朗读本文，默写本诗。

2. 品一品：毛泽东书法作品《七绝·为女民兵题照》。

3. 学一学：毛泽东词作《蝶恋花·答李淑一》寄托了毛泽东对夫人杨开慧烈士和亲密战友柳直荀烈士的无限深情，以及对革命先烈的深切悼念和崇高敬意，和本诗一样歌颂了革命精神。请你学习并背诵。

蝶恋花·答李淑一

毛泽东

我失骄杨君失柳，杨柳轻飏直上重霄九。问讯吴刚何所有，吴刚捧出桂花酒。

寂寞嫦娥舒广袖，万里长空且为忠魂舞。忽报人间曾伏虎，泪飞顿作倾盆雨。

愚公移山

毛泽东

我们开了一个很好的大会。我们做了三件事：第一，决定了党的路线，这就是放手发动群众，壮大人民力量，在我党的领导下，打败日本侵略者，解放全国人民，建立一个新民主主义的中国。第二，通过了新的党章。第三，选举了党的领导机关中央委员会。今后的任务就是领导全党实现党的路线。我们开了一个胜利的大会，一个团结的大会。代表们对三个报告发表了很好的意见。许多同志作了自我批评，从团结的目标出发，经过自我批评，达到了团结。这次大会是团结的模范，是自我批评的模范，又是党内民主的模范。

大会闭幕以后，很多同志将要回到自己的工作岗位上去，将要分赴各个战场。同志们到各地去，要宣传大会的路线，并经过全党同志向人民作广泛的解释。

我们宣传大会的路线，就是要使全党和全国人民建立起一个信心，即革命一定要胜利。首先要使先锋队觉悟，下定决心，不怕牺牲，排除万难，去争取胜利。但这还不够，还必须使全国广大人民群众觉悟，甘心情愿和我们一起奋斗，去争取胜利。要使全国人民有这样的信心：中国是中国人民的，不是反动派的。中国古代有个寓言，叫做“愚公移山[1]”。说的是古代有一位老人，住在华北，名叫北山愚公。他的家门南面有两座大山挡住他家的出路，一座叫做太行山，一座叫做王屋山。愚公下决心率领他的儿子们要用锄头挖去这两座大山。有个老头子名叫智叟的看了发笑，说是你们这样干未免太愚蠢了，你们父子数人要挖掉这样两座大山是完全不可能的。愚公回答说：我死了以后有我的儿子，儿子死了，又有孙子，子子孙孙是没有穷尽的。这两座山虽然很高，却是不会再增高了，挖一点就会少一点，为什么挖不平呢？愚公批驳了智叟的错误思想，毫不动摇，每天挖山不止。这件事感动了上帝[2]，他就派了两个神仙下凡，把两座山背走了。现在也有两座压在中国人民头上的大山，一座叫做帝国主义，一座叫做封建主义。中国共产党早就下了决心，要挖掉这两座山。我们一定要坚持下去，一定要不断地工作，我们也会感动上帝的。这个上帝不是别人，就是全中国的人民大众。全国人民大众一齐起来和我们一道挖这两座山，有什么挖不平呢？

昨天有两个美国人要回美国去，我对他们讲了，美国政府要破坏我们，这是不允许的。我们反对美国政府扶蒋反共的政策。但是我们第一要把美国人民和他们的政府相区别，第二要把美国政府中决定政策的人们和下面的普通工作人员相区别。我对这两个美国人说：告诉你们美国政府中决定政策的人们，我们解放区禁止你们到那里去，因为你们的政策是扶蒋反共，我们不放心。假如你们是为了打日本，要到解放区是可以去的，但要订一个条约。倘若你们偷偷摸摸到处乱跑，那是不许可的。赫尔利[3]已经公开宣言不同中国共产党合作，既然如此，为什么还要到我们解放区去乱跑呢？

美国政府的扶蒋反共政策，说明了美国反动派的猖狂。但是一切中外反动派的阻止中国人民胜利的企图，都是注定要失败的。现在的世界潮流，民主是主流，反民主的反动只是一股逆流。目前反动的逆流企图压倒民族独立和人民民主的主流，但反动的逆流终究不会变为主流。现在依然如斯大林[4]很早就说过的一样，旧世界有三个大矛盾：第一个是帝国主义国家中的无产阶级和资产阶级的矛盾，第二个是帝国主义国家之间的矛盾，第三个是殖民地半殖民地国家和帝国主义宗主国之间的矛盾。这三种矛盾不但依然存在，而且发展得更尖锐了，更扩大了。由于这些矛盾的存在和发展，所以虽有反苏反共反民主的逆流存在，但是这种反动逆流总有一天会要被克服下去。

现在中国正在开着两个大会，一个是国民党的第六次代表大会，一个是共产党的第七次代表大会。两个大会有完全不同的目的：一个要消灭共产党和中国民主势力，把中国引向黑暗；一个要打倒日本帝国主义和它的走狗中国封建势力，建设一个新民主主义的中国，把中国引向光明。这两条路线在互相斗争着。我们坚决相信，中国人民将要在中国共产党领导之下，在中国共产党第七次大会的路线的领导之下，得到完全的胜利，而国民党的反革命路线必然要失败。

注释

[1]愚公移山：见《列子·汤问》。 [2]上帝：即“昊天上帝”、老天爷，见《尚书》《诗经》《礼记》等。“王曰：予畏上帝，不敢不正”。[3]赫尔利：1944 年任美国驻中国大使，因支持蒋介石的反动政策而受到中国人民的反对。 [4]斯大林（1878 年—1953 年）：苏联共产党总书记。

导学

一、作品简析

《愚公移山》一文是毛泽东主席在中国共产党第七次全国代表大会上作的闭幕词，与《为人民服务》《纪念白求恩》并称为老三篇，收录于《毛泽东选集》。毛主席把帝国主义和封建主义比作两座大山，共产党以愚公自诩，表示我党坚决反帝国反封建的决心。毛主席告诉我们：“一定要坚持下去，一定要不断地工作，我们也会感动上帝的。这个上帝不是别人，就是全中国的人民大众。”

现在我们对待工作和学习也是一样，只要坚持下去，就一定会取得优异的成绩。

二、知行合一

1. 读一读：熟读文章，领悟毛泽东主席告诉我们怎样做就会挖掉“帝国主义”和“封建主义”两座大山。

2. 谈一谈：愚公移山的精神是什么精神？我们怎样学习愚公移山的精神？

3. 读一读：利用工具书，阅读《列子·汤问》中的“愚公移山”，加深对本文的理解。

愚公移山

太行、王屋二山，方七百里，高万仞，本在冀州之南，河阳之北。

北山愚公者，年且九十，面山而居。惩山北之塞，出入之迂也。聚室而谋曰：“吾与汝毕力平险，指通豫南，达于汉阴，可乎？”杂然相许。其妻献疑曰：“以君之力，曾不能损魁父之丘，如太行、王屋何？且焉置土石？”杂曰：“投诸渤海之尾，隐土之北。”遂率子孙荷担者三夫，叩石垦壤，箕畚运于渤海之尾。邻人京城氏之孀妻有遗男，始龀，跳往助之。寒暑易节，始一反焉。

河曲智叟笑而止之曰：“甚矣，汝之不惠！以残年余力，曾不能毁山之一毛，其如土石何？”北山愚公长息曰：“汝心之固，固不可彻，曾不若孀妻弱子。虽我之死，有子存焉；子又生孙，孙又生子；子又有子，子又有孙；子子孙孙无穷匮也，而山不加增，何苦而不平？”河曲智叟亡以应。

操蛇之神闻之，惧其不已也，告之于帝。帝感其诚，命夸娥氏二子负二山，一厝朔东，一厝雍南。自此，冀之南，汉之阴，无陇断焉。

对岸

(印)泰戈尔　郑振铎　译

我渴望到河的对岸去。

在那边，很多船只一排排系在竹竿上；

人们在早晨乘船渡过那边去，肩上扛着犁头，去耕耘他们的远处的田；

在那边，牧人使他们鸣叫着的牛涉水到河旁的牧场去；

黄昏的时候，他们都回家了，只留下豺狼在这长满着野草的岛上哀叫。

妈妈，如果你不介意，我长大的时候，要做这渡船的船夫。

据说有好些古怪的池塘藏在这个高岸之后。

雨过去了，一群一群的野鸭飞到那里去。

茂盛的芦苇在岸边四周生长，水鸟在那里生蛋；

竹鸡摇着跳舞的尾巴，将它们细小的足印印在洁净的软泥上；

黄昏的时候，长草顶着白花，邀月光在长草的波浪上浮游。

妈妈，如果你不介意，我长大的时候，要做这渡船的船夫。

我要自此岸至彼岸，渡过来，渡过去，所有村中正在那儿沐浴的男孩女孩，都要诧异地望着我。

太阳升到中天，早晨变为正午了，我将跑到您那里去，说道："妈妈，我饿了！"

一天完了，影子俯伏在树底下，我便要在黄昏中回家来。

我将永远不像爸爸那样，离开你到城里去做事。

妈妈，如果你不介意，我长大的时候，要做这渡船的船夫。

导学

一、作者简介

拉宾德拉纳特·泰戈尔（1861 年—1941 年），印度诗人、文学家、社会活动家、印度民族主义者。1913 年以《吉檀迦利》成为第一位获得诺贝尔文学奖的亚洲人。

二、作品简析

《对岸》是泰戈尔一篇著名的散文，表现了“我”甘愿做一名船夫，为探索大自然，为村民服务来报答养育自己的母亲和祖国的深恩，寄寓着对大自然的热爱和对故土的眷恋之情。它用诗化的语言，为我们描绘了一幅美丽古朴、宁静的田图画。作者像小孩子一样对对岸的世界充满着好奇与向往。但作者想做的只是“渡船的船夫”，最终依然回归到“妈妈”的温暖怀抱。作者善于用爱和希望来编织美好的世界，用诗的语言为我们展现了一个理想中的两岸世界，他将对于理想的追求和对自己内心世界的坚守统一起来。《对岸》写儿童的心理，写一种对美好生活的渴望与向往。

三、知行合一

1. 读一读：本文较长，请你和同学一起朗诵，一起交流自己独特的体验。

2. 学一学：了解泰戈尔和诺贝尔文学奖，自己找机会接触泰戈尔诗集《飞鸟集》，它包括 325 首清丽的无标题小诗，有空时，时时吟诵，会给你带来许多感悟。

赵一曼遗书

赵一曼

宁儿：

母亲对于你没有能尽到教育的责任，实在是遗憾的事情。

母亲因为坚决地做了反满抗日的斗争，今天已经到了牺牲的前夕了。

母亲和你在生前是永久没有再见的机会了。希望你，宁儿啊，赶快成人，来安慰你地下的母亲！

我最亲爱的孩子呵！母亲不用千言万语来教育你，就用实行来教育你。

在你长大成人之后，希望不要忘记你的母亲是为国而牺牲的！

一九三六年八月二日

你的母亲赵一曼于车中

导 学

一、作者简介

赵一曼（1905 年—1936 年），原名李坤泰，又名李一超，人称李姐，四川省宜宾县白花镇（今翠屏区白花镇）人。共产党党员，抗日民族英雄。

二、作品简析

这封家书是赵一曼于 1936 年 8 月 2 日在被日寇押往珠河的火车上，写给儿子陈掖贤的遗书。书信的内容，主要是告诉她的孩子，他的母亲因为从事一项伟大的事业，而被敌人抓住，即将失去自己的生命，即将为了她所追求的目标而献身。她告诉自己的儿子不要怕，不要慌，光明的日子总会到来的，他是她的牵挂，一定要记得他母亲是谁，在日后也不要忘记他的母亲深爱他。遗书饱含深切的爱国和爱子之情。

三、知行合一

1. 读一读：有感情地朗读本文，一定要读出作者的真情实感来。
2. 走一走：研学实践——四川省宜宾市翠屏书院“赵一曼纪念馆”。
3. 看一看：观看电影《赵一曼》《我的母亲赵一曼》。

美

智慧教育读库

教师寄语

奉献高家小学校最美丽的课堂

——校长寄语之三

易学军

学校实现办学目标的最重要途径是课堂教育教学，课堂教学是师生活动的主阵地，是培养社会主义建设者的接班人最重要场所。百年高小，远大启航，全校师生首先要做的是一起建设高家镇小学校最美丽的课堂。

一、最美丽的课堂是和谐安全的。

课堂需要和谐的师生关系，教师关爱学生，学生亲近老师，如母女，似兄妹。和谐课堂的构建首先需要教师树立服务育人的意识，发挥学生的主人翁作用，善待每一位学生。

安全是课堂最基本的要求，师生在这里无忧无虑，相互信任，自由就学。安全的课堂不仅仅是设备设施的安全，还需要人际关系、学术氛围、自主选择的安全。

二、最美丽的课堂是以学生中心的。

学生是课堂的主体，学生是课堂的主人，是学习的中心，是教学服务的对象。最美丽的课堂始终关怀每一个学生的健康成长。

成功的课堂促进学生发展，学生发展的最佳途径是自主学习。自主学习让学生养成良好的学习习惯，掌握和运用不同的学习方法，在教师指导下学会思考，学会学习。

学生为中心的课堂，需要教师在整个教学过程中都要从学生实情出发，围绕学生开展教学工作，在课堂上保证学生自主学习的时间，让学生有充裕的时间读、说、问、答、做、练，保证学生自由学习、活动时间。

三、最美丽的课堂是高效朴素的。

最美丽的课堂是有用的，是有效的，是朴实无华的。高效的课堂是师生都得到发展的课堂，是能够达成教学目标的课堂，是完成教学预想的课堂，是得到意外收获的课堂。朴素的课堂不刻意为之，顺势而为、简单、质朴、任性，充满了真爱、尊重、理解、包容。高效朴素的课堂留给师生家的感觉：亲切、自然、温馨。

高效朴素的课堂需要师生在课前做足准备，双方都知道学什么怎么学，做到课课有目标，需要教师面向全体学生因材施教，需要相互讲真话做正事，需要教师从细节点拨。

四、最美丽的课堂是活泼灵动的。

课堂是有灵魂的，所以最美丽的课堂是有灵性的。灵动的课堂是师生互动性强的课堂，在这里学生尽情地在学海里遨游，师生尽情地分享，教学经历植入师生的身体和心灵。

灵动的课堂是生机勃勃的，有讲有练的，充满了读书声、问答谈话声、不由自主发出的掌声和发自心底的欢笑声，课后看到的是充满了快乐幸福的一张张惬意的笑脸。

五、最美丽的课堂是孕育生长的。

师生在课堂里提升生命的价值，最美丽的课堂是师生共同发展的实验场。在这里，课堂带来的爱、送来的情、传递的智慧，让学生长大长高，让教师返璞归真。

孕育成长的课堂有时需要照本宣科，更多地需要传道授业，特别需要启迪智慧，特别需要拓展生命的宽度——需要师生一起去质疑发现，一起去探究实践，一起去拓展运用。

六、最美丽的课堂是回味无穷的。

好的课堂让人既见树木又见森林，既有温度又有厚度，让师生意犹未尽，余味无穷。

课堂要给人留下深刻印象，需要师生去共同开发课程资源，一起去体验和冒险，一起去唤醒求知欲，去追寻个性生命的美丽绽放。

最美丽的课堂，在课堂里，也在课堂外。最美丽的课堂，在师生的言行中，也在师生的灵魂深处。

我爱最美丽的高家小学，让我们一起来建设高家小学最美丽的课堂吧！

（写于 2017 年 9 月 25 日，校订于 2020 年 10 月）

高家大佛——中国唯一一尊胸佛

易学军

高家大佛，又称“牛角寨大佛”“仁寿大佛”，位于仁寿县城东北35公里的高家镇鹰头村牛角寨，海拔760米，地处双流、简阳、仁寿三县交界处，龙泉山脉中段东侧边缘，距成都市40公里。

高家大佛于公元707年建成，头高7.7米，颈高1米，胸高4.85米，面部宽4.6米，肩宽11米，高15.85米，是中国大佛的唯一一尊胸佛。

高家大佛坐西向东，双手齐胸合十，为依山镌造弥勒佛胸像，外貌清晰，面型丰满，嘴微闭，目微启，眉似弯月，慈眉善目，平视东方，神态安详，发成螺髻，线条流畅。整座雕像气势磅礴，胸下部与岩石融为一体，给人以佛法无边，顶天立地之势，是佛雕艺术中少有的创意之笔。在大佛周边一万平方公里的范围内有摩崖造像2480尊，已编号建档101龛，1519尊。95龛佛教造像1395尊，6龛道教造像124尊，多数保存完好。造像人物众多，相貌各异，或立或卧，或静或动。有的曲腿躬腰，俯首侧耳作恭听状；有的五体投地作跪拜状；有的系裙穿甲；有的曲臂挽带。舞伎翩翩起舞，乐伎吹打弹奏。造像除人物外还有器皿禽兽。千姿百态，栩栩如生。雕刻精致，刀法圆润，线条流畅，造艺精湛，具有很高的历史、艺术和科学价值，是我国石刻艺术的宝库之一。其中2号“维摩诘经变龛”、3号“观无量寿佛经变”、41号“千佛龛”、44号“弥勒大佛”、53号“三宝龛”、64号“并列真人群像”等6龛录入《中国美术全集·四川雕像卷》，“大佛龛”还录入《中国大佛》画册。

高家大佛在工程布局、人物形态上与乐山大佛极为相似，比乐山大佛早建100年，加之比乐山大佛先建成6年，因此，有文物专家曾认为它是乐山大佛的蓝本之一。

据《仁寿县志》载牛角寨有“大佛阁”“观音堂”及“避暑胜地”。

寨上现有 4 株古柏，其余柏树、松树为连年所植，有已成林覆盖大地。寨下怪石林立，如狮、象卧野，形态各异，以其状每石有名，诸如望乡石、香炉石、雷打石、盘海石、鸭子石、奶奶石等，明末农民起义军张献忠曾率部在此与当地豪绅武装激战数月。

2006 年 5 月 25 日，以仁寿大佛为代表的牛角寨石窟作为唐代文物，被国务院批准列入第六批全国重点文物保护单位名单。

先生道德过古人

——记高家小学创建者高秉诚

易学军

高秉诚，生于1881年，1955年去世，仁寿县高家镇人，成都选科师范毕业，一生致力于教书育人事业。

1917年，高秉诚为了家乡孩子的成长，含辛茹苦，奉献家产，创办了高家乡高尚高级小学校，即现在的眉山天府新区高家小学。

1917年至1927年、1936年至1937年8月，高秉诚担任高家乡高尚高级小学校校长。他1922年在全县率先实行“王戎学制”，学生6岁入学，初小4年，高小2年，他注意学校教育和社会现实相结合，重视优秀教师的培养，注重培养社会需要的体智健全的学生，办校口碑越来越好。1928年高秉诚调仁寿书院任教。

高秉诚治学严谨，学校管理和教育教学中，总是从实际出发，让农村学生具有家国情怀。高老先生不是两耳不闻窗外事，一心只读圣贤书的迂腐先生，他具有强烈的爱国情感，1937年日本入侵中国，他把师生召集在一起组建了“晨呼队”，每天清晨组织队员晨跑，边跑边呼口号：“打倒列强”“打倒日本帝国主义”。他虽未亲临抗战第一线，但在后方大力传播爱国思想，鼓励学生投身到保家卫国的战斗中去。

高秉诚为人师表，一生桃李满天下。革命志士重庆地下共产党员高邦杰也是他的爱徒、侄子；学生高泰耀虽为国民党团长，也为高力生、高邦杰等革命志士提供过避难所；学生高韶华为老成都市电源工会总负责人。

高秉诚家风优良，儿孙优秀。儿子和学生高力生，曾与郭沫若先生远渡日本留学，积极投身到重庆的抗日救亡运动之中，1949年11月28日为新中国的成立献出了宝贵的生命，1983年3月28日中华人民共和国民政部批准为革命烈士。

高秉诚热爱教育，尊师重教。他在高家乡高尚高级小学校门外为自己的老师立上“绛帐风高”的石碑，以此来表达对恩师的崇敬之情。

高秉诚注重理论与实践相结合，一边工作，一边著述，将自己的文章、学生的文章收集整理在一起，取名为《仁山集》。

高秉诚先生是高家小学的第一任校长，并终生从事教育工作。是他，给了高家小学生存的根基。是他，为高家小学注入了发展的灵魂。是他，奠定了高家小学勇于担当、敢为人先的创新精神。高秉诚在家乡有较高的声望，大家都称他为“柄诚先生”或“柄诚夫子”。

高秉诚在家乡首创“新学”（即学校）的善行义举受到郭沫若老先生敬重，在他七十大寿时，郭沫若先生亲笔题联向他祝贺：“人生七十古来稀，先生道德过古人”。

2018 年，仁寿县高家镇小学校跨入眉山天府新区教育大发展行列。学校传承创新，推进智慧教育，坚持“高山景行，真善美慧”办学理念，抓科研建队伍，重体艺促特色，强管理提质量，致力于建设最美乡村学校！

附　录

眉山天府新区高家小学办学思想

办学理念	高山景行　真善美慧
发展愿景	建设最美乡村小学
校　　训	勤奋学习　诚实做人
校　　风	感恩幸福　关爱成长
教　　风	结伴同行　成人之美
学　　风	健康明礼　阳光乐学
工作方法	以人为本　依法治校
高小精神	团结进取　奋斗创新
勇于担当	敢为人先的创新精神
生生不息	与时俱进的奋斗精神
敬业奉献	永争第一的进取精神
结伴同行	成人之美的团队精神

眉山天府新区高家小学校徽

★ 主题图案是由大写字母“G　J”组成的一把火炬。大写字母“G”为火炬头，象征着学生，“J”为火炬把，象征着教师，意味着教师甘愿做阶梯，做支柱，引领一批又一批学生走得更远，支撑起一批又一批学生攀登得更高。

眉山天府新区高家小学校旗

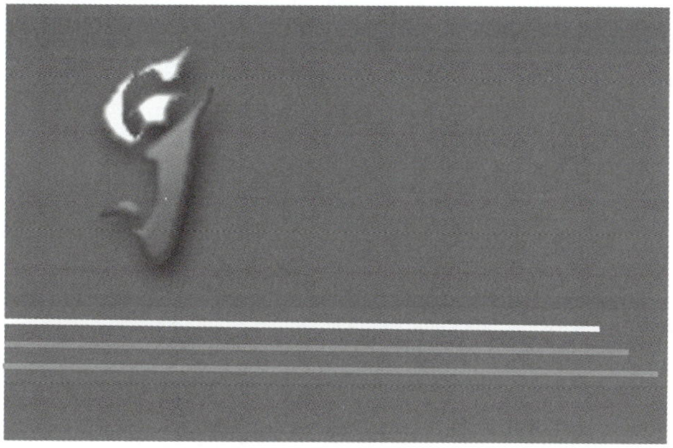

中间图案是大写字母“G　J”组成的一把火炬，象征光明，激励着孩子们为祖国的繁荣富强努力奋斗。下方为三条阶梯形线条，象征人生的阶梯，激励学生坚实走好每一步，一步一步攀登，实现人生目标。

眉山天府新区高家小学校歌

作词：秦海泉
作曲：何俊鹏

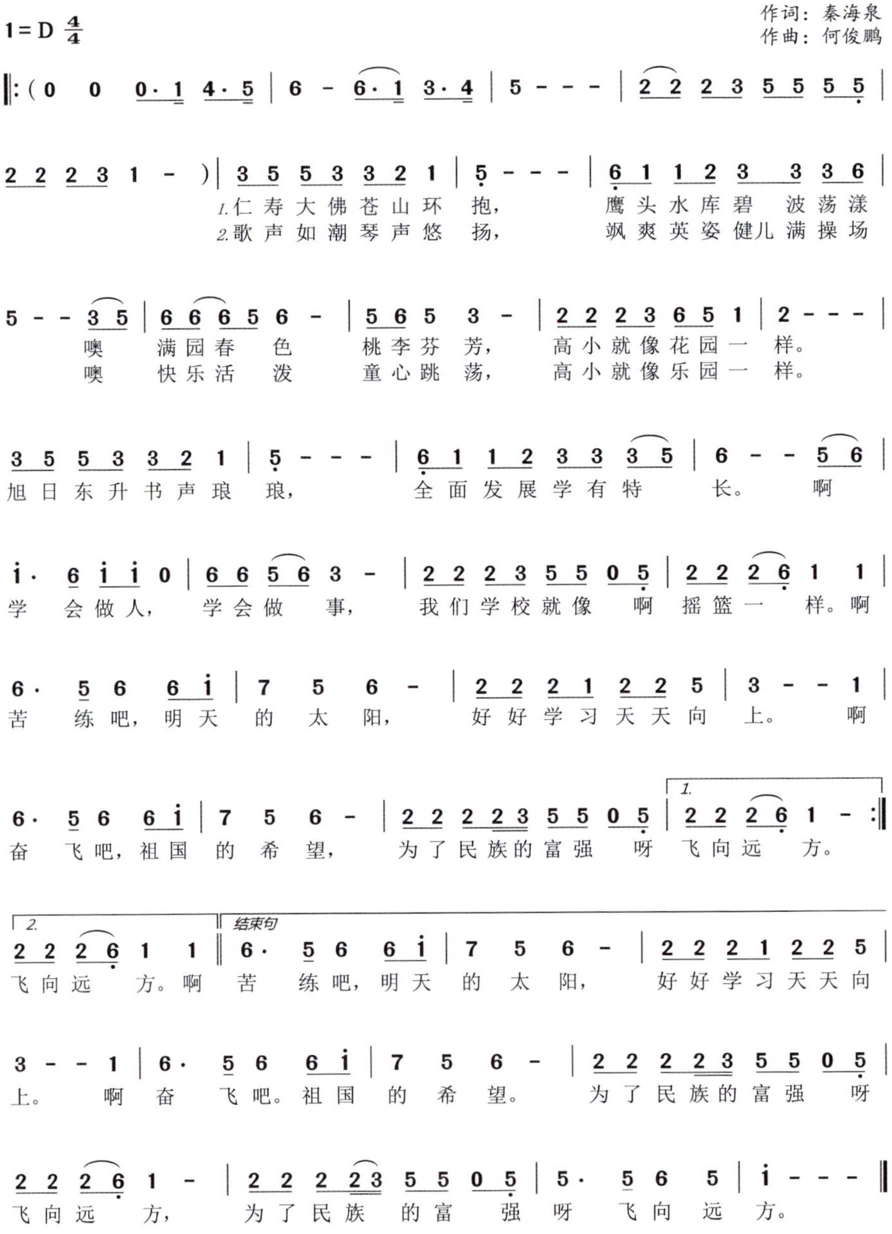

智慧教育读库

慧

总 主 编 易学军
分册主编 黄 瑛

西南交通大学出版社
·成 都·

图书在版编目（CIP）数据

智慧教育读库. 4，慧 / 易学军总主编；黄瑛分册主编. —成都：西南交通大学出版社，2022.6

ISBN 978-7-5643-8698-6

Ⅰ. ①智… Ⅱ. ①易… ②黄… Ⅲ. ①品德教育－中国－小学－教学参考资料 Ⅳ. ①G624.153

中国版本图书馆 CIP 数据核字（2022）第 085420 号

坚持教育为社会主义现代化建设服务、为人民服务，把立德树人作为教育的根本任务，全面实施素质教育，培养德智体美劳全面发展的社会主义建设者和接班人，努力办好人民满意的教育。

前言

智慧领航 五育争优

学校倡导和实践的智慧教育，从德国教育家阿道夫·第斯多惠“全人类教育”得到启示，把自动遵循自然和遵循文化作为教育的基础，目的是培养五育并举、心智健全、有思想觉悟的学生。

学校的智慧教育是影响人启迪人的教育，通过丰富的阅读、大量的案例和积极的探索，让学生逐渐领会生活的艺术、入世的哲学、为人的道理，是授人以渔、成人之美的教育，是培养知法守规、与人为善的时代新人的教育。

学校的智慧教育践行“高山景行、真善美慧”的办学理念。真善美慧是原始的、本质的、真实的、真诚的、利他的良好品行，也是美好的言行事物。

郭沫若先生说“千教万教教人求真，千学万学学做真人”，“真”是真实，真诚，“真”是坦坦荡荡做人，老老实实做事。《易经》说：“积善之家必有余庆，积不善之家必有余殃。”善是做人的第一美德，要与人为善，劝人为善，勿以恶小而为之，勿以善小而不为。孟子说：“充实之谓美”，道德学问充实于内心称为美，君子成人之美，人生在世当“各尽其美，美人之美，美美与共，天下大同。” “心无俗虑精神爽，室有清淡智慧开。” “慧”是智慧，智慧来源于心灵的宁静，来源于少私寡欲，来源于自觉自省，人有智慧就能辨别真假、善恶、美丑，就能够去伪存真，博爱民众。

学校智慧教育活动，以课题为研导，以课堂为阵地，以阅读为载体，以研学为创新，在课堂教学中践行“五步导学课堂模式”。在特色教学中突出“晨读午写”，在健身强体中落实上下午各 40 分钟的大课间体育锻炼，在社团活动中激发兴趣培养特长，在提升艺术修养中全面加强音体美学科的教学，在激发学生思维的读书活动中启迪学生的智慧。

在智慧教育实践中，学校把“做真人、心向善、人爱美、悟智慧”作为育人目标，其主要内容是：真是真实，以热爱科学为前提，致力于学习知识、探索真理的教育。善是善良，以富有人性为前提，致力于立德树人、性格良善的教育。美是和美，以自然礼仪为前提，致力于热爱生活、美美与共的教育。慧是智慧，以善于思考为前提，致力于开发思维、启迪智慧的教育。

格物致知育英才，智慧教育铸人品。

编　者

目录

先秦古韵

汉晋春秋

唐朝气象

宋元故事

明清诗话

现代文风

慧

智慧教育读库

先秦古韵

关 雎

（先秦）诗经

关关雎鸠[1]，在河之洲[2]。窈窕淑女[3]，君子好逑[4]。
参差荇菜[5]，左右流之[6]。窈窕淑女，寤寐[7]求之。
求之不得，寤寐思服[8]。悠哉悠哉，辗转反侧[9]。
参差荇菜，左右采之。窈窕淑女，琴瑟友之[10]。
参差荇菜，左右芼[11]之。窈窕淑女，钟鼓乐之[12]。

注释

[1]关关：象声词，雌雄二鸟相互应和的叫声。雎鸠（jū jiū）：水鸟名。 [2]洲：水中的陆地。 [3]窈窕（yǎo tiǎo），美好的。淑女：有德的女子。 [4]好逑（hǎo qiú）：匹配，相当。 [5]参差（cēn cī）：长短不齐的样子。荇（xìng）菜：水草类植物。 [6]左右流之：时而向左、时而向右地择取荇菜。 [7]寤寐（wù mèi）：醒和睡，指日夜。[8]思服：思念。 [9]辗转反侧：翻覆不能入眠。 [10]琴瑟友之：弹琴鼓瑟亲近她。 [11]芼（mào）：择取，挑选。 [12]钟鼓乐之：敲击钟鼓奏乐让她快乐。

译文

关关和鸣的雎鸠，相伴在河中小洲。深闺有德的女子，真是君子好配偶。

参差不齐的荇菜，左边右边不停采。美丽贤淑的女子，梦中醒来难忘怀。

美好愿望难实现，醒来梦中都思念。想来想去思不断，翻来覆去难入眠。

参差不齐的荇菜，左边右边不停摘。深闺有德的女子，奏起琴瑟表亲爱。

参差不齐的荇菜，左边右边去拔它。美丽贤淑的女子，鸣钟击鼓取悦她。

导学

一、作品简介

《诗经》是中国古代诗歌开端，收集西周初年至春秋中叶（前 11 世纪至前 6 世纪）的诗歌，共 311 篇，反映了周初至周晚期约五百年间的社会面貌。相传为尹吉甫采集、孔子编订。《诗经》在西汉时称六经之首，内容分为《风》《雅》《颂》。《风》是各诸侯国的歌谣；《雅》是周人正声，分《小雅》《大雅》；《颂》是朝廷宗庙祭祀的乐歌，分为《周颂》《鲁颂》《商颂》。

二、作品简析

《关雎》是《诗经·周南》第一首，是中华诗风教化的发端。首章以雎鸟相向合鸣，兴起君子与淑女德行相匹配的联想。又以采荇菜的行为，兴起君子对女子的思慕。全诗采用“兴”的表现手法，音韵优美，生动传情。

诗开始于鸟鸣，结束于钟鼓。这是从自然之声向礼乐之声的转进，是从动物世界到文明世界的跨越。

三、知行合一

1. 背一背：清代方玉润说“此诗佳处，全在首四句，多少和平中正之音，细咏只见”，本诗历来受到人们的赞颂。请你细细品读、背诵和默写本诗。

2. 听一听：收听当代名家对本诗的朗读、赏析，想一想《关雎》为什么排在《诗经》第一首？

3. 学一学：建议你买一本儿童版本的《诗经》，课外阅读，尽量背诵自己喜欢的篇章。

道德经·道法自然

（先秦）老子

有物混成[1]，先天地生。寂兮寥兮[2]，独立而不改[3]，周行[4]而不殆[5]，可以为天地母[6]。吾不知其名，强字之曰道[7]，强为之名曰大[8]。大曰逝[9]，逝曰远，远曰反[10]。故道大，天大，地大，人亦大[11]。域中[12]有四大，而人居其一焉。人法地，地法天，天法道，道法自然[13]。

注释

[1]物：指“道”。混成：混然而成，指浑朴的状态。 [2]寂兮寥兮：没有声音，没有形体。 [3]独立而不改：形容“道”的独立性和永恒性，它不靠任何外力而具有绝对性。 [4]周行：循环运行。 [5]不殆：不息之意。 [6]天地母：一本作“天下母”，母，指“道”，天地万物由“道”而产生，故称“母”。 [7]强字之曰道：勉强命名它叫“道”。 [8]大：形容“道”是无边无际的、力量无穷的。 [9]逝：指“道”的运行周流不息，永不停止的状态。 [10]反：又作“返”，意为返回到原点，返回到原状。 [11]人亦大：一本作“王亦大”，意为人乃万物之灵，与天地并立而为三才，即天大、地大、人亦大。 [12]域中：即空间之中，宇宙之间。 [13]道法自然：“道”纯任自然，本来如此。

译文

有一个东西混然而成，在天地形成以前就已存在。听不到它的声音也看不见它的形体，寂静而空虚，不依靠任何外力而独立长存永不停息，循环运行而永不衰竭，可以作为万物的根本。我不知道它的名字，所以勉强称作“道”，再勉强给它起个名字叫作“大”。它广大无边而运行不息，运行不息而伸展遥远，伸展遥远而又返回本原。所以说道大、天大、地大、人也大。宇宙间有四大，而人居其中之一。人取法地，地取法天，天取法“道”，而道纯任自然。

导学

一、作者简介

老子，姓李名耳，字聃，生卒年代有争议，梁启超、冯友兰认为是战国中晚期人。他是道家学派创始人和主要代表人物，与庄子并称“老庄”。后被道教尊为始祖，称“太上老君”。在唐朝，被追认为李姓始祖。老子传世作品《道德经》(又称《老子》)。

二、作品简析

本章内容讲述道是天下万物之始。世上有四种东西最大，即天、地、人、道。人、地、天三者都受到上一级法则的制约，而道本身是自然的。强调了由道所体现出来的道性，道是奥妙的，它蕴含着真理。人类只有认识道，才能把握真理。道作为世界的本原，是宇宙万物之母；道作为最一般规律，贯穿于宇宙、社会和人生之中。我们要学习大道包容万物的胸襟，和大自然和谐相处。

三、知行合一

1. 读一读：上网收听《道德经》的名家朗读，诵读本章并写下来，体会其中的深刻道理。

2. 想一想：老子为什么说“人法地，地法天，天法道，道法自然”？

3. 查一查：了解“老子、道家、道教”的词条信息，如果喜欢，再买一本《道德经》经常读读。

道德经·知人者智

（先秦）老子

知人者智[1]，自知者明[2]。胜人者[3]有力，自胜者强[4]。知足者富，强行者有志。不失其所[5]者久，死而不亡者寿。

注释

[1]智：明察事物的能力。 [2]明：是心灵之明。 [3]胜人者：凭借的是自我个体的蛮力。 [4]自胜者：凭借的是坚强的意志。强：刚强、果决。 [5]所：是心灵之所即大道。

译文

能了解他人的人是有智慧的，能了解自己的人是高明的，能战胜他人的人是有力量的，能战胜自我的人才是真正的强者。知道满足而不妄想的人是富有的，努力去奋斗的人是有志气的。言行不离道之规律能长久，躯体虽死而精神永久的人才是长寿的。

导学

一、作品简析

《知人者智》出自《道德经》三十三章，主要讲述人的智慧从何处来。智，是认识自我。明，是心灵之明。欲求真知灼见，必返求于道。只有自知之人，才是真正的觉悟者。胜人者有力，自胜者强。“胜人者”，凭借的是自我个体的蛮力；“自胜者”，凭借的是坚强的意志。能够战胜自我的人，是具有天地之志的人。天地之志是收获大道、战胜一切的力量源泉。只有“自胜者”，才是真正的强者。

二、知行合一

1. 读一读：借助工具书读读老子的《道德经》。
2. 想一想：读了全文你明白了什么？
3. 讲一讲："知人者智"的意思。
4. 谈一谈：怎样去了解自己和他人？

孙子兵法（节选）

（先秦）孙武

其一

知彼知己，百战不殆。

其二

令之以文，齐之以武，是谓必取。

其三

兵者，国之大事，死生之地，存亡之道，不可不察也。

其四

百战百胜，非善之善也；不战而屈人之兵，善之善者也。

其五

上兵伐谋，其次伐交，其次伐兵，其下攻城；攻城之法为不得已。

其六

兵者，诡道也，故能而示之不能，用而示之不用，近而示之远，远而示之近。

其七

将者，智、信、仁、勇、严也。

译文

其一　对敌人的情况和自己的情况都有透彻的了解，作战就不会失败。

其二　用道德道义来教育士兵，用军法军纪来统一军队，这样的军队一定能够取得胜利。

其三　战争是一个国家的头等大事，关系到军民的生死，国家的存亡，是不能不慎重周密地观察、分析、研究的。

其四　百战百胜，算不上是最高明的。不通过交战就能使敌人降服，才是最高明的。

其五　上等的军事行动是用谋略挫败敌方，其次就是用外交战胜敌人，再次是用武力击败敌军，最下之策是攻打敌人的城池。

其六　战争是一种用假象来欺骗和迷惑对方的学问。所以，本来自己强大，却要伪装成弱小；本来具有战斗力，却要伪装成不堪一击；本来已逼近敌人，却要伪装成相距甚远；本来要向远处，却伪装成要向近处。

其七　真正的将领，要足智多谋，赏罚有信，关爱部下，勇敢果断，军纪严明。

导学

一、作者简介

孙武（约前 545 年—约前 470 年），字长卿，春秋末期齐国乐安（今山东省北部）人。著名军事家、政治家，被后人尊称为兵圣或孙子，被誉为“百世兵家之师”“东方兵学的鼻祖”。作著《孙子兵法》十三篇被誉为“兵学圣典”，是世界上最著名的兵学典范之书。

二、作品赏析

《孙子兵法》不仅是一部军事著作，它阐述的谋略思想和哲学思想，被广泛地运用于军事、政治、经济等各领域。《孙子兵法》阐述了军事斗争的规律，军队怎样组织和建设，战斗须遵循的战略原则，临阵的战术技巧，特殊的战斗方法，以及军队的后勤工作等。

三、知行合一

1. 搜一搜：上网查阅“孙子”“孙子兵法”“兵家”相关信息。

2. 读一读：课外学习《孙子兵法》，阅读《三十六计》，领悟古代军事著作中的大智慧。

3. 看一看：观看电视剧《孙武》，进一步理解《孙子兵法》为何被誉为“兵学圣典”且置于“武经七书”之首。

周郑交质

（先秦）左丘明

郑武公、庄公为平王卿士[1]。王贰于虢[2]，郑伯[3]怨王。王曰："无之。"故周郑交质[4]。王子狐为质于郑，郑公子忽为质于周。

王崩[5]，周人将畀[6]虢公政。四月，郑祭足[7]帅师取温之麦。秋，又取成周之禾。周郑交恶。

君子曰："信不由中，质无益也。明恕[8]而行，要[9]之以礼，虽无有质，谁能间[10]之？苟有明信[11]，涧溪沼沚[12]之毛，苹蘩[13]蕰藻之菜，筐筥锜釜[14]之器，潢污行潦[15]之水，可荐[16]于鬼神，可羞于王公，而况君子结二国之信，行之以礼，又焉用质？《风》有《采蘩》《采蘋》，《雅》有《行苇》《泂酌》[17]，昭[18]忠信也。"

注释

[1]卿（qīng）士：执政官。[2]贰于虢（guó）：二心，这里有"偏重"的意思。[3]郑伯：郑国君主郑庄公。[4]交质：交换人质。[5]王崩：周平王去世。崩，君主时代称帝王死。[6]畀（bì）：交给。[7]祭（zhài）足：即祭仲，郑大（dà）夫。[8]明恕：互相体谅。[9]要（yāo）：约束。[10]间：离间。[11]明信：彼此了解，坦诚相待。[12]沼沚（zhǐ）：沼，池塘。沚，水中小洲。[13]蘋（pín）：浮萍。蘩（fán），白蒿。[14]筐莒（jǔ）：竹制容器，方形为筐，圆形为莒。锜（qí）釜：均为烹饪器，有足为锜，无足为釜。[15]潢（huáng）污：低洼处不流动的死水，积小水为潢，水不流为污。行（xíng）潦（lǎo）：可流动的活水。[16]荐：进献。[17]《采蘩》《采苹》《行苇》《泂（jiǒng）

酌》：均为《诗经》中的篇名。 [18]昭（zhāo）：表明。

译文

郑武公、郑庄公是周平王的卿士。周平王分权给虢公，郑庄公怨恨周平王。周平王说："没有的事。"于是周王、郑国交换人质证明互信：周平王的儿子狐在郑国做人质，郑庄公的儿子忽在周王室做人质。

周平王死后，周王室准备让虢公掌政。四月，郑国的祭足帅军队收割了温邑的麦子。秋季，又收割了成周的稻谷。周和郑互相仇恨。

君子说："信用不发自心中，盟约抵押也没用。开诚布公互相谅解地行事，用礼教约束，即使没有抵押，谁能离间他们呢？假如有真诚的信用，山涧溪流中的浮萍，蕨类水藻这样的菜，装在竹筐铁锅一类的器物里，用低洼处沟渠中的水，都可以供奉鬼神，献给王公为食，何况君子缔结两国的盟约，按礼去做，又哪里用得着人质啊？《国风》中有《采蘩》《采苹》，《大雅》中有《行苇》《泂酌》诗，都是昭示忠信的。"

导学

一、作者简介

左丘明（约前 502 年—约前 422 年）。鲁国人，姓丘，名明，因其父任左史官，故称左丘明，春秋末期史学家。曾任鲁国史官，作《左传》和《国语》，孔子、司马迁均尊左丘明为"君子"。

二、作品简析

《周郑交质》左丘明创作的一篇散文，本文引经据典，辞采纵横而又风韵悠然。全文先讲事实，再进行评论，这是《左传》的典型写法。君子的议论以"礼信"为中心，辞理畅达，对后世史论有极大影响。

三、知行合一

1. 学一学：了解左丘明生平，了解《左传》是中国古代一部叙事完备的编年体史书，原名为《左氏春秋》，汉代改称《春秋左氏传》。《左传》是儒家重要经典之一，与《公羊传》《谷梁传》合称“春秋三传”。

2. 读一读：课外阅读《左传》里自己喜欢的篇目，并将故事讲给大家听听。

3. 想一想：“交质”能够达到目的吗？“信”最重要的是什么？我们小学生应该怎样做一个诚信的人？

卜居（节选）

（先秦）屈原

詹尹乃释策而谢[1]曰："夫尺有所短，寸有所长；物有所不足，智有所不明；数[2]有所不逮[3]，神有所不通。用君之心，行君之意。龟策诚不能知此事。"

注释

[1]谢：辞谢，拒绝。 [2]数：卦数。 [3]逮：及。

译文

詹尹便放下蓍草（shī cǎo）辞谢道："所谓尺有它不足的地方，寸有它的长处；物有它不足的地方，智慧有它不能明白的问题；卦有它算不到的事，神有它显不了灵的地方。您（还是）按照您自己的心，决定您自己的行为吧。龟壳蓍草实在无法知道这些事啊！"

导学

一、作者简介

屈原（前 340 年—前 278 年），战国时期楚国诗人、政治家。芈姓，屈氏，名平，字原；又自云名正则，字灵均 。屈原是中国历史上第一位伟大的爱国诗人，"楚辞"的创立者和代表作者。

公元前 278 年，秦将白起攻破楚都郢（今湖北江陵），屈原悲愤交加，自沉于汨罗江，以身殉国。主要作品有《离骚》《九歌》《九章》《天问》等。他创作的《楚辞》是中国浪漫主义文学的源头，与《诗经》中的《国风》并称"风骚"，对后世诗歌产生了深远影响。

二、作品简析

《卜居》是《楚辞》中的一篇。这篇文章记述屈原的一件逸事，屈原被放逐三年之后，往见太卜郑詹尹问卜。

尺虽比寸长，但和更长的东西相比，就显得短，寸虽比尺短，但和更短的东西相比，就显得长；世间万物有不足之处，即使是智者也会有不明白的地方。这告诉我们，世间是没有完美的事物，也没有一无是处的事物。天生我材必有用。什么东西也有它不足的方面，再聪明的人也会有不懂的地方。

三、知行合一

1. 查一查：了解屈原的生平，说说在端午节我们是怎样纪念屈原的？

2. 读一读：利用工具书或在师长的指导下，读《楚辞》中屈原的作品，体会屈原的爱国情怀，把你喜欢的句子默写下来。

3. 悟一悟：反复阅读本文，想想“尺有所短，寸有所长；物有所不足，智有所不明”对你有哪些启发？

好学近乎知（节选）

（先秦）《中庸》

子曰：好学近乎知[1]，力行近乎仁[2]，知耻[3]近乎勇[4]。知斯三者，则知所以修身[5]；知所以修身，则知所以治人；知所以治人，则知所以治天下国家矣。

博学之，审问之[6]，慎[7]思之，明辨[8]之，笃行[9]之。有弗学，学之弗能，弗措[10]也；有弗问，问之弗知，弗措也；有弗思[11]，思之弗得，弗措也；有弗辨，辨之弗明，弗措也；有弗行，行之弗笃，弗措也。人一能之，己百之；人十能之，己千之。果能此道[12]矣，虽愚必明，虽柔必强。

注释

[1]知：同“智”，智慧学识才能。 [2]仁：指人与人互相亲爱。 [3]耻：羞耻之心，羞耻。 [4]勇：勇敢。 [5]知所以修身：知道品德修养的方法。 [6]审：仔细。问：这里指求教。之：指问的对象。 [7]慎：慎重。 [8]辨：辨别。 [9]笃：切实地；坚定。行：行动。 [10]措：搁置，终止。 [11]思：思考。 [12]道：做到。

译文

孔子说：喜欢学习的人，就接近智了，能够努力行善的人就接近仁了，知道什么是羞耻的人就接近勇了。知道这三者，就知道怎样修身养性；知道怎样修身养性，就知道怎样去管理他人；知道怎样去管理他人，就知道怎样去治理国家。

要广博地学习，详细地求教，慎重地思考，明白地辨别，切实地力行。不学则已，既然要学，不学到通达晓畅绝不终止；不去求教则已，既然求教，学到彻底明白绝不终止；不去思考则已，既然思考了，不想出一番道理绝不终止，不去辨别则已，既然辨别了，不到分辨明白绝不终止；不去做则已，既然做了，不确实做到圆满绝不终止。别人学一次就会了，我还不会，就学他一百次；别人学十次就会了，我还不会，就学他一千次。如果真能照这样子去做，虽然再笨，也会变得聪明，即使再柔弱的人也会变得坚强。

导 学

一、作者简介

孔子（前 551 年—前 479 年），子姓，孔氏，名丘，字仲尼，春秋末期鲁国陬邑（今山东曲阜市东南）人。孔子有弟子三千，贤者七十二人，被后世统治者尊为万世师表、至圣、至圣先师、大成至圣文宣王。晚年修订六经，即《诗》《书》《礼》《乐》《易》《春秋》。

二、作品简析

这一章从鲁哀公询问政事引入，借孔子的回答提出了政事与人的修养的密切关系，从而推导出天下人共有的五项伦常关系、三种德行、治理天下国家的九条原则，最后落脚到“真诚”的问题上来，并提出了做到真诚的五个具体方面。

此文指出了人生修养的方法和途径。首先从好学、力行、知耻这些浅近的事情入手，第二再进入智、仁、勇这一社会共同的道德境界，第三论述了修身，第四由“修身”扩展到“治人”，直至“治理天下国家”。

三、知行合一

1. 讲一讲：讲讲“智、勇、耻”在文中的含义。

2. 想一想：自己怎样才能成为一个有丰富智慧、渊博知识的人?

3. 读一读：有条件的同学去图书馆找来六经——《诗》《书》《礼》《乐》《易》《春秋》读一读，并摘抄佳句多积累。

长沮桀溺耦而耕

（先秦）《论语》

长沮、桀溺耦[1]而耕。孔子过之，使子路问津[2]焉。

长沮曰："夫执舆[3]者为谁？"子路曰："为孔丘。"曰："是[4]鲁孔丘与？"曰："是也。"曰："是知津矣！"

问于桀溺。桀溺曰："子为谁？"曰："为仲由。"曰："是鲁孔丘之徒与？"对曰："然。"曰："滔滔者，天下皆是也，而谁以易[5]之？且而[6]与其从辟[7]人之士也，岂若从辟世之士[8]哉？"耰[9]而不辍[10]。

子路行以告，夫子怃然[11]曰："鸟兽不可与同群，吾非斯人之徒[12]与而谁与？天下有道，丘不与易也。"

注释

[1]长沮（jù）、桀溺：隐士，长沮、桀溺非人名，长沮，意为腿上沾满泥的高个子； 桀溺，脚踩在泥里的壮汉。耦（ǒu），古代耕作方法，即两个人各执一耜（犁），同耕一尺宽之地。耦（ǒu）而耕，两人并耕。 [2]津：渡口。 [3]执舆：即执辔（缰绳）。 [4]是：代词，指"这个人"。 [5]易：改变。 [6]而：你，指子路。 [7]辟：同"避"。 [8]辟世之士：指隐者，长沮、桀溺自谓。 [9]耰（yōu）：用土覆盖种子。 [10]辍：停止。 [11]怃然：怅然，失意。 [12]斯：这。徒：徒众。斯人之徒，等于说人群、世人。

译文

长沮、桀溺两人耕田，孔子从旁边经过，让子路去询问渡口。

长沮问子路说："驾车那人是谁？"子路说："是孔丘。"长沮说："是鲁国的孔丘吗？"子路说："是。"长沮说："他该知道渡口在哪儿了。"

子路又去问桀溺。桀溺说："你是谁？"子路说："是仲由。"桀溺说："你是鲁国孔丘的学生吗？"子路回答说："是。"桀溺说："（社会纷乱）洪水弥漫，天下都这样，谁能改变得了？与其跟着（孔丘那样）躲避无道之士的人，还不如跟着（我们这些）避世隐居的人呢？"说完不停地盖土。

子路回来告诉孔子。孔子叹息说："我们既然无法跟鸟兽待在一起，若不跟天下人待在一起又跟谁在一起呢？天下如果太平，我就不会和你们一起来从事改变现实的工作了。"

导学

一、作品简介

《论语》是孔子弟子记录孔子言行的著作，共 20 篇，体现了孔子及儒家学派的政治主张、伦理思想、道德观念及教育原则。

二、作品简析

孔子从"仁者爱人"的立场出发，想拯救斯民于水火，为世而忧，为国而忧，为民而忧，身处逆境而心忧天下。"问津"在文中有双重含义，一是指自然意义上的渡口，一是指人生道路，无论从哪一种意义上说，这个小故事都表现了孔子四处碰壁而志向不改，走投无路却毫不懈怠的崇高精神。本文也告诉我们，人是社会性的动物，不能离开社会而独自生活，理应关心人、同情人，尽自己力量改造社会。

三、知行合一

1. 读一读：先熟读再背诵本文，边读边想文中的人各有什么特别之处？

2. 做一做：选十句你喜欢的《论语》句子，做成书签，送给你喜欢的人。

3. 写一写：全面了解"孔子""儒家"等词条信息，写一篇关于"孔子"的解说词。

君子有九思

（先秦）《论语》

孔子曰：“君子有九思：视思明，听思聪，色思温，貌思恭，言思忠，事思敬，疑思问，忿思难，见得思义。”

译文

孔子说：“君子在九个方面多用心考虑：看，考虑是否看得明白；听，考虑是否听得清楚；脸上的表情，考虑是否温和；容貌和态度，考虑是否庄重恭敬；说话的时候，考虑是否忠诚老实；做事的时候，考虑是否敬业；遇到有疑难，考虑向人请教；发怒时，考虑是否会产生后患；见到想要据为己有的东西，考虑是否合于仁义。”

导学

一、作品简析

君子是指有一定地位、有高尚人格和良好道德品行的人。本章孔子指出做君子要随时随地省察自己，要加强修养，做到“九思”，要对自己一言一行都要认真思考和自我反省，这里包括个人道德修养的各种规范，如温、良、恭、俭、让、忠、孝、仁、义、礼、智等。思对学习同样重要，“学而不思则罔，思而不学则殆。”成功没有捷径，好学、深思、力行缺一不可。

二、知行合一

1. 想一想：理解本文内容，“九思”中你做到了哪些？没有做到的怎么去努力做好？

2. 找一找：找出关于“思”（思考、思想）的成语、名言、警句等，写在自己的笔记本上，从现在起学会做一个有思想、会思考的人。

3. 学一学：理解并背诵古诗《九思》。

九 思

朱熹

人之进学在于思，
思则能知是与非。
但得用心纯熟后，
自然发处有思随。

修身（节选）

（先秦）《墨子》

慧者心辩[1]而不繁说，多力而不伐功，此以名誉扬天下。言无务多而务为智，无务为文而务为察。故彼[2]智无察，在身而情[3]，反其路者也。善无主于心者不留，行莫辩于身者不立；名不可简而成也，誉不可巧而立也，君子以身戴[4]行者也。思利寻焉，忘名忽焉，可以为士于天下者，未尝有也。

注释

[1]辩：同“辨”。 [2]彼：借为“非”。 [3]情：为“惰”之形讹。[4]戴：同“载”。

译文

聪明人心里明白而不多说，努力做事而不夸自己的功劳，因此名誉扬于天下。说话不图繁多而讲究富有智慧，不图文采而讲究明白。所以既无智慧又不能审察，加上自身又懒惰，则必背离正道而行了。善不从本心生出就不能保留，行不由本身审辨就不能树立，名望不会由苟简而成，声誉不会因诈伪而立，君子是言行合一的、身体力行达到的。在利益上想得深远，忘掉名誉，而能成为天下贤士的，从来没有过。

导学

一、作品简介

墨子（生卒年不详），名翟（dí），东周战国初期宋国人。墨家学派创始人，战国时期著名的科学家、军事家。墨家在战国时期影响巨大，与儒家并称“显学”。墨子创立了以物理、光学、力学为突出成就的整套科学理论。其弟子根据墨子生平事迹和史料，收集语录完成了《墨子》一书。

二、作品简析

本文摘自《墨子·修身》。修身是墨家思想体系中的组成部分。墨家不但认识到修身是立身行事之本，而且阐述了实践、反省等修养的方法以及环境对于修身的影响，并将“天志”作为修身的根本准则。墨家的修身观至今仍然可以给我们以有益的启示。

三、知行合一

1. 读一读：这篇选文内容偏深，请耐心反复诵读，达到熟读成诵。

2. 查一查：墨子是一个怎样的人？他的一生有哪些成就？做做笔记，然后和同学交流。

3. 比一比：墨子说的君子和孔子说的君子有什么不同？

孟子·天时不如地利

（先秦）孟子

天时不如地利，地利不如人和。三里之城[1]，七里之郭[2]，环[3]而攻之而不胜。夫环而攻之，必有得天时者矣，然而不胜者，是天时不如地利也。城非不高也，池[4]非不深也，兵革[5]非不坚利也，米粟非不多也，委而去之[6]，是地利不如[7]人和也。故曰：域民不以封疆之界，固国不以山溪之险，威天下不以兵革之利。得道[8]者多助，失道者寡助。寡助之至[9]，亲戚畔[10]之；多助之至，天下顺之。以天下之所顺，攻亲戚之所畔，故君子有不战，战必胜矣。

注释

[1]三里之城：方圆三里的内城。 [2]七里之郭：方圆七里的外城，郭，外城。 [3]环：围。 [4]池：护城河。 [5]兵革：指武器装备。[6]委而去之：弃城而逃；委，放弃；去，离开。 [7]如：比得上。[8]得道：指能够施行治国的正道，即行仁政。 [9]至：极点。 [10]亲戚：内外亲属，父系亲属和母系亲属。畔：通假字，同“叛”，背叛。

译文

有利于作战的天时，比不上利于作战的地理环境，利于作战的地利，比不上人的内部团结。方圆三里的内城，方圆七里的外城，包围起来攻打，却不能取胜。包围来攻城，一定是得到有利于作战的天时，可是还不能取胜，是因为利于作战的天时比不上利于作战的地理环境啊。城墙并不是不高，护城河并不是不深，武器装备也不是不精良，粮食供给也不是不充足，但守城一方还是弃城而逃，是因为作战的地理再好也不及内部团结。所以说：使百姓定居下来（而不迁到别的地方），不能靠疆域的界限，巩固国防不能靠山河的险要，震慑天下不能靠武器的锐利。施行仁政的君主，帮助支持他的人就多，不施行仁政的人，支持帮助他的人就少。支持帮助他的人少到了极点，连兄弟骨肉也会背叛他；支持帮助他的人多到了极点，天下所有人都归顺他。凭着天下人都归顺他的条件，去攻打连兄弟骨肉都背叛他的寡助之君，所以能行仁政的君主不战则已，战就一定能胜利。

导学

一、作品简介

孟子（约前 372 年—前 289 年），名轲，邹国（今山东邹城东南）人。与孔子并称“孔孟”，后世称“亚圣”。孟子的著作收录于《孟子》一书。

二、作品简析

本文通过对“天时”“地利”“人和”加以比较，在正义、仁义方面，会得到多数人的支持帮助；违背道义、仁义，必然陷于孤立，告诉我们“得道多助，失道寡助”的道理。

三、知行合一

1. 悟一悟：认真阅读本文，仔细体会“天时不如地利，地利不如人和”和“得道多助，失道寡助”的深刻道理。

2. 讲一讲：开个交流会，把你知道的“天时不如地利，地利不如人和”和“得道多助，失道寡助”的故事讲给大家听听。

3. 写一写：你觉得“天时、地利、人和”哪个更重要，把你的理由分别写出来。

孟子·尽心下（节选）

（先秦）孟子

浩生不害问曰："乐正子，何人也？"孟子曰："善人也，信人也。""何谓善？何谓信？"曰："可欲之谓善，有诸己之谓信，充实之谓美，充实而有光辉之谓大，大而化之之谓圣，圣而不可知之之谓神。乐正子，二之中，四之下也。"

译文

浩生不害问道："乐正子为人如何？"孟子说："是个善人，诚信的人。""什么叫善？什么叫信？"孟子说："值得追求的叫作善，善为自身所拥有叫作信，善充满全身叫作美，充满并且能发出光辉叫作大，光大并且能感化万物叫作圣，圣又高深莫测叫作神。乐正子的人品，在善与信二者之中，在美、大、圣、神四者之下。"

导学

一、作品简析

人生六境是圣人快乐的秘诀，人的修养渐次提升。人有道义，才会善良，才会充实。善产生福，充实产生美。在善、信、美的基础上能够有光辉就是大，所以要从事有益于人民的事业，并且有功，有大，然后感化天下万物则为圣，圣人处无为之事，行不言之教是也。有圣之功而无形就是神。

二、知行合一

1. 读一读：利用工具书或者在师长指导下，课外读读《孟子》原文。

2. 讲一讲：我们怎样做一个善、信、美的人？你认为大、圣、神是什么样的人？

3. 理解并背诵下列《孟子》语句。

（1）我知言，我善养吾浩然之气。

（2）恻隐之心，仁之端也；羞恶之心，义之端也；辞让之心，礼之端也；是非之心，智之端也。

（3）父母俱存，兄弟无故，一乐也；仰不愧于天，俯不怍于人，二乐也；得天下英才而教育之，三乐也。

慧

孟子·离娄下（节选）

（先秦）孟子

孟子曰："天下之言性也，则故[1]而已矣。故者以利[2]为本。所恶于智者，为其凿也。如智者若禹之行水也，则无恶于智矣。禹之行水也，行其所无事也。如智者亦行其所无事，则智亦大矣。天之高也，星辰之远也，苟求其故，千岁之日至[3]，可坐而致也。"

注释

[1]故：缘故，本性。 [2]利：有利，优点。 [3]日至：这里指冬至。

译文

孟子说："天下的人都说万物本性，只要弄清楚它的来龙去脉便行了。弄清它的来龙去脉，是为了发挥。我们讨厌小聪明，是因为聪明让人钻牛角尖。如果聪明人像禹疏导河道让它顺其自然一样，就不必讨厌聪明。禹治水患，就是让水的运行像没事一样。如果聪明人也都能像没事一样顺着大自然的法则而行，那就具有大智慧了。天极高，星辰极远，只要能弄清楚它的来龙去脉，一千年以后的冬至夏至，可以坐着算出来。

导学

一、作品简析

本文选自《离娄下》26 章，告诉人们无论采取哪一种行为方式，都是为了追求利益，这就是人性。那么，为了追求到利益——无论是个人利益还是公众利益，究竟采取哪一种行为方式呢？因此，在选择行为方式上，人们就很厌恶那种耍小聪明，对事情过于雕凿的人。这是因为这些人在选择行为方式时，违背了人的自然本性，故意去多事，非要绕好几个弯弯，绕好几个圈圈，才认为是最佳行为方式。殊不知这样做适得其反，反而招致了人们的厌恶。

真正聪明的人，是成全他人的人，而不是成全自己的人，换言之，也只有成全了他人，才有机会成全自己。

二、知行合一

1. 搜一搜：请去搜一搜“大禹治水”的故事，跟小伙伴分享这个故事。

2. 读一读：借助工具书读读《离娄下》全篇，背诵喜欢的部分。

3. 议一议：结合生活实际，说说怎样为人做事才是一个聪明的人？

劝学（节选）

（先秦）荀子

君子[1]曰：学不可以已[2]。

青，取之于蓝，而青于蓝；冰，水为之，而寒于水。木直中绳[3]，輮[4]以为轮，其曲中规[5]。虽有槁暴[6]，不复挺[7]者，輮使之然也。故木受绳[8]则直，金就砺[9]则利，君子博学而日参省乎己[10]，则知明[11]而行无过[12]矣。

故不登高山，不知天之高也；不临深溪，不知地之厚也；不闻先王之遗言[13]，不知学问之大也。干、越、夷、貉[14]之子，生而同声，长而异俗，教使之然也。诗曰："嗟尔君子，无恒安息。靖[15]共尔位，好是正直。神之听之，介[16]尔景[17]福。"神莫大于化道，福莫长于无祸。

吾尝终日而思矣，不如须臾[18]之所学也；吾尝跂[19]而望矣，不如登高之博见[20]也。登高而招，臂非加长也，而见者远；顺风而呼，声非加疾[21]也，而闻者彰[22]。假舆[23]马者，非利足[24]也，而致千里；假舟楫者，非能水[25]也，而绝[26]江河。君子生非异[27]也，善假于物也。

注释

[1]君子：指有学问有修养的人。[2]学不可以已：学习不能停止。[3]中（zhòng）绳：（木材）合乎拉直的墨线。绳，墨线。 [4]輮（róu）：通"煣"，古代用火烤使木条弯曲的一种工艺。 [5]规：圆规，画圆的工具。 [6]虽有槁暴：即使又晒干了。有，通"又"；槁，枯；暴，同"曝"，晒干。 [7]挺：直。 [8]受绳：用墨线量过。 [9]就：接近，靠近。砺：磨刀石。 [10]日参省乎己：每天对照反省自己。 [11]知

（zhì）：通“智”，智慧。明：明达。 [12]行无过：行为没有过错。[13]遗言：犹古训。 [14]貉（mò）：通“貊”，中国古代东北部民族。[15]靖：安。 [16]介：给予。 [17]景：大。 [18]须臾：片刻，一会儿。 [19]跂：踮起脚后跟。 [20]博见：看见的范围广，见得广。[21]疾：声音宏大。 [22]彰：明显，清楚，指听得更清楚。 [23]假：凭借，利用。舆：车厢，这里指车。 [24]利足：脚走得快。 [25]水：游泳。 [26]绝：横渡。 [27]生（xìng）非异：本性（同一般人）没有差别。生，通“性”，天赋，资质。

译文

君子说：学习不可以停止。

靛青是从蓝草里提取的，可是比蓝草的颜色更深；冰是水凝结而成的，却比水还冷。木材直得符合拉直的墨线，用煣的工艺把它制成车轮，那么木材的弯度就合乎圆的标准了。即使被风吹日晒而干枯，也不会再挺直，是因为经过加工成为这样的。所以木材用墨线量加工就能直，刀剑在磨刀石上磨过就锋利，君子广博地学习并且每天反省自己，那么他就会智慧明达而且行为没有过失。

因此，不登上高山，就不知天多高；不临深涧，就不知地多厚；不懂得先代帝王的遗教，就不知学问的博大。干、越、夷、貉的孩子，刚生下来啼哭的声音是一样的，而长大后风俗习性却不相同，这是教育使之如此。《诗经》上说：“你这个君子啊，不要总是贪图安逸。恭谨对待你的本职，爱好正直的德行。神明听到这一切，就会赐给你洪福祥瑞。”精神修养没有比受道德熏陶感染更大了，福分没有比无灾无祸更长远了。

我曾经整天思索，却不如片刻学到的知识多；我曾经踮起脚远望，却不如登到高处看得广阔。登到高处招手，胳膊没有加长，可是别人在远处也能看见；顺着风呼叫，声音没有变得洪亮，可是听的人在远处也能听得很清楚。借助车马的人，并不是脚走得快，却可以达到千里之外；借助舟船的人，并不善于游泳，却可以横渡江河。君子的资质秉性跟一般人没有不同，只是君子善于借助外物罢了。

导学

一、作者简介

荀子（前 313 年—前 238 年），名况，字卿，战国末期赵国人，时人称“荀卿”。荀子对儒家思想有所发展，提倡“性恶论”，其学说被后人拿来跟孟子的“性善说”比较。荀子对重新整理儒家典籍有显著贡献，与其弟子撰有《荀子》。

二、作品简析

《劝学》是《荀子》一书的首篇。文章围绕“学不可以已”这个论点，有条理、有层次地加以阐述，全面而深刻地论说有关学习的问题。《劝学》在语言运用上，长短句并用，对偶排比句间行，匀称而又错落有致，读来音韵优美。

三、知行合一

1. 读一读：课外阅读《劝学》全文，并把好词佳句摘抄在笔记本上。

2. 背一背：背诵《劝学》（节选）自己喜欢的段落。

3. 写一写：围绕“青，取之于蓝，而青于蓝”这句话，联系生活实际写写你的感受。

儒效篇（节选）

（先秦）荀子

不闻不若闻之，闻之不若见之，见之不若知之，知之不若行之。学至于行之而止矣。行之，明也；明之为圣人。圣人也者，本仁义，当是非，齐言行，不失豪厘，无他道焉，已乎行之矣。

故闻之而不见，虽博必缪[1]；见之而不知，虽识必妄[2]；知之而不行，虽敦[3]必困。不闻不见，则虽当，非仁也。其道百举[4]而百陷[5]也。

注释

[1]缪：通“谬”，错误。 [2]妄：不合理。 [3]敦：缜密。 [4]百举：很多事情。 [5]百陷：很多陷阱。

译文

未有听说不如听说过，听说过不如眼见为实，眼见为实不如明晓事理，明晓事理不如亲自实践，学习的功夫到实践这一层次也就停止了。实践可以使人明知道理，明知道理的人是圣人。圣人以仁义为本，明辨是非，言行一致，判断没有毫厘之差，没有其他道理可讲，这些都包含在实践过程中了。

所以听说过道理却不眼见为实，即使听说的知识很多，也一定会有谬误；眼见为实却不力求理解，即使学识颇多，也一定会妄自臆测。明晓事理却不亲自实践，即使思辨缜密，也一定会陷入困境。不打听、不寻找道理，那么即使做事有分寸，也不是仁。这个道理屡试不爽。

导学

一、作品简析

《儒效篇》是《荀子》的第 8 篇。大量采用排比和顶针的修辞手法，论述了大儒的作用，以及圣人、君子、劲士、儒雅、小儒、俗儒、俗人、众人、鄙夫等几类人的德行，强调了学习与法度的重要性。值得说明的是，荀子在自然观方面，反对信仰天命鬼神，肯定自然规律是不以人的意志转移的，并提出人应顺应自然规律才能发展；在人性问题上，他提出“性恶论”，认为“性恶”是人的动物本能，人需要“化性起伪”的礼乐教化。

荀子所说“性恶”，是从现实意义上出发；孟子所说“性善”，是从超越意义上出发。

二、知行合一

1. 背一背：背诵此文和陆游的《冬夜读书示子聿》。

冬夜读书示子聿

陆　游

古人学问无遗力，少壮工夫老始成。

纸上得来终觉浅，绝知此事要躬行。

2. 写一写：反复阅读《儒效篇》全文，并选择印象深刻的一段写写体会。

3. 谈一谈：你觉得在生活学习中怎样做到“躬行”？

自相矛盾

（先秦）韩非

楚人[1]有鬻[2]盾与矛者，誉[3]之曰："吾盾之坚，物莫能陷[4]也。"又誉其矛曰："吾矛之利[5]，于物无不陷也。"或[6]曰："以[7]子之矛陷子之盾，何如？"其人弗[8]能应[9]也。夫不可陷之盾与无不陷之矛，不可同世而立。

注释

[1]楚人：楚国人。 [2]鬻（yù）：卖。 [3]誉：称赞，这里有夸耀、吹嘘的意思。 [4]陷：刺破，这里有"穿透""刺穿"的意思。 [5]利：锋利。 [6]或：有人，别人。 [7]以：用。 [8]弗：不。 [9]应：回答。

译文

战国时期，楚国有个卖矛和盾的人，他夸耀自己的盾很坚硬，说："无论用什么东西都无法破坏它！"然后，又夸耀自己的矛很锐利，说："无论什么东西都能被它破坏！"有人问："如果用你的矛去刺你的盾，它们将怎么样？"，那个人无法回答。无法被刺穿的盾牌和能刺破所有盾的长矛，不可能同时存在。

导学

一、作者简介

韩非（约前 280 年—前 233 年），又称韩非子，战国末期韩国新郑（今属河南郑州）人。法家学派代表。韩非集商鞅的"法"、申不害的"术"和慎到的"势"于一身，著有《韩非子》。

二、作品简析

寓言里楚国人片面地夸大了矛与盾的作用，出现无法自圆其说的局面，因为世上不可能共同存在牢不可破的盾和无坚不摧的矛。这个故事告诉我们说话做事不能前后矛盾。

三、知行合一

1. 讲一讲：把这个故事讲给同学们听听，想想自己如何不犯这样的逻辑错误。

2. 学一学："矛盾"这个词有很多义项，哲学上对立统一关系就是矛盾，毛泽东写了《矛盾论》，请你找来读一读。

3. 悟一悟："自相矛盾"近义词有"破绽百出""漏洞百出"，反义词有"自圆其说""天衣无缝""无懈可击"，注意在今后的学习生活中择善从之。

滥竽充数[1]

（先秦）韩非

齐宣王使[2]人吹竽，必[3]三百人。南郭处士[4]请为王吹竽，宣王说之，廪食以数百人。宣王死，湣王立。好一一听之，处士逃。

注释

[1]滥：失实的，假的。竽：一种古代乐器，即大笙。滥竽：不会吹竽。充数：凑数。 [2]使：让。 [3]必：一定，必须，总是。 [4]南郭：复姓。处士：古代称有学问、有品德而没有做官的人为处士，相当于“先生”。

译文

齐宣王让人吹竽，一定要三百人合奏。南郭处士请求给宣王吹竽，宣王很高兴，用粮食供养这数百人。宣王死，齐湣王继承王位，他喜欢听一个一个人的演奏，南郭处士就逃走了。

导学

一、作品简析

南郭处士这样不学无术、靠蒙骗混饭吃的人，骗得了一时，骗不了一世，最终被揭穿伪装。弄虚作假是经不住时间的考验，终究会露出马脚，想要成功，最好的办法就是勤奋学习，练就一身真本领。

二、知行合一

1. 讲一讲：把这个故事讲给同学们听听，讨论一下南郭处士这样的人为什么会有生存空间?

2. 想一想:为了不做滥竽充数的人,我们今天应该怎样做?

3. 学一学:下面是成语“买椟还珠”的原文,想想和本文有什么相通之处:

楚人有卖其珠于郑者,为木兰之柜,薰以桂椒,缀以珠玉,饰以玫瑰,辑以翡翠。郑人买其椟而还其珠。此可谓善卖椟矣,未可谓善鬻珠也。今世之谈也,皆道辩说文辞之言,人主览其文而忘有用。(《韩非子·外储说左上》)

千里之堤，毁于蚁穴

（先秦）韩非

千丈之堤，以[1]蝼蚁之穴溃[2]。
百尺[3]之室[4]，以突隙之[5]烟焚。

注释

[1]以：因为。 [2]溃：崩溃。 [3]百尺：虚数，指房屋很大。 [4]室：房屋。 [5]突隙之：烟囱中的烟火。突：烟囱。隙：孔隙。烟：火。

译文

千里长堤虽然看似十分牢固，却会因为小小蚁穴而崩溃；百丈的高楼看着十分宏伟，却会因为小小的火星而毁灭。

导学

一、作品简析

“千里之堤，溃于蚁穴”，出自《韩非子·喻老》，后来广为流传，并演变成为今天的一条成语。这句话深刻警示世人，事情的发展是一个由小到大的过程，当存在微小的安全隐患时，如果不给予足够的重视和正确及时的处理，就会留下无穷的后患。所以，我们在实际学习和生活中要防微杜渐，凡事要从大处着眼，小处入手，不能放过任何一个细节。

二、知行合一

1. 写一写：先有感情地吟诵此诗，再默写。

2. 悟一悟：“千里之堤，溃于蚁穴”常用来比喻什么？告诉我们什么道理？

慧

智慧教育读库

汉晋春秋

大风歌[1]

（汉）刘邦

大风起兮[2]云飞扬，
威加海内[3]兮归故乡，
安得[4]猛士兮守四方[5]！

注释

[1]大风歌：又作“大风曲”“大风诗”“汉祖有歌”。 [2]兮：语气词，相当于“啊”。 [3]威：威望，权威。加：施加。海内：四海之内，即“天下”。 [4]安得：怎样得到。 [5]守：守护，保卫。四方：指代国家。

译文

大风劲吹啊浮云飞扬，
我统一了天下啊衣锦还乡，
怎样才能得到勇士啊为国家镇守四方！

导学

一、作者简介

刘邦（前256年—前195年），字季，沛郡丰邑（今江苏丰县）人。中国历史上杰出的政治家，汉朝开国皇帝，对中华统一有突出贡献。刘邦谥号高皇帝，庙号太祖。毛主席评价刘邦是“封建皇帝里边最厉害的一个”。

二、作品简析

《大风歌》一诗抒发了作者远大的政治抱负，也表达了他对国事忧虑的复杂心情。刘邦选取楚辞文体，恰到好处地表现了他对家国兴亡的担忧，又不失王者风范。《大风歌》整首诗仅有三句构成，这在中国历代诗歌史上是极其罕见的，其中第一句的大风起兮云飞扬，是最令古今拍案叫绝的诗句。最后一句直抒胸臆："打江山难，守江山更难！"整首诗凝聚着作者对帝业和故土的感情，表达了刘邦既能创业又能守业的豪迈气慨。

三、知行合一

1. 背一背：收听歌曲《大风歌》，想象刘邦当时的心境，大声朗诵本文。

2. 看一看：课外观看电视剧《大风歌》，好好了解刘邦这位封建皇帝。

3. 读一读：《文选》原文。

高祖还，过沛，留。置酒沛宫，悉召故人、父老子弟佐酒。发沛中儿得百二十人，教之歌。酒酣，上击筑自歌曰：大风起兮云飞扬，威加海内兮归故乡，安得猛士兮守四方！

酷吏列传序

（汉）司马迁

孔子曰：“导[1]之以政[2]，齐[3]之以刑，民免[4]而无耻。导之以德，齐之以礼，有耻且格[5]。”老氏[6]称：“上德不德[7]，是以有德[8]；下德不失德[9]，是以无德[10]。”“法令滋章[11]，盗贼多有。”太史公曰：信哉是言[12]也！法令者治之具[13]，而非制治清浊[14]之源也。昔[15]天下之网[16]尝密矣然奸伪萌起[17]，其极[18]也，上下相遁[19]，至于不振[20]当是之时，吏治若救火扬沸[21]，非武健严酷[22]，恶[23]能胜其任而愉快乎！言道德者，溺其职[24]矣。故曰“听讼[25]，吾犹人[26]也，必也使无讼乎。”“下士[27]闻道大笑之”。非虚言也。汉兴，破觚[28]而为圜[29]，斫雕[30]而为朴[31]，网漏于吞舟之鱼[32]，而吏治烝烝[33]，不至于奸，黎民艾安[34]。由是观之，在彼[35]不在此[36]。

注释

[1]导：引导。 [2]政：政令。 [3]齐：整齐，此为约束之意。[4]免：免于死罪。 [5]格：革。 [6]老氏：指老子李耳。 [7]上德：具有高尚道德的人。不德：不表现为形式上的德。 [8]是以：因此。有德：实际上是有德的。 [9]下德：道德低下的人。不失德：竟谓执守形式上的德。 [10]无德：没有实际的德。 [11]滋章：越发严酷。章，通“彰”，此为森严酷烈的意思。 [12]信哉：可信啊。是言：这些话。[13]具：工具。 [14]制治：管理政治。清：政治清明。浊：政治污浊。[15]昔：从前，此指秦朝。 [16]网：法网。 [17]奸伪：奸邪欺诈。萌起：不断产生。 [18]极：极点，指情况最严重之时。 [19]遁：欺瞒。[20]振：振作。 [21]救火扬沸：意谓无济于事。 [22]武健：强健有力。严酷：指严厉的法令。 [23]恶：何。 [24]溺其职：丧失其职。 [25]听

讼：判案。 [26]犹人：与别人相等。 [27]下士：愚蠢浅陋的人。[28]觚（gū）：古代的酒器。 [29]圜（yuán）：通“圆”。 [30]斫（zhuó）：砍削。雕：指雕刻的花纹。 [31]朴（pǔ）：本，此指本来的状态。 [32]吞舟之鱼：指大鱼。 [33]吏治：官吏的治绩。烝烝：兴盛美好的样子，此处指政绩辉煌。 [34]艾（yì）安：太平无事。艾，通“乂”。 [35]彼：指宽厚。 [36]此：指酷刑。

译文

孔子说：“用政令来引导百姓，用刑法来整治百姓，百姓虽能免于犯罪，但无羞耻心。用道德教导百姓，用礼教来统一他们的言行，百姓们就既懂得羞耻又能使人心归服。”老子说：“最有道德的人，从不标榜自己有德，因此才真正具有道德；道德低下的人标榜自己没有离失道德，所以他并不真正具有道德。法令愈加严酷，盗贼就愈多。”太史公说：这些说得都对！法律是治理国家的工具，但不是治理好坏的本源。从前在秦朝时国家的法网很严密，但是奸诈欺伪的事经常发生，最为严重的时候，上下互相推诿责任，以至于国家无法振兴。在当时，官吏用法治，就好像抱薪救火、扬汤止沸一样无济于事；倘不采取强硬严酷的手段，如何能胜任其职而心情愉快呢？在此种情况下，一味讲道德的人便要失职了。所以孔子说：“审理案件我和别人一样，所不同的是一定要使案件不再发生！”老子说：“下愚之人听人讲起道德就大笑。”这不是假话。汉朝初年，修改严厉的刑法，改为宽松的刑法，废除法律繁杂之文，改为简约朴实的条文，法网宽得能漏掉吞舟的大鱼，而官吏的政绩却很显著，使得百姓不再有奸邪的行为，百姓平安无事。由此看来，治理国家的关键在于道德，而不是严酷的刑法。

导学

一、作者简介

司马迁（前 145 年—？），字子长，生于龙门（即今陕西省韩城市），后世尊称太史公、史圣。他以其“究天人之际，通古今之变，成一家之言”的史识创作了第一部纪传体通史《史记》，被公认为史书典范，记载了从黄帝到汉武帝太初四年（前 101 年）长达 3000 多年历史。《史记》为“二十四史”之首，被鲁迅誉为“史家之绝唱，无韵之离骚”。

二、作品简析

《酷吏列传》收录于《史记》中。该文对汉武帝时代的十个酷吏作了集中而概括的描写。本文是《酷吏列传》的序，表明司马迁反对严刑峻法，实行德政的主张。序言可分为三层：第一层用孔子、老子的话，阐明了道义的重要作用。第二层从“太史公曰”到“非虚言也”，充分肯定了孔子、老子的观点，并进一步发展了自己反对严刑峻法的主张。第三层从“汉兴”到结尾，用汉初刑法宽简、风气淳厚、百姓平安的事实，从正面证明德治的重要性。

三、知行合一

1. 议一议：作者为什么反对酷吏？司马迁本人作为酷吏的受害者，表现在哪些方面？

2. 辩一辩：规则与人情谁更重要？为什么？结合具体历史中的实例来增加自己辩论的逻辑性。

3. 学一学：课余阅读《酷吏列传》，加深对酷吏的认识。

孔子世家[1]赞

（汉）司马迁

太史公[2]曰：《诗》有之："高山仰止，景行行止[3]。"虽不能至，然心乡[4]往之。余读孔氏书，想见其为人。适[5]鲁，观仲尼庙堂车服礼器，诸生以时习礼其家，余祗回[6]留之不能去云⑥。天下君王至于贤人众矣，当时则荣，没则已焉。孔子布衣[7]，传十余世，学者宗之。自天子王侯，中国言《六艺》者折中[8]于夫子，可谓至圣矣！

注释

[1]世家：《史记》中用以记载侯王家世的一种传记，"世家"之体古已有之。赞：文体名。《史记》一百三十篇，每篇最后都以"太史公曰"的形式，对所记的历史人物或事件加以评论，一般称为赞。　[2]太史公：司马迁的官名，用以自称。　[3]高山仰止，景行行止：出自《诗经·小雅·车舝（xiá）》。仰，这里是仰慕、敬仰的意思。景行，大道。这里喻指高尚的品德。行，这里是效法的意思。止，句末语气助词，无意义。　[4]乡：通"向"。　[5]适：往。　[6]祗（zhī）回：相当于"低回"。流连，盘桓。祗，恭敬。有的版本作"低回"。　[7]布衣：没有官职的人。　[8]《六艺》：指六经，即《诗》《书》《礼》《乐》《易》《春秋》。折中：调和取证。

译文

太史公说：《诗经》有这样的话："巍峨的高山令人仰望，宽阔的大路让人行走。"尽管我不能回到孔子的时代，然而内心非常向往。我阅读孔氏的书籍，可以想见到他的为人。去到鲁地，观看仲尼的宗庙厅堂、车辆服装、礼乐器物，儒生们按时在孔子故居演习礼仪，我流连忘返以至留在那里无法离去。天下从君王直至贤人，是很多很多了，生前都荣耀一时，死后也就无影响了。孔子是个平民，传世十几代，学者尊崇他。上起天子王侯，中原凡是讲习六经的都要以孔夫子为标准来判断是非，孔子可说是至高无上的圣人了!

导学

一、作品简析

《孔子世家赞》是司马迁为《史记·孔子世家》写的赞，列在篇末。赞是司马迁在《史记》重要篇章之后，以“太史公曰”的口气议论、总结或补充的文字。此种“赞”的形式，乃司马迁首创，并被后世史书所沿用。

《孔子世家赞》开篇以总评揭出自己对孔子的景仰，继而从遗书、遗物、遗教三个方面，极言对孔子的向往，结篇再以总评写自己对孔子的崇奉。前一总评，立足于孔子与作者自身的比照，从作者自身的感情落笔，因此显得亲切；后一总评，立足于孔子与天子、王侯以及后世学者的比照，主要从孔子的历史影响着墨，因此显得得体。二者相互映衬，而各有韵味。全文描写含情，叙事含情，议论亦含情，读之，觉字里行间，深情无限，且文笔简法，含意深远。

二、知行合一

1. 读一读：熟读本文，背诵，默写。

2. 学一学：课外阅读《史记·孔子世家》。

3. 悟一悟：深刻理解和践行高家小学办学思想“高山景行，真善美慧”。

长歌行[1]

（汉）《乐府诗集》

青青园中葵[2]，朝露[3]待日晞[4]。
阳春布德泽[5]，万物生光辉。
常恐秋节[6]至，焜黄华[7]叶衰。
百川[8]东到海，何时复西归？
少壮[9]不努力，老大徒[10]伤悲。

注释

[1]长歌行：汉乐府曲题，这首诗选自《乐府诗集》卷三十。[2]葵：中国古代重要蔬菜之一。[3]朝露：清晨的露水。[4]晞（xī）：天亮，引申为阳光照耀。[5]布：布施，给予。德泽：恩惠。[6]秋节：秋季。[7]焜（kūn）黄：形容草木凋落枯黄的样子。华（huā）：同“花”。[8]百川：大河流。[9]少壮：年轻力壮，指青少年时代。[10]老大：指年老了，老年。徒：白白地。

译文

园中的葵菜都郁郁葱葱，晶莹的朝露阳光下飞升。
春天把希望洒满了大地，万物都呈现出一派繁荣。
常恐那肃杀的秋天来到，树叶儿黄落百草也凋零。
百川奔腾着东流到大海，何时才能重新返回西境？
少年人如果不及时努力，到老来只能是悔恨一生。

导学

一、作品简介

《乐府诗集》为诗歌类著作，是宋代郭茂倩（1041 年—1099 年）所编著的乐府歌辞集，是汉朝、魏晋、南北朝民歌精华所在，共 5000 多首，内容十分丰富，反映社会生活面很广。书中所收录的《木兰诗》与《孔雀东南飞》被后人合称“乐府双璧”。

二、作品简析

长歌行是指“长声歌咏”为曲调的自由式歌行体，本诗是劝诫世人惜时奋进的名篇。此诗从“园中葵”说起，再用水流到海不复回打比方，说明光阴如流水，一去不再回。最后劝导人们，要珍惜青春年华，发愤努力，有所作为，不要等老了再后悔。警句“少壮不努力，老大徒伤悲”浑厚有力，深沉含蓄，如洪钟长鸣一般：“徒”既说老大无成，人生等于虚度了，又讲老年时才醒悟将于事无补，徒叹奈何，意在强调必须及时努力。唐吴兢《乐府古题要解》评本诗说：“言荣华不久，当努力为乐，无至老大乃伤。”

三、知行合一

1. 读一读：本诗朗朗上口，请你背诵和默写。

2. 做一做：收集珍惜时间、施展抱负的诗词和名言，制作心愿“漂流牌”，和同学们一起交流。

3. 比一比：阅读李白的诗《长歌行》，加深对这一体裁的理解，并体会两首诗的异同。

长歌行

李白

桃李待日开，荣华照当年。

东风动百物，草木尽欲言。

枯枝无丑叶，涸水吐清泉。
大力运天地，羲和无停鞭。
功名不早著，竹帛将何宣。
桃李务青春，谁能贯白日。
富贵与神仙，蹉跎成两失。
金石犹销铄，风霜无久质。
畏落日月后，强欢歌与酒。
秋霜不惜人，倏忽侵蒲柳。

求贤令[1]

（三国）曹操

自古受命[2]及中兴[3]之君，曷尝[4]不得贤人君子与之共治天下者乎？及其得贤也，曾[5]不出闾巷[6]，岂幸相遇哉？上之人不求之耳。今天下尚未定，此特求贤之急时也。

“孟公绰为赵、魏老则优，不可以为滕、薛大夫。”若必廉士而后可用，则齐桓[7]其何以霸世！今天下得无有被褐[8]怀玉而钓于渭滨者乎？又得无有盗嫂受金而未遇无知者乎？

二三子[9]其佐[10]我明扬仄陋[11]，唯才是举[12]，吾得而用之。

注释

[1]令：一种文体名称，是皇帝或大官向官员或民众发布的一种告谕文字。 [2]受命：古代把开国即帝位说成是受天命，这里指开国。 [3]中兴：由衰败而重新复兴。 [4]曷（hé）尝：何曾，哪有。 [5]曾：乃、往往。 [6]闾（lú）巷：里巷。 [7]齐桓：齐桓公。 [8]被褐（hè）：穿粗麻的短衣。 [9]二三子：你们，指臣僚下属。 [10]佐：帮助。 [11]明扬仄（zè）陋：推举那些埋没在贱业里的人才。 [12]唯才是举：只要有才能就举荐。

译文

自古以来开国和中兴的君主，哪个不是得到贤德的能人和他一起治理国家的呢？在他们得到人才的时候，往往不出里巷，难道是因为未有偶然的际遇吗？是上边的人没有去寻求的原因啊。现天下还未安定，这是特别需要访求贤才的时刻。

“孟公绰做大贵族的家臣是好的，但却当不了滕、薛这样小国的执政官。”假如非得是廉洁的人，才可以任用，齐桓公怎么能称霸于世呢！当今天下有没有（像姜尚那样）身穿粗衣怀有真才在渭水岸边钓鱼的呢？有没有（像陈平那样）被指斥为盗嫂受金而没有遇到魏无知推荐的呢？

诸位要帮助我发现那些埋没在下层的人才，只要是有才能的就举荐出来。

导学

一、作者简介

曹操（155 年—220 年），字孟德，小名阿瞒，沛国谯县（今安徽亳州市）人。中国古代杰出的政治家、军事家、文学家。魏晋文学的代表人物，鲁迅赞之为“改造文章的祖师”，擅长书法。著有《孙子略解》《兵书接要》等书。

二、作品简析

《求贤令》是一篇政策性极强的文章，隐含着作者对贤才的诚挚渴求之心。文章第一段以开国中兴的历史经验，总括写出人才的重要，且人才只要访求，就不难发现，而当前正特别需要访求人才。第二段引孔子的论断和齐桓公用管仲的史实，讲自己求贤的标准——光廉洁有德而缺乏干才是不行的。第三段提出自己求贤才的目标在下层，重点在才干。

三、知行合一

1. 读一读：熟读本文，体会本文的写法和现在的招聘书有什么不同。

2. 找一找：从古至今，人才都是成功的第一要素。请从中国古代开国皇帝中选择一两位你喜欢的，说说他们都是靠哪些人才的帮助才取得了成功？

3. 看一看：观看电影《曹操》和电视连续剧《曹操》，全面了解曹操。

诫子书

（三国）诸葛亮

夫君子之行，静[1]以修身[2]，俭以养德[3]。非澹泊[4]无以明志[5]，非宁静[6]无以致远[7]。夫学须静也，才须学也，非学无以广才[8]，非志无以成[9]学。慆慢[10]则不能励精[11]，险躁[12]则不能治性。年与[13]时驰[14]，意与日去[15]，遂[16]成枯落[17]，多不接世[18]，悲守穷庐[19]，将复何及[20]！

注释

[1]静：屏除杂念和干扰，宁静专一。 [2]修身：个人的品德修养。[3]养德：培养品德。 [4]澹（dàn）泊：同“淡泊”，清静而不贪图功名利禄。 [5]明志：明确志向。 [6]宁静：安静，集中精神，不分散精力。[7]致远：实现远大目标。 [8]广才：增长才干。 [9]成：达成，成就。[10]慆（tāo）慢：漫不经心。 [11]励精：振奋精神，尽心，专心。[12]险躁：轻薄浮躁。 [13]与：跟随。 [14]驰：疾行，指迅速逝去。[15]日：时间。去：消逝，逝去。 [16]遂：最终。 [17]枯落：枯枝和落叶，此指像枯叶一样飘零，形容韶华逝去。 [18]多不接世：大多对社会没有贡献。 [19]穷庐：穷困之人住的陋室。 [20]将复何及：又怎么来得及。

译文

君子的行为操守，从宁静来提高自身的修养，以节俭来培养自己的品德。不恬静寡欲无法明确志向，不排除外来干扰无法达到远大目标。学习必须静心专一，而才干来自学习。不学习就无法增长才干，没有志向就无法使学习有所成就。放纵懒散就无法振奋精神，急躁冒险就不能陶冶性情。年华随时光而飞驰，意志随岁月而流逝。最终枯败零落，大多不接触世事、不为社会所用，只能悲哀地坐守着那穷困的居舍，其时悔恨又怎么来得及？

导学

一、作者简介

诸葛亮（181 年—234 年），字孔明，号卧龙，琅琊阳都（今山东省沂南县）人，三国时期蜀汉丞相，杰出的政治家、军事家。一生“鞠躬尽瘁、死而后已”，是忠臣与智者的象征，代表作有《出师表》《诫子书》等，有《诸葛亮集》。

二、作品简析

《诫子书》是诸葛亮临终前写给他儿子诸葛瞻的家书，主旨是劝勉儿子勤学立志，修身养性要从淡泊宁静中下功夫，最忌怠惰险躁。全文通过智慧理性、简练谨严的文字，将普天下为人父者的爱子之情表达得非常深切，成为历代学子修身立志的名篇。

三、知行合一

1. 背一背：背诵和默写本文，谈谈古代的家风家训都有哪些积极作用。

2. 读一读：阅读《三国演义》，观看电影《诸葛亮》和电视连续剧《三国演义》，把诸葛亮的故事讲给同学们听。

3. 想一想：常言“三个臭皮匠，顶个诸葛亮”，这句话有什么道理？你觉得诸葛亮的智慧从何而来？

何氏之庐

（南北朝）《世说新语》

何晏七岁，明惠若[1]神，魏武奇爱[2]之，因[3]晏在宫内，因欲[4]以为子。晏乃[5]画地令方，自处其中。人问其故[6]，答曰：“何氏之庐也。”魏武知[7]之，即遣[8]还外。

注释

[1]若：好像。 [2]奇爱：十分喜欢。 [3]因：因为。 [4]欲：想，希望。 [5]乃：于是。 [6]故：原因。 [7]知：明白。 [8]遣：遣送。

译文

何晏在七岁的时候，聪明伶俐像是神童，魏武帝非常喜欢他，因为何晏住在宫里，就想收他做义子。何晏于是在地上画了一个圈，把自己圈在里面。别人问他这是干什么，他回答说：“这是我的房子。”魏武帝知道这件事，就让人把他送到宫外去了。

导学

一、作品简介

《世说新语》由刘义庆召集其门下食客共同编纂，刘义庆（403 年—444 年），字季伯，徐州彭城（今江苏省徐州市）人。南朝宋宗室、宰相、文学家，宋武帝刘裕之侄，长沙王刘道怜之子。礼贤下士，汇集门客著有《徐州先贤传》，编有《幽明录》《宣验记》《世说新语》。

二、作品简析

《世说新语·何氏之庐》通过一则小故事塑造了何晏、曹操两个人物。古有画地为牢的说法。何晏此举向曹操暗示自己不愿被拘禁于宫中。曹操，既爱此子，不忍拂其意，故将他放还。这则故事既说明何晏聪慧，也表现出魏武帝曹操的通情达理。

三、知行合一

1. 讲一讲：用自己的话把这个故事讲给身边的人听一听。

2. 谈一谈：你喜欢何晏吗？请结合原文谈谈你的理由。

3. 搜一搜：由文中“晏乃画地令方，自处其中”这句话，你想到了哪个成语？请写出来，并搜一搜关于这个成语的故事来读读。

小时了了

（南北朝）《世说新语》

孔文举[1]年十岁，随父到洛。时李元礼有盛名，为司隶校尉[2]。诣[3]门者，皆俊才清称[4]及中表亲戚乃通。文举至门，谓吏曰："我是李府君[5]亲。"既通，前坐。元礼问曰："君与仆[6]有何亲？"对曰："昔先君仲尼[7]与君先人伯阳[8]有师资[9]之尊，是仆与君奕世[10]为通好也。"元礼及宾客莫不奇[11]之。太中大夫陈韪[12]后至，人以其语语之，韪曰："小时了了[13]，大未必佳。"文举曰："想君小时，必当了了。"韪大踧踖[14]。

注释

[1]孔文举：孔融。 [2]司隶校尉：官名，掌管监察京师和所属各郡百官的职权。 [3]诣（yì）：到。 [4]清称：有清高称誉的人。 [5]府君：太守称府君。 [6]仆：谦称。 [7]先君：祖先，与下文先人同。仲尼：孔子，名丘，字仲尼。 [8]伯阳：老子，姓李，名耳，字伯阳。 [9]师资：师，这里指孔子曾向老子请教过礼制的事。 [10]奕世：累世；世世代代。 [11]奇：认为他特殊、不寻常。 [12]太中大夫：掌管议论的官。陈韪（wěi）：《后汉书·孔融传》作陈炜。 [13]了了：聪明；明白通晓。 [14]踧踖（cùjí）：局促不安的样子。

译文

孔融十岁的时候，随父亲到洛阳。当时李元礼名气很大，做司隶校尉。到他家去的人，都是那些才智出众的人、有清高称誉的人以及自己的亲戚才被通报。孔融到了他家门前，对下边的人说："我是李府君的亲戚。"通报了以后，上前坐下来。李元礼问："您和我有什么亲戚关系？”孔融回答说：“过去我的祖先仲尼曾经拜您的祖先伯阳为师，所以我和您是世世代代友好往来的关系。”李元礼和他的那些宾客没有不对他的话感到惊奇的。太中大夫陈韪后来才到，别人就把孔融说的话告诉给他听，陈韪说：“小的时候很聪明，长大了未必很有才华。”孔融听后说：“我猜想您小的时候一定很聪明吧。”陈韪听了感到非常不安。

导学

一、作品简析

《世说新语·言语》此文可分三层意思来解读。第一层，写洛阳李元礼名气很大，寻常人等都无缘登门拜访。这里对李元礼名气之盛的描写，为后文孔融成功地以年仅十岁、无官无名之身成为李元礼的座上宾提供了一个背景和基础。

第二层，写孔融聪明机智地拜访了李元礼，人皆称奇。这里孔融巧妙地运用了“亲戚关系”这个概念，将孔夫子与老子二人之间的师生关系延伸到自己与李元礼的关系上，不可谓不机巧，其思维不可谓不敏捷。

第三层，写孔融机智地反驳陈韪的刁难，再次表现出他聪明机智的特点。陈韪显然是轻视孔融，认为他不过是一个乳臭未干的孩童，出语刁难，意为：你年龄小虽然聪明，别得意太早了，长大后未必就有出息。孔融巧妙地利用陈韪批评他的话来反推，使陈韪陷入窘困的境地，这也再一次显示了他的敏捷和机智。正所谓“以其人之道，还治其人之身”。

二、知行合一

1. 说一说：反复诵读本文，说说孔融的聪明机智表现在哪些方面？

2. 讲一讲：查阅家喻户晓的故事《孔融让梨》，说说你从孔融身上学到了什么？

3. 学一学：课外阅读《世说新语》，把你喜欢的故事讲给大家听。

日近长安远

（南北朝）《世说新语》

晋明帝[1]数岁，坐元帝膝上。有人从长安[2]来，元帝问洛下消息[3]，潸然[4]流涕。明帝问何以致泣，具以东渡意[5]告之，因问明帝："汝意长安何如日远？"答曰："日远。不闻人从日边来，居然[6]可知。"元帝异之。明日，集群臣宴会，告以此意，更重问之。乃答曰："日近。"元帝失色，曰："尔何故异昨日之言邪？"答曰："举目见日，不见长安。"

注释

[1]晋明帝：东晋明帝司马绍，元帝之子。 [2]元帝：东晋元帝司马睿，晋东渡后的第一个皇帝。 [3]问洛下消息：询问被匈奴劫掠后的洛阳的情况。 [4]潸（shān）然：流泪的样子。 [5]东渡意：指西晋灭亡晋皇室东渡长江失去中原领土的情况。 [6]居然：安然，引申为自然、当然之意。

译文

晋明帝（司马绍）才几岁的时候，坐在晋元帝（司马睿）的膝上。有人从长安来，晋元帝问洛阳的消息，不禁潸然泪下。晋明帝问父亲为什么哭泣，晋元帝把王室被迫东渡的事情告诉了他，晋元帝问晋明帝："你觉得长安远还是太阳远？"晋明帝回答："太阳远。没有听说人从太阳那里来，这是显然可以知道。"晋元帝对他的回答很惊诧。第二天，晋元帝召集群臣们宴会，把明帝的回答告诉了大家，并再次询问。这次晋明帝答道："太阳近。"晋元帝脸色大变，说道："你怎么和昨天的答复不同了呢？"晋明帝答道："我抬起眼睛就可以看到的是太阳，不能看到长安。

导学

一、作品简析

《日近长安远》是一则很有名的故事，小孩的聪明是显而易见的，同一个问题，他先是回答“日远”，是从听觉的角度切入的，因为没有听人说谁是从日边来的；而回答“长安远”，则是从视觉角度切入的，因为“举目见日，不见长安”。判断一个地方的远近，既能通过视觉，也是能通过听觉的，但这似乎并不是问题的关键，关键在于小孩子不同的回答，刺激了统治者的神经。晋朝的都城原在洛阳，匈奴兵取洛阳后又于公元 316 年攻占长安灭掉西晋，第二年司马睿不得不逃到自己原来的封国地江南的建康，即今南京重建晋朝，称东晋。当有人从洛阳过来，故国之思，屈辱之苦，一时难抑之情，晋元帝自然会“潸然流涕”的。在回答“长安何如日远”这一问题时，一个几岁小孩就能从不同角度观察而得出不同的结论。这虽然几近诡辩，却能看出小孩子的机智和善于运用辩论手段。

二、知行合一

1. 学一学：对于同一个问题，我们应该从不同的角度去观察、分析、理解，从而能够得出不同的结论。虽然得出的结论可能相反，但是都有各自的道理。

2. 讲一讲：请用自己的语言把这个故事讲给身边的人听听。

3. 搜一搜：查阅关于六朝古都南京的历史故事，把你感兴趣的记在笔记本上。

夙惠（节选）

（南北朝）《世说新语》

宾客诣陈太丘宿，太丘使元方、季方炊。客与太丘论议。二人进火，俱委而窃听。炊忘著箅[1]，饭落釜中。太丘问："炊何不馏[2]？"元方、季方长跪曰："大人与客语，乃俱窃听，炊忘著箅，饭今成糜。"太丘曰："尔颇有所识不？"对曰："仿佛志之。"二子长跪俱说，更[3]相易夺[4]，言无遗失。太丘曰："如此但糜自可，何必饭也？"

注释

[1]箅（bì）：箅子。 [2]馏：把半熟的食物蒸熟。 [3]更：交替。[4]易夺：改正补充。

译文

客人在陈太丘（陈寔）家留宿，太丘让元方（陈纪）、季方（陈谌）兄弟二人做饭。二人正烧火，听见太丘和客人在谈论，停下来偷听。做饭时忘了放箅子，米都落进锅里。太丘问："为什么没蒸饭呢？"元方、季方跪在地上说："您和客人谈话，我们都在偷听，忘了放箅子，饭都成了粥了。"太丘说："你们还记得我们说了什么吗？"兄弟回答道："大概还记得。"于是兄弟二人跪在地上一块儿叙说，互相补充，一点都没有遗漏。太丘说："能够这样，喝粥就行，不必做饭了！"

导学

一、作品简析

夙惠，同夙慧，指从小聪明过人，早慧。《世说新语·夙惠》的几则事例说的都是少年儿童的记忆、观察、推理、释因和理解礼制、表明心迹等方面的能力。编纂者的用意在于说明一般的少年儿童达不到这一水平，而小时候的聪颖预示长大后能成为杰出人物。本篇节选中的元方兄弟二人，有礼有节，不卑不亢。年纪虽小，却能明辨是非，摆道理，说事实，虽幼不能欺。其父太丘是一个心胸宽广，宽容大度的人。对此事不看表面，对儿子们所犯的错误不是急于惩罚，而是细心追问缘由，并夸奖他们诚实。由此可见他是一个仁慈的父亲，一个善于教育孩子的父亲。

二、知行合一

1. 想一想：陈元方兄弟俩，为什么会蒸饭成粥？表现了元方、季方怎样的品质？

2. 读一读：《世说新语》是中国南朝宋时期（420 年—581 年）产生的一部主要记述魏晋人物言谈轶事的笔记小说。有兴趣的同学找来读一读。

慧

智慧教育读库

唐朝气象

赠萧瑀[1]

（唐代）李世民

疾风[2]知劲草[3]，板荡[4]识诚臣。
勇夫[5]安识义，智者[6]必怀仁。

注释

[1]萧瑀（yǔ）：字时文，隋朝将领，被李世民俘后归唐，封宋国公。 [2]疾风：大而急的风。 [3]劲草：强劲有力的草。 [4]板荡：动乱之世。 [5]勇夫：有胆量的人。 [6]智者：有见识的人。

译文

在狂风中才能识别出坚韧的草木，在乱世里方能分辨出忠诚的臣子。

一勇之夫怎么懂得为公为国为民为社稷的正义的道理，而有智慧的人，必定心中怀有仁爱。

导学

一、作品简析

这首诗极富于哲理。诗的前两句是历来传颂的名句。“疾风知劲草，板荡识诚臣”二句，比喻只有经过尖锐复杂斗争的考验，才能考查出一个人的真正品质和节操，才能显示出谁是忠贞的强者。作者李世民在此诗中用此赞美萧瑀。后二句则另换角度，继续盛赞萧瑀。告诉读者，只有忠诚还是不够的，要智勇双全，才算是有用之才。

二、知行合一

1. 背一背：满怀激情地背诵和默写本诗，注意语气和停顿。

2. 查一查：了解更多的关于李世民的治国故事，如《玄武门之变》《魏征直言敢谏》等，从多个角度了解李世民。

3. 搜一搜："智""勇""仁""义"分别代表着什么？并记录在笔记本上。

次北固山[1]下

（唐）王湾

客路[2]青山外，行舟绿水前。
潮平两岸阔[3]，风正[4]一帆悬[5]。
海日[6]生残夜[7]，江春[8]入旧年。
乡书何处达？归雁[9]洛阳边。

注释

[1]次：旅途中暂时停宿，这里是停泊的意思。北固山：在今江苏镇江北，三面临长江。 [2]客路：旅途。 [3]潮平两岸阔：潮水涨满时，两岸之间水面宽阔。 [4]风正：顺风。 [5]悬：挂。 [6]海日：海上的旭日。[7]残夜：夜将尽之时。 [8]江春：江南春天。 [9]归雁：北归的大雁。

译文

郁郁葱葱的山外是旅客的道路，船航行在绿水之间。

潮水涨满，两岸与江水齐平，整个江面十分开阔，帆顺着风端直高挂。

夜幕还没有褪尽，旭日已在江上冉冉升起，还在旧年时分，江南已有了春天的气息。

我的家书应该送到什么地方呢？北去的归雁啊，请给我捎回洛阳那边！

导学

一、作者简介

王湾（约 693 年—约 751 年），字号不详，唐代诗人，洛阳（今河南洛阳）人。玄宗先天年间（712 年）进士，现存诗 10 首，其中最出名的是《次北固山下》。

二、作品简析

这是一首五律诗，颈联“海日生残夜，江春入旧年”被明代胡应麟赞为“形容景物，妙绝千古”，蕴含了万事万物更替的规律。鲜红的“海日”诞生于黎明前的“残夜”，绚丽的“江春”，其实是从“旧年”就开始孕育了。这些富有哲理的诗句，启示人们：在遇到困难时，要看到其中孕育着的生机，在绝望的时候，也许就是希望的前奏。鼓励人们不要死在黎明前的黑暗中，在“山重水复疑无路”时，满怀信心地去迎接“柳暗花明又一村”，给人乐观积极向上的力量。

三、知行合一

1. 写一写：你对“海日生残夜，江春入旧年”是如何理解的，并写下来。

2. 画一画：想象诗中所描绘的画面，用你的画笔画下来。

3. 读一读：欣赏王湾的“词翰早著”中的其他 9 首诗，如《闰月七日织女》《奉使登终南山》《句》等，在小组内开展朗诵会。

临江之麋

（唐）柳宗元

临江之人，畋[1]得麋麑[2]，畜[3]之。入门，群犬垂涎[4]，扬尾皆[5]来。其人怒，怛[6]之。自是[7]日抱就[8]犬，习示之[9]，使勿动，稍[10]使与之戏。积久，犬皆如[11]人意。麋麑稍大，忘己之麋也，以为犬良[12]我友，抵触偃仆[13]，益狎[14]。犬畏主人，与之俯仰甚善[15]，然时啖其舌[16]。

三年，麋出门，见外犬在道甚众[17]，走[18]欲与为戏。外犬见而喜且怒[19]，共[20]杀食之，狼藉[21]道上。麋至死不悟[22]。

注释

[1]畋（tián）：打猎。 [2]麋（mí）麑（ní）：麋鹿。 [3]畜（xù）：饲养。 [4]垂涎：流口水。 [5]扬尾：摇尾巴。皆：都。 [6]怛（dá）：惊吓，呵斥。 [7]自是：从此。 [8]就：接近。 [9]习示之：让狗看熟了。 [10]稍：渐渐，逐渐。 [11]皆：都。如：依照。 [12]良：的确。[13]抵触偃（yǎn）仆：碰撞翻滚。抵触，相互亲近地碰撞。 [14]益：更加。狎：态度亲近而不庄重。 [15]俯仰：周旋，应付。甚：很。善：友好，友善。 [16]啖其舌：舔它自己的舌头（想吃麋鹿）。 [17]众：众多。 [18]走：跑（过去）。 [19]喜且怒：既高兴又恼火。 [20]共：一起。 [21]狼藉：散乱，这里指尸体散乱不整。 [22]悟：明白。

译文

临江有个人，打猎时捉到一只麋鹿，把它带回家饲养。刚一进门，一群狗流着口水，都摇着尾巴来了，那个人非常愤怒，便恐吓那群狗。从此主人每天都抱着小鹿接近狗，让狗看熟了，使狗不伤害它。后来又逐渐让狗和小鹿在一起玩耍。时间长了，那些狗也都按照主人的意愿做了。麋鹿逐渐长大，忘记了自己是只鹿，以为狗真的是自己的朋友，时常和狗互相碰撞在地上打滚，越来越亲近。狗因为害怕主人，于是和鹿玩耍，和鹿十分友善，但时常地舔自己的嘴唇，想要吃掉鹿。

三年之后，鹿走出家门，看见外面路上有一群野狗，跑过去想跟狗玩耍。这群野狗见了鹿既高兴又愤怒，一起把它吃掉，路上一片狼藉。麋鹿到死也没有明白过来。

导学

一、作者简介

柳宗元（773 年—819 年），字子厚，河东（现山西运城永济一带）人，“唐宋八大家”之一，世称“河东先生”，因官终于柳州刺史，又称“柳柳州”。著有《河东先生集》。

二、作品简析

《临江之麋》是柳宗元创作《三戒》中的第一篇寓言小品类的文章。这篇文章描写了临江之麋依仗主人的宠势而傲“内犬”，最终落得个被“外犬”“共杀食之”的悲惨结局，影射了那些无才无德、依势放纵、恃宠而骄的奴才，讽刺了他们的悲惨命运，也讽刺了那些无自知之明，认敌为友，结果招致灭亡的人。

三、知行合一

1. 想一想：这个寓言故事对你有什么启发？

2. 讲一讲：上网查找《三戒》的另外两篇寓言《黔之驴》《永某氏之鼠》，把这三个故事讲给同学们听。

3. 写一写：选一篇自己喜欢的寓言写一篇读后感，或学写一篇寓言故事。

浪淘沙（节选）

（唐代）刘禹锡

莫道谗言[1]如浪深，莫言迁客[2]似沙沉。
千淘万漉[3]虽辛苦，吹尽狂沙始到金。

注释

[1]谗言：毁谤的话。 [2]迁客：被贬职调往边远地方的官。 [3]漉：水慢慢地渗下。

译文

不要说流言蜚语如同恶流一样使人无法脱身，不要说被贬谪的人好像泥沙一样永远下沉。

淘金要千遍万遍的过滤，虽然辛苦，但只有淘尽了泥沙，才会露出闪亮的黄金。

导学

一、作者简介

刘禹锡（772 年—842 年），字梦得，洛阳人，自称“家本荥上，籍占洛阳”，又自言系出中山。其先为中山靖王刘胜。有“诗豪”之称。刘禹锡诗文俱佳，涉猎题材广泛，与柳宗元并称“刘柳”，与韦应物、白居易合称“三杰”，并与白居易合称“刘白”，有《陋室铭》《竹枝词》《杨柳枝词》《乌衣巷》等名篇。有《刘梦得文集》，存世有《刘宾客集》。

二、作品简析

“莫道谗言如浪深，莫言迁客似沙沉。”诗人在这两句诗中以坚定语气表明，遭受逆境待遇的人也不都会如泥沙一样沉入江底，也有努力奋争搏击不已的。

“千淘万漉虽辛苦，吹尽黄沙始到金。”这两句诗的字面意思看起来是在写淘金人的艰辛，实际是诗人在借以表明自己的心志，尽管谗言诽谤，小人诬陷，以至于使那些清白正直的忠贞之士蒙受不白之冤，被罢官降职，逐出朝廷，贬谪他乡，但是他们并不会因此而沉沦于现实的泥沙之中，也不会改变自己的初衷，历经艰辛和磨难之后，终究还是要洗清冤屈，还以清白，就像淘金一样，尽管“千淘万漉”，历尽辛苦，但是终究总会“吹尽狂沙”，是金子迟早是要发光。

三、知行合一

1. 背一背：有感情地反复吟诵本诗，并默写在读书笔记本上。

2. 查一查：了解刘禹锡写此诗时的历史背景，加深对本诗所表达的人生态度的理解。

3. 写一写：把你读了本诗的感悟写下来。

酬乐天[1]咏老见示

（唐）刘禹锡

人谁不顾[2]老，老去有谁怜[3]。
身瘦带频减[4]，发稀冠[5]自偏。
废书[6]缘惜眼，多炙[7]为随年[8]。
经事还谙[9]事，阅人如阅川[10]。
细思皆幸[11]矣，下此[12]便翛然[13]。
莫道桑榆[14]晚，为霞[15]尚满天。

注释

[1]酬乐天：作诗酬答白居易。 [2]顾：念，指考虑。 [3]怜：怜惜，爱惜。 [4]带：腰带。频减：多次缩紧。 [5]冠：帽子。 [6]废书：丢下书本，指不看书。 [7]炙（jiǔ）：艾灸，中医的一种治疗方法。[8]随年：适应身老体衰的需要，这里指延长寿命。 [9]谙（ān）：熟悉。 [10]阅人如阅川：阅，经历，指阅历人生如同积水成川一样。[11]幸：幸运，引申为优点。 [12]下此：指改变对衰老的忧虑心情。[13]翛（xiāo）然：自由自在，心情畅快的样子。 [14]桑榆：指桑、榆二星，太阳下到桑榆二星之间，天色便晚了，喻人至晚年。 [15]霞：霞光，这里指晚霞。

译文

人谁不顾虑要衰老，老了又有谁来对他表示爱怜？

身体渐瘦衣带越来越要收紧，头发稀少戴正了的帽子也会自己偏斜到一边。

书卷搁置起来不再看是为了爱惜眼睛，经常用艾灸是因为年迈力衰诸病多缠。

经历过的世事见多识也就广，接触了解的人越多观察起来更加一目了然。

细细想来老了也有好的一面，克服了对老的忧虑就会心情畅快无挂也无牵。

不要说太阳到达桑榆之间已近傍晚，它的霞光余晖照样可以映红满天。

导学

一、作品简析

《酬乐天咏老见示》此诗阐明作者的观点，作者认为人到老年虽然有人瘦、发稀、视力减弱、多病等不利的一面，也还有处事经验丰富、懂得珍惜时间、自奋自励等有利的一面，表达了刘禹锡对生死问题清醒而乐观的认识，说明他在任何情况下都能用唯物的态度积极对待人生。“莫道桑榆晚，为霞尚满天”二句既是诗人的内心世界的自我剖白，又是对老朋友白居易的宽慰和鼓励，实为警策之语，后人多以此自勉自励，成为千古传诵的名句。

二、知行合一

1. 背一背：请你熟读、背诵、默写本诗。

2. 讲一讲：与自己年迈的长辈交流对话，看看他们对老年人生的看法、做法和活法，把你对“莫道桑榆晚，为霞尚满天”的理解和他们说说。

3. 写一写：每年农历九月初九（重阳节）是老年节，用笔把在老年节看到的、想到的写下来。

望 岳[1]

（唐）杜甫

岱宗[2]夫如何？齐鲁青未了[3]。
造化钟神秀[4]，阴阳割[5]昏晓。
荡胸生曾[6]云，决眦入归鸟[7]。
会当凌[8]绝顶，一览众山小。

注释

[1]岳：此指东岳泰山。 [2]岱宗：泰山亦名岱山，在今山东省泰安市。 [3]齐、鲁：古代齐鲁两国以泰山为界，齐国在泰山北，鲁国在泰山南。青未了：指郁郁苍苍的山色无边无际，浩茫浑涵，难以尽言。[4]造化：天地，大自然。钟：聚集。神秀：指山色的奇丽。 [5]阴阳：指山北山南。割：划分。 [6]曾：通“层”。 [7]决：张大。眦（zì）：眼眶，决眦，极目远视的样子。 入归鸟：目光追随归鸟。 [8]会当：一定要。凌：登上。

译文

五岳之首的泰山怎么样？在齐鲁大地上，那苍翠的美好山色没有尽头。

大自然把神奇秀丽的景象全都汇聚其中，山南山北阴阳分界，晨昏迥然不同。

望着那升腾的层层云气，心胸摇荡；睁大眼睛远望归鸟回旋入山，眼角好像要裂开一样。

定要登上最高峰，俯瞰渺小的群山。

导学

一、作者简介

杜甫（712 年—770 年），字子美，出生于河南巩县（今河南省巩义市），原籍湖北襄阳。杜甫在中国古典诗歌中的影响深远，后人称“诗圣”，其诗被称为“诗史”。杜甫共有约 1500 首诗歌被保留了下来，大多集于《杜工部集》。

二、作品简析

《望岳》是杜甫青年时代的作品，充满了诗人青年时代的浪漫与激情。一二句写泰山山脉绵延辽阔；三四句写泰山雄峻磅礴；五六句是仔细远望，见群峰云生，仿佛有归鸟入谷；七八句想象将来登山所见景象，同时抒发自己的抱负。全诗以诗题中的“望”字统摄全篇，句句写望岳，全诗没有一个“望”字，却紧紧围绕 “望”字着笔，由远望到近望，再到凝望，最后是俯望。诗人描写了泰山雄伟磅礴的气象，热情赞美了泰山高大巍峨的气势和神奇秀丽的景色，流露出了对祖国山河的热爱之情，抒发了自己勇于攀登，傲视一切的雄心壮志，洋溢着蓬勃向上的朝气。

三、知行合一

1. 读一读：朗读本诗，注意语速和停顿，感悟“会当凌绝顶，一览众山小”的意境。

2. 画一画：想象自己站在泰山之巅，美景尽收眼底的情景，并用自己的彩笔画出来。

3. 议一议：《春望》与本诗表达的情感有什么不同？

春 望

杜甫

国破山河在，城春草木深。
感时花溅泪，恨别鸟惊心。
烽火连三月，家书抵万金。
白头搔更短，浑欲不胜簪。

白鹿洞二首·其一

（唐）王贞白

读书不觉已春深[1]，一寸光阴一寸金[2]。
不是道人[3]来引笑[4]，周情孔思[5]正追寻[6]。

注释

[1]春深：春末，晚春。 [2]一寸光阴一寸金：以金子比光阴，谓时间极为宝贵，应该珍惜。寸阴：极短的时间。 [3]道人：指白鹿洞的道人。 [4]引笑：逗笑，开玩笑。 [5]周情孔思：指周公孔子的精义、教导。 [6]追寻：深入钻研。

译文

专心读书，不知不觉已经到了暮春时节，一寸光阴就像一寸黄金珍贵。
如果不是道人来逗笑，还在深入钻研周公孔子的精义、教导呢。

导学

一、作者简介

王贞白（875 年—958 年），字有道，号灵溪。唐末五代著名诗人。他曾随军出塞抵御外敌，有不少反映边塞生活、激励士气的佳作。有《灵溪集》七卷，其名句“一寸光阴一寸金”，至今民间广为流传。

二、作品简析

这是一首写诗人读书生活的诗，也是一首惜时诗。“白鹿洞”在今江西省境内庐山五老峰南麓的后屏山之南。青山环抱，碧树成荫，环境幽静。名为“白鹿洞”，实际并不是洞，而是山谷间的一方平地。中唐李渤曾在此读书，养有一头白鹿为伴，因名“白鹿洞”。

三、知行合一

1. 背一背：背诵并默写本诗，注意不写错别字，书写工整。

2. 读一读：到图书馆或网上找来王贞白的《灵溪集》读读。

3. 讲一讲：为自己制定一份作息时间表，和小伙伴交流你是如何珍惜时间刻苦学习的。

4. 搜一搜：搜集整理珍惜时间的名言，并摘抄在笔记本上。

慧

智慧教育读库

宋元故事

读孟尝君传

（宋）王安石

世皆称[1]孟尝君能得士[2]，士以故归[3]之，而卒赖[4]其力以脱于虎豹之秦。

嗟乎！孟尝君特[5]鸡鸣狗盗之雄耳[6]，岂足以言得士？不然，擅[7]齐之强，得一士焉，宜[8]可以南面[9]而制[10]秦，尚何取鸡鸣狗盗之力哉？夫鸡鸣狗盗之出其门，此士之所以不至也。

注释

[1]称：称颂，赞扬。 [2]士：士人，指品德好、有学识或有技艺的人。 [3]归：投奔，投靠。 [4]卒（zú）：终于，最终。赖：依仗，依靠。 [5]特：只，仅，不过。 [6]雄：长、首领。耳：罢了。 [7]擅（shàn）：拥有。 [8]宜：应该。 [9]南面：指居于君主之位，君王座位面向南。 [10]制：制服。

译文

世人都称孟尝君能够招贤纳士，贤士因为这个缘故归附他，而他终于借助他们的力量，从虎豹一样凶恶的秦国逃走。

哎呀！孟尝君只不过是些鸡鸣狗盗之徒的头目罢了，哪里能说是得到了贤士！假如不是这样，他完全可以凭借齐国的强大力量，只要得到一个贤士，（齐国）就可以南面称王而制服秦国，还用得着鸡鸣狗盗之徒的力量吗？鸡鸣狗盗之徒出入在他的门下，这就是真正的贤士不归附他的原因啊。

导学

一、作者简介

王安石（1021年—1086年），字介甫，号半山，获谥“文”，又称王文公。抚州临川（今江西抚州）人。北宋著名思想家、政治家、文学家、改革家。为“唐宋八大家”之一。著有《临川集》。

二、作品简析

《读孟尝君传》全文九十字，四句话四层意思，简洁紧凑，极尽转折腾挪之能事。作者在文中采取以子之矛攻子之盾的论证手法，驳斥了“孟尝君能得士”的传统观点，无可辩驳地把孟尝君的门客推到“鸡鸣狗盗”之徒的行列。沈德潜《唐宋八家文读本》点评本文：“语语转，笔笔紧，千秋绝调。”

三、知行合一

1. 背一背：背诵和默写本文，并和师长讨论本文的立论有没有道理？

2. 讲一讲：孟尝君田文、平原君赵胜、信陵君魏无忌与春申君黄歇是战国四公子。请把你知道的有关他们故事讲给大家听，如“鸡鸣狗盗”等。

3. 写一写：选一个你熟悉的古代人物，就他的作为写一段自己的看法。

六国论（节选）

（宋）苏洵

六国破灭，非兵[1]不利，战不善[2]，弊在赂秦[3]。赂秦而力亏，破灭之道[4]也。或曰[5]：六国互丧，率[6]赂秦耶？曰：不赂者以赂者丧，盖[7]失强援，不能独完[8]。故曰弊在赂秦也。

呜呼！以[9]赂秦之地，封天下之谋臣，以事秦之心，礼[10]天下之奇才，并力西向，则吾恐秦人食之不得下咽也[11]。悲夫！有如此之势[12]，而[13]为秦人积威[14]之所劫[15]，日[16]削月割，以趋于[17]亡。为国者无使为积威之所劫哉！

注释

[1]兵：兵器。 [2]善：好。 [3]弊在赂秦：弊病在于贿赂秦国。[4]道：原因。 [5]或曰：有人说，这是设问。 [6]率：都，皆。[7]盖：表示原因"因为"。 [8]完：保全。 [9]以：用。 [10]礼：礼待，名作动。 [11]食之不得下咽也：指寝食不安，内心惶恐。 [12]势：优势。 [13]而：却。 [14]积威：积久而成的威势。 [15]劫：胁迫，劫持。 [16]日：每天，一天天，名作状。 [17]于：比。

译文

六国灭亡，不是武器不锐利，仗打得不好，弊病在于割地贿赂秦国。割地贿赂秦国，自己的力量就亏损了，这是灭亡的原因。有人说："六国相继灭亡，全都是由于割地贿赂秦国吗？"回答说："不割地贿赂秦国的国家因为割地贿赂秦国的国家而灭亡。因为他们失去了强有力的外援，不能单独保全。"所以说弊病在于割地贿赂秦国啊！

唉！如果六国把贿赂秦国的土地封赏给天下的谋臣，用侍奉秦国的心意礼遇天下非凡的人才，齐心协力向西对付秦国，那么我担心秦国人连饭也咽不下喉呢。可悲啊！有这样的形势，却被秦国积久的威势所胁制，土地天天削减，月月割让，以至于走向灭亡。治理国家的人切不要让自己被敌人积久的威势所胁制啊！

导学

一、作者简介

苏洵（1009 年—1066 年），字明允，一说自号老泉，眉州眉山（今属四川眉山）人。二十七岁时才发愤求学，终于博通六艺及诸子百家，与其子苏轼、苏辙合称“三苏”，均被列入“唐宋八大家”。著有《嘉祐集》和《谥法》三卷。

二、作品简析

《六国论》是苏洵政论文代表作品，提出并论证了六国灭亡“弊在赂秦”的精辟论点，“借古讽今”，抨击宋王朝对辽和西夏的屈辱政策，告诫北宋统治者要吸取六国灭亡的教训，以免重蹈覆辙。本文的语言生动有力，议论性的句子简洁有力，叙述性的句子生动感人，论证具有很强的逻辑性和说服力，气势犹如江河决口，足警世，本文近千年来盛传不衰！

三、知行合一

1. 读一读：利用工具书，阅读《六国论》原文。

2. 比一比：苏洵、苏轼、苏辙均写过《六国论》，看看这三篇章文章有什么不同？（苏轼的《六国论》，针对六国久存而秦速亡的对比分析，突出强调了“士”的作用；苏辙的《六国论》则指出六国相继灭亡的原因是不能团结一致，共同抗战，灭国是咎由自取；苏洵的《六国论》不是就事论事，而是借题发挥，写作目的不在于总结六国灭亡的教训，而在于警告宋朝统治者勿蹈六国灭亡的覆辙。）

3. 想一想：《三字经》“苏老泉，二十七，始发愤，读书籍。彼既老，犹悔迟，尔小生，宜早思”这段话对你什么启示？

於潜僧绿筠轩

（宋）苏轼

可使食无肉，不可居无竹。
无肉令人瘦，无竹令人俗。
人瘦尚可肥，士俗不可医。
旁人笑此言，似高还似痴。
若对此君仍大嚼，世间那有扬州鹤。

译文

宁可没有肉吃，也不能让居处没有竹子。

没有肉吃不过人会瘦掉，但没有竹子就会让人变庸俗。

原因是人瘦还可变肥，人俗就难以医治了。

旁人若果对此不解，笑问此言："似高还似痴？"

那么请问，如果面对此君（竹），仍然大嚼，既要想得清高之名，又要想获甘味之乐，世上又哪来"扬州鹤"这等鱼和熊掌兼得的美事呢？

导学

一、作者简介

苏轼（1037 年—1101 年），字子瞻、和仲，号铁冠道人、东坡居士，眉州眉山（今四川省眉山市）人，祖籍河北栾城，北宋著名文学家、书法家、画家，治水名人。苏轼是北宋中期文坛领袖，在诗、词、散文、书、画等方面取得很高成就。文纵横恣肆；诗题材广阔，清新豪健，善用夸张比喻，独具风格，与黄庭坚并称"苏黄"；词开豪放一派，与辛弃疾同是豪放派代表，并称"苏辛"。作品有《东坡七集》《东坡易传》《东坡乐府》《潇湘竹石图卷》《枯木怪石图卷》等。

二、作品简析

苏轼一向喜爱竹，不但咏竹，也常画竹，把竹拟为高雅君子。此次来到清静的寂照寺绿筠轩，见满园翠竹葱茏，颂竹之情，不能自已，遂挥毫写出这千古传诵的诗句。此诗借竹生发，颂风雅高节，贬物欲俗骨。全诗以议论为主，虽无对竹之形状、颜色的描绘，但其“可使食无肉，不可居无竹。无肉令人瘦，无竹令人俗。人瘦尚可肥，士俗不可医”“若对此君仍大嚼”这类白话般的语言和散文化的句式，使人不仅能于议论中见风采，而且其语句活泼隽永、脍炙人口。

三、知行合一

1. 读一读：理解本诗内容，诵读本诗时要读出歌颂、调侃和反诘的语气。

2. 写一写：写一篇短文，介绍家乡的竹子，写出你的感情来。

和董传[1]留别

（宋）苏轼

粗缯大布[2]裹生涯[3]，腹有诗书气[4]自华[5]。
厌伴老儒[6]烹瓠叶[7]，强随举子踏槐花[8]。
囊空不办寻春马[9]，眼乱行看择婿车[10]。
得意犹堪夸世俗[11]，诏黄[12]新湿字如鸦[13]。

注释

[1]董传：字至和，洛阳（今属河南）人。 [2]粗缯（zēng）：粗制的丝织品。大布：古指麻制粗布。 [3]生涯：人生的境遇过程。 [4]腹有：胸有，比喻学业有成。诗书：原指《诗经》和《尚书》，此泛指书籍。气：表于外的精神气色。 [5]华：丰盈而实美。 [6]老儒：年老的学人。 [7]瓠（hù）叶：《诗经·小雅》的篇名。 [8]举子：推举参加朝廷殿试的读书人。踏槐花：参加科举考试为“踏槐花”。 [9]囊空不办：囊空，口袋空空，比喻没钱。寻春马：引用孟郊《登科后》诗：“昔日龌龊（wò chuò）不足夸，今朝放荡思无涯。春风得意马蹄疾，一日看尽长安花。” [10]择婿（xù）车：此指官贾家之千金美女所坐之马车，游街以示择佳婿。 [11]世俗：社会上流传的风俗习惯。 [12]诏（zhào）黄：即诏书，诏书用黄纸书写，故称。 [13]字如鸦：诏书写的黑字。

译文

虽然生活中身上包裹着粗衣劣布，但胸中有学问气质自然光彩夺人。

不喜欢陪伴着年老的学人一块清淡过“烹瓠叶”那样的苦日子，决定随从举子们参加科举考试。

虽不能像孟郊那样骑马看花，但却有机会被那“选花车”包围，让自己眼花缭乱。

中举仍然可以向世俗之人夸耀，诏书上如鸦的黑字新写着你的名字呢。

导学

一、作品简析

“腹有诗书气自华”一句广为传诵，原因就在于它经典地阐述了读书与人的修养的关系。中国的读书人向来把读书视为积累知识、增长学问的有效途径。读书的作用不仅在于占有知识，还在于提升人的精神境界。尤其是常读书，日积月累就会使人脱离低级趣味，养成高雅、脱俗的气质。事实证明，读书与不读书，读书多与读书少的人，所表现出的内在气质与素质是绝不相同的。腹有诗书指饱读诗书，满腹经纶，“气”可以理解为“气质”或“精神风貌”。

二、知行合一

1. 查一查：“三苏”之间的关系及取得的成就。

2. 想一想：“腹有诗书气自华”是什么意思，怎样才能做一个“腹有诗书气自华”的人？

3. 游一游：苏轼是眉山人，请你在家长的带领下去探寻苏东坡的足迹。

送安惇秀才失解西归

（宋）苏轼

旧书不厌[1]百回读，熟读深思子自知[2]。
他年名宦恐不免[3]，今日栖迟[4]那可追[5]。
我昔家居断还往[6]，著书不复窥园葵[7]。
朅[8]来东游[9]慕人爵[10]，弃去[11]旧学从儿嬉[12]。
狂谋谬算[13]百不遂[14]，惟有霜鬓来如期[15]。
故山[16]松柏皆手种[17]，行且拱矣归何时[18]。
万事早知皆有命[19]，十年浪走宁非痴[20]。
与君[21]未可较得失[22]，临别惟有长嗟咨[23]。

注释

[1]厌：满足。 [2]子：指安惇（dūn）。自知：自然了解道理。[3]他年：将来。名宦（huàn）：功名官宦，指做官。恐不免：恐怕免不了。 [4]栖（qī）迟：游息。 [5]追：追求。 [6]断还往：亲友来往。[7]著书：写文章。不复：不再。窥（kuī）园葵：窥看园中的葵菜。[8]朅（jié）：通“曷”“何”，为什么。 [9]东游：指离开四川眉山老家东来。 [10]人爵（jué）：爵位，指做官。 [11]弃去：抛开。 [12]儿嬉：儿童嬉戏。 [13]狂谋谬算：狂妄错误的谋划。 [14]不遂：不如愿，即不被采纳。 [15]霜鬓：白发。来如期：按时长出。 [16]故山：指家乡。 [17]手种：亲手所种。 [18]行且矣：想走不能走，一再拖延。矣：拖延。归何时：何时能回去。 [19]有命：命中所定，这是迷信说法。 [20]十年：作者嘉祐二年（1057 年）21 岁出川应考为官，写此诗时是治平三年（1066 年），31 岁，恰为 10 年。浪走：滥游。此指做官不得意。宁非痴：难道不是太痴呆了吗？宁：岂，难道。 [21]君：指安

惇。 [22]较得失：考究得和失。 [23]嗟（jiē）咨：叹息。

译文

经典的书读百遍也不会厌倦，熟读仔细思考之后其中的深意你自然明白。

如果今日只闲散游乐，不读书上进，那将来功名官宦也不会得到。

我当时一心读书，连亲友都不来往了，写文章也不再窥看园中的葵菜了。

为什么要羡慕人家的官爵呢？是抛开了以前的学问不认真吧。

狂妄错误的谋划从不被采纳，只有白发按期来到。

家乡我亲手种下的松柏都长大了，想走不能走，到底什么时候能回家呢？

万事早就皆有定数，这十年出来游历难道不是太痴呆了吗？

与安惇君比较得失，临别前只能长叹息。

导学

一、作品简析

苏东坡赠给安惇的诗，内容对每个人都是有益的。原诗旨在劝慰、鼓励安惇莫以中举为念，而要去追求知识本身的价值。先贤的典籍中蕴藏着的无穷学问，熟读深思自能领悟。诗语气委婉，劝慰安惇秀才回家安心读书，不可急于求成，只要熟读深思，自然会理解经典的奥妙，他日定能科场得意。后来由此演化出成语“百读不厌”。这成语常跟另一成语“爱不释手”配合着，在读的时候“爱不释手”，读过了以后“百读不厌”。

二、知行合一

1. 讲一讲：你对“旧书不厌百回读，熟读深思子自知”的感悟。
2. 说一说：用“百读不厌”“爱不释手”各说一个自己熟悉的场景。
3. 做一做：请你也做一个“百读不厌”“爱不释手”的读书娃。

六悔铭

（宋）寇准

官行私曲，失时悔。富不俭用，贫时悔。
艺不少学，过时悔。见事不学，用时悔。
醉发狂言，醒时悔。安不将息，病时悔。

译文

为官徇私舞弊，失足时后悔。富足时不节省俭朴，贫困时后悔。

手艺在年少时不学习精通，岁月过去之后便会后悔。看到本事不去学，用到的时候，就会后悔。

酒醉之后胡言乱语，清醒过来时后悔。健康时不好好休息保养，生病了后悔。

导学

一、作者简介

寇准（961 年—1023 年），字平仲，华州下邽（今陕西渭南）人。北宋政治家、诗人。寇准善诗能文，其七绝诗尤有韵味，有《寇忠愍诗集》三卷传世。

二、作品简析

《六悔铭》虽短短六句话，只有四十二字，确实是良言，忠言，是一篇传世奇文，说尽人生六悔事，发自本心勤自省，无怨无悔度人生。告诫我们做事时努力做到不要让自己后悔，学会珍惜自己的拥有，学会防患于未然，只有谨慎行事，三思后行，才能最大程度地避免悔事发生。

三、知行合一

1. 读一读：仔细品读本文，最好能够背诵和默写。

2. 写一写：一笔一画写好字，一生一世做好人。请你认真书写本文，体会其中的深刻含义。

3. 悟一悟：世上没有后悔药。我们要争取做一个不后悔的人，做一个经常反思的人。

冬夜读书示子聿[1]

（宋）陆游

古人学问无遗力[2]，少壮工夫[3]老始[4]成。
纸[5]上得来终觉浅[6]，绝知[7]此事要躬行[8]。

注释

[1]示：训示、指示。子聿（yù）：陆游的小儿子。 [2]学问：指读书学习。遗：保留，存留。无遗力：用出全部力量，没有一点保留。[3]少壮：青少年时代。工夫：做事所耗费的时间。 [4]始：才。[5]纸：书本。 [6]终：到底，毕竟。觉：觉得。浅：肤浅，浅薄。[7]绝知：深入、透彻地理解。 [8]行：实践。躬行：亲身实践。

译文

古人做学问是不遗余力的，少年时期所下的功夫往往要到老年才显生成效。

从书本上得来的知识，毕竟是不够完善的，如果想要深入理解其中的道理，必须要亲自实践才行。

导学

一、作者简介

陆游（1125 年—1210 年），字务观，号放翁。越州山阴（今浙江绍兴）人。少时受家庭爱国思想熏陶，高宗时应礼部试，为秦桧所黜。孝宗时赐进士出身。中年入蜀，投身军旅生活，官至宝章阁待制。晚年退居家乡。创作诗歌今存九千多首，内容极为丰富。著有《剑南诗稿》《渭南文集》《南唐书》《老学庵笔记》等。

二、作品简析

这首诗是诗人于公元 1199 年（庆元五年）于山阴写给二十一岁小儿子陆聿的。希望儿子认真读书，理解书中的道理，成为一个有智慧的人。“古人学问无遗力，少壮工夫老始成”赞扬了古人刻苦学习的精神以及做学问的艰难。说明只有少年时养成良好的学习习惯，竭尽全力地打好扎实基础，将来才能成就一番事业。“纸上得来终觉浅，绝知此事要躬行”强调了做学问的功夫要下在哪里的重要性。书本知识是前人实践经验的总结，不能纸上谈兵，要“亲身躬行”。

三、知行合一

1. 背一背：满怀激情地背诵并默写此诗，领悟诗歌所表达的含义。

2. 查一查：查阅陆游的《剑南诗稿》，读一读，并把有意义的篇章或段落抄写下来。

3. 议一议：怎样将书本知识和实践结合起来？请举一实例来谈谈。

方舆胜览·磨针溪

（宋）祝穆

磨针溪，在象耳山下。世传[1]李太白读书山中，未成[2]，弃去[3]。过是溪，逢[4]老媪方磨铁杵，问之[5]，曰："欲[6]作针。"太白感[7]其意，还卒业[8]。

注释

[1]世传：世代相传。 [2]成：完成。 [3]去：离开。 [4]逢：碰上。 [5]之：代词，此指老妇人。 [6]欲：想要。 [7]感：被……所感动。 [8]还：回去。卒业：完成学业。

译文

磨针溪是在象耳山脚下。世世代代相传李白在山中读书的时候，没有完成好自己的学业，就放弃学习离开了。他路过一条小溪，遇见一位老妇人在磨铁棒，于是问她在干什么，老妇人说："我想把它磨成针。"李白被她的精神感动，就回去完成学业。

导学

一、作者简介

祝穆（？—1255 年），字伯和，又字和甫，晚年自号"樟隐老人"。

祖籍婺（wù）源（今属江西），曾祖祝确为朱熹的外祖父，父康国是朱熹表弟，跟随熹母祝氏居崇安。

二、作品简析

《方舆胜览·磨针溪》这个故事后来演变成了一个成语"铁杵磨成

针”，告诉我们无论做什么事情，只要有恒心，一定会成功的，功夫不负有心人。

三、知行合一

1. 背一背：背诵本文，摘录含义深刻的句子。
2. 讲一讲：用自己的语言把这个故事讲给小伙伴听。
3. 写一写：读完本文，你一定有许多感受，联系实际写一篇心得体会。
4. 读一读：有兴趣的同学找来祝穆的《方舆胜览》读读。

立春偶成

（宋）张栻

律回岁晚[1]冰霜少，春到人间草木[2]知。
便觉眼前生意满[3]，东风吹水绿参差[4]。

注释

[1]律回：即大地回春的意思。岁晚：写这首时的立春是在年前，民间称作内春，所以叫岁晚。 [2]草木：泛指一切能受到季节变化影响的事物，如动植物、水、山，等等。 [3]生意：生机、生气。满：遍布，充满。 [4]参差（cēn cī）：不齐的样子。

译文

年终时候春回大地，冰霜渐渐减少，春天到来草木是最先知晓。只觉得眼

前已是一片生机盎然，东风吹来水面绿波荡漾。

导学

一、作者简介

张栻（shì）（1133 年—1180 年），四川绵竹人，字敬夫，号南轩，学者称南轩先生。先后主讲长沙岳麓书院、城南书院，与朱熹、吕祖谦齐名，时称“东南三贤”。南宋理宗淳祐初年（1241 年）从祀孔庙。

二、作品简析

这是一首节令诗。作者描写了一派生机勃勃的春日图景，表现出对欣欣向荣之景的渴望。首句写立春时刻冰雪消融，次句以拟人手法写树

木感觉到春天的气息。后两句是诗人的想象，诗人仿佛看到眼前处处春风明媚，碧波荡漾。这首诗语句活泼，富有动感。诗的三、四句，诗人借立春来启迪人们注意事物发展的内在联系，融情于景，十分形象。

三、知行合一

1. 背一背：背诵并默写本诗，注意书写工整无错别字。

2. 写一写：把诗中描绘的景象用自己的语言再描绘一番，并读给爸爸妈妈评评。

3. 画一画：想象诗中描绘的画面，用多彩的笔把它画下来吧，画好后请美术老师指点指点。

绝 句

（宋）夏元鼎

崆峒[1]访道至湘湖，万卷诗书看转愚[2]。
踏破铁鞋无觅处，得来全不费工夫。

注释

[1]崆峒（kōng tóng）：山名。 [2]愚：痴愚。

译文

为了学道，我从崆峒一路寻访辗转到湘湖，越想从诗书中找寻答案反而变得痴愚。

即使把最坚固的鞋都磨穿，还是一无所获，没想到最后答案竟毫不费力地出现在眼前。

导 学

一、作者简介

夏元鼎（生卒年不详），字宗禹，永嘉（今浙江温州）人。南宋时期人。自云遇仙人指授，自号云峰散人、西城真人。著《紫阳真人悟真篇讲义》等。

二、作品简析

这首绝句，作者以悟道为例，揭示了认识事物本质的一个普遍规律，那就是只有经过苦心探索、费尽千辛万苦，才会水到渠成，花开蒂落，彻底悟通一个道理。这个悟通时刻，就可能是高人指点的一瞬间。“得来全不费功夫”，是结果，“探索全要费功夫”是过程。没有艰苦探索的过程，即使有仙人指点，也是枉然徒劳。所以，我们的理解不是不要读书，而是不要读死书。陆游说功夫在诗外，都是这个道理，即贵在实践。

三、知行合一

1. 背一背：背诵并默写本诗，写好后自己对照原文检查并改正错别字。

2. 想一想：把你从本诗中悟出的道理给大家讲一讲，结合本诗，反省一下自己有没有死读书的现象。

3. 写一写：写一段话，用上“踏破铁鞋无觅处，得来全不费工夫”这句诗。

白鹿洞书院揭示（节选）

（宋）朱熹

父子有亲，君臣有义，夫妇有别[1]，长幼有序[2]，朋友有信。

右五教之目。尧舜使契为司徒，敬敷[3]五教，即此是也。学者学此而已。而其所以学之之序，亦有五焉，其别如左：博学之，审问[4]之，慎思[5]之，明辨[6]之，笃行[7]之。

右为学之序。学、问、思、辨四者，所以穷理[8]也。若夫[9]笃行之事，则自修身以至于处事接物，亦各有要，其别如左：言忠信，行笃敬。惩忿窒欲[10]，迁善改过[11]。

右修身之要。正[12]其义不谋其利，明其道不计其功。

右处事之要。己所不欲，勿施于人。行有不得[13]，反求诸己。

注释

[1]别：内外差别。 [2]序：尊卑次序。 [3]敬敷：认真布施。[4]审问：详细地问。 [5]慎思：谨慎地思考。 [6]明辨：明确地分辨，辨别清楚。 [7]笃行：切实履行，专心实行。 [8]穷理：穷究事物之理。[9]若夫：至于。 [10]窒（zhì）欲：抑制欲望。 [11]迁善改过：指改正过失而向善。 [12]正：纠正。 [13]得：得到，收获。

译文

父子间要有骨肉之亲，君臣间要有礼义，夫妻要挚爱又要有内外之别，老少间要长幼之序，朋友间要有诚信。

这就是“五教”的纲目。尧舜让司徒契教化百姓的就是这“五教”，学子要学的也是这“五教”：广博地学习，审慎地发问，谨慎地思考，明晰地分辨，诚实地践行。

这是学习的顺序。学、问、思、辨，这是为了探究道理的。要诚实地践行，就要知道修身、处事、接物的原则：说话忠诚信实，行为笃厚恭敬；惩戒忿愤，抑止情欲；见善便学，有过则改。

这是修身的原则。以礼义端正自己，不去追求物质利益；努力张扬阐明天下之大道，不去计较个人得失。

这是处事的原则。自己所不愿意做的事，不要再让别人去做；自己做事未达到目的，应从自己身上找原因。

导学

一、作者简介

朱熹（1130 年—1200 年），字元晦，祖籍徽州府婺源县（今江西省婺源）。著名理学家、思想家、儒学集大成者，世尊为朱子。朱熹著述甚多，有《四书章句集注》《太极图说解》《通书解说》《周易读本》《楚辞集注》等。其中《四书章句集注》成为钦定的教科书和科举考试标准。

二、作品简析

本节选是朱熹为了培养人才而制定的教育方针和学生守则。它集儒家经典语句而成，便于记诵。在笃行这个环节，从修身直到处事接物，又各有要领，分别是：言论忠诚信实，做事勤勉认真，惩戒忿愤，抑制情欲，见善则迁，有过则改。它指明了修身、处事、接物之要，作为实际生活与思想教育的准绳。

三、知行合一

1. 记一记：熟记“博学之，审问之，慎思之，明辨之，笃行之”“己所不欲，勿施于人”等句，摘抄在笔记本上。

2. 讲一讲：朱熹教育我们应该怎样说话，怎样做事，怎样修身，怎样处事？结合原文讲一讲。

3. 写一写：在现实生活中你是怎样说话做事为人的？应该从哪些方面去校正自己的言行？动动笔写下你的思考吧！

聱隅子·生学篇

（宋）黄唏

> 生而不知学，与不生同；
> 学而不知道，与不学同；
> 知而不能行，与不知同。

译文

人生在世，如果不知道学习，就如同没有出生一样；学习了而又不能领会其中的道理，就如同没学一样；领会了其中的道理而又不能实行，就如同没有领会道理一样。

导学

一、作者简介

黄唏（生卒年不详），字景微，北宋福建建安人。他以研究《春秋》和《周易》为主。他曾经说："左氏《春秋凡例》得圣人之微"，又说："郑康成的《周易象数》极天地之蕴"，造诣极深，受到福建学者的景仰。

二、作品简析

本文阐述的道理浅显易懂，一个人活在世上，如果只知道吃喝玩乐，而不知道要学习，就像没出生一样。如果不认真学习，只是囫囵吞枣，不去领会其中的道理，也如同没学一样。如果领会了其中的道理，却不能在生活中实践，也如同没领会道理一样。劝诫人们活在世上一定要学习，还要认真领会其中的道理，并且把这些道理在生活中实践。

三、知行合一

1. 背一背：背诵并默写本诗，体会其深刻的含义，注意书写要工整正确。

2. 想一想：你在平时的学习中达到了文中所讲的要求吗？

3. 写一写：结合原文联系生活实际写一篇心得体会吧，写完后和同学交流交流。

断 句

（宋）苏麟

近水[1]楼台先得月，向阳花木[2]易为春。

注释

[1]近水：靠近水的地方。 [2]花木：花和树。

译文

靠近水边的楼台（因为没有树木的遮挡），能先看到月亮的投影；而迎着阳光的花木，（光照自然好得多，所以发芽就早），最容易形成春天的景象。

导学

一、作者简介

苏麟（969 年—1052 年），北宋诗人，宋杭州属县巡检。仅有“近水楼台先得月，向阳花木易为春”两句传世。

二、作品简析

北宋著名政治家范仲淹对部下很宽厚，常举荐随员做官。据说，他在浙江做官时，部下都经他举荐当了官。只有一位叫苏麟的人，因外出办事不在跟前，未被范仲淹举荐。于是，苏麟作诗云：“近水楼台先得月，向阳花木易为春。”看似咏楼台亭榭、花草树木，实则暗示：好处都被别人占了，而自己却得不到恩泽。此诗以后成为人尽皆知的诗句，用以讥讽借职务之便，为自己或亲信捞取好处的人。

苏麟的这首诗只写了两句，所以称为“断句”。

三、知行合一

1. 背一背：背诵并默写本诗，注意书写工整无错别字。

2. 写一写：讲讲生活中“近水楼台先得月”的现象，然后把自己的心得写下来。

3. 读一读：去查找宋朝俞文豹编撰的《清夜录》，看看书中有哪些你喜欢的故事？讲给大家听听。

王冕好学

（元末明初）宋濂

王冕者，诸暨人。七八岁时，父命牧[1]牛陇[2]上，窃[3]入学舍，听诸[4]生诵书；听已，辄[5]默记。暮归，忘其牛。或[6]牵牛来责蹊田[7]。父怒，挞[8]之，已而[9]复如初。母曰："儿痴如此[10]，曷[11]不听其所为？"冕因去[12]，依僧寺以居。夜潜[13]出，坐佛膝上，执策[14]映长明灯读之，琅琅[15]达旦[16]。佛像多土偶，狞恶可怖[17]；冕小儿，恬[18]若不见。安阳韩性闻而异之，录为弟子，学遂为通儒。

注释

[1]牧：放牧。 [2]陇：田埂。 [3]窃：偷偷地，暗中。 [4]诸：众多。 [5]辄：总是（常常）、就。 [6]或：有人；有的人。 [7]蹊田：践踏田地。 [8]挞：鞭打。 [9]已而：不久。 [10]如此：像这样。 [11]曷：通"何"，为什么。 [12]去：到……去。 [13]潜：暗暗地、悄悄地。 [14]执策：拿着书卷。 [15]琅琅：形容朗朗的读书声。 [16]旦：早晨，天亮。 [17]狞恶可怖：狰狞凶恶，令人害怕。 [18]恬：心神安适。 [19]异：作意动用。

译文

王冕是浙江诸暨县（今诸暨市）人。七八岁时，父亲叫他在田地上放牛，他偷偷地跑进学堂去听学生念书。听完以后，总是默默地记住。傍晚回家，他把放牧的牛都忘记了，有人牵着牛来责骂他们家的牛践踏田地，踩坏了庄稼。王冕的父亲大怒，打了王冕一顿。事情过后，他仍是这样。他的母亲说："这孩子想读书这样入迷，何不由着他呢？"王冕从此以后就离开家，寄住在寺庙里。一到夜里，他就暗暗地走出来，坐在佛像的膝盖上，手里拿着书就借着佛像前长明灯的灯光诵读，书声琅琅一直读到天亮。佛像大多是泥塑的，一个个面目狰狞凶恶，令人害怕。王冕虽是小孩，却神色安然，好像没有看见似的。安阳的韩性听说以后对此感到很惊讶，收他做弟子，后来他成了大学问家。

导学

一、作者简介

宋濂（1310—1381），字景濂，号潜溪，别号玄真子。浦江（今浙江浦江县）人，被明太祖朱元璋誉为“开国文臣之首”，学者称太史公。宋濂与高启、刘基并称为“明初诗文三大家”。

二、作品简析

古代的王冕之所以成为著名的画家、诗人，其根本原因在于王冕幼时读书专心致志，好学不倦，并且达到入迷的程度。这种坚定的志向，顽强的学习精神，是他后来成功的基石。我们从中可以受到启发，得到启迪，“少壮不努力，老大徒伤悲”，我们青少年要珍惜青春年华，发愤学习科学文化知识，为将来报效祖国奠定坚实的基础。

三、知行合一

1. 想一想：王冕好学痴迷到何种程度？王冕为什么会成为著名的画家、诗人？

2. 悟一悟：古文“天道酬勤”“废寝忘食”这样的事例很多，请你自我反省做得怎样？

3. 写一写：制订一份学习计划，持之以恒地努力，争取做到像王冕那样学习。

司马季主论卜

刘基

东陵侯[1]既废，过司马季主[2]而卜[3]焉。季主曰："君侯何卜也？"东陵侯曰："久卧者思起，久蛰[4]者思启，久懑[5]者思嚏[6]。吾闻之：'蓄极则泄，闷极则达，热极则风，壅极则通。一冬一春，靡[7]屈不伸；一起一伏，无往不复。'仆[8]窃有疑，愿受教焉。"季主曰："若是，则君侯已喻[9]之矣，又何卜为？"东陵侯曰："仆未究其奥也，愿先生卒教之。"

季主乃言曰："呜呼！天道[10]何亲？惟德之亲；鬼神何灵？因人而灵。夫蓍[11]，枯草也；龟[12]，枯骨也；物也。人，灵于物者也，何不自听而听于物乎？且君侯何不思昔者也！有昔者必有今日。是故碎瓦颓垣，昔日之歌楼舞馆也；荒榛[13]断梗[14]，昔日之琼蕤[15]玉树也；露蚕风蝉，昔日之凤笙龙笛[16]也；鬼磷[17]萤火，昔日之金釭[18]华烛也；秋荼[19]春荠[20]；昔日之象白驼峰[21]也；丹枫[22]白荻[23]，昔日之蜀锦齐纨[24]也。昔日之所无，今日有之不为过；昔日之所有，今日无之不为不足。是故一昼一夜，华[25]开者谢；一秋一春，物故者新；激湍之下必有深潭，高丘之下必有浚谷。君侯亦知之矣，何以卜为！"

注释

[1]东陵侯：秦人邵平曾被封为东陵侯，秦亡，其于长安东种瓜为生。 [2]司马季主：西汉初年人，以占卜闻名。 [3]卜：占卜，指古人用龟甲、蓍草等预测吉凶的活动。 [4]蛰：虫类冬眠。 [5]懑：闷。 [6]嚏（tì）：打喷嚏。 [7]靡：无；没有。 [8]仆：自称谦辞。 [9]喻：明了，

明白。 [10]天道：上天的意志。 [11]蓍：草名，古人用其茎进行占卜。[12]龟：即龟甲，亦为古人占卜之用具。 [13]榛：树丛。 [14]梗：草木枯枝。 [15]蕤（ruí）：原意为花朵下垂貌，这里指花朵。 [16]风笙龙笛：并为乐器名，这里指悦耳的音乐。 [17]鬼磷：即磷火，夜间火焰呈淡绿色，旧时人有的认为它是鬼火。 [18]金釭：金属容器，古时用来作灯照明。 [19]荼：菜名，味苦。 [20]荠：菜名，味甘。 [21]象白：即象鼻。驼峰：骆驼的肉峰。 [22]枫：即枫树，叶经霜变红，故称丹枫。[23]荻：草名，其花白色，故称白荻。 [24]蜀锦齐纨：指四川出产的锦和山东出产的纨。纨，绢。 [25]华：花。

译文

东陵侯被废黜以后，到司马季主那里去占卜。司马季主问道："君侯您要占卜什么事呢？"东陵侯答："久卧在床的人总想起床，长期冬眠的动物想要醒来，长期郁闷的人总想发泄。我听说蓄积太多就需要发泄，郁闷久了就需要通达，热得太厉害就需要吹风，堵塞到了极致就需要通畅。一冬一春之间，不会总是屈而不伸的，事物间总是一起一伏，没有去而不复的。我内心对此还是有疑惑，希望得到你的指教。"司马季主说道："照你刚才这么说，说明君侯您已经很懂得事理了，何必还要来占卜呢？"东陵侯说："我还是觉得我还没有懂得其中的奥秘，恳请先生就此好好开导我一下。"

司马季主这才说道："唉！天道会亲近什么人啊？它只会亲近那些有德行的人！鬼神有什么灵验呢？鬼神只是靠人事才显示出灵验来！占卜用的蓍草，只不过是枯草，龟甲也只不过是枯骨，它们都只不过是物罢了。人，总比物要有灵性，为什么不相信自己而去相信物呢？况且，君侯您为什么不想想过去呢？有一种过去就有一种今天。因而，那些碎瓦断墙，曾经是过去的舞台歌榭，那些荒木断枝，也曾经是过去的玉树琼枝。今天在风露中哀鸣的蟋蟀和蝉，也曾是以往的华美的笙笛之音，幽暗的磷光鬼火，正是过去的金灯华烛，那秋日的苦菜和春天的荠菜，也正是过去的象白驼峰，那丹枫白荻，也是过去的蜀锦齐纨。以往没有的，今天有了，这并不为过，而以往有的，今天失去了也并非显得不足。因此，一日一夜之间，花开又花落，一春一秋之间，万物凋零又复苏。湍急的流水下必定有深潭，高山之下必有深谷。这些道理，君侯您是明白的，那么您何必占卜呢？”

导学

一、作者简介

刘基（1311 年—1375 年），字伯温，浙江青田（今浙江文成）人。元末明初政治家、文学家，明朝开国元勋。刘基精通天文、兵法、数理等。著作均收入《诚意伯文集》。

二、作品简析

《司马季主论卜》节选自《郁离子·天道篇》，本文采用对话的形式，借汉初东陵侯被废黜而思复用，向司马季主问卜一事发表议论，极写物极必反、因果循环，提出“天道何亲？惟德之亲。鬼神何灵？因人而灵”，借天道及鬼神之事怀疑和否定天道鬼神，实际讲的是元代末年的种种腐败，都是从前胡作非为恶性发展的结果。

学习本文，可理解杜甫诗云“升沉应已定，不必问君平”的意义，同于孔子曰“善易者不卜”，严君平，东汉成都著名占卜家。

三、知行合一

1. 读一读：本文涉及占卜，有些字词需要查阅工具书，理解文章内容。

2. 想一想：“天道何亲？惟德之亲；鬼神何灵？因人而灵”的深刻含义。

3. 悟一悟：有些人相信命运由天，有些人却认为命运由自己做主。做自己的主人，把握未来的方向，你现在应该怎么做？

慧

智慧教育读库

明清诗话

观书

（明）于谦

书卷多情似故人[1]，晨昏忧[2]乐每[3]相亲[4]。
眼前直下三千字[5]，胸次[6]全无一点尘[7]。
活水源流随处满，东风花柳逐[8]时新。
金鞍玉勒[9]寻芳客，未信吾庐[10]别有春。

注释

[1]故人：老朋友。 [2]晨昏：早晚。 [3]忧：愁。每：时常。[4]亲：近。 [5]三千字：此为泛指，并非确数。 [6]胸次：胸中，心里。 [7]尘：杂念。 [8]逐：挨着次序。 [9]金鞍：饰金的马鞍。玉勒：饰玉的马笼头。 [10]庐：这里指书房。

译文

书卷多情得就像是故人，每日从早到晚和自己形影相随，愁苦与共。

一眼扫过就是三千字，读书专心致志，胸无杂念。

就像池塘不断有活水注入，永远清澈。就像东风催开百花，染绿柳枝一样。

金鞍玉勒的贵公子到处去寻求春天的朋友，却不知道我的书房中别有一番春景。

导学

一、作者简介

于谦（1398 年—1457 年），字廷益，号节庵，官至少保，世称“于少保”。杭州钱塘县人。土木堡之变后英宗被俘，于谦力排南迁之议，指挥了京师保卫战，使英宗得归。天顺元年因“谋逆”罪被冤杀。谥曰忠肃。有《于忠肃集》。于谦与岳飞、张煌言并称“西湖三杰”。

二、作品简析

该诗的首联用拟人手法，将书卷比作多情的老朋友，每日从早到晚和自己形影相随、愁苦与共，形象地表明诗人读书不倦、乐在其中。颔联用夸张、比喻手法写诗人读书的情态。一眼扫过三千字，非确数，而是极言读书之多之快，更表现诗人读书如饥似渴的心情。胸无一点尘，是比喻他胸无杂念。这两句诗使诗人专心致志，读书入迷的情态跃然纸上，也道出了一种读书方法。颈联用典故和自然景象作比，说明勤读书的好处，表现诗人持之以恒的精神。活水句，化用朱嘉《观书有感》“问渠那得清如许，为有源头活水来”，是说坚持经常读书，就像池塘不断有活水注入，不断得到新的营养。东风句是说勤奋攻读，不断增长新知，就像东风催开百花，染绿柳枝一样，依次而来，其乐趣令人心旷神怡。

三、知行合一

1. 读一读：大声朗读此诗，领会其中的意思，背诵并默写下来。

2. 讲一讲：读书对我们有哪些好处？结合本诗讲给大家听听。

3. 学一学：本诗采用了拟人、夸张、比喻等手法，融情于景，寓理于物，给读者生动形象之感。请你学学这种写法，借景或借物写一首诗或一篇文章来抒情达意。

五月十九日大雨

（明）刘基

风驱急雨[1]洒高城，云[2]压轻雷殷[3]地声。
雨过不知龙去处，一池[4]草色万蛙鸣。

注释

[1]驱：驱使。急雨：骤雨。 [2]云：这里指乌云。 [3]殷（yīn）：震动。 [4]池：池塘。

译文

疾风驱使着骤雨倾倒在高城，乌云密布，雷声殷殷隆隆。一会儿，那兴云作雨的龙挟着雷电乌云离去，眼前出现的是池塘水溢，青草滴翠，万蛙齐鸣。

导学

一、作品简析

《五月十九日大雨》刘基的七言绝句，形象地描述了夏天所特有的雷阵雨前后的自然景象，开门见山，展现了大雨奇观，并由自然界的风雨想到了人生的哲理，大风大雨虽然猛烈，但维持的时间决不会长久；一个人在生活中遇到挫折时，应当勇敢顽强，难关终将过去。

二、知行合一

1. 读一读：朗读和默写本诗，想象作者笔下的雨景。
2. 查一查：观看电视剧《神机妙算刘伯温》，更多地了解刘伯温。
3. 学一学：古诗中写雨的诗很多，请你再学习下面两首写雨的诗。

六月二十七日望湖楼醉书五绝

苏轼

放生鱼鳖逐人来，无主荷花到处开。
水枕能令山俯仰，风船解与月徘徊。

雨晴

王驾

雨前初见花间蕊，雨后全无叶底花。
蜂蝶纷纷过墙去，却疑春色在邻家。

心学四诀

（明）王阳明

无善无恶心之体，有善有恶意之动。
知善知恶是良知，为善去恶是格物。

译文

无善无恶是心的本体，有善有恶是意念在发动。
知道善恶是人的良心发现，行善去恶就是格物致知。

导学

一、作者简介

王阳明（1472 年—1529 年），字守仁，又字伯安，别号阳明，浙江余姚人。王阳明是明代心学集大成者，阳明心学是儒家学说的发展，作品有《王阳明全集》《传习录》等。

二、作品简析

心学作为儒家学派，宗旨在于致良知，强调“心即是理”，认为理存在于心中，“人人可以成尧舜”，“天地虽大，但有一念向善，心存良知，虽凡夫俗子，皆可为圣贤”。

三、知行合一

1. 读一读：背诵短文，认真书写并张贴在你的床头，时时吟诵。
2. 学一学：王阳明心学的精神内涵主要包括“心外无物，心即理”

“知行合一”“致良知”等，请你理解这些词语的意思。

3. 做一做：本文需要你用一生的努力去理解和实践，入门钥匙就是“格物致知，知行合一”，先请你理解清楚这两个成语的意思。

十无益

（清）林则徐

一、存心不善，风水无益。
二、不孝父母，奉神无益。
三、兄弟不和，交友无益。
四、行止不端，读书无益。
五、心高气傲，博学无益。
六、作事乖张，聪明无益。
七、时运不通，妄求无益。
八、妄取人财，布施无益。
九、不惜元气，服药无益。
十、淫恶肆欲，阴骘无益。

译文

如果心存不善，无疑是自取灭亡，善心比风水更靠得住。

如果对父母不孝，无论你奉神是多么虔诚，一切都是假的。

兄弟姐妹尚且不能与之和睦交好，何必言友。

如若读了满腹圣贤之书却“行止不端”，就是枉读诗书了。

若以读书作夸耀之本，纵然读书，又有何益？

为人处世不讲情理，偏执、不驯服，“聪明”就会无益。

条件不具备时，妄然求取，非但无益，而且有害。

妄取人财，与谋财害命差之不远，即使拿来布施捐赠不可以赎罪。

若纵欲而行，伤身十分，更是有伤元气，虽灵芝妙药，服之无益。

如若生活放纵奢侈，荒淫无度，虽然屡屡行善多积阴德，也是枉然无益。

导学

一、作者简介

林则徐（1785 年—1850 年），字元抚，又字少穆、石麟，晚号俟村老人，福建侯官县人，清朝政治家，曾任湖广总督、陕甘总督和云贵总督，禁鸦片的“民族英雄”。著有《林则徐全集》。

二、作品简析

淡泊名利、勤俭持家的立身原则是林则徐家风的集中体现，不仅陈述原则，还点明了道理，让人耳目一新。林则徐对子女精神意志的培养更为看重，父母爱子更要计长远，授人以鱼不如授人以渔，他始终坚持教导子女修身立家、勤俭持家、耕读传家。林则徐在做人、为官、学佛感悟的基础上总结了“十无益”，手书后悬于家中，句句良言，它既是林则徐修身的标准，也是教育孩子的原则。

三、知行合一

1. 悟一悟：子孙若如我，留钱做什么？贤而多财，则损其志；子孙不如我，留钱做什么？愚而多财，益增其过—— 林则徐。

2. 看一看：电影《林则徐》、电影《虎门销烟》，电视剧《林则徐》。

小池

（清）曾国藩

屋后一枯池，夜雨生波澜。
勿言一勺水，会有蛟龙蟠。
物理无定资，须臾变众窍。
男儿未盖棺，进取谁能料。

译文

房屋后面有一个干枯的池塘，下了夜雨后就有了波澜。

不要小看一勺之水，它也会有蛟龙盘踞。

事物之理千变万化，没有固定的样式，天地之气会在转眼之间变成大地上众多孔穴发出的声音。

男儿在寿终正寝之前，谁敢断定他不会勇猛进取！

导学

一、作者简介

曾国藩（1811 年—1872 年），初名子城，字伯涵，号涤生，宗圣曾子七十世孙。晚清时期政治家、理学家，湘军的创立者，曾国藩是中国近代化建设的开拓者，后世称“曾文正”。著有《曾国藩全集》。

二、作品简析

《小池》这首诗是曾国藩抒发个人内心愤慨，一腔热血的产物，更是他日夜思考希望挽救民族危亡，实现民族复兴的产物。曾国藩以自然之理来抒发了他的理想抱负和人生体验，提示人生不要安于现状，要坚持勇于进取的精神，待时而动，成就事业！

三、知行合一

1. 读一读：朗读本文，体会作者借景抒情的写作方法。

2. 学一学：曾国藩有许多值得我们借鉴的地方，你能从下面的文本中学习什么呢？

曾国藩早年修身十三条

一、主敬（整齐严肃，无时不惧。无事时，心在腔子里；应事时，专一不杂）

二、静坐（每日不拘何时，静坐片刻，来复仁心，正位凝命，如鼎之镇）

三、早起（黎明即起，醒后勿沾恋）

四、读书不二（一书未点完，断不看他书。东翻西阅，都是徇外为人）

五、读史（每日圈点十页，虽有事不间断）

六、谨言（刻刻留心）

七、养气（气藏丹田，无不可对人言之事）

八、保身（节欲、节劳、节饮食）

九、写日记（须端楷，凡日间身过、心过、口过，皆一一记出，终身不间断）

十、日知所亡（每日记茶余偶谈一则，分德行门、学问门、经济门、艺术门）

十一、月无忘所能（每月作诗文数首，以验积理的多寡，养气之盛否）

十二、作字（早饭后作字。凡笔墨应酬，当作自己功课）

十三、夜不出门（旷功疲神，切戒切戒）

3. 写一写：向曾国藩学书法，认真对照曾国藩《百字铭》，一笔一画写一写。

人间词话一则

（清）王国维

古今之成大事业、大学问者，必经过三种之境界："昨夜西风凋碧树。独上高楼，望尽天涯路。"此第一境界也。"衣带渐宽终不悔，为伊消得人憔悴。"此第二境界也。"众里寻他千百度，蓦然回首，那人却在，灯火阑珊处。"此第三境界也。

译文

从古至今，那些做成大事业，大学问的人，没有不经历三种境界的："昨天夜里西风惨烈，凋零了绿树。我独自登上高楼，望尽那消失在天涯的道路。"这是第一境界。"我日渐消瘦也不觉得懊悔，为了你我情愿一身憔悴。"这是第二境界。"我在人群中寻找她千百回，猛然一回头，她却在，不经意间却在灯火零落之处发现了她。" 这是第三境界。

导学

一、作者简介

王国维（1877 年—1927 年），字静安，号观堂。浙江省海宁州（今浙江省海宁市）人。王国维是中国近现代有国际声誉的著名学者。自编定《静安文集》《观堂集林》刊行于世。逝世后，另有《遗书》《全集》《书信集》等。

二、作品简析

国学大师王国维在《人间词话》里道出人生唯美三境界，精妙地以三句词道破了人生之路：起初的迷惘，继而的执着和最终的顿悟。所有成功的个案无非都是经历着三个过程：有了目标，欲追求之；追求的过程中有所羁绊，坚持不放弃；成败关键一刻，挺过来了，喜获丰收。

三、知行合一

1. 背一背：时时吟诵本文，激励自己努力向目标攀登。

2. 想一想：你觉得作者把成功之中总结为三个阶段，说得对吗？你认为我们在每个阶段应该怎样做，才能有收获？

3. 读一读：下面是本文提到的三首词，请你读一读，如能背诵，就更好了。

蝶恋花·槛菊愁烟兰泣露

晏殊

槛菊愁烟兰泣露，罗幕轻寒，燕子双飞去。明月不谙离恨苦，斜光到晓穿朱户。昨夜西风凋碧树，独上高楼，望尽天涯路。欲寄彩笺兼尺素，山长水阔知何处。

蝶恋花·伫倚危楼风细细

柳永

伫倚危楼风细细，望极春愁，黯黯生天际。草色烟光残照里，无言谁会凭阑意。拟把疏狂图一醉，对酒当歌，强乐还无味。衣带渐宽终不悔，为伊消得人憔悴。

青玉案·元夕

辛弃疾

东风夜放花千树。更吹落、星如雨。宝马雕车香满路。凤箫声动，玉壶光转，一夜鱼龙舞。蛾儿雪柳黄金缕。笑语盈盈暗香去。众里寻他千百度。蓦然回首，那人却在，灯火阑珊处。

慧

智慧教育读库

现代文风

沁园春·雪

毛泽东

北国风光，千里冰封，万里雪飘。望长城内外，惟余莽莽[1]；大河上下，顿失滔滔[2]。山舞银蛇，原驰蜡象[3]，欲与天公试比高。须晴日，看红装素裹，分外妖娆[4]。

江山如此多娇，引无数英雄竞折腰[5]。惜秦皇汉武[6]，略输文采[7]；唐宗宋祖[8]，稍逊风骚[9]。一代天骄[10]，成吉思汗，只识弯弓射大雕。俱往矣[11]，数风流人物[12]，还看今朝。

注释

[1]惟余：只剩下。莽莽：即茫茫，白茫茫一片，形容空旷无际。[2]顿失：立刻失去。滔滔：滚滚的波涛。 [3]原驰蜡象：作者原注“原指高原，即黄土高原”，蜡象，真腊国（今柬埔寨）进贡明朝的大象。[4]妖娆（ráo）：娇艳妩媚。 [5]竞折腰：争着为江山效劳。 [6]秦皇：秦始皇嬴政。汉武：汉武帝刘彻。 [7]略输：稍差。文采：本指辞藻、才华，这里引申为文治。 [8]唐宗：唐太宗李世民。宋祖：宋太祖赵匡胤。 [9]稍逊风骚：意近“略输文采”。 [10]天骄：匈奴自称“天之骄子”，后用于泛称北方民族，现特指有才能、有影响或条件优越的人。 [11]俱往矣：都过去了。 [12]数风流人物：称得上能建功立业的英雄人物。

译文

北方的风光，千里冰封冻，万里雪花飘。望长城内外，只剩下无边无际白茫茫一片；宽广的黄河上下，顿时失去滔滔水势。山岭像银色蟒蛇在飞舞，高原上好像白象奔跑，都想与老天爷比比高。等到天晴，看红艳艳的阳光和白皑皑的冰雪相辉映，分外美好。

江山如此多娇，引得无数英雄竞相倾倒。只可惜秦始皇、汉武帝，略差文学才华；唐太宗、宋太祖，稍逊文治功劳。称雄一世的成吉思汗，只知道拉弓射大雕。这些人物都过去了，数风流人物，还要看今天的人们。

导学

一、作者简介

毛泽东（1893 年—1976 年），字润之，湖南湘潭人。伟大的马克思主义者，无产阶级革命家、战略家和理论家，中国共产党、中国人民解放军和中华人民共和国的主要缔造者和领导人。

二、作品简析

《沁园春·雪》作于 1936 年 2 月红军东渡黄河时。上半阕写雪景，将长城、黄河、秦晋高原等地理景观作为背景，赞叹祖国山河之美。下半阕评论历史人物，豪迈自信地宣示新时代将来临。全词将写景、议论和抒情熔为一炉，意境壮美，气势恢宏。近代诗人柳亚子《沁园春·雪》跋“毛润之沁园春一阕，余推为千古绝唱，虽东坡、幼安，犹瞠乎其后，更无论南唐小令、南宋慢词矣。”

与此同时，鲁迅给中共中央发来贺信“在你们身上，寄托着中国和人类的希望”。

三、知行合一

1. 读一读：收看名家朗诵的《沁园春·雪》，模仿动作和声音，朗诵本词。

2. 品一品：毛泽东书法作品《沁园春·雪》。

3. 学一学：毛泽东的《沁园春·雪》发表后，唱和的词很多，请你品读下面的几首，看看各有什么特点。

沁园春·次韵和毛主席咏雪之作

柳亚子

廿载重逢，一阕新词，意共云飘。叹青梅酒滞，余意惘惘，黄河流浊，举世滔滔。邻笛山阳，伯仁由我，拔剑难平块垒高。伤心甚，哭无双国士，绝代妖娆。

才华信美多娇，看千古词人共折腰。算黄州太守，犹输气概，稼轩居士，只解牢骚。更笑胡儿，纳兰容若，艳想秾情着意雕。君与我，要上天下地，把握今朝。

沁园春·和毛主席韵

郭沫若

国步艰难，寒暑相推，风雨所飘。念九夷入寇，神州鼎沸，八年抗战，血浪滔滔。遍野哀鸿，排空鸣鹏，海洋仇深日样高。和平到，望肃清敌伪，解除荷娆。

西方彼美多娇，振千仞金衣里细腰。把残钢废铁，前输外寇，飞机大炮，后引中骚。一手遮天，神圣付托，欲把生民力尽雕。堪笑甚，学狙公茅赋，四暮三朝。

沁园春·和咏雪词

陈毅

两阕新词，毛唱柳和，诵之意飘。想豪情盖世，雄风浩浩；诗怀如海，怒浪滔滔。政暇论文，文余问政，妙句拈来着眼高。倾心甚，看回天身手，绝代风骚。

山河齐鲁多娇，看霁雪初明泰岱腰。正辽东鹤舞，涤瑕荡垢；江淮斤运，砌玉浮雕。池冻铺银，麦苗露翠，冬尽春来兴倍饶。齐欢喜，待桃红柳绿，放眼明朝。

慧

水调歌头·重上井冈山

毛泽东

久有凌云志，重上井冈山。千里来寻故地，旧貌变新颜。到处莺歌燕舞，更有潺潺流水，高路入云端。过了黄洋界[1]，险处不须看。

风雷动，旌旗奋，是人寰[2]。三十八年过去，弹指一挥间。可上九天揽月[3]，可下五洋捉鳖[4]，谈笑凯歌还。世上无难事，只要肯登攀。

注释

[1]黄洋界：井冈山五大哨口之一，另四个是八面山、双马石、朱沙冲、桐木岭。 [2]人寰：人世间。 [3]九天：天的极高处。揽月：摘取月亮。 [4]捉鳖（biē）：喻擒拿敌人。

译文

我从小就心怀凌云壮志，今天重新登上井冈山。走了千里寻访旧地，哪里还有它昔日的容颜。到处都是莺歌燕舞的新景，还有汩汩的流水，盘山公路直入云端。过了黄洋界，就没有任何的险处了。

风雷在动，旌旗招展，这就是人间。三十八年过去了，犹如弹指一刹那。可以飞向长空摘月亮，也可以下海洋捉鱼鳖，谈笑间高奏凯歌还师。世上没有什么困难事，只要肯下决心登攀。

导学

一、作品简析

《重上井冈山》是毛泽东写于 1965 年的一首词，采用了现实主义和浪漫主义相结合的方法，以登井冈山为题材，在忆旧颂新中将崇高的理想和伟大的实践精神相结合，将叙事、写景、抒情、议论熔于一炉，慷慨激昂，表达了作者要继续革命的英雄气概。罗斯·特里尔《毛泽东传》:“毛泽东的这首词不单单是对往事的怀念和岁月如梭的感叹，而是要迎接一种‘山雨欲来风满楼’的政治气候。”

二、知行合一

1. 悟一悟：仔细体会“世上无难事，只要肯登攀”的深刻含义，如能结合实际，写一篇读后感就更好了。

2. 走一走：井冈山是中国五大革命圣地，请你研学实践时前去参观学习。

梨花

许地山

她们还在园里玩，也不理会细丝丝穿入她们的罗衣。池边梨花的颜色被雨洗得更白净了。但朵朵都懒懒地垂着。

姐姐说："你看，花儿都倦得要睡了！"

"待我来摇醒他们。"

姐姐不及发言，妹妹的手早已抓住树枝摇了几下。花瓣和水珠纷纷地落下来，铺得银片满地，煞是[1]好玩。

妹妹说："好玩啊，花瓣一离开树枝，就活动起来了！"

"活动什么？你看，花儿的泪都滴在我身上哪。"姐姐说这话时，带着几分怒气，推了妹妹一下。她接着说："我不和你玩了；你自己在这里玩吧。"

妹妹见姐姐走了，直站在树下出神。停了半晌[2]，老妈子走来，牵着她，一面走着，说："你看，你的衣服都湿透了；在阴雨天，每日要换几次衣服，叫人到哪里找太阳给你晒去呢？"

落下来的花瓣，有些被她们的鞋印入泥中；有些粘在妹妹身上，被她带走；有些浮在池面，被鱼儿衔入水里，那多情的燕子不歇把鞋印上的残瓣和软泥一同衔在口中，到梁间[3]去，构成他们的香巢。

注释

[1]煞是：真是。 [2]半晌：一会儿。 [3]梁间：屋顶的房梁上。

导学

一、作者简介

许地山（1894 年 2 月 3 日—1941 年 8 月 4 日），名赞堃，字地山，笔名落花生，籍贯广东揭阳。生于台湾一个爱国志士家庭。许地山是现代著名小说家、散文家、“五四”新文学运动先驱者之一。

二、作品简析

这是一篇充满诗意的文章，雨中多姿的梨花，或睡或舞，或喜或悲，多么令人浮想联翩啊。小朋友，花儿本是无情物，只有赏花人以自己的情感才会给予它灵性。

三、知行合一

1. 背一背：大声朗读此文，熟读成诵。
2. 想一想：妹妹为什么直站在树下出神？
3. 读一读：找来许地山的《花》《落花生》读一读，悟一悟。
4. 写一写：模仿作者的写法，选一种事物描摹出它多姿多彩的美来。

榕树

（印度）泰戈尔 郑振铎 译

喂，你站在池边的蓬头的榕树，你可曾忘记了那孩子？就像那在你的枝上筑巢又离开了你的鸟儿似的孩子？

你不记得他怎样坐在窗前，诧异的望着你深入地下的纠缠的树根么？

妇人们常到池边，汲了满罐的水去，你的大黑影便在水面上摇动，好像睡着的人挣扎着要醒来似的。

日光在微波上跳舞，好像不停不息的小梭在织着金色的花毡。

两只鸭子挨着芦苇，在芦苇影子上游来游去，孩子静静地坐在那里想着。

他想做风，吹过你的萧萧的树杈；想做你的影子，在水面上，随了日光而俱长；想做一只鸟，栖息在你的最高枝上；还想做那只鸭，在芦苇与阴影中间游来游去。

导学

一、作者简介

泰戈尔（1861 年—1941 年），印度诗人，社会活动家、印度民族主义者。代表作有《吉檀迦利》《飞鸟集》《眼中沙》《四个人》《家庭与世界》《园丁集》《新月集》等。

二、作品简析

在这首诗中，诗人运用第二人称，生动描写那孩子对一棵高大的榕树的沉思和幻想。在文学作品中，榕树往往是故乡的象征。所以，诗人把榕树想象成孩子的朋友，便于抒发思乡怀母的感情。“就像那在你的枝上的鸟儿似的孩子”，诗人在这里把那孩子比作小鸟，以引起“榕树”的回忆。

在这首诗中，榕树成了那孩子的朋友。本诗既像一篇充满着幻想而有着瑰丽色彩的童话，也像一幅让人长久伫立而引起无限遐思的风俗画，又像一首返璞归真的田园牧歌。这就是《榕树》这首诗给人的感觉、印象。

泰戈尔的诗，好像没有刻意求工的追求，没有惨淡经营的刀斧痕迹，自然得就像青山绿水一样，线条是那么简洁；自然得像一个八九岁的农村小姑娘，纯真而没有任何修饰；自然得像生活本身一样。

三、知行合一

1. 读一读：有感情地朗读此文，并深情诵读给身边的人听听。
2. 谈一谈：本文表达了作者怎样的情感？结合文中语句谈谈你的感受。
3. 画一画：拿起你的彩笔，把诗人笔下的景象画出来。

慧

七律·和郭沫若同志

毛泽东

一从[1]大地起风雷，便有精生白骨堆。
僧是愚氓犹可训[2]，妖为鬼蜮[3]必成灾。
金猴[4]奋起千钧[5]棒，玉宇[6]澄清万里埃[7]。
今日欢呼孙大圣，只缘妖雾又重来。

注释

[1]一从：自从。 [2]僧是愚氓犹可训：唐僧是个蠢的人但还能争取。僧：指唐僧。愚氓（yú méng）：蠢人，糊涂人。训：教训，争取。[3]鬼蜮（yù）：鬼怪。 [4]金猴：孙悟空。 [5]千钧：不是实指，言其极重。钧：古代重量单位，一钧相当于十五公斤。 [6]玉宇：宇宙。[7]埃：尘埃。

译文

自从风雷震动了大地，就有白骨堆中变成的妖精。
和尚虽糊涂却可以教育，妖精是鬼怪将必然带来灾难。
金猴王奋勇挥起金箍棒，澄清了天地的万里尘埃。
今天我们要欢迎孙悟空这位齐天大圣，只因为妖魔重新又到来。

导学

一、作品赏析

《七律·和郭沫若同志》是毛泽东写于 1961 年 11 月 17 日的一首诗，借用神话小说的内容，诗中塑造了孙悟空、唐僧、白骨精三类不同的人物，明确写出了对《孙悟空三打白骨精》这出戏的看法，表达了诗人强烈的爱憎感情。本诗采用借喻等手法，高瞻远瞩，表达了对时局的看法，阐释了斗争策略。

慧

智慧教育读库

教师寄语

争当最美丽的学生

——校长寄语之四

易学军

百年高小，远大启航。面向未来，高小应续写辉煌，致力于培养努力学习、认真做事的学生，致力于培养全面发展的学生，致力于为学生的可持续发展奠基。全体学生都要争当高家小学最美丽的学生。

最美丽的学生应该是德才兼备的。学校坚持立德树人。高家小学的学生要成为品德高尚、思想健康、学业优秀、具有才华的人，成为对社会有用、对家庭负责的人。

最美丽的学生应该是全面发展的。学校坚持以人为本。高家小学学生要成为德、智、体、美、劳全面发展的人，发展特长，彰显个性，成为个体的全才、行业的专才、事业的人才。

最美丽的学生应该是身心健康的。学校全面贯彻党的教育方针。高家小学的学生要成为体格健全、心智成熟、性格完善的人，在生存与发展中欣赏他人、悦纳自己、融化自然。

最美丽的学生应该是高雅文明的。学校以德治校，讲四维扬八德，弘扬核心价值观。高家小学的学生要讲公德守秩序，讲文明有礼貌，在养成教育中成为行为习惯良好的公民，有风度、有气质、优雅、和谐。

最美丽的学生应该是成功幸福的。学校发展培养学生特长，为学生一生的幸福和发展奠定基础。高家小学的学生从小要树立远大理想，做最成功的自己，实现个人价值，做一个终身幸福的好公民。

最美丽的学生应该是爱国守法的。学校依法治校，教师依法执教。高家小学的学生要爱国爱民，学规矩，知法度，有敬畏，有所为有所不为，做一个学法、知法、守法、护法的人。

最美丽的学生应该是中庸和谐的。学校即社会，学校尊重学生的天性，发展学生的个性。高家小学的学生要天人合一，融入自然，尊重规律，自主自立，自信自强，与他人、环境及社会和谐相处，终身学习，不断进化。

最美丽的学生应该是求学问道的。学校知行合一铸人品，格物致知育英才。高家小学的学生要做一个高尚、优雅、美丽的小学生，做一个立德、立功、立言的中国人。这是我们对每一个高小学生的希望和要求。

天行健，君子以自强不息；地势坤，君子以厚德载物。愿我校全体师生共同努力，奋勇践行。

2017 年 11 月 19 日

千古流芳绵延代

——记革命烈士高力生

易学军

高力生，字泽勋，笔名仰止，1911 年生于四川省仁寿县高家乡。他的父亲高炳诚在省师范学堂毕业后在家乡首创“新学”（即学校）并终生从事教学工作。高柄诚在家乡有较高的声望，大家都称他为“柄诚先生”或“柄诚夫子”。高力生幼年时在家一边务农，一边上学；民国 15 年（1926 年）考入县立初级中学，毕业后在高家乡小学教书，他爱好文学，关心时事，曾与郭沫若留学日本。

1936 年来到重庆，他在自来水公司当职员。在这里，他刻苦自学，努力提高自己的文化修养，阅读了一些进步书刊。

1937 年 7 月，抗日战争爆发后，他积极投身到重庆的救亡运动之中，积极组织读书会，并为抗日救亡募捐。他常向报社投稿呼吁团结抗日，曾被国民党逮捕入狱，经亲友多方营救才取保释放。

1945 年，高力生进入社会大学学习。这期间，在中共党组织的帮助教育下，他的政治觉悟得到很大提高。毕业后，在党组织的领导下，积极参加革命工作。

1948 年夏，高力生到綦江自来水公司工作，努力为党培养和发展进步力量，建立了一个坚强的据点。这时期，他曾领导工人罢工，坚持了几个月。他的活动使资本家极为嫉恨，后被公司撤职。不久，加入中国共产党。此后，更加积极地投入到为人民大众争取解放的事业之中。

1949 年夏，白色恐怖笼罩着川东地区，党组织为了他的安全，要他撤离。但他为了革命事业的需要，坚持战斗在敌人的老巢。同年 11 月 1 日，他到重庆参加社会大学同学在全国解放后的工作问题的会议。翌日，不幸被国民党特务逮捕。

1949 年 11 月 28 日下午 8 时，高力生在重庆老街国民党西南公署第二处防空洞内（现渝中区七星岗）被国民党反动派杀害，时年 37 岁。两天后重庆解放。

歌乐山烈士陵园展览馆成列着他留有斑斑血渍和五个枪眼的外衣及他生前所写的诗信等文物。现在他长眠于歌乐山烈士陵园中。在成都市建川博物馆里有他的事迹和图片。他的遗作有小说《阿》及杂文《谈灵感》《一堆牛粪百篇诗》等，曾发表于当时重庆《新民报》。

1983 年 3 月 28 日中华人民共和国民政部颁发给了高力生革命烈士证明书。书中内容是：高力生同志在革命斗争中壮烈牺牲，经批准为革命烈士，特发此证。以资褒扬。

故事一：1945 年抗日战争胜利后，高力生从报上得知离他工作的自来水公司（领事巷）近在咫尺的管家巷二十八号的“社会大学”开学了，这一消息使他大为振动。他说：“天助我也！”他决定报考。但是“社会大学”作为共产党的外围组织，尽管公开发表开学的消息，然而事前并未公开在社会上招生，学员基本上都是通过各种进步组织介绍报名，然后考试录取的。高力生当时并不了解此情，只是凭着寻求真理的热情，三次来到管家巷二十八号，要求入学。但每次校方都以报名时间已过，现在已正式行课了为由婉言谢绝。于是，他找到学校负责人直接要求，副校长兼教务主任李公朴先生接待了他。李公朴再次讯问了他的简历，说：像你这样有一定身份，年龄超过三十五岁的人进入戴有红帽子的学校来学习，不担心你们公司开除你吗？高力生讲，爱国何罪？求知何罪？要求进步何罪？现在我只管我自己，开不开除是他们的事，我管不着了。最后一次他向李公朴请求：我要求入学是出于一颗诚心，如果学校认为我不行，我要求作为一名试读生或旁听生即可。高力生的诚恳态度使李公朴老师大为感动，决定破例以试读生录取他入学。从此高力生成为了社会大学的一名学员，从此他就走上了革命道路并最后为革命献出了自己的生命。

故事二：1947 年 8 月下旬，高力生承担起了社会大学校务委员会主任委员的重任后，他发动同学为社大捐款，捐款共约合现在人民币 4000 元，为革命发挥了很大作用。在筹资活动中，高力生自己尽管经济条件也不好仍然拿出了两个月的工资。当时高力生的月薪约合现在人民币一百元，他家庭人口多，除三个孩子外，还要负担父母亲的费用，因此经济十分拮据。1947 年，曾因无力重庆生活昂贵，要爱人回家生小孩，后仍因供不起在产前放弃了。为此，他节衣缩食，一本书、一包烟、几个烧饼就愉快地过了一天。高力生很少添新衣，后来他当了矾厂主任后，有了一件风衣和一套中山装和旧西装，但其中风衣和中山装是社大同学杨光估买来送他的。1949 年高力生就是穿着这两件衣服被国民党军警杀害的，这套沾染烈士鲜血的衣服还陈列在重庆烈士陵园。

故事三：牺牲在防空洞。28 日黎明前的渣滓洞，已如一口化为灰烬的棺材，焚焦的死尸味和酒精味、汽油味混杂在一起，熏出的气味异常难闻，浓浓的烟雾冲天而起，将东方的霞光掩得严严实实，只有一群乌鸦在那里低声地哀鸣着……这一夜，仅渣滓洞一处，反动派就一下残杀了共产党员和革命志士及其他人士 180 人……同日一早，国民党政府西南长官公署二处处长兼军统西南特区区长徐远举（即小说《红岩》里的“徐鹏飞”原型）又命令保密局西南特区副总队长钟铸人将二处看守所的 5 人立即处决掉，并说：“尸体要处理好，不让共党拍照宣传。”在旁的雷天元递上卷宗，徐远举在高力生、李宗煌、司马德麟，和欧治光、朱荣跃的姓名上打了圈后，钟铸人转身命令一旁待命的行动员肖光炯等人执行。肖光炯等打开后门，将高力生等 5 人枪杀于离看守所 50 米远的一个防空洞内。关在同一监舍的董务民、陶宜昌、杨亮西、贾子谦、雍国都等 10 人，乘机破窗脱险。

高力生烈士作品

盆 景

我们原是生活在旷野的，
被你们狠心的人啊！
弄到屋子里来，用一只小盆子装起。
你们说这才好看，这才便于欣赏。
我们受不到充分的阳光，
吸不到新鲜的空气，躯体变得瘦小可怜，

而你们更加快乐的笑了。
原来我们的灾难就是你们的欢笑。
我们的生命是不长久的，
看你们能欢笑多久？

春的伤感

风在树叶上飘呀飘的，
暖和的太阳在晴空照着。
我走到杨柳河边，一屁股坐下，哇的一声哭了起来。
“家乡苦难的父母，
他们这一阵是怎么过的呀！”
小鸟在枝头喳喳地歌唱，
鱼儿在水里摇摆着尾巴，
是那么清新，那么自在。
他们的意思我懂得：
“春天是行乐的时候，你这愚蠢的人，哭些什么？

高力生烈士社大同学孙正 1996 年 11 月 27 日为悼念高力生烈士而写了一首诗：

力生同坐凳一根；亲似兄弟情海深。
舍死忘生干革命；赴汤蹈火为人民。
胸怀祖国真英勇；面对敌人更坚贞。
千古流芳绵延代；年年此时悼忠魂难。

附 录

眉山天府新区高家小学办学思想

办学理念	高山景行 真善美慧
发展愿景	建设最美乡村小学
校 训	勤奋学习 诚实做人
校 风	感恩幸福 关爱成长
教 风	结伴同行 成人之美
学 风	健康明礼 阳光乐学
工作方法	以人为本 依法治校
高小精神	团结进取 奋斗创新
勇于担当	敢为人先的创新精神
生生不息	与时俱进的奋斗精神
敬业奉献	永争第一的进取精神
结伴同行	成人之美的团队精神

眉山天府新区高家小学校徽

★ 主题图案是由大写字母“G　J”组成的一把火炬。大写字母“G”为火炬头，象征着学生，“J”为火炬把，象征着教师，意味着教师甘愿做阶梯，做支柱，引领一批又一批学生走得更远，支撑起一批又一批学生攀登得更高。

眉山天府新区高家小学校旗

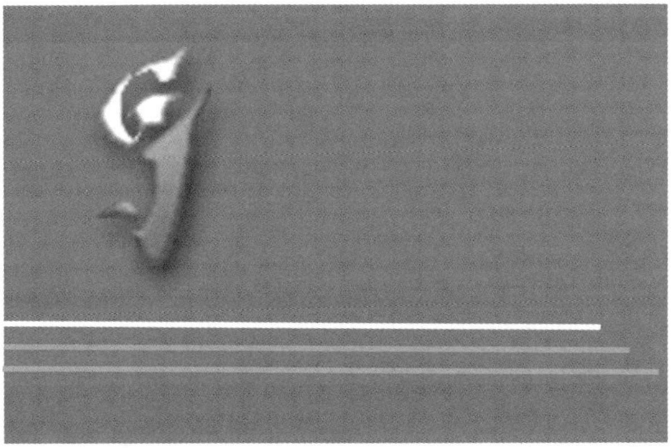

中间图案是大写字母“G　J”组成的一把火炬，象征光明，激励着孩子们为祖国的繁荣富强努力奋斗。下方为三条阶梯形线条，象征人生的阶梯，激励学生坚实走好每一步，一步一步攀登，实现人生目标。

眉山天府新区高家小学校歌

作词：秦海泉
作曲：何俊鹏

1＝D $\frac{4}{4}$

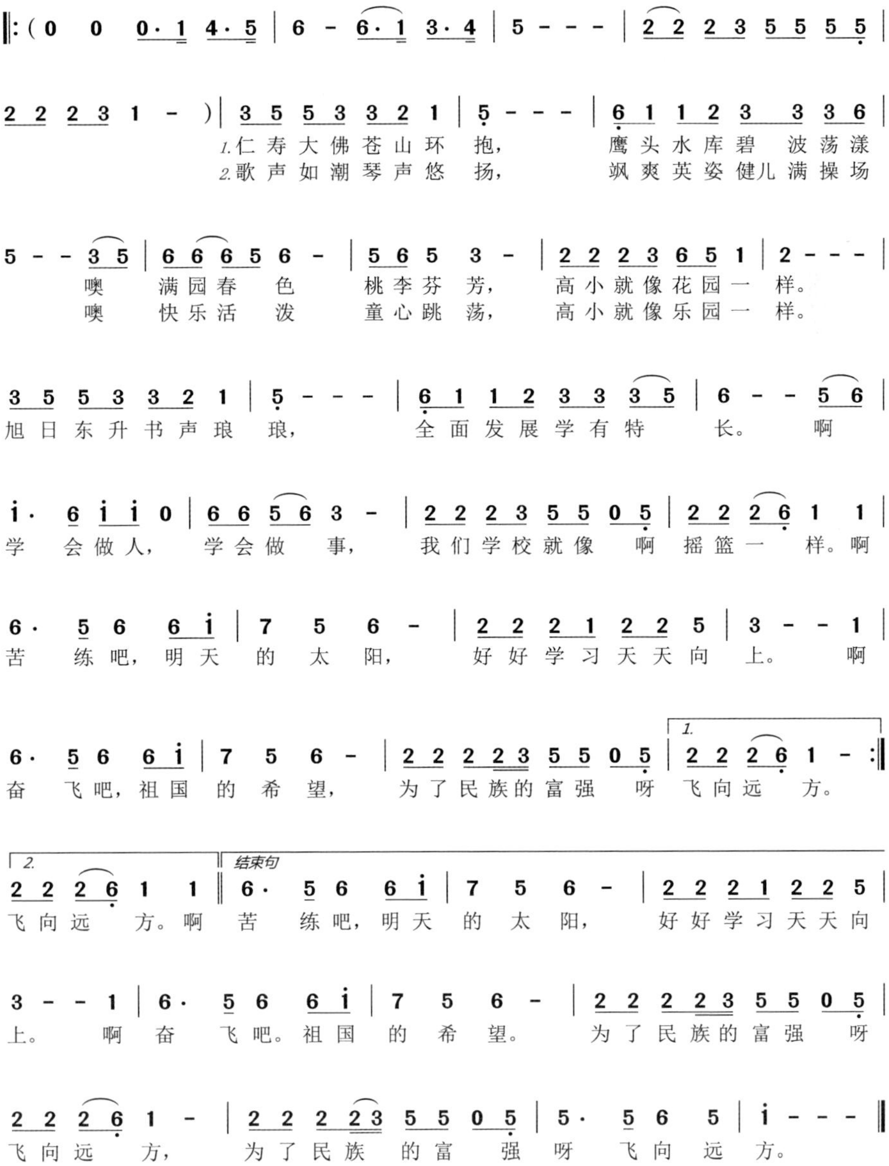

参考文献

[1] 姜亮夫:《先秦诗鉴赏辞典》，上海辞书出版社，1998 年。

[2] 商务印书馆辞书研究中心:《古代汉语词典（第 2 版）》，商务印书馆，2014 年。

[3] 上海辞书出版社文学鉴赏辞典编纂中心:《古文观止鉴赏辞典》，上海辞书出版社，2006 年。

[4] 汤克勤:《古文鉴赏辞典》，崇文书局，2015 年。

[5] 唐圭璋、周汝昌、叶嘉莹等:《唐宋词鉴赏辞典（新一版）》，上海辞书出版社，2016 年。

[6] 学习型中国·读书工程教研中心:《唐诗（小学生爱读本）》，江苏凤凰科学技术出版社，2016 年。

[7] 中华书局编辑部:《全唐诗（增订本）》，中华书局，2008 年。

[8] 朱一清:《古文观止鉴赏集评》，安徽文艺出版社，2010 年。